中國文化思想史九種 上

呂思勉文集

上海古籍出版社

圖書在版編目(CIP)數據

中國文化思想史九種／吕思勉著. —上海：上海古籍出版社，2020.3
（吕思勉文集）
ISBN 978-7-5325-9465-8

Ⅰ.①中… Ⅱ.①吕… Ⅲ.①文化史－思想史－研究－中國 Ⅳ.①K203

中國版本圖書館 CIP 數據核字(2020)第 022258 號

吕思勉文集
中國文化思想史九種
（全二册）
吕思勉 著
上海古籍出版社出版發行
（上海瑞金二路 272 號 郵政編碼 200020）
(1) 網址：www.guji.com.cn
(2) E-mail：guji1@guji.com.cn
(3) 易文網網址：www.ewen.co
上海顓輝印刷廠印刷
開本 890×1240 1/32 印張 26.375 插頁 10 字數 686,000
2020 年 3 月第 1 版 2020 年 3 月第 1 次印刷
ISBN 978-7-5325-9465-8
K·2760 定價：108.00 元
如有質量問題，請與承印公司聯繫

前　言

　　吕思勉先生，字诚之，笔名驽牛、程芸、芸等。一八八四年二月二十七日（清光绪十年二月初一日）诞生於江苏常州十子街的吕氏祖居，一九五七年十月九日（农历八月十六日）病逝於上海华东医院。吕先生童年受的是旧式教育，六岁起就跟随私塾教师读书，三年以後，因家道中落而无力延师教授，改由父母及姐姐指导教学。此後，在父母、师友的帮助下，他开始系统地阅读经学、史学、小学、文学等各种文史典籍。自二十三岁以後，即专意治史。吕先生夙抱大同思想，毕生关注国计民生，学习新文化，吸取新思想，与时俱进，至老弥笃。

　　吕先生长期从事文史教育和研究工作。一九〇五年起开始任教，先後在苏州东吴大学（一九〇七年）、常州府中学堂（一九〇七年至一九〇九年）、南通国文专修科（一九一〇年至一九一一年）、上海私立甲种商业学校（一九一一年至一九一四年）等学校任教。一九一四年至一九一九年，先後在上海中华书局、上海商务印书馆任编辑。其後，又在沈阳高等师范学校（一九二〇年至一九二二年）、苏州省立第一师范学校（一九二三年至一九二五年）、上海沪江大学（一九二五年至一九二六年）、上海光华大学和华东师范大学任教。其中在上海光华大学任教最久，从一九二六年至一九五一年，一直在该校任教授兼历史系系主任，并一度担任该校代校长。一九五一年，高等学校院系调整，光华大学并入华东师范大学，吕先生遂入华东师范大学历史系任教，被評爲歷史學一級教授。呂先生是教學與研究相互推動的模範，終生學而不厭，誨人不倦。

呂先生是二十世紀著名的歷史學家，對中國古代史的研究，作出了巨大的貢獻，取得了多方面的成就。他在中國通史、斷代史、社會史、文化史、民族史、政治制度史、思想史、學術史、史學史、歷史研究法、史籍讀法、文學史、文字學等方面寫下大量的論著，計有通史兩部：《白話本國史》（一九二三年）、《呂著中國通史》（上册一九四〇年、下册一九四四年）；斷代史四部：《先秦史》（一九四一年）、《秦漢史》（一九四七年）、《兩晉南北朝史》（一九四八年）、《隋唐五代史》（一九五九年）；近代史一部：《呂著中國近代史》（一九九七年）；專著若干種：《經子解題》（一九二六年）、《理學綱要》（一九三一年）、《宋代文學》（一九三一年）、《先秦學術概論》（一九三三年）、《中國民族史》（一九三四年）、《中國制度史》（一九八五年）、《文字學四種》（一九八五年）、《呂著史學與史籍》（二〇〇二年）；史學論文、札記及講稿的彙編三部：《呂思勉讀史札記》（包括《燕石札記》、《燕石續札》，一九八二年）、《論學集林》（一九八七年）、《呂思勉遺文集》（一九九七年）；以及教材和文史通俗讀物十多種，著述總量超過一千萬字。他的這些著作，聲名廣播，影響深遠，時至今日，在港臺、國外仍有多種翻印本和重印本。呂先生晚年體衰多病，計劃中的六部斷代史的最後兩部《宋遼金元史》和《明清史》，已做了史料的摘錄，可惜未能完稿，是爲史學界的一大遺憾。

本書收錄了呂思勉先生有關中國文化思想史的論著，共計九種：《醫籍知津》、《群經概要》、《經子解題》、《中國文化史六講》、《理學綱要》、《先秦學術概論》、《大同釋義》、《中國社會變遷史》、《中國政治思想史十講》。

《醫籍知津》寫於一九一九年夏，是年呂先生由謝利恒（觀）先生介紹進上海商務印書館任編輯，協助謝先生編纂《中國醫學詞典》，撰《中國醫籍源流論》一篇，系統叙述中國古代醫學典籍及其源流派别。

《中國醫籍源流論》後未收入《中國醫學詞典》，由謝先生私人木刻印行少許册分送同行友人。《醫籍知津》手稿一册，五萬餘字，即《中國醫籍源流論》的底稿。上世紀八十年代，《醫籍知津》經吕先生的女兒吕翼仁先生抄録，并與楊寬先生一同校對、補正、分節并加標題。胡道静先生審閲後，撰寫了《題記》。此次刊出，以抄本爲底本，并校以原稿，胡先生的《題記》用作附録，以供讀者參考。

《群經概要》係未刊稿，爲吕先生一九二三年十二月在蘇州省立第一師範學校專修科講稿，由湯焕文君記録，再由學校印成油印本講義。油印本原題名爲《群經筆記》，後定名爲《群經概要》，與一九二六年初版的《經子解題》相互發明。吕先生以歷史發展的眼光研究群經，故《群經概要》一書，更像是一部簡明的經學史、學術史，其中不乏獨具的見解。

《經子解題》一九二六年四月由上海商務印書館收入"國學小叢書"初版，一九二九年十月收入商務印書館"萬有文庫"，一九三三年三月國難後第一版，一九三四年一月國難後第二版。上世紀八十年代後，《經子解題》先後收入上海教育出版社一九八二年版《論學集林》（下文簡稱"教育版"），一九九五年十二月華東師範大學出版社"二十世紀國學叢書"（一九九六年三月第二版，下文簡稱"華師大版"），一九九九年一月上海文藝出版社"學者講壇叢書"（下文簡稱"文藝版"），二〇〇六年六月中國書籍出版社"國學名家選粹"叢書（下文簡稱"書籍版"）。"教育版"訂正了初版的錯字和刊誤，但《莊子》一節内有個别删改。"華師大版"、"文藝版"均按"教育版"重印，也都訂正了錯字、刊誤，但删改之處未能恢復。"書籍版"按初版重印，無删改，但初版中的一些錯字、刊誤仍沿而未改。此次刊出，除訂正了初版的錯字、刊誤外，删改之處也予以恢復。

《中國文化史六講》寫於一九二九年至一九三〇年間，是吕先生在江蘇省立常州中學授課時的講稿。原計劃分二十講，現僅存六講，江蘇省常州中學校史陳列室藏有油印講義。一九九七年九月，《中國文化史六講》收入華東師範大學出版社出版的《呂思勉遺文集》(下),二〇〇七年一月收入天津古籍出版社的"名師講義"叢書。此次刊出,按原油印稿出版,校正了個別錯誤。

《理學綱要》寫於一九二五至一九二六年間,是呂先生在上海滬江大學任教講授"中國哲學史"時編寫的講義,後經修改,於一九三一年由上海商務印書館初版,一九三四年四月國難後第一版。一九八八年三月上海書店影印出版,一九九〇年收入上海書店"民國叢書"第二編影印出版,一九九六年三月收入東方出版社"民國學術經典文庫·思想史類叢"。此外,還有臺北市華世出版社一九七七年的重印本。《理學綱要》初版後,呂先生自己即作過一遍訂正。其後,楊寬、呂翼仁先生又再校對。本次刊出,以初版爲底本,同時吸取了作者本人、楊寬、呂翼仁先生的校訂成果。書中《訂戴》一篇,原刊於一九二八年《光華期刊》第三期(一九二八年五月出版),初版時附於"總論"內,現仍用爲附錄。

《先秦學術概論》一九三三年十月由上海世界書局初版,一九八五年六月收入中國大百科全書出版社的"中國學術叢書"(下文簡稱"大百科版"),一九九二年收入上海書店"民國叢書"影印出版,一九九六年"大百科版"由更名後的東方出版中心重印(下文簡稱"東方版"),二〇〇五年十二月收入雲南人民出版社"二十世紀學術要籍重刊"出版(下文簡稱"雲南版")。《先秦學術概論》出版後,呂先生自己曾作過一遍校訂,"大百科版"、"東方版"均按呂先生的校訂改正了部分錯字和刊誤,但未刊陳協恭先生寫的《序》,且《墨家》一章有少許刪節。"雲南版"增補了《序》,訂正了一些遺漏、錯字和刊誤,但刪節之處未能補全。此次刊出,除增補陳《序》、補全刪節及訂正刊誤、錯字外,還增加了一處呂先生的眉批。

《大同釋義》原名《孔子大同釋義》,寫於一九三〇年代初,初刊於一九三五年《文化建設(月刊)》第一卷第十、十一期。《大同釋義》係以文言文撰寫,一九三三至一九三四年間,呂先生爲給光華大學學生作演講,特將《大同釋義》改寫爲白話文,取名《中國社會變遷史》。一九九七年九月,《中國社會變遷史》改名爲《大同釋義》,收入華東師範大學出版社的《吕思勉遺文集》(下),但有删改。此次刊出,《大同釋義》和《中國社會變遷史》均按原稿校訂勘誤,删改的地方也按原稿補全。

　　《中國政治思想史十講》原是吕先生一九三五年在上海光華大學的演講,由吕翼仁先生記録,初刊於《光華大學半月刊》(第四卷第五期至第五卷第四期,1935,12—1936,12),署名爲"吕思勉講,吕翼仁記"。上世紀八十年代,吕翼仁先生曾做過一些校對和整理工作。一九九七年九月,收入《吕思勉遺文集》(下),有删節。二〇〇七年一月收入天津古籍出版社"名師講義"叢書,增補了删節。此次刊出,按《光華大學半月刊》的刊印稿重新整理,除了改正刊誤、恢復删節外,個別文字則按吕翼仁先生的修訂改正。爲了便於閱讀,《中國政治思想史十講》由編者按每一講的内容添加了標題。

李永圻　張耕華
二〇〇八年三月

目 錄

醫 籍 知 津

一、緒論 ……………………………………………………… 3
二、最古醫經：《素問》、《難經》、《靈樞經》 …………… 6
三、本草之學源流 …………………………………………… 9
四、《傷寒雜病論》與《金匱要略》 ……………………… 12
五、脈經與脈學 ……………………………………………… 14
六、晉以後鍼灸學 …………………………………………… 16
七、隋唐輯存之古醫書 ……………………………………… 18
八、宋以後醫方之蒐輯傳播 ………………………………… 20
九、宋代醫學新說之興起 …………………………………… 23
十、明代醫家之成就 ………………………………………… 26
十一、宋以後對古醫書之注釋訂補與發揮 ………………… 28
十二、明清本草之學與方書 ………………………………… 36
十三、宋以後鍼灸學派 ……………………………………… 39
十四、解剖學 ………………………………………………… 40
十五、宋以後脈訣、舌法與辨證 …………………………… 42
十六、明清間諸醫學名家 …………………………………… 45
十七、女科與幼科 …………………………………………… 47
十八、推拿 …………………………………………………… 51

十九、瘍科 …… 52
二十、咽喉科 …… 54
二十一、眼科 …… 56
二十二、傷科 …… 57
二十三、脚氣 …… 58
二十四、霍亂與痧脹 …… 59
二十五、鼠疫 …… 60
二十六、虛勞 …… 61
二十七、導引與調攝 …… 62
二十八、江湖方技與《串雅》 …… 63
二十九、呪由科 …… 64
三十、醫史醫案醫話與醫書 …… 65
　附　呂誠之先生《醫籍知津》稿本題記（胡道靜） …… 69

群經概要

一、研究經書之目的 …… 75
二、詩經 …… 77
三、書經 …… 81
四、禮記　儀禮　周禮 …… 85
五、易經 …… 88
六、春秋 …… 91
　附　三傳源流考 …… 93
七、四書 …… 95
八、孝經 …… 97
九、爾雅 …… 98

經子解題

自序 …… 101

論讀經之法 …………………………………… 102
詩 ……………………………………………… 111
書 ……………………………………………… 117
　　附　論《逸周書》………………………… 124
儀禮　禮記　大戴禮記　周禮 ……………… 130
易 ……………………………………………… 144
春秋 …………………………………………… 149
論語　孟子　孝經　爾雅 …………………… 155
論讀子之法 …………………………………… 158
老子 …………………………………………… 171
莊子 …………………………………………… 175
列子 …………………………………………… 180
荀子 …………………………………………… 183
晏子春秋 ……………………………………… 189
墨子 …………………………………………… 191
公孫龍子 ……………………………………… 196
管子 …………………………………………… 199
韓非子 ………………………………………… 206
商君書 ………………………………………… 211
尹文子 ………………………………………… 214
慎子 …………………………………………… 216
鄧析子 ………………………………………… 218
呂氏春秋 ……………………………………… 219
尸子 …………………………………………… 230
鶡冠子 ………………………………………… 232
淮南子 ………………………………………… 235

中國文化史六講

第一講　婚姻族制 …………………………… 244

第二講	户籍階級	252
第三講	財産制度	259
第四講	農工商業	266
第五講	衣食居處	274
第六講	交通通信	282

理學綱要

序 …… 291
篇一　緒論 …… 293
篇二　理學之原 …… 295
篇三　理學源流派別 …… 310
篇四　濂溪之學 …… 317
篇五　康節之學 …… 327
篇六　橫渠之學 …… 340
篇七　明道伊川之學 …… 350
篇八　晦庵之學 …… 361
篇九　象山之學 …… 377
篇十　浙學 …… 386
篇十一　宋儒術數之學 …… 397
篇十二　陽明之學 …… 406
篇十三　王門諸子 …… 419
篇十四　有明諸儒 …… 432
篇十五　總論 …… 438
　附　訂戴 …… 449

先秦學術概論

序 …… 457
上編　總論 …… 459
第一章　先秦學術之重要 …… 459

第二章　先秦學術之淵源 …………………………… 461
　　第三章　先秦學術興起時之時勢 …………………… 466
　　第四章　先秦學術之源流及其派別 ………………… 469
　　第五章　研究先秦諸子之法 ………………………… 472
　下編　分論 …………………………………………………… 475
　　第一章　道家 ………………………………………… 475
　　　第一節　總論 …………………………………… 475
　　　第二節　老子 …………………………………… 477
　　　第三節　莊子 …………………………………… 482
　　　第四節　列子 …………………………………… 487
　　　第五節　楊朱 …………………………………… 488
　　　第六節　管子　鶡冠子 ………………………… 492
　　　第七節　其餘諸家 ……………………………… 493
　　第二章　儒家 ………………………………………… 495
　　　第一節　總論 …………………………………… 495
　　　第二節　孔子 …………………………………… 496
　　　　附錄一　六藝 ………………………………… 502
　　　　附錄二　經傳說記 …………………………… 507
　　　第三節　曾子 …………………………………… 513
　　　第四節　孟子 …………………………………… 515
　　　第五節　荀子 …………………………………… 519
　　第三章　法家 ………………………………………… 525
　　第四章　名家 ………………………………………… 533
　　第五章　墨家 ………………………………………… 546
　　第六章　縱橫家 ……………………………………… 555
　　第七章　兵家 ………………………………………… 558
　　第八章　農家 ………………………………………… 562
　　第九章　陰陽數術 …………………………………… 565

第十章　方技 ································· 569
　　附錄三 ································· 571
　　附錄四 ································· 574
第十一章　小說家 ··························· 576
第十二章　雜家 ····························· 578

大同釋義

一、論大同究實有其事抑係孔子想望之談 ······· 586
二、論大同之世當在何時 ····················· 587
三、論大同之世之情形 ······················· 591
四、論大同之世如何降爲小康 ················· 596
五、論小康之治如何降爲亂世 ················· 604
六、論自大同至亂世人心風俗之變遷 ··········· 610
七、論入亂世後之改革 ······················· 621
八、論大同之可復 ··························· 629
跋 ······································· 633

中國社會變遷史

自序 ····································· 639
第一章　發端 ······························· 644
第二章　論所謂大同者究係實有其事抑理想之談 · 646
第三章　論人類仁暴之原 ····················· 648
第四章　論古代進化的大略和大同小康的遞嬗 ··· 651
第五章　論大同之世的情形 ··················· 656
第六章　從大同到小康 ······················· 664
第七章　從小康到亂世 ······················· 681
第八章　從大同到亂世社會意識的變遷 ········· 693
第九章　先秦時代對於社會改革的諸派 ········· 706

第十章　漢代的社會改革 …………………………………… 716
第十一章　到大同之路 ……………………………………… 728

中國政治思想史十講

第一講　中國政治思想史之分期 ……………………………… 744
第二講　中國政治思想史上之兩派 …………………………… 746
第三講　上古到戰國的社會變遷 ……………………………… 749
第四講　先秦的政治思想 ……………………………………… 756
第五講　秦漢時代的社會 ……………………………………… 778
第六講　漢代的政治思想 ……………………………………… 785
第七講　魏晉至宋代以前的政治思想 ………………………… 796
第八講　宋明的政治思想 ……………………………………… 803
第九講　清中葉前的政治思想 ………………………………… 819
第十講　近代的政治思想 ……………………………………… 823

醫籍知津

一、緒　論

中國醫學，可分數期：自西周以前，爲萌芽之期，春秋戰國爲成熟之期，兩漢之世爲專門傳授之期，魏晉至唐爲蒐葺殘缺之期，兩宋至明爲新説代興之期，起自明末，盛於有清，爲主張復古之期；此一切學術皆然，而醫學亦莫能外也。

諸學之中，儒學最顯，今試借以爲喻。仲尼祖述堯舜，憲章文武，《詩》、《書》、《禮》、《樂》、《易》、《春秋》，皆西周以前古籍，孔子因之，以成刪定之功。六經皆史之説，雖亦不免武斷，要非前無所承決矣，所謂西周以前爲萌芽之期也。及孔子出而集其大成，七十子後學之徒，傳播其説遂臻極盛，所謂春秋戰國爲成熟之期也。遭秦焚書，六籍殘闕，然老師宿儒，猶各抱專門，以相授受。其時承學之士守家法皆極嚴，雖復不能相通，而亦不爲臆論，所謂兩漢之世，爲專家授受之期也。漢末喪亂，傳緒載絶，後之學者，不復能親承口説，而徒求之於簡編，於是有南北朝隋唐義疏之學，所謂蒐葺闕佚之期也。至於宋儒，乃排棄舊説，以意推求，自謂淵源直接洙泗，元明二代，其説大行，所謂新説代興之期也。明末諸儒厭其末流之空疏，而復求之於古，至於清代，漢學乃代宋學而興，所謂主張復古之期也。中國治漢宋二學者，每互相訾警，其於自漢迄唐諸儒，遂各以意爲好惡。平心論之，中國一切學術，規模皆大定於戰國以前，自秦以降，不過就古人之成説，引伸推衍之耳，未有能自創一説，卓然與古人並立者也。近之論者，謂中國學術，自秦以降，即停滯不進，誠不爲過。夫既已不能自創一學,而徒襲古人之學以爲學矣,則其於古人之成説,焉得不視同拱璧?漢唐諸儒之抱殘守闕,自不能謂爲無功,然其物既已殘闕矣,徒能抱之守之,而不復能觀其會通,勢必至於扞格而不可通,齟齬而不相入,宋儒之起而以意推求勢也。然學術之真,必存於事物,古人之發明學術者,蓋靡不即事物而求其所以然,其在宋儒,雖亦曰即物窮理,實則徒託空言而不免仍爲古人之成説所囿,其必不能盡當於事物之理之真,且必不能盡得古人立説之意,蓋可知也。清儒之起而主張復古亦勢也,勢之所必至,即爲理之所固然。《易》曰:"窮則變,變則通。"相變也而實相因,亦即所以相成。明於進化之理者,固不必更存主奴之見矣。

惟醫亦然。吾國醫學之興,邈哉尚矣。《曲禮》:醫不三世,不服其藥。孔《疏》引舊説云:三世者:一曰黃帝鍼灸,二曰神農本草,三曰素女脈訣,又云,夫子脈訣。此蓋中國醫學最古之派別也。其書之傳於後世者,若《靈樞經》,則黃帝鍼灸一派也,若《本經》,則神農本草一派也,若《難經》,則素女脈訣一派也;其筆之於書,蓋亦在周秦之際,皆專門學者所爲也。鍼灸之有黃帝,本草之有神農,脈訣之有素女,猶之仲尼所祖述之堯舜,憲章之文武也;其筆之於書之人,則祖述憲章之仲尼也;其傳承派別可以推見者,華元化爲黃帝鍼灸一派,華佗,字元化,漢末沛國譙人。張仲景爲神農本草一派,張機,字仲景,東漢南陽人。秦越人爲素女脈訣一派。秦越人,即扁鵲,戰國時齊國勃海鄭人。仲景之師,元化之弟子,皆著見載籍。《史記·扁鵲列傳》載其所治諸人,多非同時,或疑史公好奇,不衷於實,不知"扁鵲"二字,乃治此派醫學者之通稱也,秦越人則其中之一人耳;此其專家授受,各有師承,猶兩漢之有經師也,特醫學之顯,不及儒術,故其傳授世次,不可得而考耳;其中絕不知何時,然亦必當漢魏之際,故後此治醫學者,若皇甫士安,皇甫謐,字士安,晉安定朝那人。若陶弘景,陶弘景,字通明,南朝丹陽秣陵人。皆無復口説可承,而徒求之於簡編也。其蒐討掇拾之功最巨者,於隋則有巢元方,巢元方,隋大業中太醫博士。於唐則有孫思邈、孫思邈,唐華原人。王燾王燾，唐鄜人。此醫家義疏之學也。南北朝隋唐諸儒，綴輯漢儒之説，孫、王等蓋亦綴輯漢後醫家所傳也。北宋以後，新説漸興，《四庫提要》云：儒家之門户分於宋，醫家之門户分於金元，此以其顯著者言也，實則其機亦肇自北宋，見後。至金、元而大盛，張、劉、朱、李之各創一説，競排古方，猶儒家之有程、朱、陸、王，異於漢而又自相歧也。至明末而復古之風漸啓，清代醫家多承之，則猶儒家之有漢學矣。均見後。人不能無爲時勢所限，而時勢之遷變，又率由一二人造之，還相爲因，莫知其朕，欲明於學術之升降者，知人論世，二者固不容闕一矣。

二、最古醫經：《素問》、《難經》、《靈樞經》

鍼灸相傳始於黃帝，本草肇自神農，脈訣傳之素女，此以言乎其託始之時耳。至按其學術之性質而爲之分類，則爲醫經、經方二家。醫經，猶今言醫學；經方，猶今言藥學也。神農本草當屬經方家，鍼灸、脈訣則同屬醫經。其書之傳最古者，在醫經，當推《黃帝內經》，《漢志》作十八篇，皇甫謐以《素問》、《鍼經》各九卷當之。所謂《鍼經》，當與今《靈樞》相出入，《素問》則即今本也。何以知之？案《素問》之名，昉見仲景《傷寒雜病論集》，言論所以集此書之意，宋本如此。後世刻本改爲自序，非。或疑仲景所撰用者，未必即今《素問》，然《北齊書·馬嗣昭傳》，有博綜經方、《甲乙》、《素問》之言；《北史·崔彧傳》又有以《甲乙》、《素問》善醫術之語；《南史·王僧孺傳》亦云侍郎金元起欲注《素問》，訪以砭石。金元起即世所稱全元起，字以形近而譌也。則其書自漢以來，醫家傳習，未嘗失墜可知矣。至唐王冰注之，乃大明於世。惟《刺法》、《本病》二篇，冰本亦闕。宋劉溫舒作《素問入式運氣論奧》，始以此二篇附刊於後，爲一卷，稱爲《黃帝內經素問遺篇》。嘉祐中，遂以此二篇附刊於王本之後，頗不可信。《宋史·藝文志》載《素問遺篇》四卷，其卷數亦不符也。《明史·藝文志》載趙簡王補刊《素問》一卷，謂世傳王冰注本有闕，簡王得全本補之。案簡王所刊，即世所傳趙府居敬堂本，其所刊者，亦即此二篇也。

《素問》之素，王冰釋之爲本，不過望文生訓耳。案《雲笈七籤》引《真仙通鑑》云：天降素女，以治人病，黃帝問之而作《素問》。與孔《疏》所引之説相符，當係古義。可見今《素問》實爲古代素女脈訣一派之學，扁鵲傳之，故繼之而作《難經》也。

八十一難之名，亦見仲景《傷寒雜病論集》。皇甫謐《帝王世紀》云：黃帝命雷公、岐伯論經脈，旁通問難八十一，爲《難經》。隋蕭吉《五行大義》；唐李善《文選·七發》注引此書文，並稱《黃帝八十一難》。《隋書·經籍志》亦載《黃帝八十一難》二卷。其以爲秦越人作者，實始唐楊玄操，其言云，黃帝有《內經》二帙，帙各九卷，而其義幽賾，殆難窮覽，越人乃採摘英華，鈔撮精要，二部經內，凡八十一章，勒成卷軸，既弘暢聖言，故首稱黃帝。見《史記·扁鵲列傳》正義。案《史記·扁鵲列傳》，稱天下至今言脈者由扁鵲，則素女脈訣之學，扁鵲實傳之。玄操所言，必非無據；惟史公此傳，所包甚廣，玄操云云，似亦誤以"扁鵲"二字，爲越人一人之稱號也。又案《文苑英華》載王勃《難經序》云：《黃帝八十一難》，是醫經之祕錄也。昔者岐伯以授黃帝，黃帝歷九師以授伊尹，伊尹以授湯，湯歷六師以授太公，太公授文王，文王歷九師以授醫和，醫和歷六師以授秦越人，越人始定章句，歷九師以授華佗，佗歷六師以授黃公，黃公以授曹夫子。曹夫子諱元，字真道，自云京兆人也。其說自不可信，然亦可見此書自唐以前，確有授受源流。

其鍼灸一派，最古之書當推《靈樞經》。然或以當皇甫謐所稱之《鍼經》，謂即《漢志》《內經》十八篇之九則非也。案謐之言云：《七略》、《藝文志》：《黃帝內經》十八卷，今有《鍼經》九卷、《素問》九卷，二九十八卷，即《內經》也。又有《明堂孔穴鍼灸治要》，皆黃帝、岐伯選事也。三部同歸，文多重複，錯互非一。見《甲乙經》。後人以今《靈樞經》與謐所稱之《鍼經》，卷帙適相當，且其文與《甲乙經》多相複緟，斷二者即一書，且云《靈樞》之名，《隋志》不載，而有《黃帝鍼經》九卷，《九靈》十二卷。至《唐志》則并無《鍼經》之名，但有《九經》十二卷。宋紹興中，史崧乃以家藏舊本《靈樞》獻之。蓋《隋志》之《九靈》即《唐志》之《九經》，其《鍼經》即史崧所獻之《靈樞》，當唐暫晦，至宋乃出也。然《宋史·哲宗紀》：元祐八年正月庚子，嘗頒高麗所獻《黃帝鍼經》於天下。元祐、紹興相距幾何時？雖遭喪亂，豈有即亡之理？繼云已亡，校理者豈皆不及見，而誤謂崧家藏孤本，久晦復出邪？則宋時實不以此書爲《鍼經》可知。呂復《群經古方論》謂王冰以《九靈》更名爲《靈樞》，與《唐志》所載卷數不合，晁公武《郡齋讀書志》，謂好事者從《內經‧倉公論》中鈔出,名爲古書,亦羌無實據。予謂此等專門家之書,昔時傳者頗多,皇甫謐所見已有三種,實尚不止此數也;《靈樞》亦此類書之一耳,必欲以配《素問》爲《內經》十八篇之九固非,然其確爲古籍則斷斷無可疑矣。《鍼經》等書,當皇甫謐時,必已極難讀,所謂錯互非一也,故謐重定之爲《甲乙經》,《甲乙經》既成,當時必推爲善本,《鍼經》等書,遂罕傳習,觀《馬嗣昭》與《崔彧傳》皆以《甲乙》與《素問》並舉可知,其書遂在若存若亡之間,隋時僅存,迄唐而亡,至宋乃復得諸高麗,固理之可信者也。

三、本草之學源流

本草之名，始見於《漢書·平帝紀》元始五年，徵天下通知逸經、古記、天文、曆算、鍾律、小學、史篇、方藥、本草及以五經、《論語》、《孝經》、《爾雅》教授者，所在爲駕一封軺，傳遣詣京師。至者數十人。及《樓護傳》，傳云：護少隨父爲醫長安，誦醫經、本草、方術數十萬言。乃學科之名，非書名也。故《漢志》經方十一家二百七十四卷，無以本草名者。至梁《七錄》，乃有《神農本草經》之名，而《隋志》因之，則猶今人言藥物學書耳。"神農本草"四字爲學科之名，經字爲書名。蓋鍼灸之術，必深明於人之臟腑經脈，非若藥劑之易施，其爲用較廣，故其書亦較通行也。其著之簡策，蓋亦在晚周之時，陶弘景所謂與《素問》同類者也。其書專家相傳，頗多竄亂，至弘景，始從事於校理，其言云："世傳《神農本草》，祇此三卷。"所出郡縣，多後漢時制，疑仲景、元化等所記。案仲景、元化爲當時醫家兩大師，故舉以概其餘，言若仲景、元化一流人，非實指仲景、元化也。下吳普、李當之徒同。又有《桐君採藥錄》，説其花葉形色，《藥對》四卷，論其佐使相須。魏晉以來，吳普、李當之徒，更復損益，或五百九十五，或四百四十一，或三百一十九，或三品混雜，冷熱舛錯，草石不分，蟲獸無辨；且所主治，互有得失，醫家不能備見，則知識有淺深，今輒苞綜諸經，研括繁省，以《神農本經》三品，合三百六十五爲主。又進名醫别品三百六十五，合七百三十種，精粗皆取，無復遺落，合爲七卷云。蓋合諸專家所傳而折衷於一是也。自是以後，歷代相因，屢加修輯。其在唐顯慶中，蘇恭、長孫無忌等奉敕所修者，世謂之《唐本草》，亦曰《唐新修本草》。孟蜀時，韓保昇又奉命重修，稍增注釋，世稱《蜀本草》。宋太祖開國，命劉翰、馬士等修輯，士又爲之注。先是唐開元中，有陳藏器者，撰《本草拾遺》十卷，以補《名醫別錄》之闕，及是亦採入焉，是爲《開寶新詳定本草》。後以或有未允，又命翰等重加詳定，爲《開寶重定本草》。嘉祐時，掌禹錫奉勅加注，爲《嘉祐補注本草》。大觀中，蜀人唐慎微彙合諸家，唐慎微，字審元，成都華陽人。兼採經史中言醫事者，隨類附入，名曰《證類本草》，於諸本中稱最善焉。蓋自李時珍《綱目》以前，官修者凡五，私修者凡二，實皆以隱居所修爲藍本，陶弘景，字通明，自號華陽隱居。而輾轉附益者也。

古代所傳之《神農本草經》，至陶弘景時，既多竄亂，弘景始爲之分別，於舊所傳者，書之以朱，後來所附益者，書之以墨。其所分別，固未必盡當，然終當去之不遠。嗣後輾轉相傳，淆亂又甚，《開寶新詳定序》所謂：朱字、墨字，無本得同，舊注、新注，其文互異者也。然淆亂雖甚，其區別卒未嘗廢，至《證類本草》猶然。後世考古之士，斤斤焉欲求《神農本經》之真面目於百一者，其所據猶《證類本草》之黑白文也。《證類本草》，清代所傳凡有二本：一爲明萬曆丁丑翻刻元大德壬寅宗文書院本，前有大觀二年仁和縣尉艾晟序，《書錄解題》稱爲《大觀本草》蓋以此。一爲成化戊子翻刻金泰和甲子晦明軒本，前有政和六年提舉醫學曹孝忠序，故此本亦稱《政和本草》。二本相較，《大觀本》朱書墨蓋，較爲分明，而《四庫》轉以《政和本》著錄，非知言也。厥後孫星衍及從子馮翼字鳳卿。校輯《神農本草經》，所據者即《大觀本》之黑白文。又就《御覽》所引，云生山、谷、川、澤者，定爲《本經》，其有郡縣名者，定爲後人羼入，刻入《平津館叢書》中。然《神農本經》，李時珍《本草綱目》亦載其目，與孫氏所輯大異。其後顧觀光字尚之。又別輯一本，刻入《武陵山人遺書》中，則皆以李氏所載爲據者也。平心而論，時珍網羅雖富，辨別古籍，初非專長，其所釐定，豈能勝於唐慎微？然《開寶新詳定序》已云朱字、墨字，無本得同，舊注、新注，其文互異，則慎微所定，又豈必其近古乎？又況泰和中所刻《政和本》，有大定己酉麻華《序》及劉祁《跋》，並云中陽張存惠將寇宗奭《本草衍義》增入,而《大德本》亦然,蓋元人復刻時,又從《金本》轉錄也。則今所傳《證類本草》,又非唐氏之舊矣。日本望三英有刻本,云係家藏舊本,未爲張存惠所竄亂,不知可信否。如是而欲引爲古據,不亦謬乎!要之古書之傳播愈廣者,其竄亂亦愈甚,今日醫家各種古籍,皆尚可從事校理,獨《本經》則竟無良策也。《漢志》所謂經方家,當兼方藥二者言之,然後世方書傳者極多,而本草則祇此一種,且不必後世,即《漢志》所載十一家,其九家固爲方書,《湯液大法》三十二卷,不知爲方書抑藥書。《神農黃帝食禁》七卷,《周禮》賈《疏》引作《食藥》,孫星衍謂"禁"字當訛。《食藥》,即本草之類。又《周禮》鄭《注》:五藥:草、木、蟲、石、穀也。其治合之劑,則存乎神農、子儀之術。賈《疏》引《中經簿》,有子儀《本草經》一卷,或出陶氏所傳之外,然亦僅此耳。蓋古代格物之學不明,祇知用藥以療疾,而不復知考求藥性之本原,今人所謂知有術而未足與於學也。

四、《傷寒雜病論》與《金匱要略》

《內》、《難》、《本經》而外，醫家古籍無過仲景之《傷寒雜病論》。案史載仲景書目甚多，梁《七錄》有《黃素方》二十卷，《傷寒身驗方》一卷，《平病要方》二卷。《隋志》有《療婦人方》二卷，《張仲景方》十五卷。新舊《唐志》亦載《仲景方》十五卷。《宋志》又載《脈經》、《五藏榮衛論》、《五藏論》、《療黃經》、《口齒論》各一卷。陳自明云：男子、婦人傷寒，仲景治法，別無異議。比見民間有婦人傷寒方書，稱仲景所撰，而王叔和爲之序，以法考之，間有可取，疑非古方，特借聖人之名，以信其說於天下也。《婦人良方》。則諸史所載，蓋亦不免依託。孫真人稱江南諸師秘仲景要方不傳。其所祕者，豈果盡出於仲景哉？蓋自漢而後，明於鍼灸者，惟元化獨傳，長於方藥者，則仲景最著，實爲當時兩大師，故依託之者衆也。觀魏晉而後，論列醫家者，恆以元化、仲景並舉可知。然書雖不必果出仲景，其中亦必多存古方，而今竟無一傳者可惜也。范、陳二史皆不爲仲景立傳，論者多疑之，予謂此無足異也，古之視醫，不過執伎事上之流，越人、元化蓋亦後世草澤鈴醫之類耳。仲景嘗爲太守，則史家不復厠之方伎之列矣，然醫家則固奉爲大師也。

《傷寒雜病論》論集自言凡十六卷。《隋志》不載此書，而注引梁《七錄》：有張仲景《辨傷寒》十卷。《唐書·藝文志》載《傷寒卒病論》十卷。案"卒病"爲"雜病"之訛。見郭雍《傷寒補亡論》。今諸篇皆冠以"辨"字，則《唐志》所謂《傷寒卒病論》者，實即梁《七錄》所謂《辨傷寒》，其卷帙與論集所言不符者，蓋全書論傷寒者十卷，雜病者六卷，後人析而爲二。《七錄》、《唐志》所載，皆其論傷寒之十卷，而《唐志》

又以冒全書之名也。此書嘗改題曰《金匱玉函方》,《證類本草》所引悉然。觀《周禮》賈《疏》《疾醫》。已有張仲景《金匱》之名,則其由來已久。《晉書·葛洪傳》：洪著《藥方》百卷。《肘後方》及《抱朴子》皆云所撰名《玉函方》,則玉函蓋古時方藥書之通名。然《外臺》所引,仍均稱《傷寒論》,蓋從其朔也。宋時析行之《傷寒論》十卷猶存,而論雜病之六卷久亡,惟有一本,將全書十六卷刪節爲三卷者,名《金匱玉函要略》,尚存於館閣中,其書上卷論傷寒,中論雜病,下載其方,并療婦人。王洙於蠹簡中得之,以其論傷寒者文多簡略,但取雜病以下至服食禁忌二十五篇二百六十五方,而仍其舊名。見《書錄解題》。林億等校理,又取此二卷分爲三卷,以符原題之數,而改名曰《金匱方論》,即今《金匱要略》也。蓋自鍼灸之術失傳,中國醫家治病,惟籍方藥一科,然古書或有方而無論,或有論而無方,求其方論兼全而其傳又最古者,後世於醫學無所發明,皆固襲古人而已。因襲既久,不免傳訛,故醫書愈古愈可貴。蓋莫《傷寒雜病論》若,而其闕佚不完又如此。蓋醫學之有待於張皇補苴者多矣,學者其可專已以自封哉!《傷寒論》刻本,精者頗少,《武陵山人遺書》中翻宋本較善。

五、脈經與脈學

脈學原起亦甚古。近人多訛其術之不足恃，然古言四診，切本居末，後世醫論，遇有證脈相違者，亦多主舍脈從證，間有主舍證從脈者，則必逆知此證將有變動，不當徒泥目前之證以施治，而此證究竟將有變動與否，則藉脈象以參之，非徒恃切脈遂可治病也。故切脈者，診察之一術而未足語於診察之全也。然世之知醫者少，皆視醫爲神妙不測之事，以證爲人人所共見，脈爲醫家所獨知，遂謂醫之於脈，別有不可言傳之妙，而醫家亦藉此自炫，以欺愚昧，其流失幾謂專憑脈象，便可治病，此流俗人之言，非學人之論也。夫診察之術，望、聞、問、切四者，豈足盡之？然今之醫家於望、聞、問三者，講求尚罕，皇論其他！此誠中醫之過，然謂脈不足盡診察之術則可，謂其并非診察之一術則不可。中醫數千年來他種診察之術均不講求，乃獨致力於脈，其憑虛臆度、謬妄可笑之論誠極多，亦間有辨析精微，足資參證者，固未可一筆抹殺也。

古代脈學，蒐輯之功，首推王叔和，王叔和，名熙，魏晉間高平人，任太醫令。《脈經》一書包孕弘富，後世言脈學者，卒莫能越其範圍，且所引古籍多與今本不同，《內》、《難》、《傷寒》，皆資參證，誠醫家之瓌寶矣。此書《隋》、《唐志》皆箸錄。五代時，僅有傳本，且訛奪特甚。宋熙寧中，出內府藏本，命林億等校讎，刊板行世。然其傳不廣。嘉定間，陳孔碩以所得福建本刊之廣西漕司。元泰定四年，柳贇、謝縉翁復刻陳本於江西宗濂書院。明吳勉學《古今醫統》亦有刻本，頗多謬誤。萬曆三年，福建參政徐中行屬袁表校刻，校讎少精而又有以意刪改處，清《四庫》未著錄。道光時，嘉定王鋆始以所藏舊鈔本與元泰定本、明童文舉重刻袁表本及趙府居敬堂本互校刊行。同時金山錢熙祚亦得是書，刻入《守山閣叢書》中。光緒辛卯，建德周學海又合校錢、黃二本，刻入所刊《醫學叢書》中。蓋此書若存若亡者二千年，幾亡而幸存者數矣。中國醫家皆好言脈，而卒莫肯研討是書，而俗陋之脈學紛紛而起，亦可見醫家真能治學問、讀古書者之少也。傷寒中之平脈、辨脈，亦當出於叔和。

六、晉以後鍼灸學

鍼灸家之書爲晉以後人所輯者，當以《甲乙經》爲最古。此書自言本於《鍼經》及《明堂孔穴鍼灸治要》，則《内經》十八卷中《鍼經》九卷之遺，實當於此書見之。且鍼灸之術，通者校少，故其傳書，訛奪尤甚，當謐時，此三書者既已錯互非一，而謐實爲之校正，則讀古代鍼灸之書者，尤當以此書爲據也。此外《隋》、《唐志》所載諸書悉亡佚，其存於今者，惟宋王惟德《銅人腧穴鍼灸圖經》三卷，暨不著撰人名氏之《銅人鍼灸經》七卷，西方子《明堂灸經》八卷。《銅人腧穴鍼灸圖經》爲仁宗時惟德奉敕所撰，與其所鑄銅人相輔而行。見《讀書志》及《玉海》。周密《齊東野語》記宋時所鑄銅人，極爲奇巧。原文云："嘗聞舅氏章叔恭云：昔倅襄州日，嘗獲試鍼銅人。全像以精銅爲之，腑臟無一不具。其外腧穴，則錯金貫穴名於旁。凡背面二器相合，則渾然全身。蓋舊都用此以試醫者。其法外塗黄蠟，中實以水，俾醫工以分折寸。案穴試鍼，中穴則鍼入而水出，稍差則鍼不可入矣，亦奇巧之器也。後趙南仲歸之内府。叔恭嘗寫二圖，刻梓以傳焉。"則此書當然專門授受之遺，然傳本極少。《四庫書目》因誤以《銅人鍼灸經》爲惟德書，後慈谿馮一梅乃得三書互校，則惟德所載腧穴，半爲《銅人鍼灸經》所無，而《銅人鍼灸經》第二、三、四、六卷所載諸穴，亦有爲惟德《經》所無，并爲王冰《素問注》、《甲乙》、《千金》、《外臺》、《聖濟》諸書所未載，馮氏謂其別有師承，信然。蓋此類專家授受之書，固不過存十一於千百耳。觀歷代書目可見。《明堂灸經》則依據惟德書删其鍼法而成。蓋鍼之誤人較易，後世鮮能工其術者，遂有此專言灸法之一派，《外臺》其先河也。然此書分別部居，實取用《千金方·明堂三人圖》，主治各病，亦兼採

《外臺》諸家，故與惟德書仍互有同異。按《千金明堂三人圖序》云：舊明堂圖年代久遠，傳寫錯誤，不足指南，今一依甄權等新撰爲定。則《千金》所本《明堂》，實爲甄權所撰，與《甲乙經》所本《黃帝明堂》不同。蓋一爲舊傳之本，一爲新定之本。今甄權所撰《明堂》已佚，《千金》所載《明堂三人圖》亦不存，猶賴此書見之。又《銅人鍼灸經》於惟德書所載腧穴不全錄，而此書視惟德書有增無删，尤可寶也。以上略本馮氏校識之語。案馮氏所校，即當歸草堂叢書本，其所改字，仍彙記於後，檢閱即仍可見原本之舊，至爲矜慎。又案"明堂"二字，爲古人稱人體生理之名，其義未聞。錢曾《讀書敏求記》曰："昔黃帝問岐伯以人之經絡，盡書其言，藏於靈蘭之室。洎雷公請問，乃坐明堂授之，後世言明堂者本此。"其說當有所本，然恐非古義。《隋志》有《明堂孔穴》五卷、《明堂孔穴圖》三卷，又《明堂孔穴圖》三卷。《唐志》有《内經明堂》十三卷、《黃帝十二經脈明堂五藏圖》一卷、《黃帝十二經明堂偃側人圖》十二卷、《黃帝明堂》三卷、楊上善《黃帝内經明堂類成》十三卷、楊玄孫《黃帝明堂》三卷，今並佚。

《黃帝蝦蟆經》一卷，日人所刻，論月中逐日蝦蟆兔之生省，而人氣所在，與之相應，不可鍼灸。原有識語，謂《隋志》有《黃帝蝦蟆忌》一卷，當即此書。又《太平御覽》引《抱朴子》：《黃帝經》有《蝦蟆圖》，言月生始二日，蝦蟆始生，人亦不可鍼灸其處。《隋志》又有《明堂蝦蟆圖》一卷、徐悦《孔穴蝦蟆圖》三卷，則似晉宋間其說已行於世。《史記·龜策列傳》有月見食於蝦蟆之語，則其書似出於漢人云云。案日本人所云中國古籍，亦有不盡可信者，然此書則似非僞造也。

七、隋唐輯存之古醫書

古代醫家之書，爲隋唐人所輯存者，當推巢元方《諸病源候總論》、孫思邈《千金方》、王燾《外臺祕要方》三書。《病源》六十七門，千七百二十論，爲古代醫論之淵藪。其書爲隋時諸醫奉敕所撰，而巢元方總其成。見《四庫提要》。以儒家之書譬之，猶孔穎達之義疏也。《千金》、《外臺》皆以方爲主，所收既博而又多出古來專家之傳授，迥非後世憑虛臆度，自製一方者可比，亦醫家之鴻寶也。《千金》、《外臺》卷帙浩博，後世能羽翼之者極寡，惟清張璐有《千金方衍義》三十卷。又《千金寶要》十七卷，附論及《千金須知》爲十八卷，宋宣和中，郭學士思删節《千金方》而作，刻石華州公署。明正統、景泰間，俱有木、石刻本。隆慶六年，秦王守中復刻石耀州孫真人祠，清《四庫》未著錄。孫星衍得明刻拓本，刻入平津館叢書。

其託名古書而實不可信者，則有《肘後備急方》、《中藏經》、《褚氏遺書》三種。《肘後方》，本名《肘後卒救方》，爲晉葛洪所撰，陶弘景補其遺闕，都百有一首。改名爲《肘後百一方》。隋時陶書已亡，而葛書迄趙宋猶存。見《隋書·經籍志》及《宋史·藝文志》。金楊用道取《證類本草》所載諸方，隨證附入，名爲《附廣肘後方》。元至元間，有烏某者，得其本于平鄉郭氏，始刻而傳之。段成己爲之序，稱葛、陶二君共成此書，而不及楊。明嘉靖中，知襄陽府呂容又刻之，並列葛、陶、楊三序於卷首，書中凡楊氏所增者，別題"附方"二字，列之於後，而於葛、陶二家之方，則不加分別。案陶書當隋已亡，烏氏焉得而刊之？烏氏且未得楊氏附廣之本，呂氏又孰從而得之？其爲僞託顯然矣。《中藏經》託之華佗，前有鄧處中一序，稱佗得是書於公宜山老人，己爲佗外孫，因佗殁後示夢，得之石函中。《褚氏遺書》則託之南齊褚澄，謂黃巢時群盜發冢，得其石刻。有蕭淵者，其父見之載歸，遺命即以爲槨，而淵叙其事，亦刻諸石，僧人義堪復得之蕭氏冢中云。立説詭誕，辭尤鄙淺，其爲僞託更不俟論，然二書立論處方，皆頗合古誼，且叔和《脈經》已引華氏《內照法》中語，周密《癸辛雜識》，亦引褚書"非男非女之身"一条，則亦有古書爲據。二書均至《宋史》始著於録，蓋唐末五代人所僞造也。《中藏經》、《通志·藝文略》及《書録解題》均著録。《宋史》作《黃氏中藏經》。"黃"字蓋"華"字聲誤。其書宋元間傳鈔頗廣。明吳勉學始刻入《古今醫統》中。清孫星衍兩得元人寫本，均稱趙文敏書，以校吳本，每篇奪誤各數百字，方藥份量亦均被删，乃校定爲三卷，刻入《平津館叢書》中，然此書別有坊本，訛奪難讀，而後別附《方》一卷、《内照法》一卷。周學海刻《醫學叢書》，又取其《方》及《内照法》，刻諸孫氏三卷本之後，然錢塘胡氏《百名家叢書》及《格致叢書》亦刻此書，又有《内照法》一卷，周氏又未之見也。

八、宋以後醫方之蒐輯傳播

中國經籍之傳世，至宋而始多，蓋鋟板之術盛於是時使然。然醫家之書，經宋人蒐輯傳世者，醫經類甚少，同一經方也，本草類亦甚少，而方書獨多。蓋醫理深邃，非盡人所能知，方藥則事足便民，好蒐輯之者較衆；又格物之學不明，徒知蒐輯成方以治病，而不復能研求藥性，所謂知有術而未足語於學也。職是故，醫經及經方中本草一類之書，傳者遂少，雖欲蒐輯之亦有無所取材之歎。歷代政府重視醫學者，無過於宋，當時官纂之書，《本草》而外，亦不過《局方》及《聖濟總錄》二書，卒不能如隋代之採輯衆論一以成病源，則醫家專門授受之學，至宋而日以亡失，概可見矣。此以輯舊説成書者言，宋人自創新説者不在此限。

《太平惠民和劑局方》凡十卷，按紹興十八年改熟藥所爲太平惠民局。成於元豐中。時詔天下高手醫各以得效祕方進，下太醫局試驗，依方製藥鬻之，仍摹本傳於世。見《讀書志》。政和中，徽宗御撰《聖濟經》十卷，又集海内名醫，出御府禁方，共相討論，成《聖濟總錄》二百卷。二書雖駁雜不純，然前此專家之遺，多在於是，終可寶也。岳珂《桯史》嘗譏《和劑局方》用藥差訛，以補虛門中山芋丸誤寫牛黄清心丸之後，蓋官修之書，往往不免如此。《局方》尚有完本，《聖濟總錄》久而佚脱。清程雲來購求殘闕，程雲來，名林，休寧人。用力至勤，尚闕百七十三至七十七五卷，就其所得，删錄爲《纂要》二十六卷，後震澤汪鳴珂又展轉蒐補重刻之，中秪三卷漫漶者百有三行，餘皆完好矣。其私家所輯傳於今者，則有王袞之《博濟方》五卷、王袞，太原人。此書傳本久佚，清開四庫館，從《永樂大典》中輯出，其中方藥，多爲他書所未載。沈括之《蘇沈良方》八卷、此書本沈括所輯方書，後人以蘇軾《醫論》附入，改名爲《蘇沈良方》，實未安。陳直之《養老奉親書》一卷、元鄒鉉續撰三卷，改名《壽親養老新書》。洪遵《洪氏集驗方》五卷、遵字景嚴。此書久佚，李時珍《本草綱目》徵引宋代方書，亦未及。嘉慶中，吳縣黃丕烈得宋本重刻之。董汲《旅舍備要方》一卷、汲，字及之，東平人。王貺《全生指迷方》四卷、貺，字子亨，考城人，宋《藝文志》作三卷，久佚，清四庫館從《大典》中輯出，改爲四卷。許叔微《普濟本事方》十卷、許叔微，字知可，或曰揚州人，或曰毘陵人。夏德《衛生十全方》三卷、《奇疾方》一卷、夏德，字子益，清四庫館從《大典》輯出。吳彥夔《傳信適用方》二卷、東軒居士《衛濟寶書》二卷、袁永之影宋刻本。嚴用和《濟生方》八卷、清四庫館從《大典》輯出。史堪《史載之方》一卷、堪字載之，周學海《醫學叢書》中有之。張銳《雞峰普濟方》三十卷、此書第一卷爲諸論，蓋銳所自撰，以下二十九卷皆裒輯成方，各分門目，《宋志》作張銳《雞峰備急方》一卷，馬氏《經籍考》同，今爲全書中之第三十卷，蓋別有單行本也。《本草綱目》引亦稱《鷄峰備急方》，則亦未見他卷。道光八年，長洲汪士鐘得南宋槧本覆刻之，目錄闕一至九葉、第十卷五葉，二十卷十五、十六頁，二十二卷四、五頁，二十五卷半葉以下，二十三卷一至十一葉亦皆闕，餘均完好。王璆《是齋百一選方》二十卷、寬政己未，日本醫官千田子敬，假荻元凱所藏元本重刻。璆字孟玉，山陰人，是齋其號，仕爲漢陽史，其人非醫，而前有章璆序，謂其生長名家，畜良方甚富。千田氏亦謂試之刀圭，屢獲奇效云。陳造《江湖長翁集》謂是書撰集凡十九年而成，蓋亦非苟焉而已。全書凡三十一門，爲方千餘，《曝書亭集》有此書跋，謂《書錄解題》載此書三十卷，《宋志》作二十八卷，而其所藏本止二十卷，與千田氏所刻同。王碩《易簡方》一卷、此書中國亦佚，予所見者爲日本文化十三年和氣惟亨校刻本。碩字德膚，書中往往引用《局方》，又引用《三因玄兔煎》，則在此二書之後。《自序》謂取常用之方，可以外候用者，詳著大義於篇，以治倉卒之病，易療之疾，輕者自愈，重者亦可藉此以待招醫云云，蓋爲不知醫者而設。施發《續易簡方論》六卷、發字政卿，永嘉人，以攻王碩《易簡方》不待識脈明證之非，《自序》謂與德膚早歲有半面之好，以人命所關，不容緘默云云，則與碩同時人。其今已亡佚者，尚不在此數。迄於元代，此風未沫，其書之傳於今者，有薩理彌實《瑞竹堂經驗方》五卷、四庫館從《大典》輯出，《四庫提要》謂，薩理彌實當作沙圖穆蘇。危亦林《世醫得效方》二十卷、危亦林，字達齋，南豐人，積其高祖以下五代所藏醫方而成，所載古方甚多。而明周定王朱橚之《普濟方》起而集其大成。《普濟方》四百二十六卷，凡千九百六十論，二千一百七十五類，七百七十八法，六萬一千七百三十九方，二百三十九圖，自古經方無更該備於是者，惜除《四庫》所存外，未見刻本也。惟第三十一卷眼科五百八十八方有單行刻本，見《冷廬醫話》。明藩王多好方書者。又有《醫方選要》十卷，爲蜀獻王侍醫周文采所輯，《魯府祕方》四卷爲魯王府侍醫劉應泰所輯；周定王又有《救荒本草》四卷。蓋蒐輯醫方之風起於唐而盛於北宋，其流風餘韵，迄明清猶未艾也。

九、宋代醫學新説之興起

中國醫學，至宋而新説肇興，非得已也。天下之物莫不有理，必得其理，然後可以應用於無窮。古代專門授受之醫學，魏晉而後既已寖失其傳，其爲後人所輯存者，皆不免於殘闕不具。夫古代之醫學即使書存於今，其理亦未必可據，況其所存者又皆殘闕不具之説乎?！然學術之眞必存於事物，後世解剖之學既已絕跡，偶有其事，不得云學，見後。形下之學又日湮晦，欲明醫理，果何所據以資推求哉？於是冥心探索，而其説轉遁入於虛無，而五運六氣之説興矣。

五運六氣之説非後世醫家所臆造也，而繆仲淳字希雍。極攻之。其言曰："五運六氣之説，其起於漢魏之後乎。張仲景漢末人，其書不載也；華元化三國人，其書亦不載也。前之則越人無其文，後之則叔和鮮其説。今之醫者，學無原本，侈口而談，動云五運六氣，將以施之治病，譬猶指算法之精微，謂事物之實，豈有不誤哉！"其言卓然不惑，可謂豪傑之士。然以五行配五藏，今、古文家皆有之。今文家説同《素問》，古文家則曰：脾木也，肺火也，心土也，肝金也，腎水也。六氣之説，亦明見《左氏》，安得盡指爲虛誣？蓋中國自西周以前，本爲陰陽五行之世界，東周以後，其説漸破，至漢遂成强弩之末。魏晉而降，玄學大興，其説摧陷廓清殆盡矣。夫在古代，禮樂兵刑，政教之形質也，陰陽五行，政教之魂神也，然後世儒者，多言禮樂兵刑而罕談陰陽五行者何也？以人心變動，恒先乎事物，歐人新婚之後，夫婦相偕出游，乃野蠻之世，掠奪得婦，以備女黨之反攻。今掠奪得婦之風俗久變，而新婚後夫婦相偕出游之風仍在，其一例也。陰陽五行之説不復足以範圍後世之人心故也。醫家則何以異此？張仲景之《傷寒》，自言撰用五行大論。見《論集》。而《素問》一書，魏晉後醫家亦皆誦習勿替，然卒不言五運六氣之説者，明堂之圖，鍼灸之法，本草之經，脈學之訣，猶儒家之有禮樂兵刑；五運六氣之論，猶儒家之有陰陽五行也，然當解剖之學既已廢絕，形下之學又日湮晦之時，而欲求一説焉，足以包括一切，則舍五運六氣之論固莫屬矣。

醫家新説，盛於金、元而實起於北宋。有劉溫舒者，始撰《素問入式運氣論奧》三卷，而以《内經素問遺篇》附刊其後，是爲言運氣者之始。沈括之徒深信之。又有寇宗奭者，撰《本草衍義》二十卷，始論及運氣，前此所未有也。及劉河間出，劉完素，字守真，河間人，事蹟具《金史·方技傳》。而新説大盛。河間撰《素問玄機原病式》一卷，闡明六氣皆從火化之理；又撰《宣明論方》三卷，其用藥多主寒涼，始與《局方》立異。案今本《河間六書》，乃明吴勉學所輯，凡《原病式》一卷、《宣明論方》十五卷、《病機氣宜保命集》三卷、《傷寒醫鑑》一卷、《傷寒直格方》三卷、《傷寒標本心法類萃》二卷、《傷寒心要》一卷、《傷寒心鏡》一卷。去《保命集》爲張元素所撰，《醫鑑》馬宗素撰、《心要》鎦洪撰、《心鏡》常德撰，實止四種，而《宣明論方》自序云三卷，今乃得十五卷，《標本》、《直格》亦多竄亂，《四庫書目》謂其竟出依托，勉學謬不至此。疑後來坊買所爲。又《三消論》一卷，相傳爲河間書，周澂之有評注本。自是以後，《宣明論方》行於北，《局方》行於南，儼然成對峙之勢焉。河間之學再傳而爲羅知悌，由知悌傳諸丹溪，朱震亨，字彦修，元婺州義烏丹溪人，人稱丹溪翁。大倡古方不可治今病之論，謂欲起度量，立規矩，稱權衡，必於素、難諸經。見戴良《九靈山房集丹溪翁傳》。其所撰《局方發揮》，力闢溫燥之弊，始明目張膽以與《局方》爲難。其論治以補陰爲宗，雖曰自創一家，實則承河間而漸變者也。丹溪之書，凡《格致餘論》一卷、《局方發揮》一卷、《金匱鉤玄》三卷，皆有通行本。其《治法心要》八卷、《醫要》一卷、《脈因證治》四卷，傳本較少，周澂之與《金匱鉤玄》同刻入《醫學叢書》中。又《脈訣指掌病式圖説》一卷、《醫學發明》一卷、《活法機要》一卷，惟《古今醫統》中有之。與丹溪同宗河間者，有張子和，張子和，名從正，號戴人，金睢州考城人。所著《儒門事親》，多以攻伐爲宗。傳丹溪之學者，有明戴原禮，嘗著《推求師意》二卷，以闡丹溪之學。原禮之學傳諸祁門汪機，所著《石山醫案》，亦皆以丹溪爲宗。機，字省之。此書凡三卷，實機弟子陳桷所編。桷字惟宜，亦祁門人，坊刻石山八種，於此書外，又有

《素門鈔》三卷、《運氣易覽》三卷、《外科理例》六卷、《痘治理辨》一卷、《鍼灸問對》三卷,皆機作。其《脈訣刊誤》二卷,實戴啟宗之書,《推求師意》二卷,則機所輯戴原禮之書也。而浙中之同時景從者,又有虞搏,有王綸,亦丹溪一派之學也。綸所撰《明醫襍著》,主寒涼最甚。

少後於河間而崛起於北方者有張潔古,張元素,字潔古,金易州人。李濂《醫史》載潔古嘗爲河間療傷寒,然其學非出自河間者也。所著《珍珠囊》三卷,始創引經報使之説,而用藥之法一變。又有《藏府標本藥式》一卷,在醫學指歸及周澂之《醫學叢書》中。其學傳諸東垣,李杲,字明之,自號東垣老人,金真定人。倡土爲萬物母之説,獨重脾胃,著《内外傷辨惑論》、《脾胃論》、《蘭室祕藏》各三卷,俗傳《東垣十書》,又此三書外,又增有崔真人《脈訣》一卷,云杲所評。崔真人即道士崔嘉彦,號紫虛真人。此外則爲朱震亨《格致餘論》、《局方發揮》、王履之《醫經溯洄集》、齊德之《外科精義》、王好古之《湯液本草》、《此事難知》。王好古,字進之,號海藏,元趙州人。極論寒涼峻利之害,實於河間、丹溪外別樹一幟。其所著用藥法象,亦主陰陽升降浮沈之説,與潔古同。自製諸方,動至一二十味,而古來經方之面目亦大變矣。東垣入室弟子曰王海藏,亦嘗受業潔古。著《湯液本草》三卷,大倡東垣、潔古之緒論,又著《醫壘元戎》十二卷,《此事難知》三卷、《陰證略例》一卷。東垣治傷寒之書已不可見,書名《傷寒會要》,《元遺山集》中有其序。其法實當於此書求之。其晚年高弟爲羅天益,嘗承師命作《内經類編》一書,書不傳,序見劉因《静修集》中。實居張景岳《類經》之先,蓋舉一切治病用藥之法,而悉歸本於《内經》,實至東垣而大成其説也。

繼東垣而起者爲景岳。張介賓,字會卿,號景岳,明山陰人。景岳之學,既攻河間、丹溪,亦攻東垣。東垣曰:相火爲元氣之賊,景岳則云相火爲元氣之本,一以補陽爲主。後來醫家不分内傷外感,動云補正即所以去邪,實景岳有以開之。又時引《易》理以言醫,校之但言運氣者尤爲誕謾,然所著《景岳全書》,網羅各科,儼稱謨典,幾有包括一切之概,醫家之崇奉其説者頗多。《景岳全書》曰《傳忠錄》,曰《脈神章》,曰《傷寒典》,曰《雜證謨》,曰《婦人規》,曰《小兒則》,曰《痘證詮》,曰《外科鈐》,曰《本草正》,曰《新方八陳》,曰《古方八陳》,曰《婦人小兒痘疹外科方》,凡六十四卷。

十、明代醫家之成就

明代醫家有網羅各科之概者，無如薛立齋。薛立齋，名己，吳縣人。立齋本世爲太醫，其治法不免貌似中庸而實流於鄉愿，徐靈胎以其用藥偏於剛燥，遂與景岳連類而同譏，其實非也。觀其十三科一理貫之之論，外感遵仲景、內傷宗東垣、熱病用河間、雜病主丹溪之說，則原欲奄有衆長，特志有餘而才識俱不足，遂不免流爲鄉愿耳。世所行《薛氏醫案》，於十三科之學，幾於靡所不包，正骨一科，前此傳書極少，薛氏書中獨有之，清修《醫宗金鑑》，傷科之書，即取於是，其功亦不可沒也。《薛氏醫案》凡七十八卷，其自著者爲《外科樞要》四卷、《原機啟微》三卷、《內科摘要》二卷、《女科撮要》二卷、《癘瘍機要》三卷、《正體類要》二卷、《保嬰粹要》一卷、《口齒類要》一卷、《保嬰金鏡錄》一卷。訂正前人之書爲陳自明《婦人良方》二十四卷、不著撰人《外科精要》三卷、王綸《明醫雜著》六卷、錢乙《小兒真訣》四卷、陳文中《小兒痘疹方》一卷、杜本《傷寒金鏡錄》一卷、立齋父鎧《保嬰撮要》二十卷。

薛氏之流失爲趙獻可一脈。《醫貫》一書，幾欲以八味六味二丸統治天下之病。徐靈胎著《醫貫砭》，痛斥之。宗趙氏之學者，在清有高鼓峰、董廢翁、呂晚村。高氏《醫宗己任編》中，《四明心法》一篇，於八味、六味二方，論列最詳，讀之可見此派宗旨之所在。晚村《東莊醫案》一卷，凡五十八案，無一案不用人參、地黃者，可謂奇談。廢翁有《西塘感證》三卷，其治法亦宗高、呂二家。此三書有光緒十七年旌德王汝謙補注合刻本。

明末諸家中，雖無特見而大體平正不頗者，當推李士材。《松江府志》列士材所著書，凡數十種。《江南通志》則惟載《傷寒括要》、《內經知要》、《本草通玄》、《醫宗必讀》、《頤生微論》五種。今行世者，此五種外，亦惟士材三書中之《診家正眼》、《病機沙篆》兩種而已。其一爲《本草通玄》。疑《松江志》之言，不盡實也。諸書中，《醫宗必讀》通行尤廣，頗平易，有裨初學。惟以諸血證盡入虛癆門，詒誤亦頗巨。凡士材書原非盡出自撰也。士材之學，一傳爲沈朗仲，再傳爲馬元儀，三傳爲尤在涇。《病機彙論》十八卷，本朗仲所輯，而元儀晚年與在涇參訂成之。凡分六十門，首脈、次因、次證、次治，輯前賢方論，皆終於士材，實士材一派之學最完全之書也。元儀印《機草》一卷，附此書後。

有明諸家中，體大思精者，當推王肯堂。王肯堂，字宇泰，金壇人。肯堂著《證治準繩》百二十卷，採摭繁富，而條理分明，《四庫提要》稱其博而不雜，良不誣也。清初張石頑著《醫通》十六卷，門類先後，一本此書，其方藥則多採立齋、景岳兩家。《醫通》無傷寒門，以別有《纉論》、《緒論》二書也。

十一、宋以後對古醫書之注釋訂補與發揮

宋學末流之弊，在於偏重理想，遂致憑臆見以進退古人，所謂六經皆我注脚，實其致誤之原也。夫爲學之道，一本散爲萬殊，萬殊歸於一本，孔子所謂一以貫之，孟子所謂博學而詳說之，將以反說約也。名家歸內演繹二法，實即此理。宋學之興，原因漢唐儒者，過於泥古而不復能推求其所以然，以致窮而思變，故其爲學之法，莫不偏重於演繹。夫推論事物，必有其所憑之理，猶幾何學之有公理也，本公理以釋題，義其所據之理不誤，而後其所釋之題不誤。語不云乎，差之毫釐，繆以千里，宋學之始，雖或偏重空想，然其所執之理，固猶從推求事物而得，雖有差繆，不至甚大也。及其後來，乃不復推求事物，而惟執宋儒所說之理以爲理，即就此理推衍之，以得其所謂理者，更執此推衍所得之理，以爲推衍之資，而其差繆有不可勝窮者矣。宋學末流之橫決，弊實由此。我國古代專門授受之醫學，魏晉而後，統緒久亡。自宋以後之醫學，實由醫家以意推闡得之，其人多本治儒學，即非儒家，亦不能無囿於風氣，遂移儒者治經談道之說以施之於醫，而其紛紜不可究詰矣。

唐以前之醫家，所重者術而已。雖亦言理，理實非其所重也。宋以後之醫家，乃以術爲不足恃，而必推求其理，此自宋以後醫家之長，然其所謂理者，則五運六氣之空理而已，非能於事物之理，有所真知灼見也。惟重術，故其所依託者，爲專門授受之大師，而不必謬託於神靈首出之人以爲重。如孫真人時，江南諸師所祕要方，皆云出自仲景是也。又如

前所載王勃《難經序》，雖亦溯其源於黃帝、湯、文，然其意在自詡其授受之有本，與宋儒之所謂道統，自謂遙接二帝、三王及周、孔之心傳者不同。惟重理，乃以儒家所謂道統者，移而用之於醫家，於是神農、黃帝，猶儒家之有二帝、三王，元化、仲景，猶儒家之有周公、孔子矣，於是言醫者必高語黃、農，侈談《靈》、《素》，舍是幾不足與於知醫之列矣，率是道而行之，其第一步必以己意注釋古書而蔑棄前此專家相傳之說，其第二步必且以己意竄改古書，或刪其衍，或補其亡，或移易其篇第矣。此風也，其在儒家開於宋而橫決於金、元，醫家亦然。

《素問》非古代醫家之金科玉律也。仲景《傷寒》自言撰用《素問》，而書中曾未引及《素問》一語，可見知證脈方藥，醫家自有真傳，如《素問》之馳騖玄談者，不過藉資參證耳。自宋以後，言《素問》者始漸多，明以來，乃更奉爲天經地義，而又益之以《靈樞》。元呂復著《群經古方論》尚不信《靈樞》爲古書。其從事於注釋者，則有馬蒔之《素問證注發微》、張志聰之《素問集注》、高士宗之《素問直解》。其分類纂輯者，則有滑伯仁之《素問鈔》，此書採王《注》甚略。明丁瓚有《素問鈔補正》十二卷、汪機有《續素問鈔》九卷，皆多採王《注》以補之。張景岳之《類經》。清虞庠有《類經纂要》三卷，王廷俊爲之注。廷俊弟子陳滋和刻之浙江。庠字西齋，歸安人；廷俊字壽芝，成都人。滋和，繁江人，爲浙江連市巡檢。而其言錯簡者，則始於黃坤載。坤載著《素問懸解》，謂本病論實在玉機真藏論中，刺法論誤入診要經中論，刺法論誤入通評虛實論，又謂經絡論乃脾部論之後半篇。脾部論乃十二正經經絡論之正文，悉取以補闕，仍還八十一篇之舊。其注《靈樞》，亦動以錯簡爲言，可謂勇於自信者矣。然《素》、《靈》二書實皆有訛亂，《靈樞》尤難讀。諸家之言《素問》者孔多，而能治《靈樞》者卒無其人也。《素》、《靈》二書互相複重，又有自相矛盾者。汪昂《素靈類纂約注》，以《素問》爲主。沈又彭《醫經讀》分平病診治四門，就二書去其矛盾，而存其可信者，頗合蓋闕之義。自明以來，《素》、《靈》二書，成爲醫家之聖經賢傳，凡著書者，幾無不節鈔二書，以冠其首，單行之節本尤多，皆不足語於著述也。

黃坤載可謂醫家中言錯簡之一大家也。前世治難經者，吳有太醫令呂廣、歙縣尉楊玄操，宋有丁德用、虞庶、周與權、字仲立。王宗正，字誠叔。金有紀天錫、字齊仲。張元素，元有袁坤厚、字淳甫。謝縉孫、字堅白。陳瑞孫，字廷芝。皆僅散見於滑伯仁《難經本義》中。周學海又有增輯本，仍以滑氏書爲主，名《增輯難經本義》。伯仁而後，注釋者亦有數家，如張世賢之《圖注難經》等。皆因襲舊文，無所心得，等諸市鄶。今言《難經》，當以滑氏書爲古義之淵藪矣。坤載著《難經懸解》，始亦謂舊本有訛，多所更定，仍其治《內經》之故智也。其後徐靈胎著《難經經解》，又援《內經》以攻《內經》，其實《內》、《難》同爲專家相傳之書，未必《內經》果出岐、黃爲天經地義而不可變，徐氏必是彼而非此，亦未免依傍門戶之見也。又有丁錦者，字履中，號適廬老人。乾隆間松江人，嘗著《古本難經闡注》二卷，《自序》謂游於武昌，客參政朱公所，得讀古本《難經》，以校今本，誤者有三十餘條，因而爲之闡注云云。丁氏所見之本豈能古於滑伯仁？則亦明人之意爲竄亂者耳。

　　諸古書中，諸家言錯簡最甚者，尤莫如《傷寒》。案"傷寒"二字，古有二義，一爲外感之總稱，一則專指外感中之傷於寒者。《難經》五十八難。云：傷寒有五，有中風，有傷寒，有濕溫，有熱病，有溫病。傷寒有五之傷寒，指總稱外感之傷寒，有傷寒之傷寒，指外感中之傷於寒者言也。《外臺》許仁則論天行病，謂此病方家呼爲傷寒，亦指總稱外感之傷寒言之。《外臺》所集論傷寒者凡八家：仲景、叔和、華佗、陳廩丘、范汪、《小品》、《千金》、《經心錄》，惟仲景有專書傳世。仲景之書十六卷，論傷寒者居其十，此十卷之盛行，又遠非《論雜病》之六卷所及，蓋天行之病，傳染廣而死亡多，其危險遠非雜病比也。夫天行之病變化萬端，原無從執古方以治今病，況古代諸家存者惟一仲景，而其書又竄亂訛奪不盡可據乎?！其有待於後人之張皇補苴固不待論矣。故自宋而後，論傷寒之書亦獨多。成氏《明理論》成無已，著《傷寒明理論》三卷。而外，其著稱者，有若龐安時之《傷寒總病論》，許叔微之《傷寒發微論》、《百證歌》，朱肱之《南陽活人書》，韓祗和之《傷寒微旨》，楊士瀛之《傷寒活人總括》，郭雍之《傷寒補亡論》，或闡其義，或補其方，於仲景書原不盡主墨守，即明代支離滅裂如陶節庵，《節庵六書》，曰《明理續論》，曰《截江網》，曰《一提金》，曰《殺車槌法》，曰《家祕之本》，曰《瑣言》，皆俱規越矩，毫無師法。又有《傷寒全生集》四卷，乃其晚年作以教子者，時爲正統十年，節庵年七十七矣。亦未嘗以錯簡爲言，乃自方仲行著《傷寒論條辨》八卷後，方仲行，名有執，歙縣人，而喻嘉言之《尚論篇》八卷繼之，喻嘉言，名昌，南昌人。始謂叔和編次，於原書次第已改移，無已作注，又多竄亂，遂各以己意更定。方氏爲言傷寒論錯簡者之首。而自喻氏書成，而方氏之書漸微。康熙甲寅，順天林起龍爲重刻之，并痛詆喻氏之攘善，然喻書實未嘗全襲方氏，其書中亦未嘗不及方氏，初未嘗掠爲己有也。後鄭重光又有《傷寒論條辨續注》之作，據方氏書參以喻氏及黃坤載、程郊倩二家，仍題仲行之名。喻氏書有論無方，其徒徐忠可爲補之。徐氏之學傳諸南昌羅子尚，羅也傳進賢舒馳遠。成再重訂《傷寒論集注》十卷，一以喻書爲主，而以徐《方》附之。自是以後，此風大扇。張路玉則有《傷寒續論》及《緒論》，黃坤載則有《傷寒懸解》，吳儀洛則有《傷寒分經》，言傷寒錯簡者，當以黃氏爲最有心得，張、吳二書多以喻氏爲據。周禹載則有《傷寒論》三注，兼採方、喻。程郊倩則有《傷寒論後條辨》，攻叔和序例最烈，其文字支離蔓衍，幾於游騎無歸。昔人譏其學金聖歎未得，爲醫中魔道，誠不誣也。章虛谷則有《傷寒論本旨》，依喻氏分篇。無不以錯簡爲言，其說亦不爲無見，然以此論醫理，則可謂各抒所得，以此治古書，則未免憑虛臆斷，此皆由中國學者崇古之念過深，凡立一說，必欲託之於古人，於古書之不盡可通者，遂不惜曲爲穿鑿也。徐靈胎云：叔和所次，誠不敢謂其必合於仲景，諸家所定，謂必能復仲景之舊，又有何證乎?！誠持平之論也。徐靈胎，名大椿，號迴溪，吳江人。靈胎有《傷寒類方》一卷，謂《傷寒論》原非依經立方，乃救誤之書，當時隨證立方，本無定序，削除陰陽六經門目，但使方以類從，症隨方證，使人可案證以求方，而不必徑循以求證。亦爲通達之論。

傷寒與溫熱、溫疫之別，尤爲醫家所聚訟。蓋"傷寒"二字，古人既以爲天行病之總名，則其所包者廣，原不僅指《難經》所列五種中之第二種，乃自後世醫者，泥於字面，一遇天行之病，輒以辛溫之劑治之，於是陽明成溫之證，見殺於桂麻等方者多矣，此一誤也。疫字之義，指病之傳染者而言，故《說文》云：疫，民皆病也。至其證，則有寒有熱，苟或傳染，熱者爲疫，寒者亦爲疫，至後世之所謂瘟，其字爲溫之俗，其義則與疫相同，皆指病之傳染者言，非指病之不寒者言也，乃世醫又泥於字面，偶遇不寒之疫，遂謂凡疫皆溫。本慮醫者以辛溫之劑誤施之溫熱，轉致末流泥溫疫之論不敢復言傷寒，執一定之方以馭

萬變之病，聖散子之殺人，正由於此，此二誤也。有此二誤，而傷寒、溫熱、溫疫三者之爭，遂如長夜不旦矣。而推其始，則實由"傷寒"、"溫疫"等字字義之混淆有以致之。立名之不可不審也如是夫！

溫熱治法始自河間。世所傳《直格》、《標本》二書，見前。雖未必真出河間手，然實爲河間緒論；自是之後，馬宗素有《傷寒醫鑑》、《傷寒鈐法》，鎦洪有《傷寒心要》，常德有《傷寒心鏡》，今皆在《河間六書》中，亦見前。皆此一派之學，世遂有外感宗仲景，熱病用河間之論，岐溫熱於傷寒之外矣；至吳又可出而其說又一變。吳又可，名有性，震澤人。又可於崇禎辛巳，躬遇南北直隸及山東、浙江大疫，以傷寒法治之不效，乃殫精研究，著《瘟疫論》二卷、《補遺》一卷，謂世所稱溫病，即屬瘟疫，古無瘟字，後世以溫去水加疒爲之。又謂數有溫證之中，乃偶有一陰寒，數百傷寒之中，乃偶有一陰證，其說未免矯枉過直，雖其指摘俗醫之誤治，不無可取，然誤以瘟、溫爲同義，遂使世之醫者，并溫熱與瘟疫爲一談，則又可爲之也。至清代江浙諸名家出而其說又一變。天行之病，變態萬端，斷不能僅執俗醫治外感之法治之，此義至瘟疫論出始大明，故又可書雖不免有誤，而其功究不小。清孔毓禮有評注本，洪天錫又有補注。毓禮字以立，黎水人，天錫字吉人，嘉興人。

有清中葉，醫家於溫熱治法，最所殫心。其論實起自吳中而託之於天士及生白。以江南病溫熱者最多也。葉天士，名桂，字香巖，吳縣人，薛生白，名雪，號一瓢，蘇州人，與葉天士齊名。世所傳《溫證論治》，首刻於唐笠三《吳醫彙講》中，見後。原序謂葉氏弟子顧景文，侍葉氏游洞庭山，舟中記葉氏所說，未暇修飾，今更爲之條達字句，移綴前後云云。華岫雲《續臨證指南》，亦首列是編，名爲《溫熱論》。二書辭句雖異，而用意大同，以"溫邪上受，首先犯肺，逆傳心胞"十二字爲主。吳鞠通撰《溫病條辨》，爲論溫熱證有專書之始，其旨實本於此。又有所謂《濕熱條辨》者，首刊於舒松摩《醫師祕笈》中，凡三十五條，謂爲薛生白作。江白仙刻陳平伯論疫之語，亦取其二十五條附列於後，而又別增出十五條，其編次亦與舒氏所刻互異。吳子音刻《醫效祕傳》，又取江氏所刻陳薛二人之作附後，名爲《溫熱贅言》，概題爲平湖陸增字秋山者所撰。江刻陳氏之作,皆自稱名曰祖恭,吳刻皆改作予。王孟英《溫熱經緯》所刻,云得之友人顧聽泉,聽泉得之吳人陳竹垞,則凡四十六條,與吳氏所刻又異。《臨證指南》之不足信,人人知之。薛生白曾孫啟字東來。自述其先世事蹟,亦謂生白不屑以醫見,故無成書,見《吳醫彙講》。則所謂《濕熱條辨》者,必非出於生白,更無疑義。然此兩種議論,當時頗爲風行。章虛谷作《傷寒論本旨》,謂仲景論伏氣溫熱,而不及外感。葉氏之論足以補仲景之殘闕,示後學以津梁。至暑邪由火濕合化,客於膜原,葉氏亦未論及,乃取所謂《溫證論治》、《濕熱條辨》附於《傷寒論》之後,以爲施治之準。迨王孟英出,乃盡取《溫證論治》及《臨證指南》之《幼科》一卷,暨《濕熱條辨》及陳平伯、余師愚諸家之論,附諸《內經》及仲景書之後,以成《溫熱經緯》,蓋當時江浙醫家治感證之法,至此而集其大成矣。周楊俊《溫熱暑疫全書》四卷,與章、王二氏之論相出入。余師愚書名《疫疹一得》,專用大劑石膏爲治熱疫之法。《閱微草堂筆記》載治京師大疫之桐城醫士,即師愚也。

　　方此等議論盛行時,葉派可謂光焰萬丈,而反對之論亦即起於是時,則王樸莊其先河也。樸莊名丙,吳人,與顧景文同時,嘗撰《傷寒論注》,一依《千金翼方》,謂例中諸條,多採入《千金方》第三十卷中。當時江南諸師,祕仲景要方不傳。孫真人蓋未見《傷寒》全論,迨作《翼方》時,乃得全論編次,以例已見於《千金方》中,故不復載也。又撰《傷寒論附餘》、《傷寒例新注》、《讀傷寒論心法》、《迴瀾說》等書,皆在《世補齋醫書》中。以伸叔和,辟方、喻,然其說未盛也;至樸莊外孫陸九芝乃大暢其說,謂溫熱、傷寒方論,實皆在《傷寒論》中。病之中於太陽者爲傷寒,治用辛溫,入於陽明者爲溫熱,治用辛涼。太陽證之失於溫散,內傳而成溫熱者治同。仲景書中本以桂、麻治風寒,葛根、芩、蓮治溫熱也。至疫則有熱有寒,各當隨證施治,又不當與溫熱混,《世補齋醫書》反覆此旨,不啻至再至三;又以陽明爲溫熱之藪,特著《傷寒論陽明病釋》一卷,以發揮之,蓋"傷寒"二字,義有廣狹及其與溫熱、溫疫之辨,實至九芝而後瞭然,亦可謂卓然不惑於流俗者矣。

九芝之學近承王樸莊，遠實導源於尤在涇。尤氏《傷寒論貫珠集》謂少、厥二經，實有溫、清兩法，九芝乃本此推之六經也。戴北山《廣溫疫論》，就吳又可書增刪改削以成之，於溫熱治法頗精。陸氏謂"溫熱"、"溫疫"二名，不容混淆，重訂其書，改名曰《廣溫熱論》，以爲治溫熱之式。戴氏書初僅鈔本流傳，歙縣有鄭奠一者，亦知醫，其後人誤以此書爲奠一作，刻之，名《溫疫明辨》，題奠一之名，至戴氏之孫乃正之，然《溫疫明辨》至今仍有傳本。

辨傷寒、溫熱不容誤治者，又有陳錫三名良佐，山陰人。之《二分晰義》、楊栗山名璿，成都人。之《寒溫條辨》、呂心齋之《瘟疫條辨摘要》乃合此二書而成。心齋名田，河南新安人。秦皇士名之楨，松江人。之《傷寒大白》、吳坤安名貞，湖州人。之《傷寒指掌》。楊氏之書實以陳素中名堯道，陝西人。之《傷寒辨證》爲藍本。陳氏書成於康熙戊午，至嘉慶十一年，有劉鏡浦者，乃爲刻之。楊氏書成於乾隆甲辰時，陳書當未有刻本也。陸九芝以楊氏所定十五方無一不暗用傷寒方，而又切戒人"勿用傷寒方"爲可怪；又譏秦氏謂仲景桂、麻方乃治河北、長沙北方冬月之病，幾於不辨南北，覆勘誠然，然二書亦自有可採處，不容一筆抹殺也。吳氏書條理亦頗清晰。明皇甫中有《傷寒指掌》四卷，乃陶節庵一派之學，與吳書名同而實大異。

羽翼仲景書者，又有清張隱菴之《傷寒論集注》，與成氏立異處甚多。長洲汪苓友名琥，康熙時人。有《傷寒論辨證廣注》十卷、《張仲景中寒論辨證廣注》三卷，於仲景書外兼採後賢方論，皆爲之注，云辨證者，辨其原文所言之證，使各以類相從，廣者，於仲景書外廣其方論，注則不分仲景書及所廣，皆爲之注。雖不甚合注釋體裁而採摭甚博。涇縣包興言名誠。有《傷寒審證表》一卷，頗清晰可覽。興言少游山左，受學於張宛鄰，宜其著述之有體例也。柯韻伯《傷寒論翼》謂傷寒論中，雜病未去者尚多，六經爲百病主治，傷寒爲百病之首，故借此以立法，其實傷寒、雜病治無二法也。尤爲卓見。論辨證者，又有張飛疇之《傷寒兼證析義》，亦宜一覽。

《金匱》一書，治者遠較《傷寒》爲少。宋元人皆無注釋。明初趙以德乃有《衍義》之作。其書傳本甚少，故《四庫》著錄，惟得徐忠可所注。然徐書實敷衍無精義，不及趙書之尚有發明；後周楊俊得趙氏書，補其所未備，成二注二十二卷，較徐書遠勝矣。黄坤載有《金匱懸解》，程雲來有《金匱要略直解》，魏念庭名荔彤。有《金匱要略方論本義》，亦均可讀，尤在涇《金匱心典》，條理尤精。

十二、明清本草之學與方書

自陶隱居迄唐慎微，凡修輯本草者，皆以古代所傳《本草經》爲藍本，已見前，其毅然網羅今古，自成一書者，實始於明李時珍之《本草綱目》。李時珍，字東璧，蘄州人。《綱目》凡十六部，六十二類，千八百八十二種，諸家所有者，千五百十八種，其三百六十四種爲時珍所補。與周定王朱橚之《普濟方》實卓然兩巨著也，自此書出而《證類本草》遂微。

此外明清人論本草之書，可分爲二派：一宗宋以來潔古、海藏、東垣、丹溪諸家之說，在當時可稱舊派，若劉若金之《本草述》、楊時泰《本草述鈎玄》係就此書刪節。倪純宇之《本草彙言》，其選也；一以復古爲主，唾棄宋後諸家之論，在當時可稱新派，若繆仲淳之《神農本草經疏》、此書凡三十卷，其次序一依《證類本草》。清吳懷祖節爲八卷，名《神農本草經疏輯要》，然亦有繆氏所無而吳氏補之者，吳氏名世鎧，亦常熟人。仲淳又有《先醒齋廣筆記》四卷，亦論方藥之作。盧之頤之《本草乘雅半偈》、張路玉名璐。之《本經逢原》、張隱庵名志聰。之《本草崇原》、徐靈胎名大椿。之《神農本草經百種錄》、鄒潤安之《本經疏證》，此書與繆氏書最精博。其選也。其主於簡易，備初學之用者，以汪訒庵之《本草備要》通行爲最廣，吳遵程之《本草從新》又以汪書爲藍本。

李氏《綱目》之後，能蒐遺補闕以匡其所不逮者，莫如趙恕軒名學敏。之《本草綱目拾遺》十卷。此書之意以完備爲主，故凡《綱目》所已載而治療未備、根實未詳者，仍爲補入。其《綱目》所未載者，雖珍貴罕見之物，亦無所遺。《綱目》之僅列其名而無主治者，亦悉錄入。

《綱目》分部之誤者，並爲訂正，惟人部無所增。例言謂苟欲求遺，必至於隱怪殘賊中蒐羅也。案恕軒《利濟十二種序》，此書之外，又有《百草鏡》八卷，專詳草藥。凡草藥之曾經試驗者入《拾遺》，其未經試驗者入此書。《救生苦海》百卷、《醫林集腋》十六卷、《養素園傳信方》六卷，以上兩種爲驗方。《呪由錄驗》四卷、《囊露集》四卷，眼科方。《串雅》八卷，見後。《升降祕要》二卷、《藥性玄解》四卷，藥性之奇制者。《奇藥備考》四卷、《本草話》三十二卷、《花藥小名錄》四卷、《攝生閒覽》四卷。《拾遺》例言謂他日擬作待用本草，將宇宙間可入藥之物，未經前人收採者，合爲一書。可謂洋洋大觀。今除《拾遺》及《串雅》外，均未見傳本，或疑其書本未成，然要爲晚近一大家也。

以本草作爲韻語以便誦讀者，有黃鈺之《本經便讀》。又吳縣朱東樵、名鑰。錢塘陸典三名文譁。皆有《本草詩》，而陸較勝。見《冷廬醫話》。南匯徐玉臺名鏞。有《儒門游藝》三卷，上詳脈病，中詳方，下詳藥，皆作七言絕句，亦頗簡要，惜無註，不易曉。

明清間人方書不及前人之浩博，而立意求精則過之。其推求古人製方之意者，始於吳鶴皋名崑。之《醫方考》六卷，而汪訒庵名昂。之《醫方集解》二十一卷繼之。吳遵程名儀洛。之《成方切用》二十六卷，則又繼汪書而起者也。二書皆以切用爲主，故所輯多常用之方。武進費晉卿名伯雄。有《醫方論》四卷，以鄉曲醫家多奉《醫方集解》爲枕中祕，而不復深求其所以然，乃爲之逐一論列其可用不可用，實市醫之當頭棒喝也。王晉三名子接，長洲人。《絳雪園古方選註》三卷，論列亦精。許宏《金鏡內臺方議》專發明長沙之方，亦爲別開生面。便於檢用之書則有祝補齋《衛生鴻寶》、毛達可名世洪，杭州人。《養生經驗合集》、《濟世養生》、《便易經驗》二集之合。王孟英《潛齋簡效方》、簡易外治之法。《四科簡效方》、邱式金《集驗良方拔萃》，此書詳於外科，內科較略。皆有名。鮑相璈《驗方新編》通行頗廣而選擇不精。

《本草綱目》一書包蘊宏富，且多存今日已亡之書，至爲可寶，即專輯其中之一類，亦足拔戟自成一隊也。以予所見，專輯其中之醫方者，則有蔡列先《本草萬方鍼綫》、曹鞠庵名繩彥，新建人。《萬方類編》、宋枳田名穆，山陰人。《萬方類纂》三書。蔡氏僅就《綱目》所載諸方爲編一目録，註明某病用某方，見某卷某篇；曹氏則將《本草》諸方分類編輯，二書分部互異。蔡書分七部，百有四門，凡載千五百餘方；曹書分百有七門，四千三百七十九證，凡載萬一千七百一十三方。曹氏自謂因蔡氏書刪複補遺，宋氏則謂其所分門類，不及蔡氏之清晰，乃照鍼綫門類，將本草各方全行録出云。又有《解素編》一卷，題海陽竹林人編，專就李氏《綱目》中摘出其解毒之法，間亦附以聞見所得，亦頗便省覽。

十三、宋以後鍼灸學派

後世鍼灸之書亦當分爲二派：一爲專家所傳，其人皆草澤鈴醫之流，此以其學派言，其人雖爲醫官，其學仍屬此派。如宋竇漢卿之《鍼經指南》，元王國瑞之《扁鵲神應鍼灸玉龍經》，明陳會、劉瑾之《神應經》，《四庫書目》不知會、瑾爲何許人，以其前載宗派圖，並著其始傳者席弘達誓詞，指爲道家野談，然據他書所載，會與瑾皆江西人，會先著《廣愛書》十二卷，廣其浩瀚，乃獨取一百一十九穴以成此書，爲學者守約之規，而瑾爲之校正，蓋皆鍼灸專家也。楊繼洲之《玄機祕要》是也；一爲世所稱爲儒醫者所輯，若元滑伯仁之《十四經發揮》，明高梅孤名武。之《鍼灸節要》、《鍼灸聚英》，汪石山人即汪機。之《鍼灸問對》是也。滑氏傳鍼法於東平高洞陽，其學當有所受。《節要》專取《難經》及《靈》、《素》，《聚英》則取《千金》、《外臺》以後，皆據故書纂輯耳。《鍼灸問對》辭旨極明暢，而其學亦無所受，周澂之所謂强不知以爲知者也。大抵專家所傳者，其辭旨多不雅馴，其說考諸古書，或不能盡合，然其受授具有源流，雖亦不免傳訛，要爲一字皆寶。儒醫所輯者，其書多明白易曉，具有條理，然其學既無所受之，試問古書之異同，憑何折證，恐不免意爲去取矣。《鍼灸擇日編集》一卷，前有正統十二年金禮蒙序，謂内醫院醫官護軍臣金循義、司直臣金義孫共成是書以進，命臣序之云云。光緒庚寅，上杭羅家傑得之日本，重刻之。

十四、解剖學

解剖之學,或謂我國無之,非也。人身之臟腑經絡,苟非解剖,試問何由知之?至其不盡密合者,非由古書歲久傳訛,則由古人文義粗略耳。古人言語,於數目方位,往往不甚精密,如《詩》三百五篇,舉其大要而言三百篇,即其一證。人之心非在正中,而古書以為在中,亦是當時言語粗略,非必古人不知人心之所位也。凡古書言臟、腑、經絡之誤皆類此。然則施之於用何以不誤?曰,古者圖書相輔而行,圖之外,且有器,以與圖書相證,書雖但存其粗,圖與器未嘗不精,正因精者必求之於圖與器,書遂不妨但舉其大要也,觀前引《齊東野語》所載宋時銅人可知。人死則可解剖而視之,見於《靈樞·經水篇》。《漢書·王莽傳》載莽誅翟義,捕得其黨,使太醫尚方與巧屠共刳剝之,量度五藏,以竹筳導其脈,知所終始,可以治病。莽最泥古,其所為必有所據。《讀書志》載楊介《五藏存真圖》,謂崇寧間泗州刑賊於市,郡守李夷行遣醫並畫工往,親決膜,摘膏肓曲折圖之,盡得纖悉,介以校古書,無少異者。《寅退錄》亦載廣西戮歐希範及其黨,凡二日,剖五十有六腹。宜州推官靈簡皆詳視之,為圖以傳於世。又《聞見後錄》載無為軍醫張濟善用鍼,得訣於異人,能親解人而視其經絡,因歲饑疫,人相食,凡視一百七十人,以行鍼,無不立驗。又程式嘗解剖倭人,見《醫彀》。何一陽從軍南征,亦嘗解剖賊腹,見《赤水玄珠》。清時王清任乘兵亂之際,輾轉就積屍考視臟腑,用力尤勤,具見所著《醫林改錯》中。王氏所製《補陽還五一方》,滅裂無理,陸九芝攻之是也,至並詆其考驗死人之臟腑則大非。可見解剖一事,數千年來,原未嘗絕跡,特必乘兵荒刑戮之際,而不能公然行之於平時,故能與於其事者太少,遂不能互相考求，日臻精密耳。然古者鍼灸之術必託始於解剖，斷不容疑。今者欲蒐求古人之遺緒，亦斷不容不致力於此，必不能但求之於故紙堆中也。

十五、宋以後脈訣、舌法與辨證

言脈之書，宋以來盛行者，爲高陽生《脈訣》。吕復《群經古方論》以高陽生爲六朝時人，元謝縉孫《脈經序》謂在熙寧以後，馬貴與《文獻通考》則謂在熙寧以前，雖亦臆度之辭，然玩其辭義，當以出於北宋時之説爲近。其書大旨隱括脈經而成，而又自立七表、八裏、九道之名，與脈經不盡合。宋以來傳習者，多誤以爲王叔和作，以故攻之者極多，然書中並無僞託之據，則誤謂出於叔和者，乃習者之傳訛，非作者之僞託也。其書自不如《脈經》之古，然亦必自有師承，必視爲淫辭邪説之流，亦未免攻之太過。蓋自宋元以來，攻此書者甚多，然醫家傳習，卒莫能廢。自李時珍之《瀕湖脈學》出而此書之傳習始微。《瀕湖脈學》所取以弁首者，爲宋道士崔嘉彦所撰之《脈訣》，稱崔紫虚《脈訣》，亦曰崔真人《脈訣》。紫虚者，嘉彦之號也。實當不如高陽生之書也，醫家所以群趨之者，亦不過樂其簡易而已。

攻高陽生《脈訣》之書，始於元戴同父名啓宗，金陵人。之《脈訣刊誤》，明汪機爲刻之，附以自著之《矯世惑脈論》一卷，吴鶴皋有《脈診》二卷，亦以攻脈訣而作，而清李期叔名延昰，真定人。之《脈訣彙辨》十卷最詳，其就其書而訂正之者，則有沈鏡之《删註脈訣規正》四卷；信其書而爲之作註者，則有明張天成之《圖註脈訣》四卷。

宋元以來言脈者當推滑伯仁爲一家，其所著《診家樞要》，立説甚精；又著《十四經發揮》一書，於十二經外，益以督任二脈，亦於診家極有裨益。伯仁嘗傳鍼法於高洞陽，其學固有所受之也。李時珍《瀕湖脈學》雖無甚深義，而簡明易曉，與所著《奇經八脈考》，均足便初學循覽。二十八脈之説，始於李士材，名中梓。診家亦多宗之，清代醫家之於脈，實不過知此兩家耳。周夢覺《三指禪》以緩字爲平脈，餘脈乃分陰陽對待，亦頗有見。夢覺號小顛，邵陽人，以多病，棄儒業醫，好言修鍊，其書中亦多雜道家之説，頗傷駁雜。清末周澂之於脈學用力至深，既評註滑伯仁之《診家樞要》，又自著《脈義簡摩》，首部位，次診法，次形象，次主病，次名論彙編，次婦科診略，次兒科診略，皆集前人之説，而以己意闡發之。《脈簡補義》、《簡摩》推演前人，《補義》則出自撰。《診家直訣》，抉前二種之精要而簡其詞。《辨脈平脈章句》四書，又撮此四書之精要而成《重訂診家直訣》。又著《外診簡摩》一種，以備四診，蒐討之博，研索之勤，宋以後一人而已。林慎庵《四診抉微》八卷，先列經文，次彙舊説，而以己意附其後，別爲一卷，曰《管窺附餘》，其書於望、聞、問頗略而於脈較詳，亦足以資參考。慎庵名之翰，烏程人。

舌法爲古人所不詳，僅《傷寒論》有舌白苔滑之説。元杜清碧《金鏡錄》，始推至三十六圖，後又有所謂《觀舌心法》者，則推至百三十七圖。張誕先名登、路玉子。《傷寒舌鑑》，就《心法》刪減之，爲圖凡百二十，然究未免穿鑿也。又有所謂《舌鑑辨正》者，乃茂名梁特巖名玉瑜。所傳，而秀水陶拙存名葆廉。爲之筆錄，以蜀中所刊《舌鑑》爲藍本，故名。據陶氏序，謂光緒癸巳，宦新疆，患熱證，醫家誤投滋陰降火之劑，益劇；明年，以友人言，求治於梁氏，梁氏觀其舌，決爲實熱，投以苦寒多劑乃愈。叩其學，則出於家傳，以觀舌色、舌苔爲主。今是書首冠全舌分經圖，云得之明李良醫祕授，以察五臟病機，遵之數世，確有徵驗云。其或醫家之別傳歟。

醫家多好言脈舌，其實言脈舌尚不如辨證之切。脈舌有游移，證象無假借也。脈舌者，醫家所獨知，證象者，人人所共見也。故病家之當略知證象，實較醫家爲尤切，然從來言脈舌者有成書，而言證象者無專著，豈以其爲人人所共見而忽之歟？抑以爲但知證象，不足以言治歟？以予所見，惟鎮海蔣金鏞有《臨病考證》一卷，分列病證，本之六經，其自序，謂治病首在辨證，辨證既明，服藥可無虛虛實實之禍;欲使病家先明表裏虛實寒熱之大綱,亦得以考醫之良否,莫若摘述醫籍,使可按證而稽云云。書雖淺近,實於病家大有裨益。

十六、明清間諸醫學名家

明清間諸醫卓然自成一家者，當首推黃坤載。坤載所著各書雖亦不免偏激，且自許太過，然其中精闢之論實極多，非貌爲中庸者所可及也。坤載所著書，曰《素問懸解》、《靈樞懸解》、《難經懸解》、《傷寒懸解》、《傷寒說意》、《金匱懸解》、《長沙藥解》、《四聖心源》、《四聖懸樞》、《玉楸藥解》凡十種。其最博大者當推王肯堂《證治準繩》。而蒐討勤而用力深者，則有張路玉《醫通》及《傷寒纘論》、《緒論》。及隱庵。隱庵於《內》、《難》、《傷寒》、《金匱》、《本經》皆有集註，皆集諸及門之力，參訂而成，高士宗其弟子也。其崛起於江西者，則爲喻嘉言。嘉言之《尚論篇》雖不免臆斷專輒，然所著寓意草及醫門法律，持論皆極謹嚴，能示醫家以一定之軌範，且使庸醫無所逃其罪，實前此所未有也。其負盛名於吳中者，則爲葉天士，天士於感證及幼科多有心得，自亦不失爲名家，然傳書多僞，今世所行《臨證指南》已多不可信，其他更無論矣。天士在當時最負盛名，故依託之者甚衆。陳修園早年著書，多託名於天士，後乃改正，見《修園叢書例言》中。今世所傳各書，稱爲天士所著者，《景岳全書發揮》爲無錫姚球頤真所撰，坊賈因其滯銷，乃改刊天士名，見《冷廬醫話》；《醫效祕傳》及葉、薛、繆三家《醫案》爲吳子音名金壽者所刻。《祕傳》已極無謂，《醫案》尤三家如出一手。又有《本草經注》、《本事方釋義》及光緒甲午常熟所刻之《醫衡》，皆鄙陋至甚，不知誰所僞爲。《臨證指南》爲無錫華南昌岫雲所輯，岫雲實不知醫，雖不敢謂其有意作僞，而其書錯雜殊甚，續編刻未成而岫雲卒，其友岳廷璋勸徽蘇商人共成之。又有《葉案存真》者，爲天士玄孫萬青所刻，云爲《臨證指南》所遺，亦無甚可取。葉、薛、繆三家《醫案》者，謂天士、生白及繆方彥也。方彥字遵義，亦當時吳中名醫。生白無著述，已見前。陸九芝云：繆氏我之所自出，初不聞其有此方案。其不足信概可見矣。坊刻又有《醫經原旨》六卷，亦題薛生白名，紕繆尤甚。《葉氏眼科方》一卷,在《荔墙叢刻》中,乃當時眼科醫傳受之書,亦託名天士,可見僞託者之多。其卓然可稱大家者,實無過徐靈胎。靈胎於各科古書,靡不攻究,實足當博大精深之目。其所著《醫學源流論》一書,持論既極通達,《蘭臺軌範》一編,體例尤爲謹嚴。此書方論多取諸《內》、《難》、《傷寒》、《金匱》、《千金》、《外臺》,宋以來書所取者甚鮮。其評隲攻砭及開示流俗諸書,亦皆博深切明。所評隲者,如《外科正宗》及《臨證指南》等是;所攻砭者,如《醫貫砭》等是。開示流俗之書,如《慎疾芻言》是。《慎疾芻言》,王孟英嘗重刻之,改名《醫砭》。靈胎所批閱之書,凡千餘種,見王孟英《醫砭序》述秀水呂慎庵之語,然傳者不多。今坊間所行徐評《瘍科選粹》,舛誤頗甚,决非靈胎作也。《洄溪醫案》一卷,亦王孟英所刻。又《洄溪祕方》一卷,在余嘯松《白嶽庵雜綴》中。嘯松得之呂慎庵,慎庵得之王孟英,孟英得之金復邦,復邦乃洄溪弟子也。所謂學識俱深,明清以來醫家,殆無其匹也。與靈胎同時研究古書足稱精到者,有柯韻伯,見前。而後起諸家中之博大者,莫如魏玉橫。見後。此外一時前後,南北之以醫名者尚多,然多以感證知名,如秦皇士、周禹載、程郊倩、吳鞠通、吳坤安、章虛谷、劉松峰、余師愚等,均見前。其奄有衆長者,當推王孟英。孟英所著書,有《溫熱經緯》、《霍亂論》、《俞氏古今醫案案語》、《潛齋簡效方》、《四科簡效方》、《蓬窗錄驗方》、《聖濟方選》、《隨息居飲食譜》、《潛齋醫話》、《歸硯錄》等,其中惟《聖濟方選》一卷,未見刊本。其醫案,初刊曰《回春錄》,爲周鑅所輯,續刊曰《仁術志》,爲趙夢齡等所輯。《回春錄》多雜證,《仁術志》則感證爲詳。道光三十年,楊照藜合爲一編,易其名曰《王氏醫案》,加評點刻之。又《重慶堂隨筆》爲孟英曾祖學權所撰,今坊間亦與孟英諸書合刻。學權字秉衡,子國祥,字永嘉,國祥子升,字大昌,世以醫名。而陳修園之明白曉暢,足以啓悟初學,亦自有獨到處。修園所著書凡十五種,曰《神農本草經讀》。曰《靈素集註節要》,曰《傷寒論淺註》,曰《長沙方歌括》,曰《金匱要略淺註》,曰《金匱方歌括》,曰《傷寒醫訣串解》,曰《傷寒真方歌括》,曰《景岳新方砭》,曰《時方歌括》,曰《時方妙用》,曰《醫學從衆錄》,曰《醫學實在易》,曰《醫學三字經》,曰《女科要旨》。今坊刻《修園醫書》,乃至三四十種,甚至以元明人之作,屢入其間,繆已。其餘有所著述,爲醫家所宗仰者,若沈芊綠、《沈氏尊生書》。景嵩崖、《嵩崖尊生書》。程鐘齡、《醫學心悟》。羅澹生《名醫彙粹》及《方論》。之流,則指不勝屈已。

十七、女科與幼科

今世所傳女科書，始於唐昝殷之《産寶》。然《史記》稱扁鵲過邯鄲，爲"帶下醫"。仲景《傷寒》自言撰用《胎臚藥録》，釋之者曰：胎，女科書，臚，兒科書也。證以古傳幼科之書名《顱顖經》，其説良是。則女科之由來舊矣。《産寶》久佚，近人乃得諸日本，重刻之。書凡三卷，分四十一門，每門皆前有短論，後列方藥，其體例與《千金》略相似，真古書也。宋代書之存者，有李師聖之《産育寶慶集》、朱端章之《産科備要》、此書凡八卷，四庫未收，然採摭宋以前方論頗廣。薛仲軒名昂。之《坤元是保》四庫亦未收。及無名氏之《産寶諸方》等，然均流傳甚尠；惟陳自明《婦人大全良方》陳自明，字良父，臨川人。以薛立齋曾加删訂，刻入薛氏《醫案》中，通行較廣，然陳氏書用藥多主古義，薛氏矯之，專以理氣血調脾胃爲主，未免流於鄉願，雖以陳氏書爲原本，實則貌合神離矣。清武之望、汪淇嘗取《證治準繩》中之女科，評註刻之，名《濟陰綱目》，幼科亦有評註，名《慈幼綱目》。一時亦頗通行。清代人所著書以蕭慎齋名壎。之《女科經綸》、沈堯峰名又彭。之《女科輯要》爲最佳。蕭氏全書本名《醫學經綸》，其女科摘出別行，通行較全書爲廣。周卓人亦有《女科輯要》，與沈書同名。卓人名紀常，山陰人，其書係兼採張景岳《婦人規》及《竹林寺女科方》而成。倪鳳賓《女科要略》立論稍偏而亦有見地。其專論胎産者，有閻誠齋名純璽，宣化人。之《胎産心法》，此書採輯頗備。汪樸齋名喆，休寧人。之《産科心法》、單養賢之《胎産全書》等，而張曜孫翰風先生子。之《産孕集體例》最爲高雅。《達生篇》、《大生要旨》等治法不甚完備，僅備平人查檢，何杏園所刻《胎産金針》較此二書少詳。

傅青主名山。《女科》書山西鈔本甚多。道光丁亥，張鳳翔始校刻之，《海山仙館叢書》又有刻本，陸九芝有重訂本，在《世補齋醫書》中。其書多與陳遠公《石室祕錄》相同，不知陳、傅二君所本同出一源邪？抑好事者襲陳書而託諸傅也？坊間又有傅青主《男科》，則偽不俟論。《竹林寺女科方》者，蕭山竹林寺僧人託諸明李異人所傳，嘗為人治病，頗有效，浙人尊之若神；久之，僧人之技日以陋劣，診察之術，皆無所知，僅大略按證處方而已，後遂為縣令所禁。其書刻本有數種，名目亦各不同，考其方論，大略以清滋為主，蓋醫家尊信丹溪者之所為，僧人欲炫流俗，遂妄云異人也。

《太平御覽》卷七百二十二引張仲景《方序》有云："衛汎好醫術，少師仲景，有才識，撰《四逆三部厥經》及《婦人胎藏經》、《小兒顱顖方》三卷。"今世所傳《顱顖經》前有序文，託諸黃帝時師巫，論者多斥為荒誕，然《宋志》著錄即如是。《千金方》云：古有巫妨者，始立《小兒顱顖經》，《病源》作巫妨。則其說初昨無因。《宋志》、《錢乙傳》言乙始以《顱顖經》顯，則此書蓋自古專家相傳，至宋而始顯於世也。

宋時幼科書，晁陳所著錄者，有《嬰童寶鑑》、《小兒靈祕方》、《小兒至訣》、《小兒醫方妙選》等，今皆不傳；其存者，惟錢仲陽名乙。《藥證直訣》、閻孝忠《小兒方》、董及之名汲。《斑疹方》。周澂之《醫學叢書》本，閻、董方各一卷，即附錢書之後，係據宋本重刻。案此書傳本甚少，清四庫館曾從《永樂大典》輯出，然與宋本不甚合。陳文中《小兒痘疹方》《薛氏醫案》及《痘疹大全》本。案《痘疹大全》係明吳勉學所校刻。此書外又有明蔡維藩《小兒痘疹方論》一卷、《陳蔡二先生合併痘疹方》一卷、明郭子章《博集稀痘方論》二卷、《痘疹寶鑑》二卷、《萬全痘疹全書》二卷、聞人氏《痘疹論》二卷。《痘疹全書》實萬全所撰，楚人黃廉竊為己有，見全自書《痘疹碎金賦》後。勉學此刻，前亦列陸穩一序，誤為廉作。及無名氏《小兒衛生總微論方》數種。《小兒衛生總微論方》係嘉定丙午何大任出其家藏本所刻，方論頗為完備，欲窺宋以前幼科治法者，莫善於此書已。《活幼新書》二卷，元衡州曾德顯撰，名世榮。據自序，其書出於宋太醫戴克臣，名堯道。克臣傳諸劉茂先，而曾氏得之茂先五世孫直甫，名思道。則亦宋以前書也。此書中國久佚而日本尚有刻本。又明徐用宣《袖珍小兒方》十卷,存古方論亦頗多。

痘疹之名,古代醫籍中所不見,並無"痘"字。其病究始何時,不可確考,要之古即有之,亦必至宋以後始盛也。當時治法,率宗錢仲陽、陳文中兩家。錢近涼解,陳偏溫補,朱丹溪出,乃折衷其間,解毒、發表、和中三者兼用,一時醫家翕然從之,然治法究未完備;迨聶久吾之《活幼心法》,此書有清歐陽調律刻本,改名《痘疹慈航》。魏桂巖之《博愛心鑑》出,始有途轍可循。朱純嘏之《痘疹定論》、朱惠明之《痘疹傳心錄》實原本二書,更求完備者也。開示後學最切者,無過萬密齋。故《世醫心法》一書,迄今醫家誦習不廢。翁仲仁《痘疹金鏡賦》十一篇,亦便誦習,清俞天池有註釋本,名《痘疹金鏡賦集解》。天池名茂鯤,句容人。翟玉華名良,青州人。之《痘科類編》,長於治鬱。清唐威原名維德,益都人。之《痘科溫故集》宗之。費建中《救偏瑣言》專爲偏於溫補者說法,亦一時名家也。清代人所著書以葉大椿《痘學真傳》爲最佳。《摘星樓治痘全書》,明朱一麟撰。一麟字應我,涇川人,其書於古來治痘疹之書,網羅最爲完備。一麟從孫遵先爲之編訂,成十八卷。道光六年,遵先姪琦始刊行之。

疹者,幼科中之一證也,而其後於幼科中蔚爲大國。痘者,亦疹科中之一證也,而其後於疹科中蔚爲大國,無他,其爲害烈也。惟疹之爲害降而愈烈,故治疹之法亦降而益詳。其初各家之書,皆痘疹不分,且多痘詳而疹略。至明呂坤始著《疹科》一卷,專言治疹之法。清洪謙鳴之《瘄疹心法》、謝楳丠之《痳科活人全書》繼之,蒐輯更爲完全。其名家專著,則有鄭卜年名啓壽,鄞人,以治瘄名鄞、奉、象三邑及台郡者數十年。之《鄭氏瘄略》、一卷。夏雲穎之《麻疹祕錄》、雲穎名子俊,黃巖人,有《醫理信述》六卷,乃其邑人柯琳所輯。此書與《痘疹祕錄》各一卷後刻,總名《醫理信述補遺》。孫安四名能遷,昌陽人。之《闕待新編》,二卷,上卷爲方論,下卷爲治案;書名取闕疑待問之意。亦均足資參考。晚近以來,麻疹多與喉證並發,故言治疹之書又多與喉科諸書相出入。

種人痘之法始見於朱純嘏《痘疹定論》中。種牛痘之法則始於邱浩川之《牛痘新書》,西洋牛痘之法始入中國時,邱氏在廣東施種者數十年。此書又有金陵善後總局刻本，經丹徒王惇甫增刪，非復邱氏之舊。邱氏之學六傳而至蔣致遠，著有《牛痘要法》，在《白嶽庵雜綴》中。種痘之在今日，自當採用西醫最新之法，前此種痘之書，不過藉以考見源流而已。然中國今日，種痘不能普徧，患天痘者仍隨在有之，且中醫諸疹治法，皆與治痘相出入，故醫家於前此治痘之書仍不可不究。

小兒之有驚風，即古書所謂瘛也。俗醫妄立"驚風"之名，謬施治療，詒誤孔多。方中行著《瘛書》一卷，始歷引《素問》、《傷寒》、《金匱》以發明之。喻嘉言、《生民切要》。程鳳雛《慈幼筏》。咸闡斯義；而其治法則至程霞飛《幼幼集成》。而始詳。

清初幼科最著名者爲馮楚瞻。所著《錦囊祕錄》，凡分《內經纂要》、《雜證大小合參》、《痘疹全集》、《雜證痘疹藥性合參》四種。馮氏謂前此幼科治法多偏重先天，大人治法多偏重後天，而痘疹、雜證二家，論藥性之言，亦不能相合，往往此宜彼忌，意欲觀其會通而溝合之。雖所論未必盡當，要不愧體大思精之目。此後幼科中能自樹立者，當推程鳳雛、陳霞飛兩家。武進莊在田名一夔。《遂生》、《福幼》兩編，雖卷帙寥寥，而論痘疹痙證治法，至爲精當，醫家病家均不可不一覽。

十八、推　拿

推拿之術，世所傳者有歷陽駱潛庵_{名如龍}《推拿祕書》五卷。一卷論診法，二卷穴道，三卷手法，四卷病證，五卷良方及呪由。據其子民新叙文，述其父之言曰：予得此良法祕書已久，不忍私藏。則實非駱氏所自著，蓋亦專家相傳之書也。其書文理頗劣，余嘯松謂其有誤處，刪爲《推拿述略》，在《白嶽庵雜綴》中；然余氏所刪似嫌太略。

十九、瘍　科

瘍科之書以《劉涓子鬼遺方》爲最古。南齊龔慶宣著，此書用藥多於《傷寒》、《金匱》，少於《千金》、《外臺》。宋李迅《集驗背疽方》、無名氏《急救仙方》、竇漢卿《瘡瘍經驗全書》，《四庫提要》云竇漢卿裔孫夢麟所託。亦多存古法。然瘍醫往往惟知攻毒，於全體證治，不甚了了，惟宋陳自明《外科精要》、明薛立齋《癰瘍機要》、《外科樞要辨析》較精。及汪機之《外科理例》出，發明治外必本諸內之旨，外科治法始一變。清代徐靈胎以明醫博綜衆科，於外科尤爲精造，所評《外科正宗》，明陳實功撰。此書於病名、治法、方藥，頗爲完全。辨析精微，一洗瘍科專家之陋。又有洞庭王維德，出其祖傳祕術，著《外科證治全生集》，此書以述其家傳之學爲宗旨，凡治法與世醫無異同者不具。發明癰疽之治當別陰陽，著濫用刀鍼之戒，以消爲貴，以托爲畏，而外科治法始臻於安全。惟王氏徒以色之紅白別陰陽，其法仍未盡善，而戒用刀鍼太過，亦不免有流弊，至謂不諳脈理，亦可救人，則仍不脫前此瘍醫之陋習。武進孟河馬氏，以瘍科名者數世，同光間，有名文植字培之者，名尤著，嘗著《醫略存真》一卷，辨析刀鍼之當用與否。又嘗評《全生集》，分別其治法及方藥之短長，極爲精當。蓋晚近瘍醫之術，實能融貫衆科以自輔，迥非前此曖曖姝姝但守專家之傳者所敢望也。治外必本諸內，爲千古名言，中國瘍醫治法方藥，誠有不如西醫處，然近世有名瘍醫，無不兼通內科，其辨證論治之言，亦有極精當者，仍不可不參究。近今目論之士幾謂中醫外科一無可取，非通論也。

清代瘍科名著又有顧練江《瘍醫大全》、高錦庭《瘍科心得集》兩書。顧書網羅浩博，不愧"大全"之稱；高書於辨證最精，論述諸證，多不循瘍科舊例，每以兩證互相發明，用藥尤能融合內科治法，洵無愧心得之譽也。

治療向無專書。宋無名氏《救急仙方》，命名最多，不過十餘種。《醫宗金鑑》中亦祇二十餘條。慈谿唐氏藏有《刺療捷法》，名目較繁，然詳辨證而略用藥，至有僅列其名，並無治法者。無錫過鑄少習內科，後以手指患療，爲庸醫所誤，乃發憤研究外科，於療尤爲留意。晚乃裒輯諸家，成《治療彙要》一書。黴瘡古無治法，近世瘍科書亦不甚詳。明季海寧陳九韶名司成。嘗著《黴瘡祕錄》一書，書成於崇禎壬申。在中國久佚。光緒乙酉，蘇州浦氏得之日本，重刻之，並有日本和氣惟亨評語，皆瘍科中之專論一證，足資參考者也。

二十、咽喉科

咽喉一科，古書傳者甚鮮。惟明薛立齋《醫案》中有《口齒類要》一卷，此外明醫更無論著，蓋自宋以後，醫家之著書者，多以讀書人而改業醫，或好研究醫道，其草澤鈴醫之流，仍抱專家之傳者，則多不甚能著書，世之所謂儒醫者，亦不屑師其人，然專科之術，非有師授不能通，此現今醫書所以內科汗牛充棟，而他科則寥寥也。喉科專家之書傳者，曰《重樓玉鑰》，凡四卷。第一卷總論證治，第二卷論方藥，第三、四卷論鍼法。原叙此叙亦不著名字。云：吾鄉鄭梅澗先生性好岐黃家言，其先世得喉科祕授，故於此尤精，遠近無不知之，救危起死，不可勝數，予嘗見有垂斃者，先生刺其頸，出血如墨，豁然大愈，其妙如此，而未嘗受人絲粟之報云云。今第二卷中附論喉間發白證一條，特標之曰附錄梅澗論證一則，則此書蓋非梅澗所自撰。觀此書所論，實以鍼法為詳，方藥為略，原叙述鄭氏治療，亦以鍼刺收效，其確為專家傳授可知，而世無能通其術者，徒能取其養陰清肺一方，託之神怪，可慨也已。

《咽喉脈證通論》一卷，道光七年刻本，前有仁和許乃濟一序，謂浙西有世業喉科者，應手立愈，顧祕其書不肯授人，吾家珊林孝廉購得之，參校付梓，題曰《咽喉脈證通論》。相傳宋有異僧，寓杭之千佛寺，遺一囊去，中即是書云云，則此書之名，蓋亦許氏所命。光緒間，武進費晉卿得寫本四五，校定同異，謂棉花瘡一證，元時始入中國，而書中言之鑿鑿，則宋時異僧之說，出於偽託可知，然其書於虛實緩急，辨析造微，當係元明間一巨手，其論甘桔湯爲喉證所忌，尤爲獨創，乃校而刻之。費氏命名與許氏相同，當仍以許書爲主，然漏許序未列，讀者遂莫知其原始矣。

《喉科祕鑰》二卷爲歙縣許樂泉<small>名佐廷</small>所刻，其序云：道光庚子，見鄉先輩鄭西園專業是科，回生起死，咸目爲仙，留心訪之，蓋有祕傳善本。輾轉覓得，凡三晝夜鈔成，後遇此證，按方施治，無不應效。同治二年春，于役下蔡，遇賊奔避，行李書篋，捐棄一空。明年春，監修泗州試院，見舟人携竹篋求售，識爲故物，遂購得之，餘物皆失，而是書獨存。秋，晤句容楊春華，方以重價購得《喉科紫珍集》，因並刻之云云。按《重樓玉鑰》道光十八年許氏初刻，序中亦謂不知鄭梅澗爲何許人，此鄭西園者，或與梅澗有關歟？《紫珍集》分載七十二證，亦專家相傳之書。

白喉一證，蓋盛於嘉道之際，其治法惟散見於《吳醫彙講》、《瘍科心得集》中，然皆語焉不詳。世醫多執傷寒之法，以辛溫升散治之，詒禍頗烈，後乃有《白喉治法忌表抉微》者出，託之洞主仙師乩語，<small>纂錄者自署曰耐修子</small>。風行頗廣，實即取諸《重樓玉鑰》中也。然白喉實亦分寒、熱兩途，偏執養陰，亦未嘗不足詒誤。嘉慶六年，常熟陳耕道著《疫痧草》一書，立疏達、清散、清化、下奪、救液諸法，而白喉治法始立。光緒九年，揚州夏春農復著《喉疫淺論》一書，大體祖述陳氏，而方法尤備。衡山李倫青<small>名紀方</small>。得其外祖尹慎徽之傳，著《白喉全生集》一卷，<small>書成於光緒八年</small>。以寒熱爲綱領，寒熱中又分輕重虛實，審證既的，而用藥隨之，<small>即吹藥亦分三種</small>。可謂治白喉最善之書，宣統元年江寧嘗有刻本，惜經癸丑之亂，求之已不可多得矣。《白喉證治訂誤》一卷，曲阿韓善徵止軒撰，就《重樓玉鑰》、《忌表抉微》兩書，增其未備，訂其錯雜，亦可看。《痧喉經驗闡解》不著撰人名氏，祝補齋《衛生鴻寳》嘗採之，別有單行本，元和金德鑑以己意增删，易名爲《爛喉丹痧輯要》，然所增皆咽喉通治之方，與丹痧不涉；又增委中、少商二穴刺法，藿香正氣一方，則併混丹痧與痧脹爲一談，大可噴飯矣。醫家誤不至此，殆坊賈所爲也。

二十一、眼　科

　　眼科最古之書爲《銀海精微》。此書題爲孫思邈撰。然唐宋《藝文志》皆不著録，蓋亦專家所託也。其書辨析諸證，頗爲清晰，手法方藥亦多可用。此外明清二代所傳者，又有《金鎞祕鑰》，題梁溪流寓李藥師撰，不知何許人。《眼科龍木論》，李氏《綱目》已引之。《眼科捷徑》，一卷，不著撰人名字，論眼病有五輪、八廓、七十二證之分，詞甚簡略，惟所附方藥頗多。《眼科祕旨》，在謝甘澍《醫學集要》中，亦不知傳自何人，其用藥頗與《本草》不同。《啓矇真諦》上卷曰《一草亭目科全書》，清江鄧苑博望撰，下卷曰《異授眼科全書》，不著撰人名氏。諸書，而傅氏之《審視瑤函》條理最稱明晰。薛立齋《醫案》中，亦有《原機啓微》二卷。

二十二、傷　科

傷科書傳者更少。《醫宗金鑑》所載，即本薛氏《正體類要》二卷。而擴充之。此外所見，惟上海錢松溪名秀昌，其師曰楊雨蒼《傷科補要》、四卷。紹興俞星階名應泰。《傷科捷徑》二種。

二十三、脚　氣

　　脚氣一病，蓋始於晉之東渡。趙宋以後，此病頗衰息，近數十年乃復有之，蓋復自海外傳入也。古人治此之方論，散見於《千金》、《外臺》等書，專書存者，惟宋董及之_{名汲}之《脚氣治要》。《宋史·藝文志》一卷，《四庫》從《大典》輯出，分爲二卷。近人所著書，則有南海曾心壺_{名超然}之《脚氣芻言》。一卷。其治法主用陳修園鷄鳴散，參以朱丹溪四物湯加減。此病中西治法均不甚效，所望今日醫家於古代方論更加研究也。

二十四、霍亂與痧脹

霍亂之名，《傷寒論》中即有之，《病源》、《千金》、《外臺》亦皆有其方論；然古之所謂霍亂，實非今之所謂霍亂，不若今之劇。不可因好古而反受泥古之害也。近世醫家論此病之書甚多，以王孟英名士雄。之《霍亂論》二卷爲最備。姚梓欽名訓恭，丹徒人。《霍亂新論》一卷成於光緒廿八年，謂此病中西治法，均不神效。其父名成鼐，字燮和。行醫數十年，嘗本紫雪丹之意，推廣用之，收效已逾千人。梓欽於己未、丙申療過數百，戊戌、壬寅又驗過多人，末又甚誇白痧藥之功效。其方用生半夏去黃皮四兩、貝母二兩、麝香四錢二分、大梅片四錢二分、白硼砂二兩、西牛黃二錢、杜蟾酥九錢研末。姚氏謂凡患霍亂者，誤嗅紅靈丹及他種痧藥，則脈愈伏，肢愈冷，且致冷汗淋漓，惟嗅此藥，則脈伏者起，肢冷者温，俄頃之間，即著此效。謂得此方後，治霍亂皆令先嗅此藥少許，隨進左金丸一二錢，病輕者已可望愈，重證則接服解毒湯二三劑，紫雪丹二三分，無不愈者，不知信否。

痧脹之名蓋亦起於近世。清初尚稱爲番痧或滿洲痧，殆自關東傳入内地也。郭又陶名志遂。始著專書論之，名《痧脹玉衡書》。三卷。有林森者亦福建人。竊其書，易名曰《痧證全書》，三卷。其通行轉較郭書爲廣。巴郡歐陽調律嘗約《玉衡書》爲《治痧要略》，詳於方論，而砭法僅存大綱。又有《痧證指微》一卷，不著撰人名氏，列雜證五十、大證十六，各詳經穴，以施刺灸，而方藥少簡。二書有合刻本，名《痧法備旨》。

二十五、鼠　疫

中醫治鼠疫之書，有廣東羅芝園名汝蘭。之《鼠疫約編》，其書積歷年經驗，屢加增補，頗病凌雜。光緒二十七年，楊仙卿屬鄭肖巖名奮揚。訂正，刻之福州，凡分八篇：一探原、二避疫、三病情、四辨脈、五提綱、六治法、七醫案、八驗方。原序謂屢經試驗。閩督陳寶琛一序，謂用其法，雖極危證，尟不及者；其受病太深，療救不及，不過十之一二。然予問諸寓在福州之醫家，則謂其治法亦未必竟有把握，不知究竟若何。要之此病今日中西皆無必治之法，凡有方論皆存之，以備參考可也。

二十六、虛　勞

　　虛勞之證後世亦多專書，其爲醫家所宗者，爲元葛可久之《十藥神書》、明僧愼柔之《愼柔五書》及綺石先生之《理虛玄鑑》。愼柔毘陵人，胡姓，本儒家子，爲僧後患瘵幾殆，求治於涇縣查了吾，獲愈，因從學焉。了吾者，太平周愼齋之弟子也。愼齋名之幹，所著有《愼齋遺書》，清王琦校刻，未竟。其外孫趙樹年卒成之。愼柔因之，又從學於愼齋，故愼柔之學，實愼齋一派也。其法分虛勞爲兩證，治以保護脾胃爲主。綺石先生者，蓋亦明季遺民，書成而身没。見其弟子趙何序。清雍正三年，慈溪柯德修名懷祖，亦當時名醫。購得鈔本。乾隆三十六年刻之。陸九芝謂其治法於陽虛主建中，陰虛主清金，遠出桂附補陽、知蘗滋陰之上，重訂之，改爲五卷。在《世補齋醫書》中。

二十七、導引與調攝

導引之術，後世道家多言之，醫家則研究者甚鮮，然觀《三國志·華佗傳》，載佗嘗教人以五禽之戲，又巢氏《病源》，於諸證之末，多附導引之法，則古代醫家固未嘗不通其術也。《隋志》有《導引圖》三卷，註曰立一、坐一、卧一。明曹元白名士珂。嘗著《保生祕要》一書，論導引治病之法。清沈芊綠《尊生書》悉採之。又有《尊生導養編》一卷，序云：山右穀遠張君雲衢，素多羸病，遊江淮，遇異人，授以導引、按摩之術，行之十年，宿疾盡除，體益壯，以術告少宗伯蘭皋康公，公爲之按奇經之脈，考銅人之圖，列其條目，而詳其節次，緣督以爲經，而一身之竅會無不備列焉云云。此書傳本甚少，而所列之法，頗有爲通行諸書所無者。

調攝之法，醫家專言之者亦甚少，惟《壽親養老新書》見前。於寢興飲膳之方，無不備及。明高濂《尊生八牋》中《四時調攝牋》所錄，大抵本之。韓氏《醫通》明韓柔撰，與張路玉書同名。自謂賴方藥以生，故於補養諸方尤備。黃闇齋之《折肱漫錄》，分養神、養氣、醫藥三門。《四庫提要》譏其專主補益，未免一偏，然黃氏自言幼而多病，爲藥所誤，嘗私自矢曰：吾病得愈，吾年得老，必揭此以告同患者，使毋蹈予之覆轍，有所苦；隨筆記之，久而成帙。至六十餘，乃成此書。則其意原以供病者之鑑戒，非以醫家自居也。此書《六醴齋叢書》本無《養神篇》。清王孟英《隨息居飲食譜》分水飲、穀食、調和、疏食、果食、毛羽、鱗介七類。亦爲此類書中之佳作。

二十八、江湖方技與《串雅》

中國醫術當以唐宋爲一大界。自唐以前醫者多守專門授受之學，其人皆今草澤鈴醫之流，《史記》所載扁鵲，正是鈴醫中之有名者，即華佗亦此類人，後乃倨傲，欲自比於士大夫而又不改鈴醫好利之習，故爲魏武一怒所殺。其有以士大夫而好研方術，若張仲景、皇甫士安、葛稚川、陶隱居、孫真人、王燾者，代不數人耳。自宋以後，醫乃一變爲士夫之業，非儒醫不足見重於世，所謂草澤鈴醫者，其格日卑，其技亦日劣，蓋此輩大都不通文義，罕能著書，僅恃師授，無復發明。趙恕軒所謂專恃祖方爲長技。而師說傳之歲久，必不免於訛謬亡失，其技愈劣，則世之視之也愈卑，則其人益不自重，而技以日劣。二者實相因也。又此等人大抵專守一科，不能會合各科，互相考校，故其術亦難於精通。然古代專家之術，實有存於是者，就其精者，往往非士大夫徒憑載籍，據理推求所能得，徒以鄙夷其人，不肯更加研究，遂令古代專門之術，日以失亡，良可慨也。近世惟趙恕軒，性本好奇，於江湖方技，蒐輯至多，其時又適有宗柏雲者，挾是術徧遊南北，遠近震其名，恕軒遂從問其術，参以前此所得，以成《串雅》一編，其治法雖不盡純，而實於古義爲近。治外以刺灸勝，治內以頂串禁截勝。頂者，上行，故多吐，串者下行，故多瀉，截，絕也，使其病截然而止。此即汗、吐、下三法，鈴醫以配三才。不惟足資國醫之攻錯，亦且足爲考古者參證之資，實可寶也。

二十九、呪由科

呪由一科，其傳最古，雖《素問》載岐伯之言，已謂今世之疾，非呪由所能已，然《後漢書·方術傳》載趙丙善越方，註云：善禁呪。則其術尚盛行於南方，蓋南人重巫鬼，醫術之明，不及北方邪？張角等所操亦必是術。今世所傳，有《呪由十三科》二卷。案呪由爲元醫學十三科之一，作此書者蓋不之知，乃誤以呪由爲有十三科。文辭至爲鄙陋，其術亦未必可信。蓋呪由一科，最無實效，世莫之信，其術遂亡也。惟《千金翼方》中之《禁經》，當必傳之自古。趙恕軒《利濟十二種》中，有《呪由錄驗》，係據湖南汪子師之說，將舊藏張氏本刪存，惜未見傳本。

三十、醫史醫案醫話與醫書

醫史之作，實始於宋張季明之《醫説》，季明嘗欲集古來醫案，勒爲一書，初期滿一千事，猝不易足，乃先採綴諸書，據其見聞所及，以成是編。見羅頎《叙》。其書雜採説部，頗傷蕪雜。明余弁《續醫説》亦僅隨筆札記，李濂始有《醫史》之作，然其體例亦未盡善，後此遂無繼者。

醫案之作，始於宋之許叔微，其彙輯諸家者則始於明江民瑩之《名醫類案》，清魏玉橫續之，陸以湉又有再續，然未見刊本。見《冷廬醫話》龐元澂序。嘉善俞東扶《古今醫案》則主精而不主博。醫書或苦空言無實，醫案則不然，且彙合衆家，尤可考見今古病情之遷變，雖謂其兼有醫史之用可也。

醫書所最忌者爲空言無實，又其甚者採綴群書，絕無心得，陳陳相因，尤爲可厭。然凡作一書，必求其病證、治法、方藥無一不全者，鮮有不蹈此弊，惟醫話則不然，以無門面可拘也，惜作者不多。以予所見，有計楠之《客塵醫話》、柳寶詒之《惜餘醫話》、史典之《願體醫話》、王孟英之《潛齋醫話》、陸以湉之《冷廬醫話》、毛祥麟之《對山醫話》、費凱鈞之《友漁齋醫話》，均稱佳著。尤怡之《醫學讀書記》專記讀書所得，在醫話中別爲一體。周學海之《讀醫隨筆》，體例亦略同。固始王燕昌字漢皋。有《王氏醫存》十七卷，除末一卷爲醫案外，餘皆用筆記體，在醫話中可謂最浩博者矣。

醫書之多病空談，固由形下之學之不昌，亦由醫家之真能讀書者甚鮮，雖復佹語《本》、《經》，高談《靈》、《素》，實則望文生義，隨意曲解而已。求其能真知讀書之例者無有也。予嘗謂自宋以後，醫之爲業既移於士大夫，故其風氣亦恆視儒學爲轉移，而其變遷，又必視儒學爲少後。儒之門户分於宋，醫之門户分於金元；《四庫》醫家類總敘語。職是故也，有清二百餘年，漢學可謂極盛，然醫家能用其法以治古書者絕少，蓋尚未脫宋學風氣也；然欲求古代醫學之真面目，捨用漢學家治經之法以求之，其道莫由。以予所見，惟沈彤《釋骨》一書，原本群籍，以釋《内經》，所載人身諸骨，確爲漢學者之法。胡澍《素問校義》，雖未卒業，亦差足語於校勘。然二人本皆經生，非醫家也。劉壽曾《素問校義序》致憾於醫家之有《内經》，猶儒家之有五經而無義疏之學，固適如吾意之所欲云矣。侯官林楓苐庭《樂素齋醫學匯參》四卷，一、二、三卷爲釋體，四卷爲辨脈，皆仿《爾雅》之例，五卷至十卷爲釋方，未成而卒，亦頗足當醫家訓詁之學。

醫家著書每喜侈談神怪，如竇材《扁鵲心書》，則以爲上天所畀。《張景岳全書》則以爲游東藩之野而遇異人，陳遠公《石室祕錄》乃竟託之雷公、岐伯，前人已言之矣。以予所見，此類書尚屬甚多，而其最甚者，要莫如車宗輅字質中，會稽人。胡憲豐字駿寧，山陰人。之《傷寒第一書》，其序言謂仲景《傷寒論》本一十六卷，治分九州，此書乃其治揚州之法，自兵劫後，原書散失，證治不全，雍正初，德清沈日光，學道深山，乃獨得仲景真傳，而有九州之全書云云，可謂敢於語怪矣。又如齊秉慧字有堂，叙州人。之《齊氏醫書》四種，本非一無足取，而必謂學醫之始，出於衡山仙鵝洞道士之命，十八日内種痘方，亦必託之黃進士得之仙傳，誠不知其是何用意也。夫如此等說而亦足惑人，此巫風之所以盛行歟。乃近日京師及江南士大夫，方且爭好扶乩之術，流俗以士大夫之言之也，亦遂翕然信之，遂有假借其術，爲人治瘍以牟利者，青天白日，鬼魅橫行，誠可歎詫。

醫家叢刻，網羅最博者當推明吳肖愚之《古今醫統正脈全書》。清代則程瘦樵名永培，吳門人。之《六醴齋醫書》、王琢崖之《醫林指月》、丁松生之《當歸草堂叢書》、周澂之《醫學叢書》，所刻亦均精本。若能備此五書，則所費不及百元而醫家要書善本略具，其餘購求易易矣。程觀瀾名文囿,歙人。之《醫述》專輯古書，不參已見，凡分七門，曰溯源、曰傷寒、曰雜證、曰女科、曰幼科、曰痘疹、曰方藥。所收者三百餘家，則醫家中之類書也。清乾隆中，吳中唐烈三等嘗輯《吳醫彙講》一書，其例實仿諸過繹之之《吳中醫案》，見唐氏原叙。集吳中諸醫方論，隨得隨刻，終於十一卷。此則如今日之雜誌矣。

中西匯通自爲今後醫家之大業，然其人必深通西洋醫術而又真能讀中國之古書，詳考脈證，確知中國古所謂某病者，即西洋所謂某病，或某病與某病確有相同之處，而又能精研藥物之學，本諸格物之理，以探求古代驗方之所以然，而斷定何種方藥，確爲無效，方足以語於此。其事固非一手一足之烈，亦非一朝一夕之功。凡事創始最難，今日醫家有能引此端緒者，蓽路藍縷之功，固足以没世不忘矣。若如近日中醫奉爲枕中祕之《中西醫經匯通精義》等，一味牽強附會，及近今治西國醫學者，動以今日之學術繩古人，一味深閉固拒，均無當也。

中國醫學今雖衰敝，然自古東洋諸國，如朝鮮日本等，靡不奉爲圭臬，其流傳亦不可謂不廣矣。予所見朝鮮醫書，僅許浚之《東醫寶鑑》、康命吉之《濟衆新編》二種，許書多採宋以來方論,康書則就許書刪繁補闕,皆李朝官纂之書。至日本醫書則所見者頗多，而其最佳者要莫如楊惺庵所編之《聿修堂醫學叢書》，此書爲日本丹波元簡及其子元胤、元堅所撰，楊氏游日本時，有以原板求售者，傾囊購之以歸，而編次爲是書，計元簡《素問識》八卷，元胤《難經疏證》二卷，元簡《傷寒論輯義》七卷，元堅《傷寒論述義》五卷、《傷寒廣要》十二卷，元簡《金匱玉函要略輯義》六卷，元堅《金匱要略述義》十二卷、《藥治通義》十二卷，元簡《脈學輯要》三卷、《救急選方》二卷、《醫賸》三卷，元簡之祖雅忠《醫略抄》一卷，元簡父之弟子小阪元祐《經穴纂要》五卷。元簡《靈樞識》六卷、元堅《雜病廣要》四十卷原以活字印行,故無存板。元簡又有《類抄》八十卷，體例略如鄭方坤之《經稗》,皆刺取說部中經驗良方，不專爲醫家作者。元堅別有《醫籍考》一百卷，仿朱竹垞之《經義考》而精核或過之。元胤別有《名醫彙論》八十卷，凡古人病論異同，條分縷析，可謂集證治之大成。三書皆以卷帙浩繁未刊。元堅又有《名醫公案》、《病雅》、《藥雅》、《體雅》等書，皆少作，亦精核，有家法，並見楊氏識語。諸書皆博贍精核，予謂治醫家之書，當用漢學者治經之術，此其庶幾。且中國醫家好談《靈》、《素》，喜言運氣，遂病其空言無施也；日本漢醫則多遠宗《傷寒》、《金匱》，近師《千金》、《外臺》，盡心於研求證狀，肆力於鈎稽藥性，其切於實用，尤非中國醫家所及。楊氏謂自元以來，診察之士殆罕其匹，誠非過言。蓋中國士夫之治醫術，與專家之篤守傳授者截然兩途，而日本則醫有專官，能世其業，既能收新說之妙，又不失固有之長，故其卓越如是也，然而中國之醫家可以知所愧矣。《診病奇侅》二卷亦丹波元堅撰，論診腹之術，其原出於《內經・刺禁論》及《難經》，中土早已失傳，日本尚存祕授。有沈梅使者，供職使署，屬元堅再傳弟子松井操譯以漢文，光緒戊子慈谿王仁乾刻之。

附　呂誠之先生《醫籍知津》稿本題記

胡道靜

　　常州呂誠之先生(思勉，1884—1957)是現代著名的中國史專家，在通史與斷代史兩個領域的研究、教學和著述等各方面以畢生之力作出了巨大的貢獻，在文化學術史的領域裏也開啓了創造性的蹊徑。夫子門牆，桃李芬芳，大江南北許多有成就的歷史學者，多曾執卷問業，得到悉心指導，陶冶成材。尤其是先生的史學著作，影響深遠，在人民羣衆中廣泛傳播了祖國的歷史知識，培養起深厚的愛國熱情，爲中華民族的振興自强賦予了精神上的準備。凡此皆昭然在人耳目。但是，人們很少瞭解到先生還是一位精通祖國傳統醫學的學者。先生讀過的古典醫籍之多，鑽研之深，是罕有倫比的。夫子的外家，世業儒醫，外祖父程柚谷先生爲常州名醫，舅氏均甫先生，從舅少農先生，皆精研儒學而兼知醫。夫子耳濡目染，因此對於祖國醫學的源流派別，主要醫籍的內容和價值，槪能瞭然於胸。一九一九年，夫子三十六歲時，受上海商務印書館編譯所的邀請，助謝利恆(觀)大夫編輯《中國醫學大辭典》。由於這一機緣，夫子對於傳統醫學作了進一步的研究，同時博讀古典醫書，利用涵芬樓的豐富藏書，廣泛習覽，究其流變，明其得失，並較比各書的版刻異同和傳播源委，心得愈加宏富。其後，夫子就條理梳比，作出系統的評述，寫成《醫籍知津》一帙。

　　祖國傳統醫學，非常發達。有它自己的理論體系，並在臨牀實踐上取得了豐功偉績。無數的經驗和概括,自古以來不斷地被寫成書面記載。中國古典醫籍留存之多,舉世莫與倫比,這是中華民族的驕傲之一。所以,瞭解古典醫籍,不僅是杏林專業之所必需,也是每一個關心中國文化學術發展的人士所蘄求。夫子這部著作,對前者能收啓蒙之效益,對後者足稱智慧之武庫。全稿卷帙不多,但論述精要,至爲全面。從時間上説,起自遠古醫籍、藥書,下逮漢、唐、宋、元、近世,原原本本,如數家珍。從分科論,對於解剖學、女科與幼科、推拿術、瘍科、咽喉科、眼科、傷骨科、脚氣病、霍亂與痧脹、鼠疫、虛勞、導引與調攝、呪由科等等,均有專章論述。

　　本書是以古典醫籍爲綱來論述祖國醫藥學發生、發展、演變和問題爭議的全過程的。所以,它是一部醫籍史綱要,而貫穿在醫籍中的,正是醫學本身的發生、發展和演變,因而本書也是一部中國醫學史的縮影。盡醫學史之能事來寫醫籍史,就使它跳出醫書目録學的範疇而具有醫書歷史學的性質。

　　祖國醫籍之浩富,促使了專業書目的産生和發達。明代殷仲春著《醫藏目録》,開始了這項工作。清乾隆時修《四庫全書總目提要》,卷一百零三至一百零五子部醫家類三卷,號爲提要鉤玄之典範。近世日本漢醫學者丹波元胤撰《醫籍考》、岡西爲人撰《宋以前醫籍考》,用力皆甚深湛。建國以來,商務印書館首將丁福保遺著《四部書録・醫藥編》刊行(1955年11月),繼有《全國中醫圖書聯合目録》(中醫研究院,1961年)問世。近年賈維誠著《三百種醫籍録》(黑龍江科學技術出版社,1982年)、孫繼芬等著《中國醫籍提要》(吉林人民出版社,1984年)、郭靄春等著《中國分省醫籍考》(天津科學技術出版社,1984年)紛紛出版。其專題書目則有龍伯堅的《本草書録》(1957年人民衛生出版社出版),張贊臣的《中國外科醫籍存佚考》(將於1987年由人民衛生出版社出版)這些都是按照目録學的規範來編著的,具有文獻資料的性質和作用。夫子此著則是按照歷史學的規範撰寫,體制與作用皆異於前者,而能殊途同歸,相得益彰。特別是它對於醫史專業和學術文化史的學習者都能起到益智廣慧、開拓思路的作用。

　　非常重要的一點，是夫子撰寫此著時，乃憑藉整個祖國文化形成和發展趨向的高度來觀察醫學和醫籍的歷程，因此得到許多特立獨行的見解。例如對於祖國醫學的分期，是納入儒學産生和發展的軌道來論述。這是基於夫子對於中國文化整體的探索，深究社會政治經濟的興衰利弊，文化學術的隆替衍變，以其淹貫博通之識力，成此洞察執要之建論。也許這不易爲專業學者所能接受，但若加以沉思，便能悟出其中一定的道理。用廣角鏡來觀察專業史，應當是治專業史特別是科學技術專業史者所應採取的方法。夫子此著，給了我們一個典範。

　　治史者首須掌握豐富的資料，夫子對此，游刃有餘。他在大半個世紀以前撰寫此著，已博覽了許多爲當時十分稀見的古典醫籍。例如一部鍼灸古籍《黃帝蝦蟆經》，在國内久已失傳，只是在日本有傳刻本，然而在 1984 年中醫古籍出版社影印日本刊本流布以前，國人是絶少見到這書的。《神農本草經》，輯者多家；《政和經史證類備用本草》，版本複雜，夫子校閲多本，故能作出近似的結論。讀夫子書，於治史技能，誠多啓益。

　　一九八六年長夏，宿痾初愈，就夫子大人女公子翼仁大姐處盥手恭讀遺著原稿，謹作題識。及門弟子胡道靜記。

（原刊於《社會科學戰綫》1987.2）

群經概要

一、研究經書之目的

研究經書之目的有三：

（一）專治經學　即視經爲一種學問，就其内容全體而研究之。惟經之中容所涉範圍極廣，而人之性情各有所近，欲瞭解經之全體，則各方面所涉必多，如清閻百詩因欲攻擊僞古文《尚書》，遂從事研究天文，天文乃艱深之科學，非盡人可得而研究者，古人治經之精神固極可佩，惟揆諸經濟原理，終屬事倍而功半也。近人章太炎氏謂研究經子方法各異，治經重名物制度，治子則當重理，惟故馬融、鄭玄不能注子，郭象、張湛不能治經，其説極是。蓋人之個性有別，興味各異也。

（二）整理國故　"整理國故"一語，本爲時下所流行，惟"國故"一名詞，詞義極籠統，吾人祇能各各整理其一方面，而不能兼及其全體，猶之治西學者，不能精通其各種科學也。

至整理特所趨之途徑，則自視各人個性而不同。吾人於普通知識全備後，自能向一定之方向而前進焉。

（三）明白文學源流　後世極繁複之文學變遷，其根源往往在極簡單之古書中，故研究經書，可視爲達到文學進步之手段。

上述三種目的：（一）短時期内精力所能及，且爲吾人所不取。（三）研究文學，以欣賞爲主，無從講演。茲姑以（二）整理國故之眼光略述之。

於此可附帶説明前人，關於經書次序之排列。前人關於經之排列法，有新、舊二種。

  舊法：今文家。《詩》、《書》、《禮》、《樂》、《易》、《春秋》。稱此爲"孔門六藝"，以內容淺深爲序。

  新法：古文家。《易》、《書》、《詩》、《禮》、《樂》、《春秋》。以六經爲周公之舊典，孔子不過加以修改耳。其排列法，以時代先後爲序。

  今依今文家排列次序，自《詩》講。

二、詩　經

研究《詩經》可分三派，即

(一) 今文 { 魯 / 齊 / 韓

(二) 古文毛 { 鄭——五經正義 / 王

(三) 宋

今文有魯、齊、韓三家，亦總稱三家《詩》，此派即不論《詩》之作義，惟論其頌義如何——作義、頌義兩名詞，係清陳喬樅所創——此其重要關鍵不可不知。講《詩》本有名物訓詁及義理兩方面，名物訓詁亦甚重要，三家自無不講之理，此而不明，即頌義亦無從說起矣。

但今三家中，魯、齊均全佚，《韓詩》分內外傳，亦惟《外傳》存。《外傳》係韓嬰所記，皆推論義理，而名物訓詁，則均在《內傳》，故今三家所講名物訓詁，可見者極少也。

古文派即所謂《毛詩》是也，據傳授源流，此書第一老師爲子夏，其後有大毛公、小毛公——出《經典釋文》敘錄——此說殊不可靠。《漢志》謂"……尚有毛諸自謂出於子夏"，"自謂"二字明爲不信之口吻。一切經書傳授源流，其姓名頗多偽造，不能取信於人，此古文家所以受人攻擊，而不及今文家之處也。《毛詩》祇講名物訓詁，不講義理，故亦稱詁訓傳。傳本應講經之義理，此傳獨在例外。然專講詁訓不成學問，故講《毛詩》必連帶及於小序，小序必説明一詩之作意焉。

漢末鄭康成兼通今古文，初研究《韓詩》，後復治《毛詩》，後就《毛詩》作《箋》，頗採韓説。鄭係不守家法者也。《箋》既釋，復釋《傳》，實即後世之疏體。

漢祚漸衰，而今古文之傳授統緒亦絶斷，時惟鄭説盛行耳。有王肅者，亦兼通今古文，此人好與鄭玄爲難，指斥鄭注《毛詩》之誤謬，不遺餘力。於是今古文之爭息，而鄭王之爭起矣。當時學者申鄭難王者有之，申王難鄭者亦有之。此等著作存古者，均在《經解彙函》中，可以翻閱。如欲知關於經學著述之目錄，則可閲朱彝尊《經義考》。古《經解彙函》所搜集者，截止宋代止。宋以後書，須閲《通志堂經解》，至清代則有正續《皇清經解》。直至唐代定《五經正義》，用毛《傳》鄭《箋》本，其爭乃息。

經學至唐代爲一段落，唐代講經學者絶少，爲應試計，而讀者則但讀《五經正義》耳。

宋人研究經學風氣一變，如歐陽修、蘇轍、劉敞、王安石、邵雍、程顥、程頤、司馬光等各各有其新説。司馬光反對孟子，其説不傳。劉敞著有《七經小傳》，建設極少，祇存殘本。王安石著《三經新義》，曾立於學官，但僅爲應科舉，在所宗奉，今亦殘缺。歐、蘇等説，亦並不盛行。最盛者爲二程派，後傳與朱熹。《七經小傳》、《三經新義》中，均有關於《詩》之學説。歐陽修有《詩本義》，蘇轍有《詩傳》，二人均致疑於《詩序》。宋人眼光均注在義理方面。《毛傳》本傳本無可攻擊，因《毛傳》必與《詩序》相依爲命，此《詩序》之所以受攻擊也。惟歐、蘇僅致懷疑耳。迨南宋鄭樵著《詩辨妄》始大肆攻擊，朱熹之《詩集傳》亦宗鄭説，自此《詩序》不復能取信於人矣。朱熹爲講宋學者所宗奉，以宋人義理爲標準，攻擊《詩序》中不合此標準者，勢自頗盛也。懷疑至於極端，遂及《詩》之本身，如王柏之《詩疑》是也。《詩疑》自鄭衛起，以前相傳有鄭衛淫聲一語，但鄭聲淫，不必鄭詩亦淫。如今之皮簧聲調淫靡，而其詞白則不必隨之而淫也。即鄭聲與鄭詩均淫靡矣，而所謂淫詩是否即現存於今《詩經》中者,仍爲一問題也。

清人講漢學而反對宋學,其學問初講東漢,進而講西漢,講《詩》則宗毛、鄭,其關於《詩》之著述,有馬瑞辰《傳箋通釋》、陳奐《毛詩傳疏》、陳喬樅《三家詩遺説考》、魏源《詩古微》等,前二人爲古文派,餘爲今文派。《傳箋通釋》經傳並解,關於毛鄭之説,可閲馬、陳二書。魏源《詩古微》則從理論上斥古文家之不可靠,《三家詩遺説考》係陳喬樅父子所輯,極爲精密。輯三家詩,起自宋之王應麟,僅成一薄本,陳氏父子之成績,則倍蓰王氏矣。

《詩經》可以研究方面極多,或以博物家眼光研究之,如陸璣《詩草木鳥獸蟲魚疏》是也。或以文學家眼光研究之,或考其地理,如朱右曾《詩地理徵》,或摘其古韻,而尤以古韻之關係爲大,最初講究古韻者,乃明之陳第所著之《詩古韻考》,全以詩爲出發點,後又有顧炎武之《詩本音》,則更精審矣。近人研究《詩經》有二派,余意頗不謂然。其一以文學觀念讀《詩經》,結果與宋人之自定義理標準以觀書相類,《詩》宜以文學眼光觀之,意固甚是,但《詩》之爲詩,實太古奥,假一不慎,即擾己意,故未可取也。漢景帝謂食肉不食馬肝未爲不知味,其意頗可採也。其又一則根據《詩》以研究歷史,《詩》爲古書之一,藉以研究歷史,固無不可,惟決無以基礎立於《詩經》之理,蓋中國古書之可以爲史材者有:

史材 ┬ 史 ┬ 《尚書》
　　 │　 ├ 《春秋》
　　 │　 ├ 《左氏》《國語》
　　 │　 └ 《帝繫》
　　 ├ 傳説
　　 └ 文學書

此三種中自以第一種爲最可靠。《尚書》等固不可全假,如《誥》、《堯典》……,祇可與清之《東華録》、雍正之硃批……同價觀之。《春秋》又經孔之改削,《左傳》、《國語》爲記事,本可靠性頗大,喜言神怪且尚徵驗，又用筆勢利，對於將封被滅之國家，尚預加貶詞，蓋已有作用存乎其間矣。至傳說又分二種，其一帶小說性質，如《吳越春秋》載伍子胥過昭關，一夜而髮白，此種荒誕之言不必論。其一為寓言，不問事實真相，隨意記述，亦未足盡信。近人劉掞藜與顧頡剛論古史，顧以三數部書為根據，餘皆不信，劉則雜引古書，以觀之多而無去取，所謂楚固失，齊亦未為得也。文學書則較傳說又遜一籌，其不確實性更大。

三、書　經

《書》於各經中乃特殊之典，各經對於"經説"有問題，於經文則無問題——經文本身祇漢今古文略異數字耳——《書經》則不然，其經説固有問題，即經之本文，亦有真僞之別。僞者稱之爲僞古文可也。今文家謂《尚書》二十八篇外，皆僞經。經於二十八篇中，是否爲今文，抑爲古文，則難以知悉。群經中惟《儀禮》一書，最易別其爲今文或古文，因鄭《注》分別甚明也。孫星衍著《尚書今古文注疏》，各本字句異同，均行搜採，蓋鄭注《儀禮》之例。

今之談新文學者，每謂司馬遷嘗抄襲《尚書》，而改易數字，足徵言語隨時代而變遷，凡古語當改爲今語。其實不然，安知《史記》上所用非今文，《尚書》原本乎今，始終祇見枚頤本耳。今人每以今古文對舉，殊不知信今文家言者，雖以古文爲僞，然與僞古文之僞中之僞，仍自有別。不能但以古今文對舉也，而以古文與僞古文爲一也。

今文《尚書》又有二説：一説爲二八篇，一説爲二九篇；關於二九篇一問題，又有二説，一謂二八篇外，更加《書序》一篇，合成二九。古書之序，列於卷末，作爲一篇，自爲通例。此所謂《書序》，並非孔子所作，孔子不過叙其書之次序而已。此係今古文家不能分清之説。一謂將漢人所得之《泰誓》篇——見王充《論衡》，謂漢河内女子發屋得古書，使博士讀之，謂爲《泰誓》篇——併入二八篇中成二九篇，此説頗確，隋之《經籍志》亦宗此説，《泰誓》篇今已佚，蓋當時並未附入二八篇中也。

又古文十六篇東漢時有之，今亦佚去，僅有目録存於書疏中，今文家謂此十六篇爲劉歆所僞,此語信否,無從論斷也。——漢馬融、鄭玄注古文《尚書》二八篇,而不注此十六篇,以無師説傳授故也。

東晉時枚頤,忽出孔安國所得之古文《尚書》,較今之通行本,僅少《舜典》開首二八字。

晉有王肅者,曾注《書經》,其説與僞孔安國相似,故頗有疑肅竊安國之説,據爲己有者。或謂孔安國所傳之《尚書》,肅曾見過,故意隱藏不爲人知耳。然未嘗有疑爲王肅所僞造者也。至宋之胡械、朱熹,始疑古文《尚書》爲僞書,數十篇中,文體之難易相差甚大,決不能無疑也。

朱子頗有注疏群經之氣概,但《尚書》未注,其弟子蔡沈注之,作《尚書集注》,雖經朱子發凡啓例,其實學究不若朱子遠甚。

宋學至理宗時而大盛,與科舉關係極深,可分爲下之三時期:一元之延祐科舉,一明初,一五經大全。

唐有明經一科,不過背誦古經,謂之墨義應試,類皆不能爲文人者也。宋王安石改墨義爲大義,一改昔時之背誦法而發表己意。

宋人治《尚書》者,有蘇轍、歐陽修、王安石、程頤……歐、蘇之學不傳,惟王、程之學獨盛。

宋之黨爭與科舉亦有關係,新黨執政,則崇王安石本,舊黨執政,則廢王本而用程頤注本,新舊黨勢力之消長,與士人關係極鉅也。宋理宗信程朱之學,大爲表彰,於是朱學大盛,而王學衰。元延祐年間開科舉,所用各經,均沿襲宋人注本。明初開科舉,所用各經,亦與元同,至永樂年間編成《五經大全》,專備應科舉者用爲課本,自此書出而當時應試之士,不復攻其他各家注本矣。惟此書極鄙陋,明代學者共趨於陋,學殖之荒落也,宜矣。雖然當時考究實學者,亦未始無人,如焦竑、梅鷟等皆非死守《五經大全》之人,梅鷟致疑《僞古文尚書》,從客觀方面考證之,雖不甚精密,實開此案之先河。清之閻若璩作《古文尚書疏證》,而證據乃大備。此外清人之注《書經》者,有惠棟《古文尚書考》、丁晏《尚書餘論》、孫星衍《尚書今古文注疏》、王鳴盛《尚書後案》、段玉裁《古文尚書撰異》、陳壽祺《今文尚書經説考》、魏源《書古微》。

閻若璩之《古文尚書疏證》祇證明《古文尚書》為偽造，尚未證明出於何人手筆，丁晏之《尚書餘論》出，《偽古文尚書》之作者，乃屬於晉之王肅矣。

清人之疏《尚書》可分兩種，一為江聲之《尚書集注音疏》，不甚精確；一為孫星衍之《尚書今古文注疏》。

依今文家言，謂《尚書》本不止二八篇，不過孔子所傳訛此數耳，所謂《逸尚書》者，即未經孔子之傳授，而散見於各書者也。古文家則並為篇而信之。

王鳴盛《尚書後案》一書專輯鄭玄之說——王篤信鄭說。段玉裁意見，亦偏於古文方面，故王、段所著二書結論，皆不甚信，惟材料尚可取耳。

關於漢學今古文之別，考究者清人有莊方耕、劉逢祿，莊、劉對於《春秋》有所建設，餘則絕無。自魏源出，對於《尚書》之研究，更精深矣。

近人朱希祖在《北大月刊》發表一文，謂整理國故不難，祇須解決漢以前各經今古文之爭——國故中最生問題者，即此爭論。——即易下手解決之道，祇須去其今古文家所爭論者，而採取其所同者斯可矣。此說殊荒謬，猶今人往西洋，從羅素學，歸而各述其師說，而意見或異，因而各是其是，爭持難決，或欲取羅素原書為之解紛，其不徒勞而無功也幾希，蓋羅素之書，非特其弟子本不可解釋，強為釋之，是以一己之私見為人解紛，非惟徒勞而無功，且將糾紛愈甚矣。

今人欲治經學，須先知門徑，門徑之最重要者，為各經之派別，研究各經之派別，當從漢學入手，非左袒漢學也。實因宋學專重主觀，對於客觀並不清楚，讀宋學而不讀漢學，猶讀史者不觀歷代史事而專讀史論也。

欲治漢學，須讀下列各書。陳立《白虎通義疏證》、《周禮》、《禮記·王制》注疏，陳壽祺《五經異義疏證》，讀以上數書，對於漢學今古文之大要可知矣。

　　陳壽祺《五經異義疏證》係先將許慎《五經異義》輯出而加以考訂者。

　　《白虎通》漢十四博士在白虎觀所講,而班固筆錄者也,書中全爲今文,後世輯辭遂雜古文,此書條例最清晰,爲治漢學者所必讀。

　　又僞書雖係後人僞造,然必有其根據,非可憑空假造者,故於相當條件之下,盡可引用。蓋"知僞書"爲一事,"用僞書"又爲一事,必知之,而後相當條件下用之,非謂既僞即棄不可用也。整理國故與經之真僞問題,無甚關係,蓋以歷史的眼光觀察之故也。如《周禮》一書謂爲周公所作固僞,爲戰國時之作品,則真確矣。

四、禮記　儀禮　周禮

《禮記》、《儀禮》、《周禮》,後世稱之曰"三禮"。但今文家言禮僅承認《儀禮》爲孔子所傳之書,故單稱曰《禮》,或稱《禮經》,以別於傳,對於《周禮》則稱之曰《周官》。古文家之説則不然,以六經皆爲先王舊典,禮則係周公所制,孔子修之而已。故謂禮有《禮經》、今之《周禮》。《曲禮》今之《儀禮》。二種,且譏今文家惟有士禮,大夫公侯天子之禮,皆以士禮推致之。今文家則辯曰:公侯大夫聘禮之類皆非士禮,是以十七篇盡爲士禮之説,誣也。要之三禮之傳,古今文家各有家法,絶不相混,爰詳述之。

(一)《禮記》　《禮記》非經也。凡孔手定者曰經。相傳出漢戴德,其姪戴聖删而簡之,是稱《小戴禮》,即傳於今日之《禮記》也,而别戴德原本,曰《大戴禮》。《大戴禮》今猶存在,然師承之系統不明,故人多不之信。據丁晏之説,則謂今《小戴禮》一篇中多包數篇,分析之適合於《大戴禮》篇,是知戴聖未嘗删《大戴禮》也。又據康有爲之説,今之《禮記》實儒家之《傳》及諸子混合而成,而如《王制》出於《尚書大傳》,《樂記》出於《荀子》,《中庸》可名爲《子思子》,《緇衣》可名爲《公孫尼子》之類是。

(二)《儀禮》　前漢説禮祇有今文家言,迨後漢古文家與今文家乃多方反對,然《儀禮》不全之説,今文家終難掩護,且不得不承認之也。鄭玄説禮,兼採今古,對於三禮悉爲之注。自魏晉以迄於隋,學涉玄理,與兩漢大異。然禮制不能憑空虛説,故此時治禮者,仍宗鄭説，無有異議。唐定《五經正義》專引鄭學，更不待言矣。然《周禮》缺《冬官》，《儀禮》又不完全，《禮記》又極無系統，故朱子起，即欲著《儀禮經傳通解》，參酌己意，尋其條理系統，爲大規模之傳述，然未成而卒，其弟子黃幹繼續爲之，又成其一部分，至清秦蕙田《五禮通考》出，始告成功。

《五禮通考》等書二種優點：（一）有條理系統，（二）昔時偏於一方面者，今則甚爲完全。

處今日而行三禮所定之制，固絕對不可能，然以之爲史料，頗有價值。如吉凶軍賓嘉等禮，可徵古時之風俗制度，讀喪服禮可明親緣之關係，故研究社會歷史者，不可不讀禮也。

（三）《周禮》 《周禮》向有真僞問題，漢時古文家謂《周禮》係周公所手定，然漢武帝謂爲"瀆亂不驗"，今文家尤非難，惟朱子謂《周禮》"曲折入微，盛水不漏"，鄭樵則謂《周禮》確係周公所爲，但未實行耳。此外議論尚多。至清代排《周禮》爲僞書者，始方氏望溪也。方固迂儒，然研究禮學頗精深，其最大之疑點，即在王莽以前，未聞有制度若《周禮》者，是以知《周禮》決非王莽以前之書，當爲王莽時劉歆所作，否則何以此種制度，獨王莽時有之也。<small>觀《周官辯》。</small>

康有爲謂漢武帝所云"瀆亂不驗"之説頗確，謂如《周禮·祭禮》，將終歲疲於祭祀，勢難實行，可見係雜湊而成，即可知其瀆亂。又如封建制度之禮數等，與其他各書所載多不合，即可知其爲不驗，與《周禮》制度合者，僅一《管子》耳。然則《周禮》當如何休所云，必爲六國之陰謀，至早亦當與《管子》爲同時代之作品。<small>康有爲之《新學僞經考》確定一切古文，皆係劉歆所僞造。</small>

雖然古今文家之所爭者，欲各認爲孔子手定之經耳，吾人爲史料而整理國故，則真僞問題，亦可毋庸多辨也。

三禮之注釋，漢以後，鄭學專行，即有別家之注，終不背鄭説。宋朱子有遍注群經氣魄，禮雖未注，而門人陳淳<small>黃幹弟子，陳大猷之子。</small>所著《禮記集説》，悉宗於朱。元時科舉所用，兼用《禮記集説》，於是鄭學不興，而三禮亦隨之以衰。蓋陳之《集説》，僅於字句上爲空疏之解釋，殊爲荒謬。其後《儀禮》幾至不可讀，迨清顧炎武校十三經，《禮記》始可讀焉。

《周禮》尚有一問題，即《周官》中少《冬官》一篇，昔河間獻王懸千金徵之不得，乃以《考工記》補入之，元時吳澄謂《冬官》雜見於五官中，但未另列耳。然反對者又各有其辭，即所謂《冬官》補亡問題也。其實《冬官》確已散亡，不必嘵嘵爭辯也。

吾人整理國故，須用總算帳之書，胡適語。故治《禮》當注意下列各書。

宋衞湜《禮記集説》　　唐李鼎祚《周易集解》
胡培翬《儀禮正義》　　孫詒讓《周禮正義》
康有爲《新學僞經考》

五、易 經

```
         ┌ 漢  ┬ 今文
         │    └ 古文 ── 數
         │ 魏晉 ──── 理
《易》 ──┤    ┌ 程頤
         │    │ 邵雍
         └ 宋 ┤         ── 數
              └ 劉牧
```

　　《易》在漢時本分今古文兩派，今文《易》出於施讎、孟喜、梁丘賀三家，今已全佚，不能知其真相。虞氏出，孟喜爲疑問。古文《易》出於費直，其書無經說。夫古人傳經，所貴在"說"，如一部教科書不足貴，所貴者在乎教師之講解與補充焉。漢之古文經嘗有無說者，費氏古文《易》，其一種也。其書既無經說，乃以彖辭象辭文言充之，以解釋《易》之經文，卦辭與爻辭，其學無師傳授，蓋可見矣。

　　費氏《易》內容如何？今亦不知，其後傳爲兩派，一爲東漢之古文家，一爲魏晉之王弼。弼亦用費氏本而講法則大異，漢主講數──中國前所謂數，非純粹之數學，乃術數也。凡天文、曆律及一切迷信之事，均涉及也。──其著名人物北方爲鄭玄，南方則虞翻也。魏晉既興，而講法一變，魏晉時哲學盛行，以易老或老莊並稱，爲哲學之根本思想，漢則尚以黃老相連舉焉。東漢之《易》，今雖無全書，其爲清人輯出者，則頗有可觀。開山之第一功人，當推惠棟，所著有《周易述》、《易微言》、《易漢學》等，而未脫稿者尚多，《周易述》亦未完全著成，其弟子江藩因有《周易述補》之作。諸著係初步功夫，自難求全責備。其第二人則爲張惠言，張氏途徑與惠氏絕似，所著有《虞氏學》、《鄭氏學》、《荀氏學》等著，較惠氏爲精密。第三人爲焦循，據惠、張所得作，進之研究成《易通釋》一書。

漢今文家《易》失傳後，魏晉派即盛行，當時思想趨重哲學，以哲理談《易》，普通人類能發揮幾句，祇有深淺之不同耳。至數術則爲專門學問，非普通人所能瞭解者，此亦魏晉派《易》盛行之原因也。

關於《易經》本自體例如何？可閱《易漢學》。關於《易經》上各名詞之定義，如"一"、"元"……可閱《易微言》。《周易述》爲自注自疏之注疏體，各方面包舉，魄力甚大。《尚書明堂大道錄》一書亦惠先生所著，與數術之學互相關連。張著除前述諸種外，並會集衆意，成《易義別錄》。惠收輯於前，張校訂於後，古文已亡，得復窺其內容者，惠、張、焦諸先生之功也。

魏晉派《易經》，現存《十三經注疏》中，係王弼輯，韓康伯所注，完全講哲理者也。此派直傳至唐代，唐定《五經正義》，亦採用之，古人之易學大概如此。

凡學問必涉及哲學方能穩固，宋學有哲學上之根據，其哲學上之立足點，即爲《易經》。宋學之真正根源爲華山道士陳摶所傳之二圖，一爲太極圖，一爲先後天圖，即後人所稱"河圖洛書"者是也。後人講《易》，乃分兩派，邵雍以十爲河圖，九爲洛書，劉牧則反是。邵未直接注《易》，而著有《皇極經世》，劉著《易義鈎隱》，二人各發揮其主張，至程頤著《易傳》，亦稱程傳。不以邵說爲正當，乃稱之爲"易外別傳"。佛家有教下三家，禪宗不著書立說，全賴直覺參悟，故稱教外別傳，以其本身未可非，但不認其爲正當耳，程意亦猶是也。朱熹學問出自閩派，閩派則出於洛派，故朱著《周易本義》，大概與程傳相彷彿，且較遜焉。程本談易理者，朱自當與之同轍，惟朱書即首忽列入陳摶之先後天圖是，矛盾甚矣。然在元明之世，人咸奉朱子若神明，棄程而從朱，於是所謂先後天圖者，亦連帶被取矣。其有發不信先後天圖之論者，則謂此圖並非朱子所列入，就書之本身既不能證明爲朱子所親置，即在他處亦頗多與此圖相反之論焉。

宋學中雖有此爭辯，惟事實上終不能推翻此圖。自元明以來，凡講《易》者，蓋無不連帶講圖也。直至明末而反動起，首從考據方面而攻擊易圖者爲黃梨洲先生。胡渭繼之著《易圖明辨》，考據益精，結果證明此圖出於道家陳搏，非儒學之物，自此遂被推翻。

總之，《易經》一書，歸納前人所研究，一爲數，一爲理，數爲專門學問，惟講理者，亦不可不稍通於數也。

關於《易經》，余個人尚有一意見。余以爲中國古代學問，無論何家，其根源蓋無不相同，至少亦極接近，世無憑空創造之學說，必有淵源可尋。古代學術，蓋皆以《易經》等書爲根據，故胡渭並不駁易圖之誤，祇能證其爲道家所出耳。方東樹所著《漢學商兌》，反對漢學，頗有偏見，但自謂河圖洛書，祇能證明非出儒家，不能謂其與不合，其言甚是，故吾意儒實不能分也。根據此理，可知古時各家學說，蓋完全相通。漢之今文《易》，今雖全佚，依此道，亦又輯出其一部分，余曾思得一著手處，即《淮南子》有《原道訓》一篇，據《漢書》注，此爲淮南子易九師所著成，頗似漢之今文《易》，因其與《易緯》多相同也。《易緯》誠係假書，惟必有所本，造《易緯》時，古文尚未出世，故除荒誕處不足信外，殆全與今文《易》相合，《易緯》既似今文《易》，而《原道訓》似《易緯》，是即《原道訓》爲今文《易》矣。若假定《原道訓》爲今文《易》之經說，自此出發，合此者輯出之，則今日《易》或有重觀之望，亦未可知，惜事實上無力從事於此耳。

六、春　秋

《公羊》、《穀梁》、《左氏》之三傳，三傳之説，各有異同，信之疑之，代有其人。三傳《公羊》、《穀梁》爲今文，《左氏》爲古文，自清末崔適之《春秋復始》，考證《穀梁》亦爲古文，然《公》、《穀》解經，《左氏》紀事，世所公認也。《春秋》一書，自來無以歷史目之者，觀《孟子》："其事則齊桓晉文，其文則史，孔子曰其義則丘竊取之矣。"可以知之矣。

《公羊》

考《春秋》一書，乃孔子據魯史作成者，於其原文，或仍之或改之，例如《公羊》"上夜中星隕而雨"一語，即孔子改後之條文也。又如《禮記·坊記》中所舉之魯《春秋》與今之《春秋》同，此即孔子未修之條文也。故鄭樵氏曰："《春秋》者，魯史記之名也。有未經夫子筆削之《春秋》，有已經夫子筆削之《春秋》。"太史公謂："文成數萬，其指數千。"蓋《春秋》之作，各條皆有用意，但其意隱而不顯，故非親炙孔子者，不易解索其本意，而究其所以然，緣當時欲譏刺國君，不得不隱其辭也。故曰"定哀之間多微辭"，又曰："主人習其讀而問其傳，則未知己之有罪焉爾。"

《公羊傳》中無後世之所謂例，例者何？即同一文法而其義相同也。例如"罷國務總理段祺瑞"，是乃不當罷而罷之，罪總統者也。"國務院總理段祺瑞罷"，是乃罷者與被罷者皆無罪也。若被罷者有罪當罷，則書"段祺瑞罷"，此即後世之所謂例也。但此理不適用於《公羊》，故講《公羊》者不講例，全書一例之説，起自晉杜預之疏《左傳》,至於《公羊》則同一字句,若見於不同之處,其義往往大異。《春秋》美惡不嫌同辭,此之謂也。董仲舒曰:"《詩》無達詁,《易》無達占,《春秋》無達辭。"亦此之謂也。

《穀梁》之體例與《公羊》相近,但無甚道理。

《左氏傳》

《左氏傳》中記事多而講義理者少,且其中有經無傳者有之,有傳無經者有之,信之者謂《左氏》一書,係孔子之友,左丘明所作。左丘明恐孔氏弟子聽夫子之言,退而各按其意,以失其真,故論本事而為三傳,明夫子不以空言說經也。不信《左氏》者,謂《左氏傳》與《春秋》無關,所以與《春秋》有關係者,皆漢劉歆治《左氏》,引"傳文以解經"之所致也。此漢今文家謂"《左氏》不傳《春秋》"說也。至近代之今文家,並謂《左傳》無此書,左丘明亦無此人,<small>左丘明三字衹見於古文家所傳之《論語》</small>。即左氏有此人,亦未嘗作《左傳》,觀太史公與任少卿書內"左丘失明,厥有《國語》"之句可知矣。《左氏傳》實為劉歆據《國語》而彙編之書,並加以《春秋》之說耳。<small>此為清末康有為之主張。</small>

孔子作《春秋》,專重書法,以歷史之眼光觀之,書法似可置之不論。然有時不通書法,則不能得其事之真者。例如:"正月衛人伐齊,楚殺其大夫,三月晉人伐衛。"以文字之表面觀之,則正月中有兩件事,二月中無事,三月中有一件事也。其實不然,年月之表明與否,不以時為標準,乃以事為標準者也。蓋何事須表明日月,何事毋庸表明日月,皆有定例焉。<small>有蒙月與不蒙月之別。</small>如前楚之殺其大夫之事,亦可在二月中也。而《公羊》上又有"所傳聞世"、<small>隔代傳聞之事,最略。</small>"所聞世"、<small>所聞之事,稍詳。</small>"所見世"<small>最詳。</small>三種。《春秋》所記諸侯會盟,初年國數少,末年國數多。據《左氏傳》,則謂初年會盟,國數實少,末年何故會盟國數較多也。但據《公羊》之說,則有"據亂世"、"升平世"、"太平世"三種。春秋初年為據亂世所治之,國少,故少書之。其後為升平世,最後為太平世,所治之國之多少,依此而增,故所書者多也。此《左氏傳》與《公羊》書法不同之點也。

附　三傳源流考

《公羊》　漢傳《公羊》者爲胡毋生、董仲舒及十四博士中嚴彭祖、顔安樂二人。董傳爲《春秋繁露》。自此以後，無人過問，幾成絶學，直至清代之劉逢禄、莊存與始繼起研究。二人皆有著作，劉逢禄有《劉禮部集》。清人疏《公羊》者，有陳立之《公羊義疏》，頗有價值，近人研究《公羊》者，有康有爲之《春秋董氏學》，崔適之《春秋復始》。《春秋董氏學》係根據《春秋繁露》而編纂者，《春秋復始》内謂《左傳》、《穀梁》皆劉歆所僞造。劉歆先造《穀梁》，後造《左氏傳》。以余觀之亦未必然也。崔氏又謂漢時無所謂三傳，以漢時祇有一《公羊春秋》而已，並無所謂經與傳之别也。以余觀之，漢時經傳本分不清楚，非獨《公羊》然也。

《穀梁》　注《穀梁》者，爲晉之范寧，但范不守家法，雖注而仍駁之，故此書不可爲傳；《穀梁》之正宗，如欲觀其條例，當閲清柳興宗之《穀梁大義述》。

《左氏傳》　三傳中治《左氏》之學者最多，約可分爲兩派，杜預以前有一派，自杜預以後爲一派。杜以前治《左氏》之最著者爲服虔。《左氏傳》無師説，故東漢人治《左氏傳》仍遵《公》、《穀》之條理，實則《左氏傳》十之七八可脱離《公》、《穀》而獨立，故脱離《公》、《穀》，自定條例實爲研究《左氏傳》之改進。晉杜預一變陳法，另立新説，誠《左氏》之大功臣也。杜研究《左氏》定凡例，凡者如"凡雨自三日以往爲霖，平地尺爲大水"，是其凡也。例則《左氏》所未明書者，杜氏乃著《春秋釋例》此書已逸。以明之。自杜以後治《左氏》者，又分兩派，自南北朝始。一主杜説,一主杜以前之説。如劉炫之《規過》,即反杜説者也。劉文淇考今疏中,駁斥劉炫之説,即剽竊炫説作《左傳舊疏考證》。洪亮吉之《春秋左傳詁》係採取杜以前諸家治《左氏》之學説,而集其大成者也。

又有一派,對於三傳均加懷疑,謂欲治《春秋》,與其研究三傳,不若直接研究《春秋》經之爲愈也。此派學説起于啖助與趙匡,其弟子陸淳曾有著作行世。昔韓退之贈趙、啖二人詩曰:"春秋三傳束高閣,獨抱遺經究終始。"宋人治《春秋》亦主啖、趙之説,其最重要之書有兩種:(一)孫復之《尊王攘夷發微》,(二)胡安國之《春秋傳》。宋人之講"尊王攘夷"與漢人所講不同,宋人持論冷酷,完全爲偏狹之"種族思想"、"排外主義"所釀成,故戴東原罵之曰:"專講名義,不講情面。"講尊王不過因爲當時天下紛擾,非王不足以鎮攝,故重尊王。其講攘夷亦具偏狹之種族思想雜其間。

胡安國所著《春秋》,自稱爲《傳》,因之《公》、《穀》、《左》、《胡》謂之四傳,後皆立於學官,《春秋》一書不可以歷史目之,然其中史料,實有足取者,觀清顧棟高之《春秋大事表》可得其要也。

七、四　書

　　四書者,《大學》、《中庸》、《論語》、《孟子》是也。朱子於《大學》、《中庸》有章句,於《論語》、《孟子》有集注。《大學》次序,頗有顛倒,《中庸》次序雖不甚顛倒,然章句大異,故稱章句。《論》、《孟》則無問題,以合前人之説,謂之集注。朱子注《四書》稿屢屢改易,觀其《四書或問》可以知其所以改之之理。朱子文集中,與人問答之語,嘗輯爲《語類》,而《四書注》之所以改易,亦有散見於文集語類中,講程朱之學,多以文集語類爲根據,今非研究程朱,不贅論。

　　《四書》古有何晏集注,十三經所輯者是也。至清在日本得一書,名《論語皇侃疏》,是書作於南北朝時,不知何時流於日本,從大體觀之,尚非僞書,反對此書者,乃以一節而概全體也。

　　《孟子》古注有後漢趙歧邠卿之《注》,昔人對於是書不生真僞問題,以予觀之,頗有可疑。《趙注》一書在昔固存,今傳趙注是否真本,實尚問題,即以今注"摩頂放踵"一句觀之,與《文選》曾引趙注比較,已不合《文選》所注,至爲通達,而今注則不通矣。此在《校勘記》亦見之。是書在童時讀之,覺無甚價值。予凡讀二遍,讀後曾將其訛誤處摘出數十條。趙注頗費一番苦心,而今所傳者,則似非有精見者之著作,即章旨亦多屬敷衍之詞,在南北朝以前未之見,果屬僞書,亦當爲隋唐時物矣。《孟子疏》標題爲孫奭,實爲邵武士人所作。朱子語甚確,其友曾識其人,此《疏》最屬無謂,注中精要處,均未疏出也。趙注在最切實處,亦未能暢達,其所引事實,頗類小説。對於漢以前之人,又未嘗加注，故予謂其頗有疑處也。至書中之疏，則更係敷衍之作，不能爲注，更張諸經之疏，實以此爲最不切實矣。清有劉寶楠《論語正義》、焦循《孟子正義》，焦書搜集極博，堪稱佳作。

八、孝　經

《孝經》可分兩派：

《孝經》｛今文鄭玄——傳自荀昶
　　　　古文孔安國——劉炫所僞造

開元御注用今文本，朱子重訂用古文本，而又有删節。《孝經》本先有一真僞問題，若認爲真，則今古文何者爲真，仍屬一問題，今傳之本是否真本，又屬一問題。此漢人稱傳不稱經，爲教（一）常人，（二）爲初學之書。以予觀之，此書真僞不必窮考，孝之義，儒家言之者多。《孝經》之説孝，亦粗淺無謂也。惟漢確有是書，及後分爲兩派，今文家鄭玄，傳自晉荀昶，諸書皆有傳授源流，獨《孝經》則無之。雖諸經中亦有引《孝經》之句，但不能考其淵源。今文然，古文亦然。今古文之别，字句略異，本不成大問題。而古文多"閨門"一章，比今文多四百餘字。迄唐玄宗忽有注意《孝經》，是時復分二派，主古文者譏今之略，主今文者譏古文言太鄙陋，結果御注用今文。因御注用今文，古文遂亡。至宋朱子復用古文本，然亦有删節。至清《孝經》鄭注有八輯，至於孔注，在日本得一書，屬於僞造，鄭注有湖南皮錫瑞《孝經鄭注疏》。

九、爾　雅

　　《爾雅》爲何人所作，此問題頗爲麻煩，一説首篇作自周公，甚荒謬。一説出自孔門，一説漢儒集訓詁之説而成。大約第三説較可信。
　　《爾雅》爲郭璞所注，郭璞曾注《山海經》，故深信《山海經》之説，惟著此類書者有一病，不知《山海經》多爲前人所竄改，一部分確爲漢以前人所作。郭璞信是書，於是注古書亦以之爲根據。如《爾雅》釋魚，即以遼東之魚釋之，即動植物亦以外國之名釋之。是時中國無此疆土，是其謬也。李巡注九夷，牽入高句麗之類，高句麗在漢時始見。孔子之所謂九夷，則在淮水一帶，魏晉人注書大抵有是病。此講注之本身已屬謬誤，他則非所論也。迄清有二疏，一爲邵晉涵《爾雅正義》，一爲郝懿行《爾雅義疏》，二書互有佳處。

經子解題

自　序

　　本書皆予講學時所論，及門或筆錄之，予亦稍加補正。群經及先秦諸子之真者，略具於是矣。所積既多，或謂其有益初學，乃加以編次，裒爲一帙，印以問世焉。此書有益初學之處凡三：切實舉出應讀之書，及其讀之之先後，與泛論大要失之膚廓及廣羅參考之書失之浩博令人無從下手者不同，一也。從前書籍解題，多僅論全書大概，此多分篇論列，二也。論治學方法及書籍之作，亦頗浩繁；初學讀之，苦不知孰爲可據，此所舉皆最後最確之說，且皆持平之論，三也。然學問之道，貴自得之，欲求自得，必先有悟入處。而悟入之處，恒在單詞隻義人所不經意之處，此則會心各有不同，父師不能以喻之子弟者也。昔人讀書之弊，在於不甚講門徑，今人則又失之太講門徑，而不甚下切實工夫：二者皆弊也。願與承學之士共勉之。鶩牛自識。民國十三年七月。

論讀經之法

吾國舊籍，分爲經、史、子、集四部，由來已久。而四者之中，集爲後起。蓋人類之學問，必有其研究之對象。書籍之以記載現象爲主者，是爲史。就現象加以研求，發明公理者，則爲經、子。固無所謂集也。然古代學術，皆專門名家，各不相通。後世則漸不能然。一書也，視爲記載現象之史一類固可，視爲研求現象，發明公理之經、子一類，亦無不可。論其學術流別，亦往往兼搜並採，不名一家。此等書，在經、史、子三部中，無類可歸；乃不得不別立一名，而稱之曰"集"。此猶編新書目錄者，政治可云政治，法律可云法律，至不專一學之雜志，則無類可歸；編舊書目錄者，經可曰經，史可曰史，至兼包四部之叢書，則不得不別立叢部云爾。

經、子本相同之物，自漢以後，特尊儒學，乃自諸子書中，提出儒家之書，而稱之曰經。此等見解，在今日原不必存。然經之與子，亦自有其不同之處。孔子稱"述而不作"，其書雖亦發揮己見，顧皆以舊書爲藍本。故在諸家中，儒家之六經，與前此之古書，關係最大。古文家以六經皆周公舊典，孔子特補苴綴拾，固非；今文家之偏者，至謂六經皆孔子手著，前無所承，亦爲未是。六經果皆孔子手著，何不明白曉暢，自作一書；而必僞造生民，虛張帝典乎？治之之法，亦遂不能不因之而殊。章太炎所謂"經多陳事實，諸子多明義理；賈、馬不能理諸子，郭象、張湛不能治經"是也。《與章行嚴論墨學》第二書，見《華國月刊》第四期。按此以大較言之，勿泥。又學問之光大，不徒視前人之唱導，亦視後人之發揮。儒學專行二千年，治之者多，自然日益光大；又其傳書既衆，疏注亦詳；後學鑽研，自較治諸子之書爲易。天下本無截然不同之理；訓詁名物，尤爲百家所同。先明一家之書，其餘皆可取證。然則先經後子，固研求古籍之良法矣。

欲治經，必先知歷代經學變遷之大勢。今案吾國經學，可大別爲漢、宋二流。而細別之，則二者之中，又各可分數派。秦火之後、西漢之初，學問皆由口耳相傳，其後乃用當時通行文字，著之竹帛，此後人所稱爲"今文學"者也。末造乃有自謂得古書爲據，而訾今文家所傳爲闕誤者，於是有"古文之學"焉。今文學之初祖，《史記·儒林傳》所列，凡有八家：所謂"言《詩》，於齊則轅固生，於燕則韓太傅。言《書》，自濟南伏生。言《禮》，自魯高堂生。言《易》，自菑川田生。言《春秋》，於齊、魯自胡毋生，於趙自董仲舒"是也。東京立十四博士：《詩》，魯、齊、韓；《書》，歐陽、大小夏侯；《禮》，大、小戴；《易》，施、孟、梁丘、京；《春秋》，嚴、顏；皆今文學。古文之學：《詩》有毛氏，《書》有古文《尚書》，《禮》有《周禮》，《易》有費氏，《春秋》有左氏，皆未得立。然東漢末造，古文大盛，而今文之學遂微。盛極必衰，乃又有所謂僞古文者出。僞古文之案，起於王肅。肅蓋欲與鄭玄爭名，乃僞造古書，以爲證據。即清儒所力攻之僞古文《尚書》一案是也。<small>參看後文論《尚書》處。</small>漢代今古文之學，本各守專門，不相通假。鄭玄出，乃以意去取牽合，盡破其界限。王肅好攻鄭，而其不守家法，亦與鄭同。<small>二人皆糅雜今古，而皆偏於古。</small>鄭學盛行於漢末；王肅爲晉武帝外祖，其學亦頗行於晉初；而兩漢專門之學遂亡。此後經學，乃分二派：一以當時之僞書玄學，羼入其中，如王弼之《易》，僞孔安國之《書》是。一仍篤守漢人所傳。如治《禮》之宗鄭氏是。其時經師傳授之緒既絕，乃相率致力於箋疏。是爲南北朝義疏之學。至唐代纂《五經正義》，而集其大成。<small>南北朝經學不同。《北史·儒林傳》："其在江左：《周易》則王輔嗣，《尚書》則孔安國，《左傳》則杜元凱。其在河洛：《左傳》則服子慎，《尚書》、《周易》則鄭康成。《詩》則並主於毛公，《禮》則同遵於鄭氏。"是除《詩》、《禮》外，南方所行者，爲魏、晉人之學；北方所守者，則東漢之古文學也。然逮南北統一，南學盛而北學微，唐人修《五經正義》，《易》取王，《書》取僞孔，《左》取杜，而服鄭之學又亡。</small>以上所述，雖派別不同，而同導源於漢,可括之於漢學一流者也。

北宋之世,乃異軍蒼頭特起。宋人之治經也,不墨守前人傳注,而兼憑一己所主張之義理。其長處,在能廓清摧陷,一掃前人之障翳,而直湊單微。其短處,則妄以今人之意見,測度古人;據後世之情形,議論古事;遂至不合事實。自南宋理宗以後,程、朱之學大行。元延祐科舉法,諸經皆採用宋人之書。明初因之。永樂時,又命胡廣等修《四書五經大全》。悉取宋、元人成著,抄襲成書。自《大全》出,士不知有漢、唐人之學,並不復讀宋、元人之書;而明代士子之空疏,遂於歷代爲最甚。蓋一種學問之末流,恒不免於流蕩而忘反。宋學雖未嘗教人以空疏,然率其偏重義理之習而行之,其弊必至於此也。物窮則變,而清代之漢學又起。

清儒之講漢學也,始之以參稽博考,擇善而從,尚只可稱爲漢、宋兼採。其後知憑臆去取,雖極矜慎,終不免於有失,不如專重客觀之爲當也。其理見下。於是屛宋而專宗漢,乃成純粹之漢學。最後漢學之中,又分出宗尙今文一派,與前此崇信賈、馬、許、鄭者立別。蓋清儒意主復古,剝蕉抽繭之勢,非至於此不止也。

經學之歷史,欲詳陳之,數十萬言不能盡。以上所云,不過因論讀經之法,先提挈其綱領而已。今請進言讀經之法。

治學之法,忌偏重主觀。偏重主觀者,一時似愜心貴當,而終不免於差繆。能注重客觀則反是。今試設一譬:東門失火,西門聞之,甲、乙、丙、丁,言人人殊。擇其最近於情理者信之,則偏重主觀之法也。不以己意定其然否,但考其人孰爲親見,孰爲傳聞。同傳聞也:孰親聞諸失火之家,孰但得諸道路傳述。以是定其言之信否。則注重客觀之法也。用前法者,説每近情,而其究多誤;用後法者,説或遠理,而其究多真。累試不爽。大抵時代相近,則思想相同。故前人之言,即與後人同出揣度,亦恒較後人爲確。況於師友傳述,或出親聞;遺物未湮,可資目驗者乎。此讀書之所以重"古據"也。宋人之經學,原亦有其所長;然憑臆相爭,是非難定。自此入手,不免失之汗漫。故治經當從漢人之書入。此則治學之法如是,非有所偏好惡也。

治漢學者,於今古文家數,必須分清。漢人學問最重師法。各守專門,絲毫不容假借。如《公羊》宣十五年何注,述井田之制,與《漢書·食貨志》略同。然《漢志》用《周官》處,《解詁》即一語不採。凡古事傳至今日者,率多東鱗西爪之談。掇拾叢殘,往往苦其亂絲無緒;然苟能深知其學術派別,殆無不可整理之成兩組者。夫能整理之成兩組,則紛然淆亂之説,不啻皆有綫索可尋。今試舉一實例。如三皇五帝,向來異説紛如,苟以此法馭之,即可分爲今古文兩説。三皇之説:以爲天皇十二頭,地皇十一頭,立各一萬八千歲;人皇九頭,分長九州者,《河圖》、《三五曆》也。以爲燧人、伏羲、神農者,《尚書大傳》也。以爲伏羲、神農、燧人,或曰伏羲、神農、祝融者,《白虎通》也。以爲伏羲、女媧、神農者,鄭玄也。以爲天皇、地皇、泰皇者,始皇議帝號時秦博士之説也。除《緯書》荒怪,別爲一説外,《尚書大傳》爲今文説,鄭玄偏重古文。伏生者,秦博士之一。《大傳》云:"燧人以火紀,陽尊,故托燧皇於天;伏羲以人事紀,故托羲皇於人;神農悉地力,種穀蔬,故托農皇於地。"可見儒家所謂三皇者,義實取於天、地、人。《大傳》與秦博士之説,即一説也。《河圖》、《三五曆》之説,司馬貞《補三皇本紀》列爲或説;其正説則從鄭玄。《補三皇本紀》述女媧氏事云"諸侯有共工氏,與祝融氏戰,不勝,而怒。乃頭觸不周之山,天柱折,地維缺。女媧乃煉五色石以補天"云云。上言祝融,下言女媧,即祝融即女媧。《白虎通》正説從今文,以古文備或説;或古文説爲後人竄入也。五帝之説,《史記》、《世本》、《大戴禮》並以黄帝、顓頊、帝嚳、堯、舜當之;鄭玄説多一少昊。今案《後漢書·賈逵傳》,逵言:"五經家皆言顓頊代黄帝,而堯不得爲火德,《左氏》以爲少昊代黄帝,即圖讖所謂帝宣也。如令堯不得爲火德,則漢不得爲赤。"則《左氏》家增入一少昊,以六人爲五帝之情可見矣。《史記》、《世本》、《大戴禮》,皆今文説,《左氏》古文説也。且有時一説也,主張之者只一二人;又一説也,主張之者乃有多人。似乎證多而强矣。然苟能知其派別,即可知其輾轉祖述,仍出一師。不過一造之説,傳者較多;一造之説,傳者較少耳。凡此等處,亦必能分清家數,乃不至於聽熒也。

近人指示治學門徑之書甚多,然多失之浩博。吾今舉出經學入門簡要之書如下:

皮錫瑞《經學歷史》 此書可首讀之,以知歷代經學變遷大略。

廖平《今古文考》 廖氏晚年著書,頗涉荒怪。早年則不然。分別今古文之法,至廖氏始精確。此書必須次讀之。

康有爲《新學僞經考》 吾舉此書,或疑吾偏信今文,其實不然也。讀前人之書,固可以觀其事實,而勿泥其議論。此書於重要事實，考辨頗詳。皆前列原書，後抒己見。讀之，不啻讀一詳博之兩漢經學史也，此書今頗難得；如能得之者，讀廖氏《今古文考》後，可續讀之。

《禮記・王制注疏》、《周禮注疏》、陳立《白虎通疏證》、陳壽祺《五經異義疏證》　今古文同異重要之處，皆在制度。今文家制度，以《王制》爲大宗；古文家制度，以《周禮》爲總彙。讀此二書，於今古文同異，大致已可明白。兩種皆須連疏注細看；不可但讀疏文，亦不可但看注。《白虎通義》爲東京十四博士之說，今文學之結晶也。《五經異義》爲許愼所撰，列舉今古文異說於前，下加按語，並有鄭駁，對照尤爲明了。二陳《疏證》，間有誤處。以其時今古文之別，尚未大明也。學者既讀前列各書，於今古之別，已可了然，亦但觀其採摭之博可矣。

此數書日讀一小時，速則三月，至遲半年，必可卒業。然後以讀其餘諸書，即不慮其茫無把握矣。

古代史書，傳者極少。古事之傳於後者，大抵在經、子之中。而古人主客觀不甚分明；客觀事實，往往夾雜主觀爲說；甚有全出虛構者，是爲寓言。參看後論讀子之法。而其學問，率由口耳相傳，又不能無訛誤，古書之傳於今者，又不能無闕佚。是以隨舉一事，輒異說蜂起，令人如墮五里霧中。治古史之難以此。苟知古事之茫昧，皆由主客觀夾雜使然。即可按其學術流別，將各家學說，分別部居；然後除去其主觀成分而觀之，即古事之真相可見矣。然則前述分別今古文之法，不徒可施之儒家之今古文，並可施之諸子也。此當於論讀子之方法時詳之。惟有一端，論讀經方法時，仍不得不先述及者，則"既知古代書籍，率多治其學者東鱗西爪之談，並無有條理系統之作，而又皆出於叢殘掇拾之餘；則傳之與經，信否亦無大分別"是也。世之尊經過甚者，多執經爲孔子手定，一字無訛；傳爲後學所記，不免有誤。故於經傳互異者，非執經以正傳，即棄傳而從經，幾視爲天經地義。殊不知尼山刪定，實在晚年，焉能字字皆由親筆。即謂其字字皆由親筆，而孔子與其弟子，亦同時人耳，焉見孔子自執筆爲之者，即一字無訛；言出於孔子之口,而弟子記之,抑或推衍師意者,即必不免有誤哉。若謂經難私造,傳可妄爲,則二者皆漢初先師所傳,經可信,傳亦可信;傳可僞,經亦可僞也。若信今文之學,則經皆漢代先師所傳,即有訛闕,後人亦無從知之。若信古文之學,謂今文家所傳之經,以別有古經,可資覈對,所異惟在文字,是以知其可信;則今文先師,既不僞經,亦必不僞傳也。是以漢人引用,經傳初不立別。崔適《春秋復始》,論"漢儒引《公羊》者皆謂之《春秋》;可見當時所謂《春秋》者,實合今之《公羊傳》而名之"甚詳。余謂不但《春秋》如此,即他經亦如此。《太史公自序》引《易》"失之豪釐,繆以千里",此二語漢人引者甚多,皆謂之《易》。今其文但見《易緯》。又如《孟子·梁惠王下篇》,載孟子對齊宣王好勇之問曰:"《詩》云:王赫斯怒,爰整其旅,以遏徂莒,以篤周祜,以對於天下。此文王之勇也,文王一怒而安天下之民。《書》曰:天降下民,作之君,作之師;惟曰其助上帝,寵之四方,有罪無罪,惟我在,天下曷敢有越厥志。一人衡行於天下,武王恥之。此武王之勇也。而武王亦一怒而安天下之民。""此文王之勇也","此武王之勇也",句法相同;自此以上,皆當爲《詩》、《書》之辭;然"一人衡行於天下,武王恥之",實爲後人評論之語。孟子所引,蓋亦《書傳》文也。舉此兩事,餘可類推。近人過信經而疑傳者甚多。予去歲《辨梁任公陰陽五行說之來歷》一文,曾力辨之。見《東方雜志》第二十卷第二十冊,可以參觀。又如《北京大學月刊》一卷三號,載朱君希祖整理中國最古書籍之方法論,謂欲"判別今古文之是非,必取立敵共許之法。古書中無明文、今古文家之傳說,一概捐除。惟《易》十二篇,《書》二十九篇,《詩》三百五篇,《禮》十七篇,《春秋》、《論語》、《孝經》七書,爲今古文家所共信。因欲取爲判別二家是非之準"。朱君之意,蓋欲棄經說而用經文,亦與梁君同蔽。姑無論經傳信否,相去不遠。即謂經可信,傳不可信,而經文有不能解釋處,勢必仍取一家傳說,是仍以此攻彼耳,何立敵共許之有。今古說之相持不決者,固各有經文爲據,觀許慎之《五經異義》及鄭駁可見也。決嫌疑者視諸聖,久爲古人之口頭禪,豈有明有經文可據,而不知援以自重者哉。大抵古今人之才智,不甚相遠。經學之所以聚訟,古事之所以茫昧,自各有其原因。此等疑難,原非必不可以袪除,然必非一朝所能驟決。若有如朱君所云直截了當之法,前此治經之人,豈皆愚騃,無一見及者邪?

治經之法,凡有數種:(一)即以經爲一種學問而治之者。此等見解,由昔日尊經過甚使然。今已不甚適合。又一經之中,所包甚廣,人之性質,各有所宜,長於此者不必長於彼。因治一經而遍及諸學,非徒力所不及;即能勉強從事,亦必不能深造。故此法在今日不甚適用。(二)則視經爲國故,加以整理者。此則各本所學,求其相關者於經,名爲治經,實仍是治此科之學,而求其材料於古書耳。此法先須於所治之學,深造有得;再加以整理古書之能,乃魁有濟。此篇所言,大概爲此發也。(三)又有因欲研究文學,而從事於讀經者。其意亦殊可取。蓋文學必資言語,而言語今古相承,不知古語,即不知後世言語之根原。故不知最古之書者,於後人文字,亦必不能真解。經固吾國最古之書也。但文學之爲物,不重在死法,而貴能領略其美。文學之美,只可直覺;非但徒講無益,抑亦無從講起。今姑定一簡明之目,以爲初學誦習參考之資。蓋凡事熟能生巧,治文學者亦不外此。後世文學,根源皆在古書。同一熟誦,誦後世書,固不如誦古書之有益。而欲精研文學,則數十百篇熟誦之文字,固亦決不能無也。

《詩》 此書近今言文學者必首及之,幾視爲第一要書,鄙意少異。韻文視無韻文,已覺專門;談韻文而及於《詩經》,則其專門更甚。何者?四言詩自漢魏後,其道已窮。非專治此一種文學者,不易領略其音節之美,一也;詩之妙處,在能動人情感,而此書距今太遠,今人讀之,實不能知其意之所在,二也;詩義之所以聚訟莫決者,其根源在此。若現在通行之歌謠,其有寓意者,固人人能知之也。故此書除專治古代韻文者外,但略事泛覽,知其體例;或擇所好熟誦之即可。

《書》 書之文學,別爲一體。後世作莊嚴典重之文字者,多仿效之。若細分之,仍有三種:(一)最難通者,如《周誥》、《殷盤》是;(二)次難通者,通常各篇皆是;(三)最易通者,如《甘誓》、《牧誓》、《金縢》諸篇是。第一種存古書原文蓋最多;第三種則十之八九,殆皆孔子以後人所爲也。此書文字雖不易解,然既爲後世莊嚴典重之文字所從出,則亦不可不熟復而求其真瞭解。《洪範》、《無逸》、《顧命》、兼今本《康王之誥》。《泰誓》四篇,文字最美,如能熟誦更妙。《禹貢》一篇，爲後世地志文字體例所自出，須細看。

《儀禮》《禮記》《周禮》 《儀禮》、《周禮》皆記典制之書。不必誦讀，但須細看，知其體例。凡記述典制之文皆然。《禮記》一書，薈萃諸經之傳及儒家諸子而成。見後。文字亦極茂美。論羣經文學者，多知重《左氏》，而罕及《小戴》，此皮相之論也。《左氏》所叙之事，有與《檀弓》同者，二者相較，《左氏》恒不如《檀弓》。其餘論事説理之文，又何一能如《戴記》之深純乎？不可不擇若干篇熟誦之也。今更舉示篇名如下：《檀弓》爲記事文之極則，風韻獨絶千古，須熟讀。《王制》爲今文學之結晶，文字亦極茂美。可熟讀。既有益於學問，又有益於文學也。《文王世子》，文最流暢。《禮運》、《禮器》，文最古雅。《學記》、《樂記》，文最深純。《祭義》，文最清麗。《坊記》、《表記》、《緇衣》三篇爲一類，文極清雅。《儒行》，文極茂美。《冠義》、《昏義》、《鄉飲酒義》、《射義》、《燕義》、《聘義》六篇，爲《儀禮》之傳，文字亦極茂美。以上諸篇，皆可熟讀。然非謂《戴記》文字之美者，遂盡於此，亦非謂吾所指爲最美者，必能得當；更非敢強人之所好以同於我也。聊舉鄙意，以供讀者之參考耳。

《易》 此書《卦辭》、《爻辭》，知其體例即可。《彖辭》、《文言》、《繫辭傳》，文皆極美，可擇所好者熟誦之。《序卦》爲一種序跋文之體，可一看。

《春秋》 三傳文字，自以《左氏》爲最美。其文整齊研練，自成風格，於文學上關係極鉅。《左氏》係編年體，其文字一綫相承，無篇目，不能列舉其最美者。大抵長篇詞令叙事，最爲緊要。但短節叙事，寥寥數語，亦有極佳者，須細看。《公羊》爲《春秋》正宗，講《春秋》者，義理必宗是書。論文學則不如《左氏》之要。讀一過，知其體例可矣。《公羊》之文字爲傳體，乃所以解釋經文，與《儀禮》之傳同。後人無所釋之經，而亦或妄效其體，此大繆也。此等皆不知義例之過。故講文學，亦必須略知學問。《穀梁》文體與《公羊》同。

《論語》《孟子》 此兩書文極平正，有極簡潔處，亦有極反復排奡處。大抵《論語》簡潔者多，然亦有反復排奡者，如《季氏將伐顓臾章》是。《孟子》反復排夥者多，然亦有極簡潔者，如各短章皆是。於文學極有益。凡書之爲大多數人所習熟者，其義理，其事實，其文法，其辭句，即不期而爲大多數人所沿用，在社會即成爲常識。此等書即不佳，亦不可不一讀，況其爲佳者乎。《論語》、《孟子》，爲我國極通行之書，必不可不熟誦也。

此外《爾雅》爲訓詁書，當與《說文》等同類讀之，與文學無關。《孝經》亦《戴記》之流。但其說理並不甚精，文字亦不甚美。一覽已足，不必深求也。

六經排列之次序，今古文不同。今文之次，爲《詩》、《書》、《禮》、《樂》、《易》、《春秋》；古文之次，則爲《易》、《書》、《詩》、《禮》、《樂》、《春秋》。蓋今文家以六經爲孔子別作，其排列之次序，由淺及深。《詩》、《書》、《禮》、《樂》，乃普通教育所資；《王制》：「樂正崇四術，立四教，順先王詩書禮樂以造士。」《論語》：「子所雅言，詩書執禮。」蓋詩書禮樂四者，本古代學校中教科，而孔子教人，亦取之也。而《易》與《春秋》，則爲"性與天道"，"經世之志"所寄；故其次序如此也。古文家以六經皆周公舊典，孔子特修而明之。故其排列之次序，以孔子作六經所據原書時代先後爲序。愚謂今言整理國故，視凡古書悉爲史材則通；謂六經皆史則非。故今從今文家之次，分論諸經源流及其讀法如下。

詩

《詩》今文有魯、齊、韓三家。古文有毛。鄭玄初學《韓詩》；後就《毛傳》作《箋》，間用韓義。《采蘋》、《賓之初筵》兩詩皆難毛。王肅作《毛詩注》、《毛詩義駁》、《毛詩奏事》、《毛詩問難》諸書，以申毛難鄭。《齊詩》亡於曹魏；《魯詩》不過江東；《韓詩》雖存，無傳之者；於是三家與毛之爭，一變而爲鄭、王之爭。諸儒或申鄭難王，或申王難鄭，紛紛不定。至唐修《五經正義》，用毛《傳》鄭《箋》，而其爭乃息。王肅之書，今亦已亡。然毛、鄭相違處，《正義》中申毛難鄭之言，實多用王說。

讀《詩》第一當辨明之事，即爲《詩序》。案釋《詩》之作，凡有三種：（一）釋《詩》之字句者，如今之《毛氏詁訓傳》是也。（一）釋《詩》之義者，如今之《詩序》是也。（一）推演《詩》義者，如今之《韓詩外傳》是也。三家詁訓及釋《詩》義之作，今皆已亡。三家詩亦有序，見《詩古微·齊魯韓毛異同論》。魏、晉而後，《毛詩》專行者千餘年。學者於《詩序》率皆尊信。至宋歐陽修作《詩本義》，蘇轍作《詩傳》，始有疑辭。南渡而後，鄭樵作《詩辨妄》，乃大肆攻擊。朱子作《詩集傳》，亦宗鄭說。而《集傳》與毛、鄭之爭又起。《小序》之義，誠有可疑；然宋儒之疑古，多憑臆爲說，如暗中相搏，勝負卒無分曉，亦不足取也。清儒初宗毛、鄭而攻《集傳》。後漸搜採及於三家。始知毛、鄭而外，說《詩》仍有古義可徵；而《集傳》與毛、鄭之爭，又漸變而爲三家與毛之爭。時則有爲調停之說者，謂《詩》有"作義""誦義"；三家與毛所以異同者，毛所傳者作義，三家所傳者誦義；各有所據，而亦兩不相悖也。其激烈者，則徑斥《小序》爲杜撰，毛義爲不合。二者之中，予頗左袒後説。此非偏主今文，以事理度之，固如是也。

何則？《詩》分《風》、《雅》、《頌》三體。《雅》、《頌》或有本事可指；《風》則本民間歌謠，且無作者可名，安有本義可得。而今之《詩序》，於《風詩》亦篇篇皆能得其作義，此即其不可信之處也。《詩序》究爲誰作，說極紛紜。宋以後之説，亦多憑臆測度，不足爲據。其傳之自古者，凡有四説：以爲《大序》子夏作，《小序》子夏、毛公合作者，鄭玄《詩譜》也。《正義》引沈重説。以爲子夏作者，王肅《家語注》也。以爲衛宏作者，《後漢書·儒林傳》也。以爲子夏首創，而毛公及衛宏加以潤飾增益者，《隋書·經籍志》也。肅説不足信，《隋志》亦係調停之辭。所當辨者，獨《後書》及《詩譜》兩説耳。予謂兩説之中，《後書》之説實較可信。今毛《傳》之義，固有與《小序》不合者，如《靜女》。且其序文義平近，亦不似西漢以前人手筆也。毛《傳》之義，所以與《小序》無甚抵牾者，非毛先有《序》爲據，乃《序》據毛《傳》而作耳。《序》語多不可信，決非真有傳授。鄭樵謂其採掇古書而成，最爲近之。

《詩序》有大、小之別。今本《小序》分列諸詩之前，而《大序》即接第一首《小序》之下。自"風，風也"以下。據《正義》。《小序》之不足信，前已言之，《大序》亦係雜採諸書而成，故其辭頗錯亂。但其中頗有與三家之義不背者。魏源説，見《詩古微》。今姑據之，以定《風》、《雅》、《頌》之義。《大序》云："風，風也，教也。風以動之，教以化之。"又云："上以風化下，下以風刺上，主文而譎諫，言之者無罪，聞之者足以戒；故曰風。至於王道衰，禮義廢，政教失，國異政，家殊俗，而變風變雅作矣。國史明乎得失之迹，傷人倫之廢，哀刑政之苛；吟詠情性，以諷其上；達於事變，而懷其舊俗者也。故變風，發乎情，止乎禮義。發乎情，民之性也；止乎禮義，先王之澤也。"此其言風之義者也。又云："一國之事，係一人之本，謂之風。言天下之事，形四方之風，謂之雅。雅者，正也。政有小大，故有小雅焉，有大雅焉。"此其言雅之義者也。又云："頌者，美盛德之形容；以其成功，告於神明者也。"此其言頌之義者也。案:《詩序》言風與頌之義,皆極允愜,惟其言大、小雅,則似尚欠明白。《史記·司馬相如傳》:"大雅言王公大人,而德逮黎庶;小雅譏小己之得失,其流及上。"分別大小之義,實較今《詩序》爲優。蓋三家義也。

今《詩》之所謂風者:周南、召南、邶、鄘、衛、王、鄭、齊、魏、唐、秦、陳、檜、曹、豳,凡十五國。周南、召南爲正風。自邶以下,皆爲變風。王亦列於風者,《鄭譜》謂"東遷以後,王室之尊,與諸侯無異;其詩不能復雅,故貶之也。"《正義》:善惡皆能正人,故幽、厲亦名雅。平王東遷,政遂微弱,其政才及境内,是以變爲風焉。十五國之次,鄭與毛異。據《正義》:《鄭譜》先檜後鄭,王在豳後,或係《韓詩》原第邪。

《雅》之篇數較多,故以十篇爲一卷。其中《小雅》自《鹿鳴》起至《菁菁者莪》止爲正,自此以下皆爲變。又分《鹿鳴》至《魚麗》,爲文王、武王之正《小雅》。《南有嘉魚》至《菁菁者莪》爲成王、周公之正《小雅》。《六月》至《無羊》,爲宣王之變《小雅》。《節南山》至《何草不黄》,申毛者皆以爲幽王之變《小雅》,鄭則以《十月之交》以下四篇爲厲王之變《小雅》。《大雅》自《文王》至《卷阿》爲正,《民勞》以下爲變。又分《文王》至《靈臺》,爲文王之正《大雅》。《下武》至《文王有聲》爲武王之正《大雅》。《生民》至《卷阿》爲成王、周公之正《大雅》。《民勞》至《桑柔》爲厲王之變《大雅》。《雲漢》至《常武》,爲宣王之變《大雅》。《瞻卬》、《召旻》二篇爲幽王之變《大雅》。皆見《釋文》及《正義》。正《小雅》中,《南陔》、《白華》、《華黍》、《由庚》、《崇丘》、《由儀》六篇,惟有《小序》。《毛詩》並數此六篇,故《詩》之總數,爲三百十一篇。三家無此六篇,故《詩》之總數,爲三百五篇。小、大《雅》諸詩之義,三家與毛,有同有異,不能備舉。可以《三家詩遺説考》與毛《傳》、鄭《箋》對勘也。

《頌》則三家與毛義大異。毛、鄭之義,謂商、魯所以列於《頌》者,以其得用天子禮樂;今文家則謂《詩》之終以三《頌》,亦《春秋》"王魯新周故宋"之意,乃通三統之義也。又《魯頌》,《小序》以爲季孫行父作，三家以爲奚斯作。《商頌》，《小序》以爲戴公時正考父得之於周太師，三家即以爲正考父之作。

詩本止《風》、《雅》、《頌》三體，而《小序》增出賦、比、興，謂之六義。案此蓋以附會《周禮》太師六詩之文。然實無賦、比、興三種詩可指。故鄭《志》："張逸問何《詩》近於賦比興？鄭答謂孔子錄《詩》，已合《風》、《雅》、《頌》中，難可摘別。"《正義》引。"鄭意謂風、雅、頌者，《詩》篇之異體；賦、比、興者，《詩》文之異辭也。"《正義》説。因此故，乃又謂《七月》一詩，備有風、雅、頌三體，以牽合《周禮》籥章豳詩，豳雅、豳頌之文案：賦者，叙事；比者，寄意於物；興者，觸物而動；譬如實寫美人爲賦。辭言花而意實指美女爲比。因桃花而思及人面，則爲興矣。作《詩》原有此三法。然謂此作《詩》之三法，可與《詩》之三種體制，平列而稱六義，則終屬勉強；一詩而兼三體，尤不可通矣。竊謂《周禮》之六詩，與《詩》之《風》、《雅》、《頌》，其豳詩、豳雅、豳頌，與《詩》之《豳風》，自係兩事，不必牽合。鄭君學未嘗不博，立説亦自有精到處，然此等牽合今古，勉強附會處，則實不可從也。又今文家以《關雎》、《鹿鳴》、《文王》、《清廟》爲四始，見《史記》。蓋《魯詩》説。乃以其爲《風》及大、小《雅》、《頌》之首篇；而《小序》乃即以《風》、大小《雅》、《頌》爲四始，亦殊不可解。

治《詩》之法，凡有數種：（一）以《詩》作史讀者。此當橫考列國之風俗，縱考當時之政治。《漢書・地理志》末卷及鄭《詩譜》。最爲可貴。案《漢志》此節本劉歆。歆及父向皆治《魯詩》。班氏世治《齊詩》。鄭玄初治《韓詩》。今《漢志》與鄭《譜》述列國風俗，大同小異，蓋三家同有之義，至可信據也。何詩當何王時，三家與毛、鄭頗有異説。亦宜博考。以《詩》證古史，自係治史一法。然《詩》本歌謠，托諸比、興，與質言其事者有異。後儒立説，面面皆可附會，故用之須極矜慎。近人好據《詩》言古史者甚多。其弊也。於《詩》之本文，片言隻字，皆深信不疑；幾即視爲紀事之史，不復以爲文辭；而於某《詩》作於何時，係因何事，則又往往偏據毛、鄭，甚者憑臆爲説，其法實未盡善也。（一）以爲博物之學而治之者。《論語》所謂多識於鳥、獸、草、木之名也，此當精研疏注，博考子部有關動植物諸書。（一）用以證小學者。又分訓詁及音韻兩端，毛《傳》與《爾雅》訓詁多合，實爲吾國最古之訓詁書。最初言古韻者，本自《詩》入，今日言古韻，可據之書，固猶莫如《詩》也。（一）以爲文學而研究之者。當先讀疏注，明其字句。次考《詩》義，觀詩人發憤之由，司馬遷云：《詩》三百篇，大抵賢聖發憤之所由作。及其作詩之法。《詩》本文學，經學家專以義理說之，誠或不免迂腐。然《詩》之作者，距今幾三千年；作《詩》之意，斷非吾儕臆測可得。通其所可通，而闕其所不可通者，是爲善讀書，若如今人所云"月出皎兮，明明是一首情詩"之類，羌無證據，而言之斷然，甚非疑事無質之義也。

《王制》述天子巡守，命太師陳《詩》，以觀民風。何君言採《詩》之義曰：《公羊》宣十五年注。"五穀畢入，民皆居宅。男女有所怨恨，相從而歌。饑者歌其食，勞者歌其事。男年六十，女年五十無子者，官衣食之，使之民間求詩。鄉移於邑，邑移於國，國以聞於天子。故王者不出牖戶，盡知天下所苦，不下堂而知四方。"其重之也如此。夫人生在世，孰能無幽約怨悱，不能自言之情？而社會之中，束縛重重，豈有言論自由之地？斯義也，穆勒《群己權界論》嚴復譯。言之詳矣。故往往公然表白之言，初非其人之真意；而其真意，轉託諸謠詠之間。古代之重詩也以此。夫如是，《詩》安得有質言其事者。而亦安可據字句測度，即自謂能得作詩之義邪？《漢書·藝文志》曰："漢興，魯申公爲《詩》訓詁。齊轅固生、燕韓生，皆爲之傳。或取《春秋》，採《雜說》，咸非其本意。與不得已，魯最爲近之。"此乃古學家攻擊三家之辭，其端已肇於班固時。其後乃採取古書，附會《詩》義，而別製今之《詩序》。謂三家皆不知《詩》之本義，而古學家獨能得之也。其實《詩》無本義。太師採《詩》而爲樂，則祇有太師採之之意；孔子刪《詩》而爲經，則祇有孔子取之之意耳。猶今北京大學編輯歌謠，豈得謂編輯之人，即知作此歌謠者之意邪？三家於詩，間有一二，能指出其作之之人,及其本事者,如《苤苢》、《柏舟》之類。此必確有所據。此外則皆付闕如。蓋《詩》固只有誦義也。以只有誦義故,亦無所謂斷章取義。我以何義誦之,即爲何義耳。今日以此意誦之,明日又以彼義誦之,無所不可也。以爲我誦之之意,則任舉何義皆通;必鑿指爲詩人本義,則任舉何義皆窒。《詩》義之葛藤,實自鑿求其本義始也。

治《詩》切要之書,今約舉如下:

《毛詩注疏》 今所傳《十三經注疏》,乃宋人所集刻。其中《易》、《書》、《詩》、《三禮》、《左》、《穀》,皆唐人疏。疏《公羊》之徐彥,時代難確考,亦必在唐以前。《論語》、《孝經》、《爾雅》皆宋邢昺疏,亦多以舊疏爲本。惟《孟子疏》題宋孫奭,實爲邵武士人偽托,見《朱子語錄》。其疏極淺陋,無可取耳。唐人所修《正義》,誠不能盡滿人意。然實多用舊疏,爲隋以前經說之統彙,仍不可不細讀也。特於此發其凡,以後論治諸經當讀之書,即不再舉注疏。

陳啓源《毛詩稽古編》 宋人說《詩》之書甚多,讀之不可遍。此書多駁宋人之說,讀之可以知其大略。

馬瑞辰《傳箋通釋》、陳奐《詩毛氏傳疏》 以上兩書,爲毛、鄭之學。

陳喬樅《三家詩遺說考》、魏源《詩古微》 以上兩書,爲三家之學。魏書駁毛、鄭,有極警快處。其立說亦有不可據處。魏氏之學,通而不精也。輯三家《詩》者始於宋之王應麟。僅得一小冊。陳氏此書,乃十倍之而不止。清儒輯佚之精,誠足令前人俯首矣。

三家之中,《齊詩》牽涉緯說。如欲明之,可觀迮鶴壽《齊詩翼奉學》,及陳喬樅《詩緯集證》兩書。意在以《詩》作史讀者,於《詩》之地理,亦須考究。可看朱右曾《詩地理徵》。意在研究博物者,毛《傳》鄭《箋》而外,以吳陸璣《詩草木鳥獸蟲魚疏》爲最古。與《爾雅》、毛《傳》,可相參證也。

書

《尚書》真僞，最爲糾紛。他經惟經説有聚訟，經文同異，止於文字，《尚書》則經文亦有真僞之分。案伏生傳《書》二十八篇，今文家以爲無闕。劉歆《移太常博士》，所謂"以《尚書》爲備"也。然《漢志》稱大、小夏侯《經》二十九卷，歐陽《經》三十一卷。此"三十一"，汲古閣本作"二十二"，武英殿本作"三十二"。案《志》下文歐陽《章句》三十一卷，則殿本"三十"字是，而"二"當作"一"。陳壽祺謂今文《書》亦有序，《左海經辨》。序説多與今文不合，説頗難信。王引之謂加後得《泰誓》，《經義述聞》。説較近之。大、小夏侯合爲一，歐陽析爲三。惟以《泰誓》爲伏生所固有，則未必然耳。古文家謂《書》本有百篇，魯共王壞孔子宅得之。孔安國以今文讀之，得多十六篇，獻之。遭巫蠱之事，未立於學官。《漢志》：《尚書古文經》四十六卷。除二十九篇與《今文經》同外，逸十六篇爲十六卷，又一卷蓋《序》也。《後漢書·儒林傳》：杜林傳《古文尚書》，賈逵爲之作《訓》，馬融作《傳》，鄭玄《注解》，蓋即此本。然逸十六篇，絶無師説，馬、鄭亦未嘗爲之作注也。迨東晉時，豫章内史梅賾，乃獻所謂孔安國傳者。其書凡五十八篇，爲四十六卷。其三十三篇與鄭同，二十五篇，又多於鄭。今案伏生所傳者：《堯典》一，合今《舜典》，而無篇首二十八字。《皋陶謨》二，合今本《益稷》。《禹貢》三，《甘誓》四，《湯誓》五，《盤庚》六，《高宗肜日》七，《西伯戡黎》八，《微子》九，《牧誓》十，《洪範》十一，《金縢》十二，《大誥》十三，《康誥》十四，《酒誥》十五，《梓材》十六，《召誥》十七，《洛誥》十八，《多士》十九，《無逸》二十，《君奭》二十一，《多方》

二十二,《立政》二十三,《顧命》二十四,合今本《康王之誥》。《費誓》二十五,《吕刑》二十六,《文侯之命》二十七,《秦誓》二十八。加後得《泰誓》則二十九。鄭分《盤庚》爲三,析《康王之誥》於《顧命》,又分《泰誓》爲三,得多五篇,爲三十四。所謂逸十六篇者,其目見於《正義》。鄭又分其《九共》爲九篇:則《舜典》一,《汨作》二,《九共》九篇十一,《大禹謨》十二,《益稷》十三,《五子之歌》十四,《胤征》十五,《湯誥》十六,《咸有一德》十七,《典寶》十八,《伊訓》十九,《肆命》二十,《原命》二十一,《武成》二十二,《旅獒》二十三,《冏命》二十四,共爲五十八篇。晚出孔《書》,於二十九篇内無《泰誓》,而析《堯典》之下半爲《舜典》,《皋陶謨》之下半爲《益稷》,《盤庚》分三篇凡三十三。其多出之二十五篇:則《大禹謨》一,《五子之歌》二,《胤征》三,《仲虺之誥》四,《湯誥》五,《伊訓》六,《太甲三篇》九,《咸有一德》十,《說命三篇》十三,《泰誓三篇》十六,《武成》十七,《旅獒》十八,《微子之命》十九,《蔡仲之命》二十,《周官》二十一,《君陳》二十二,《畢命》二十三,《君牙》二十四,《冏命》二十五,合之三十三篇,共五十八。後又加《舜典》篇首二十八字,即今通行之《尚書》矣。鄭之逸十六篇,爲此本所無。孔《書》與鄭異,而《序》則同。《正義》:"馬、鄭之徒,百篇之序,總爲一卷。孔以各冠其篇首;亡篇之序即隨其次,居見存者之間。"案漢時偽造《尚書》者,尚有張霸之《百兩篇》。《儒林傳》謂其採《左氏傳》及《書叙》,則《書叙》亦張霸所爲矣。予案東晉晚出之《偽書》,既已不讎;張霸《百兩篇》之僞,當時即破;即博士所讀後得《泰誓》,亦僞迹顯然。馬融疑之,極爲有見,見今《泰誓》及《左》襄三十一年疏。然則博士以二十八篇爲備,說蓋不誣。安有所謂百篇之《書》?更安有所謂百篇之《序》?然則逸十六篇,蓋亦難信。鄭玄、馬融、王肅之徒,乃並以《書序》爲孔子作,見《正義》。豈不繆哉?然其說亦有所本。案《璇璣鈐》謂"孔子求得黄帝玄孫帝魁之書,迄於秦穆公,凡三千二百四十篇。定可以爲世法者百二十篇。以百二篇爲《尚書》,十八篇爲《中侯》。"此蓋張霸之僞所由托,而亦古文家百篇之說所由昉。緯說荒怪,誠難盡憑。然謂孔子删《書》,祇取二十八篇,則其説可信，謂《尚書》一類之書，傳於後代者，必祇二十八篇，則未必然。何者？《逸書》散見古書者甚多，《尹吉》見《禮記‧緇衣》。《高宗》見《坊記》。《夏訓》見《左》襄四年。《伯禽》、《康誥》見定四年。《相年》見《墨子‧尚同》。《禹誓》見《兼愛》、《明鬼》。《武觀》、《官刑》見《非樂》。《大戰》、《揜誥》見《尚書大傳》。《大戊》見《史記‧殷本紀》。《豐刑》見《漢書‧律曆志》。又《書序》所有之《九共》、《帝告》、《説命》、《泰誓》、《嘉禾》、《羿命》六篇，亦見《大傳》。詳見《新書僞經考》。豈能盡指爲僞物？《史記》謂古者《詩》三千餘篇，説者亦多疑之。然今《佚詩》散見羣書者亦甚多；謂孔子刪《詩》爲三百五篇則可，謂《詩》止三百五篇，亦未必然也。蓋孔門所傳之《詩》、《書》爲一物，固有之《詩》、《書》，又爲一物。孔子所刪，七十子後學奉爲定本者，《詩》止三百五篇，《書》祇二十八篇；原有之《詩》、《書》，則固不止此。抑此三百五篇、二十八篇者，不過孔子刪定時所取之數；固未必無所取義；然必謂在此外者，即與此三百五篇、二十八篇，大相懸殊，亦屬決無之理。故刪定時雖已刊落，講論之際，仍未嘗不誦説及之。門人弟子，乃各著所聞於傳。此今古籍中佚詩佚書之所以多也。然則所謂以百二篇爲《尚書》，十八篇《中侯》者，得毋二十八篇之外，又有數十百篇，雖不及二十八篇之美善，而亦勝於其餘之三千餘篇，故孔子於刪定二十八篇之後，又特表異之於其餘諸篇邪？必因此謂《書》有百篇，而訾博士所傳爲不備，則過矣；然並謂其不足齒於傳説所引之逸書，則亦未是。經與傳之相去，本不甚遠。後得《泰誓》，誠不能遽比之於經，固不妨附益於傳。此其所以僞迹雖顯，而博士仍附之於經以爲教，非真識不如馬融也。東晉晚出之古文《書》，雖屬僞造，亦多有古書爲據。逸十六篇，未知是否此類，抑或真爲古之逸書，要其亡佚，則固可惜矣。

東晉晚出之僞《孔傳》，唐孔穎達作《正義》，原有疑詞。然此後迄無人提及。宋吳棫作《書稗傳》，乃始疑之。《朱子語録》，於此書亦嘗致疑。明梅鷟作《尚書考異》，乃明斥其僞。然所論證，尚不甚確。清閻若璩作《古文尚書疏證》，一一從客觀方面，加以證明，而此書之僞乃定。然尚未得其主名。迨丁晏作《尚書餘論》，乃證明其爲王肅所造焉。初學欲明此一重公案者，宜讀閻、丁兩家之書。（一）爲用考證方法攻擊僞書,言之成理最早之作,(一)則累經考究後之定論也。此書雖屬僞造,亦多有古書爲據,爲之一一抉其出處者,則爲惠棟之《古文尚書考》。

晚《書》之僞既明,考索漢儒書説之事斯起。其中搜輯舊説,爲之作疏者,凡有兩種:(一)江聲《尚書集注音疏》、(二)孫星衍《尚書今古文注疏》是也。江書早出,搜採未全。孫書較備。其時今古文之派別,尚未大明。誤以司馬遷爲古文,實爲巨謬。然其搜輯頗備;學者於今古文派別,自能分明,作材料看可也。段玉裁《古文尚書撰異》,左袒古學,立説頗偏。王鳴盛《尚書後案》,則專爲鄭氏一家之學。然二書鈎校搜採,俱頗詳密,亦可參稽。其後今古學之派別漸明,乃有分别古今,及搜考今文之事。攻擊古文最力者,爲魏源之《書古微》。駁詰頗爲駿快,而立説亦或不根,與其《詩古微》同。搜採今文經説者,爲陳喬樅《今文尚書遺説考》。

《尚書》中《禹貢》一篇,爲言地理最古之書。歷來注釋者獨多。蓋不徒有關經學,抑且有關史部中之地理矣。胡渭《禹貢錐指》一書,搜考最博。初學可先讀一過。因讀此一書,即可見古今衆説之崖略也。惟其書兼搜並蓄,初非專門之學。若求確守漢學門户者,則焦循《禹貢鄭注釋》、成蓉鏡《禹貢班義述》最好。

《尚書》、《春秋》,同爲古史。所謂左史記言,右史記事;言爲《尚書》,事爲《春秋》是也。然既經孔子删修,則又自成其爲經,而有孔門所傳之經義。經義史事,二者互有關係,而又各不相干。必能將其分析清楚,乃能明經義之旨,而亦可見史事之直。否則糾纏不清,二者皆病矣。今試舉堯、舜禪讓之事爲例。堯、舜禪讓之事,見於《孟子》、《大傳》、《史記》者,皆以爲廓然公天下之心。然百家之説,與此相反者,不可勝舉。究何所折衷哉?予謂九流之學,其意皆在成一家言,本非修訂古史;而春秋、戰國時所傳古事,亦實多茫昧之詞。如今村夫野老之説曹操、諸葛亮、李世民、趙匡胤,但仿佛知有此人耳,其事迹則强半附會也。事實既非真相,功罪豈有定評?百家著書,乃各就己意，取爲證佐。此猶後人謂"六經皆我注脚"，原不謂經意本如此也。堯、舜禪讓之事，百家異説，姑措勿論。即就儒書考辨，如昪之不得其死，見《癸巳類稿・昪證》。及共工、驩兜、鯀，皆在四岳之列，見宋翔鳳《尚書略説》。其事亦實有可疑。然則《孟子》、《大傳》、《史記》所傳，蓋非其事之真相，特孔門之經説耳。托之空言，不如見之行事。借史事以發揮己意，後人亦時有之。如蘇軾以李斯狂悖，歸罪荀卿，謂"其父殺人報讎，其子必且行劫"。豈真好爲是深文哉，心疾夫高言異論之徒，聊借此以見意也。姚鼐駁之，謂"人臣善探其君之隱，一以委曲變化從世好者，其爲人尤可畏"，意亦猶此。然則《孟子》、《大傳》、《史記》之言，當徑作經義讀，不必信爲史事。此所謂各不相干者也。然古代史籍，既已不傳。欲知其事，固不得不就百家之説，披沙揀金，除去其主觀之成份以求之。此則又所謂互有關係者矣。欲除去主觀之成份，固非通知其書之義例不可。此則讀書之所以貴方法也。今更就真書二十八篇，各示其概要如下：

《堯典》包今本《舜典》，惟須除去篇首二十八字。 此篇記堯、舜之事。首記堯所行之政。次記堯舉舜，命之攝政，及舜攝政後所行事。又次記堯之終，舜之踐位，及舜踐位後所行之政。終於舜之死。《大學》引此篇，謂之《帝典》，蓋以其兼包堯、舜之事也。逸十六篇別立《舜典》之目已非。僞孔即割此篇下半爲《舜典》，則《堯典》記堯事不終矣。此篇關涉曆法、巡守、刑法，可考古代典制。

《皋陶謨》包今本《益稷》。 此篇記禹、皋陶、伯益之事。《史記》云："禹即位，舉皋陶，授之政，皋陶卒，又以政任益。"蓋皋陶、伯益之於禹，猶舜之於堯，禹之於舜也。

《禹貢》 此篇記禹治水之事。先分述九州，次總叙名山大川，又次記五服貢賦之制。地志書之可信者，當以此爲最古矣。近人或謂此篇必非禹作，遂目爲僞。然傳書者本未云《堯典》必堯時史官作，《禹貢》必禹自撰也。此等辨僞之法，幾於無的放矢矣。參看《論讀子之法》。

《甘誓》　此篇記啓伐有扈戰於甘之誓辭。《墨子》謂之《禹誓》。古人蒙祖父之號者甚多，不足疑也。

《湯誓》　此篇爲湯伐桀時誓辭。

《盤庚》今本分爲三篇。　此篇爲盤庚自河北徙河南時誥下之辭。《史記》謂在盤庚即位後，《序疏》引鄭注，謂在盤庚相陽甲時。此篇可考古者"詢國遷"之制。篇中屢以乃祖乃父，及我高後將降不祥，恐喝其下，可見殷人之尚鬼。

《高宗肜日》　此篇記武丁祭成湯，有"飛雉升鼎耳而呴，祖己訓王"之詞。

《西伯戡黎》　此篇記文王滅黎，祖伊恐，奔告於紂之事。可見滅黎一役，於商、周興亡，關係甚大。

《微子》　此篇記紂太師少師勸微子去紂之語。

《牧誓》　此篇爲武王與紂戰於牧野時之誓辭。篇中庸、蜀、羌、髳、微、濾、彭、濮人云云，可考武王所用之兵。

《洪範》　此篇記箕子告武王以天錫禹之《洪範》九疇，乃我國最古之宗教哲學書也。説雖近乎迷信，然講古代之哲學宗教者，不能離術數。古代之術數，實以此篇爲統彙。此篇所陳之數，與《易》數亦相通。故宋後《易》學之講《圖》、《書》者，又有"演範"一派。欲考古代哲學宗教者，不容不究心也。

《金縢》　此篇記武王有疾，周公請以身代，及雷風示變之事。案《史記》謂克殷後二年，武王病，周公請以身代。武王有瘳，後而崩。成王幼，周公攝政。二叔及武庚叛，周公東伐之，二年而畢定。初成王少時，亦嘗病。周公亦請以身代，而藏其策於府。成王親政後，人或譖周公，周公奔楚。王發府，見策，乃泣，反周公。周公卒，成王葬之不以王禮。於是有雷風之異。成王開金縢，得周公欲代武王之説，乃以王禮改葬之。今文家説皆如此，可看《今文尚書經説考》。鄭玄則謂管叔流言，周公避居東國，待罪以須君之察己。成王不悟，盡執其族黨。逮有雷風之異，乃感悟，迎周公歸，歸而攝政焉。見《詩·豳》譜及《七月》、《鴟鴞》、《東山》序疏，及《禮記·明堂位》疏。案鄭説殊不近情。蓋此篇"秋大熟"

以下,與上文非記一時之事,而鄭誤合之也。孫星衍之説如此。

《大誥》 此篇爲周公東征時誥辭。篇中之"王",鄭以爲周公攝政踐王位自稱,偽孔以爲代成王立言。於古代攝政之制,頗有關係。

《康誥》 此篇爲封康叔誥辭。多涉刑法,可考古代典制。

《酒誥》 此篇亦誥康叔,可見當時沬邦酗酒之甚,及周治之刑法之嚴。

《梓材》 此篇誥康叔以爲政之道。

《召誥》 此篇記周、召二公,卒營洛邑之事。

《洛誥》 此篇爲洛邑成後,周公誥戒成王之語。

《多士》 此篇爲成周既成,遷殷民,誥之之辭。

《無逸》 此篇亦周公告戒成王之語。篇中歷舉殷代諸王及文王享國長短。共和以前,古史年代之可考者,以此爲最可據矣。《堯典》記舜之年,適足百歲,即不可信。

《君奭》 此篇爲周公攝政時告召公之語。篇中多引殷及周初賢臣,可考古代史事。

《多方》 此篇爲成王滅奄後,歸誥多方之語。

《立政》 此篇爲周公致政後告成王之語。述當時官名甚多,亦可考古代典制。

《顧命》合今本《康王之誥》。 此篇記成王殁康王立之事,可考古代大喪及即位之禮。所述陳列器物,亦可考古代重器。

《費誓》 此篇爲伯禽伐淮夷誓辭。

《吕刑》 此篇記穆王改定刑法之事。言古代刑法者,以此篇爲最完具。

《文侯之命》 此篇《史記》以爲城濮戰後,周襄王命晉文公之辭,《書序》以爲平王命晉文侯之辭。《書序》與今文説不合,即此可見。

《秦誓》 此篇爲秦穆公勝晉後誓衆之辭。秦文之可考者,當以此及《石鼓文》、《詛楚文》爲最古矣。《石鼓文》昔人多以爲周宣王作,非是。近人王國維、馬衡考定爲秦時物,説較可信。馬作見《北京大學國學季刊》第一册。

附　論《逸周書》

今之《逸周書》，《漢志》列之書家。説者因以爲孔子删《書》之餘，其實非《書》之倫也。特以此説相沿已久，後人編甲部書者，亦多收之。《清正續經解》尚然。又有人之乙部者；然古代經子而外，實無所謂史，亦未安也。故附論之於此。就鄙見，此書入子部兵家最妥。

此書《漢志》只稱《周書》。《説文》祢字下引之始稱逸。所引見今本典篇。然此語疑非許君原文。《隋志》繫之汲冢。後人有信之者；有辨之者，亦有調停其説，謂此書漢後久晦，得汲冢本乃復明者。《四庫提要》云："《晉書·武帝紀》及《荀勖束晳傳》，載汲郡人不準所得《竹書》七十五篇，具有篇名，無所謂《周書》。杜預《春秋集解後序》載汲冢諸書，亦不列《周書》名。"則辨之者是也。《漢志》七十一篇。師古注：存者四十五。然《史通》言"《周書》七十一章，上自文武，下終靈景"，不言有闕。則唐時所傳，蓋有兩本。故《唐志》以《汲冢周書》十卷，與孔晁注《周書》八卷並列。師古所見，蓋即孔晁注八卷本，不全。知幾所見，則蒙汲冢名之十卷本，無闕也。今本篇目，凡得七十。陳振孫《書録解題》，謂"此書凡七十篇，叙一篇，在其末"。則今本篇名，較之《漢志》，並未闕少。蓋即知幾所見之本。然篇名具存，而書則已闕十一篇矣。至孔晁注則今僅存四十二篇，較師古所見，又闕其三焉。

蔡邕《明堂月令論》，謂《周書》七十一篇，《月令》第五十三，篇數與《漢志》合，篇第亦同今本，似今本確爲《漢志》之舊。然《漢志》自注曰："周史記。"師古引劉向曰："周時誥誓號令也。"今本非誥誓號令者，實居其半。序固舉全書悉指爲周史記，但觀本文，則無以明之。序與書頗不合，不足信也。諸篇文體，有極類《尚書》者，如《商誓》、《祭公》兩篇是。亦有全不類《尚書》，而類周、秦諸子，且極平近者。如《官人》、《太子晉》兩篇是。又有可決爲原書已亡，而後人以他書補之者，如《殷祝》篇是。謂其不可信，則群書所徵引，今固多散見各篇之中。謂爲可信，則群書所徵引，爲今本所無者，亦復不少。朱右曾本輯之。誣爲盡在亡篇之中，似亦未安也。朱右曾曰："此書雖未必果出文、武、周公之手，要亦非秦、漢人所能僞托。何者？莊生有言：聖人之法，以參爲驗，以稽爲決，一二三四是也。周室之初，箕子陳疇，周官分職，皆以數紀。大致與此書相似。"今此書書亡篇中有《箕子》，安知其不與《洪範》相出入。《克殷》、《度邑》兩篇，爲《史記·周本紀》所本。《世俘篇》記武王狩禽及征國、服國、俘馘、俘寶玉之數，迹似殘虐。然與《孟子》所言："周公相武王，滅國者五十，驅虎豹犀象而遠之"，隱相符合。孟子自述所見《武成》，固亦有"血流漂杵"之語。是此書確可稱爲《尚書》之類也。然如《武稱》、《允文》、《大武》、《大明武》、《小明武》、《武順》、《武穆》、《武紀》諸篇，則明明爲兵家言。《文傳》後半，文字極類《管子》。《開塞》爲商君之術，參看論《商君書》。亦已見本篇中。又《漢書·食貨志》：王莽下詔，謂"《樂語》有五均"。今《樂語》已亡，而五均之別，實見本書之《大聚》，五均者，抑併兼之政，亦《管子》輕重之倫也。吾國之兵家言，固多涉及治國。其記周事之篇特多者，著書托古，古人類然。亦或誠有所祖述。今《六韜》即如此，豈能附之書家乎。然則此書入之子部兵家，實最妥也。

此書隸之書家，雖擬不於倫。然全書中涉及哲理及論治道治制之處，皆與他古書相類。文字除數篇外，皆樸茂淵雅，決非漢後人所能爲。所述史迹，尤多爲他書所不見，實先秦舊籍中之瑰寶矣。

此書傳本，訛謬甚多。盧抱經始有校本。其後陳逢衡有《逸周書補注》，朱右曾有《逸周書集訓校釋》。

《度訓》第一、《命訓》第二、《常訓》第三、《文酌》第四　據《序》，自此至《文傳》，皆文王之書。《度訓》欲以弼紂，《命訓》、《常訓》、《文酌》所以化民。然序實不足信，不拘可也。此數篇之意，大約言法度原於天理，必能遵守法度，乃可以和衆而聚人。一切賞罰教化之事，皆合群所必須，而亦無不當準諸天然之理者也。理極精深，文頗難解。

《糴匡》第五　此篇述成歲、儉歲、饑歲行事之異，可見古者視歲豐耗，以制國用之規。

《武稱》第六、《允文》第七、《大武》第八、《大明武》第九、《小明武》第十　此五篇皆兵家言，甚精。

《大匡》第十一　此篇言荒政。

《程典》第十二　此篇記文王被囚，命三卿守國，誥以治國之道。

《程寤》第十三、《秦陰》第十四、《九政》第十五、《九開》第十六、《劉法》第十七、《文開》第十八、《保開》第十九、《八繁》第二十　此八篇亡。

《酆保》第二十一、《大開》第二十二、《小開》第二十三、《文儆》第二十四、《文傳》第二十五　以上五篇，爲文王受命作豐邑後事。《酆保》爲命公卿百官之語。《大小開》皆開示後人之語。《文儆》、《文傳》則文王自知將死，誥太子發之語也。

《柔武》第二十六、《大開武》第二十七、《小開武》第二十八、《寶典》第二十九　據序，自二十六至四十六，皆武王之書。此四篇爲武王即位後，與周公講論治國之道。其以武名篇者，我國兵家言，固多涉及政治也。

《酆謀》第三十、《寤儆》第三十一　此兩篇皆謀伐商之事。

《武順》第三十二、《武穆》第三十三　前篇言軍制，後篇言軍政，亦兵家言之精者。

《和寤》第三十四、《武寤》第三十五、《克殷》第三十六、《世俘》第三十七　此四篇記武王克商之事，事迹多可與他書互證，或補其不備。《世俘》篇原第四十，朱本移前，與《克殷》相次。

《大匡》第三十八、《文政》第三十九　此兩篇記武王在管之事。

上篇東隅之侯，受賜於王，王誥之。下篇管、蔡以周政開殷人。

《大聚》第四十　此篇記武王克殷後，問周公以徠民之道，述治制甚詳。

《箕子》第四十一、《耆德》第四十二　《耆德》，《序》作《考德》。此兩篇亡。

《商誓》第四十三　誓讀爲晢。此篇記武王告商諸侯之語。先稱商先哲王，次數紂之惡，終述己意，極與《書》類。

《度邑》第四十四　此篇記武王、周公圖建洛邑之事，較《史記》爲詳。

《武儆》第四十五、《五權》第四十六　此兩篇記武、成相繼之事。《武儆篇》蓋記立成王爲太子，而殘缺，祇寥寥數語。《五權》爲武王疾篤告周公之辭。

《成開》第四十七　據序，自此至五十九，爲成王、周公之書。此篇爲成王元年，周公開告成王之語。

《作雒》第四十八　此篇記周公克殷後，營建洛邑之事。

《皇門》第四十九　此篇記周公會群臣於皇門，誥誡之之語。

《大戒》第五十　此篇亦周公陳戒成王之辭。

《周月》第五十一、《時訓》第五十二、《月令》第五十三　序云："周公正三統之義，作《周月》。辨二十四氣之應，以明天時，作《時訓》。制十二月賦政之法，作《月令》。"今《月令》篇亡，《時訓》記二十四氣之應，與《戴記·月令》同。蓋《戴記·月令》實合此書之《時訓》、《月令》二篇爲一也。《周月》篇末，言"夏數得天，百王所同"。周雖改正以垂三統，"至於敬授民時，巡守祭享，猶自夏焉"。文體與前不類；且此爲儒家學說，蓋後人以儒書竄入也。《崇文總目》有《周書·月令》一卷，則《月令》在宋時有單行本。

《諡法》第五十四　此篇歷記諡法，謂周公葬武王時作。案《戴記》言"古者，生無爵，死無諡"，又言"死諡爲周道，"則諡確始於周時。然以爲周公作，則亦未必然也。

《明堂》第五十五　與《小戴記·明堂位》篇略同。

《嘗麥》第五十六　此篇記成王即政,因嘗麥求助於臣。篇中多涉黃帝、少昊、五觀之事,可以考史。又云:"命大正正《刑書》九篇。"案《左》文十八年,季文子言周公制周禮,"作《誓令》曰:毁則爲賊,掩賊爲藏。竊賄爲盜,盜器爲奸。主藏之名,賴奸之用,爲大凶德,有常無赦,在九刑不忘。"昭六年叔向詒子產書,亦曰:"周有亂政而作九刑"。則九刑確爲周時物。得毋即此《刑書》九篇邪?《周禮·司刑》疏引鄭《書》注,以五刑加流、宥、鞭撲、贖爲九刑。

《本典》第五十七　此篇記成王問,周公對,蓋與上篇相承。

《官人》第五十八　此篇記周公告成王以觀人之術。文極平順。

《王會》第五十九　此篇記八方會同之事。列舉四夷之名甚多,考古之瑰寶也。

《祭公》六十　此篇記祭公謀父誨穆王之語,文體亦極似《尚書》。

《史記》第六十一　此篇記穆王命戎夫主史,朔望以聞,借以自鏡。説如可信,則史官記注之事,由來已久;而人君之知讀記注,亦由來已久矣。篇中歷舉古之亡國,多他書所不詳,亦考古之資也。

《職方》第六十二　同《周官·職方》。

《芮良夫》第六十三　此篇記厲王失道,芮伯陳諫之辭。

《太子晉》第六十四　此篇記晉平公使叔譽於周。太子晉時年十五,叔譽與之言,五稱而叔譽五窮。叔譽懼,歸告平公,反周侵邑。師曠不可。請使,與子晉言,知其不壽,其後果驗。頗類小説家言。

《王佩》第六十五　此篇言王者所佩在德,故以爲名。皆告戒人君之語。

《殷祝》第六十六　此篇記湯勝桀踐天子位事。與周全無涉,與下篇亦絕不類。《御覽》八十三引《書大傳》略同。蓋原書已亡,妄人意此書爲《尚書》之類,遂取《大傳》之涉殷事者補之也。

《周祝》第六十七　此篇蓋亦陳戒之語。以哲學作成格言,極爲隽永。

《武紀》第六十八　此篇亦兵家言。

《銓法》第六十九　此篇言用人之道。

《器服》第七十　此篇言明器,可考喪禮。

儀禮　禮記　大戴禮記　周禮

　　《周禮》、《儀禮》、《禮記》，今日合稱《三禮》。案高堂生所傳之《禮》，本止十七篇；即今《儀禮》，是爲《禮經》。《周禮》本稱《周官》，與孔門之《禮》無涉。《禮記》亦得比於傳耳。然今竟以此三書并列；而《周禮》一書，且幾駕《儀禮》而上之；其故何耶？

　　案《漢書‧藝文志》謂"禮自孔子時而不具。漢興，魯高堂生傳《士禮》十七篇。訖孝宣世，后倉最明。戴德、戴聖、慶普，皆其弟子。三家立於學官。《禮古經》者，出於淹中。及孔氏學七十篇當作十七篇。文相似。多三十九篇，及《明堂》、《陰陽》、《王史氏》之記。所見多天子諸侯卿大夫之制。雖不能備，猶瘉倉等推士禮而致於天子之説"。劉歆譏太常博士，"國家將有大事，若立辟雍，封禪，巡守之儀，則幽冥而莫知其原"。此爲古學家求《禮》於十七篇以外之原因，蓋譏今學家所傳爲不備也。主今學者曰：今十七篇中，惟《冠》、《昏》、《喪》、《相見》爲士禮，餘皆天子、諸侯、卿大夫之制。謂高堂生所傳獨有士禮，乃古學家訾謷之辭，不足爲今學病也。其説良是。然謂十七篇即已備一切之禮，則固有所不能。《逸禮》三十九篇，群書時見徵引，注疏中即甚多。信今學者悉指爲劉歆僞造，似亦未足服人。然謂高堂生所傳十七篇，真乃殘缺不完之物，則又似不然也。此其説又何如耶？

　　予謂孔門所傳之《禮經》爲一物；當時社會固有之《禮書》，又爲一物。孔門傳經，原不能盡天下之禮；亦不必盡天下之禮。以所傳之經，不能盡天下之禮，而詆博士，其説固非；然必謂博士所傳以外，悉爲僞物，則亦未是也。邵懿辰云：《周官》大宗伯，舉吉、凶、賓、軍、嘉五禮，其目三十有六。後人以此爲《周禮》之全。實僅據王朝施於邦國者言之，諸侯卿大夫所守，不及悉具，亦揭其大綱而已。古無以吉、凶、賓、軍、嘉爲五禮者，乃作《周官》者特創此目，以括王朝之禮；而非所語於天下之達禮也。天下之達禮，時曰喪、祭、射、鄉、冠、昏、朝、聘。與《大戴禮經》篇次悉合。見後。《禮運》亦兩言之，特鄉皆誤爲御耳。後世所謂《禮書》者，皆王朝邦國之禮，而民間所用無多。即有之，亦不盡用。官司所掌，民有老死不知不見者，非可舉以教人也。孔子所以獨取此十七篇者，以此八者爲天下之達禮也。邵說見《禮經通論》，此係約舉其意。案此說最通。禮原於俗，不求變俗，隨時而異，隨地而殊；欲舉天下所行之禮，概行制定，非惟勢有不能，抑亦事可不必。故治禮所貴，全在能明其義。能明其義，則"禮之所無，可以義起"，原不必盡備其篇章。漢博士於經所無有者，悉本諸義以爲推，事并不誤。古學家之訾之，乃曲說也。推斯義也，必謂十七篇之外，悉皆僞物，其誤亦不辨自明矣。然此不足爲今學家病，何也？今學家於十七篇以外之禮，固亦未嘗不參考也。

何以言之？案今之《禮記》，究爲何種書籍，習熟焉則不察，細思即極可疑。孔子刪定之籍，稱之曰經；後學釋經之書，謂之爲傳；此乃儒家通稱。猶佛家以佛所說爲經，菩薩所說爲論也。其自著書而不關於經者，則可入諸儒家諸子。從未聞有稱爲記者。故廖平、康有爲皆謂今之《禮記》，實集諸經之傳及儒家諸子而成，其說是矣。然今《禮記》之前，確已有所謂《記》，喪服之《記》，子夏爲之作傳，則必在子夏以前。今《禮記》中屢稱"《記》曰"，《疏》皆以爲《舊記》。《公羊》僖二年傳亦引"《記》曰：脣亡則齒寒。"則《記》蓋社會故有之書，既非孔子所修之經，亦非弟子釋經之傳也。此項古籍，在孔門傳經，固非必備，故司馬遷謂《五帝德》、《帝繫姓》，儒者或不傳。而亦足爲參考之資。何者？孔子作經，貴在明義。至於事例，則固有所不能該。此項未盡之事，或本諸義理，以爲推致，或酌採舊禮，以資補苴，均無不可。由前之說,則即后倉等推士禮而至於天子之法,亦即所謂"禮之所無,可以義起";由后之說,則《儀禮正義》所謂"凡記皆補經所不備"是也。諸經皆所重在義,義得則事可忘,《禮經》固亦如此;然禮須見諸施行,苟有舊禮以供採取參證,事亦甚便。此禮家先師,所以視《記》獨重也。然則所謂《禮記》者,其初蓋禮家裒集經傳以外之書之稱,其後則凡諸經之傳,及儒家諸子,爲禮家所採者,亦遂概以附之,而舉蒙記之名矣。然則經傳以外之書,博士固未嘗不蒐採;劉歆譏其"因陋就寡",實乃厚誣君子之辭矣。今《禮記》中之《奔喪》、《投壺》,鄭皆謂與《逸禮》同,則《逸禮》一類之書,二戴固非不見也。

　　至於《周禮》則本爲言國家政制之書。雖亦被禮之名,而實與《儀禮》之所謂禮者有別。故至後世,二者即判然異名。《周禮》一類之書,改名曰"典",《儀禮》一類之書,仍稱爲"禮"。如《唐六典》及《開元禮》是也。《周禮》究係何人所作,說者最爲紛紜。漢時今學家皆不之信,故武帝謂其"瀆亂不驗",何休以爲六國陰謀之書。惟劉歆信爲周公致太平之跡。東漢時,賈逵、馬融、鄭興、興子衆皆治之。而鄭玄崇信尤篤。漢末鄭學大行,此經遂躋《禮經》之上。後人議論,大抵不出三派:(一)稱其制度之詳密,謂非周公不能爲。(二)訾其過於煩碎,不能實行,謂非周公之書。(三)又有謂周公定之而未嘗行;或謂立法必求詳盡,行之自可分先後;《周官》特有此制,不必一時盡行;以爲調停者。今案此書事蹟,與羣經所述,多相齟齬,自非孔門所傳。其制度看似精詳,實則不免矛盾。如康有爲謂實行《周官》之制,則終歲從事於祭,且猶不給是也。見所著《官制議》。故漢武謂其"瀆亂不驗",何休指爲六國陰謀,說實極確。"瀆亂"即雜湊之謂,正指其矛盾之處;"不驗"則謂所言與羣經不合也。古書中獨《管子》所述制度,與《周官》最相類。《管子》實合道、法、縱橫諸家之言,固所謂陰謀之書矣。故此書與儒家《禮經》,實屬了無干涉。亦必非成周舊典。蓋係戰國時人,雜採前此典制成之。日本織田萬曰:"各國法律,最初皆惟有刑法,其後乃逐漸分析。行政法典,成立尤晚。惟中國則早有之,《周禮》是也。《周禮》固未必周公所制，然亦必有此理想者所成，則中國當戰國時，已有編纂行政法典之思想矣。"見所著《清國行政法》。此書雖屬瀆亂，亦必皆以舊制爲據。劉歆竄造之說，大昌於康有爲，而實始於方苞。苞著《周官辨》十篇，始舉《漢書・王莽傳》事蹟爲證，指爲劉歆造以媚莽，說誠不爲無見。然竄亂則有之；全然僞撰，固理所必無；則固足以考見古制矣。此書雖屬虛擬之作，然孔子删定六經，垂一王之法，亦未嘗身見諸施行。當二千餘年前，而有如《周官》之書，其條貫固不可謂不詳，規模亦不可謂不大。此書之可貴，正在於此。初不必托諸周公舊典，亦不必附合孔門《禮經》。所謂合之兩傷，離之雙美矣。必如鄭玄指《周官》爲經禮，《禮經》爲曲禮；見《禮器》"經禮三百，威儀三千"注。一爲周公舊典，足該括夫顯庸創制之全；一則孔子纂修，特掇拾於煨燼叢殘之後；則合所必不合，而其說亦必不可通矣。

　　《儀禮》篇次，大、小戴及劉向《別錄》，各有不同。今本之次，係從《別錄》，然實當以大戴爲是。依大戴之次，則一至三爲冠昏，四至九爲喪祭，十至十三爲射鄉，十四至十六爲朝聘；十七喪服，通乎上下；且此篇實傳，故附於末也。

篇名	大戴	小戴	《別錄》
《士冠禮》	一	一	一
《士昏禮》	二	二	二
《士相見禮》	三	三	三
《鄉飲酒禮》	十	四	四
《鄉射禮》	十一	五	五
《燕禮》	十二	十六	十六
《大射儀》	十三	七	七
《聘禮》	十四	十五	八
《公食大夫禮》	十五	十六	九
《覲禮》	十六	十七	十
《喪服經傳》	十七	九	十一

《士喪禮》	四	八	十二
《既夕禮》	五	十四	十三
《士虞禮》	六	十五	十四
《特牲饋食禮》	七	十三	十五
《少牢饋食禮》	八	十一	十六
《有司徹》	九	十二	十七

禮之節文，不可行於後世，而其原理則今古皆同。後世言禮之說，所以迂闊難行；必欲行之，即不免徒滋紛擾者，即以拘泥節文故。故今日治禮，當以言義理者為正宗，而其言節文者，則轉視為注脚；為欲明其義，乃考其事耳。然以經作史讀，則又不然。禮原於俗，故讀古禮，最可考見當時社會情形。《禮經》十七篇，皆天下之達禮，尤為可貴。如冠、昏、喪、祭之禮，可考親族關係、宗教信仰；射、鄉、朝、聘之禮，可考政治制度、外交情形是也。而宮室、舟車、衣服、飲食等，尤為切於民生日用之事。後世史家，記載亦罕，在古代則以與禮經相關故，鈎考者衆，事轉易明。說本陳澧，見《東塾讀書記》。尤治史學者所宜究心矣。

至治《周禮》之法，則又與治《禮經》異。此書之所以可貴，乃以其為政典故，前已言之。故治之者亦宜從此留意。《周官》六官，前五官皆體制相同；惟冬官闕，以《考工記》補之。案古代工業，大抵在官，除極簡易，及俗之所習，人人能自製者。制度與後世迥異。今可考見其情形者，以此書為最詳，亦可寶也。《周禮》有冬官補亡一派。其說始於宋俞庭椿之《周禮復古編》。謂五官所屬，在六十以外者皆羑，乃割襲之以補冬官。其說無據，不足信也。

今《禮記》凡四十九篇。《正義》引《六藝論》曰："戴德傳《記》八十五篇，則《大戴禮》是也；戴聖傳《記》四十九篇，此《禮記》是也。"《經典釋文叙錄》引劉向《別錄》："《古文記》二百四篇。"又引陳邵《周禮論序》："戴德刪《古禮》二百四篇為八十五篇，謂之《大戴禮》；戴聖刪《大戴禮》為四十九，是為《小戴禮》。後漢馬融、盧植考諸家同異，附戴聖篇章，去其繁重，及所叙略，而行於世，即今《禮記》是也。"《隋志》則謂

"戴聖刪《大戴》爲四十六，馬融足《月令》、《明堂位》、《樂記》爲四十九。"今案《漢志》：禮家，《記》百三十一篇。班氏自注，"七十子後學者所記也"。案其中實有舊記，此説未盡合，見前。此爲今學。又《明堂陰陽》三十三篇，《王史氏》二十一篇。此即所謂"《禮古經》出淹中，多三十九篇，及《明堂陰陽》、《王史氏》記"者。見前。更加《古封禪群祀》二十二篇，凡二百七。如《隋志》説，《月令》、《明堂位》、《樂記》三篇，爲馬融、盧植後加，則正二百四也。此外禮家之書：《曲臺后倉》，乃漢師所撰。《中庸説》、《明堂陰陽説》皆説。《周官經》、《周官傳》別爲一書，與禮無涉。《軍禮司馬法》，爲班氏所入。《封禪議對》、《漢封禪群祀》、《議奏》皆漢時物。故惟《古封禪群祀》可以相加也。然此二百四篇中，百三十一篇實爲今學，不得概云古文記。然《樂記正義》又引劉向《別錄》，謂《禮記》四十九篇。《後漢書‧橋玄傳》："七世祖仁，著《禮記章句》四十九篇。"仁即班氏《儒林傳》所謂小戴授梁人橋仁季卿者。《曹褒傳》"父充，治《慶氏禮》。褒又傳《禮記》四十九篇。慶氏學遂行於世。"則《禮記》四十九篇，實小戴、慶氏之所共，抑又何耶？案陳邵言：馬融、盧植去其繁重，而不更言其篇數，明有所增亦有所去，而篇數則仍相同。今《禮記》中，《曲禮》、《檀弓》、《雜記》，皆分上下，實四十六篇。四十六加八十五，正百三十一。然則此百三十一篇者，固博士相傳之今學，無所謂刪《古記》二百四篇而爲之也。或謂今之《大戴記》、《哀公問》、《投壺》皆全同《小戴》。苟去此二篇，篇數即不足八十五，安得謂小戴刪取大戴乎？不知今之《大戴記》，無傳授可考，前人即不之信。《義疏》中即屢言之。雖爲古書。必非《大戴》之舊。然語其篇數，則出自舊傳，固不容疑也。

《禮記》爲七十子後學之書，又多存禮家舊籍。讀之，既可知孔門之經義，又可考古代之典章，實爲可貴。然其書編次錯雜，初學讀之，未免茫無頭緒。今更逐篇略説其大要。

《曲禮》上第一、下第二　此篇乃雜記各種禮制，明其委曲者，古稱《曲禮》。凡禮之節文，多委曲繁重。然社會情形，由此可以備睹。欲考古代風俗者，此實其好材料也。

《檀弓》上第三、下第四　此篇雖雜記諸禮，實以喪禮爲多。檀弓，疏云六國時人。以仲梁子是六國時人，此篇有仲梁子故。然"檀弓"二字，特取於首節以名篇，非謂此篇即檀弓所記。或謂檀弓即仲弓，亦無確證也。

《王制》第五　此篇鄭氏以其用"正"決獄，合於漢制；又有"古者以周尺"、"今以周尺"之言，謂其出於秦漢之際。盧植謂漢文令博士諸生所作。案《史記·封禪書》："文帝使博士諸生刺取六經作《王制》。"今此篇中固多存諸經之傳，如說制爵祿爲《春秋》傳，巡守爲《書》傳。盧說是也。孔子作六經，損益前代之法，以成一王之制，本不專取一代。故經傳所說制度，與《周官》等書述一代之制者，不能盡符。必知孔子所定之制，與歷代舊制，判然二物，乃可以讀諸經。若如《鄭注》，凡度制與《周官》不合者，即強指爲夏、殷，以資調停。則愈善附會而愈不可通矣。細看此篇注疏便知鄭氏牽合今古文之誤。此自治學之法當然。非有門户之見也。

《月令》第六　此篇與《呂覽·十二紀》、《淮南·時則訓》大同。《逸周書》亦有《時訓》、《月令》二篇。今其《月令》篇亡，而《時訓》所載節候，與此篇不異。蓋此實合彼之兩篇爲一篇也。蔡邕、王肅以此篇爲周公作，蓋即以其出於《周書》。鄭玄則以其令多不合周法；而太尉之名，九月授朔之制，實與秦合，指爲出於《呂覽》。然秦以十月爲歲首，已在呂不韋之後，則鄭說亦未可憑。要之古代自有此等政制，各家同祖述之，而又頗以時制改易其文耳。

《曾子問》第七　此篇皆問喪禮喪服，多可補經所不備。

《文王世子》第八　此篇凡分五節。見《疏》。可考古代學制、刑法，世子事父之禮，王族與異姓之殊。此篇多古文說。

《禮運》第九、《禮器》第十　此兩篇頗錯雜，然中存古制及孔門大義甚多。如《禮運》首節，述大同之治，實孔門最高理想。"夫禮之初"一節，可考古代飲食居處進化情形。下文所論治制，亦多非春秋、戰國時所有，蓋皆古制也。《禮器》云："因名山以升中於天，因吉土以享帝於郊。"昊天上帝與五方帝之別,明見於經者,惟此一處而已。論禮意處,尤爲純美。

《郊特牲》第十一　此篇在《禮記》中最爲錯雜。大體論祭祀,而冠昏之義,皆錯出其中。

《內則》第十二　此篇皆家庭瑣事,而篇首云"後王命冢宰,降德於衆兆民",令宰相以王命行之,可見古代之政教不分。所記各節,尤可見古代卿大夫之家生活之情況也。

《玉藻》第十三　此篇多記服飾。一篇之中,前後倒錯極多,可見《禮記》編次之雜。因其編次之雜,即可見其傳授之久也。

《明堂位》第十四　此篇記周公攝王位,以明堂之禮朝諸侯,與《周書·明堂篇》略同。篇中盛誇魯得用王禮。又曰"君臣未嘗相弒也,禮樂刑法政俗,未嘗相變也",鄭玄已譏其誣。此篇蓋魯人所傳也。

《喪服小記》第十五、《大傳》第十六　此兩篇爲記古代宗法最有條理之作。蓋圖說喪服而及之。

《少儀》第十七　鄭云:"以記相見及薦羞之小威儀,故名。"少、小二字,古通也。

《學記》第十八　此篇皆論教育之法,涉學制者甚少。篇首即云:"君子如欲化民成俗,其必由學乎。"又曰:"古之王者,建國君民,教學爲先。"下文又云:"能爲師,然後能爲長,能爲長,然後能爲君,故師也者,所以學爲君也。"此篇蓋皆爲人君說法。然其論教育之理則極精。

《樂記》第十九　此篇凡包含十一篇。見《疏》。論樂之義極精。《荀子》、《呂覽》諸書論樂者,多與之復,蓋相傳舊籍也。

《雜記》上第二十、下第二十一　此篇雜記諸侯以下至士之喪事。

《喪大記》第二十二　此篇記人君以下,始死、小斂、大斂及殯葬之禮。

《祭法》第二十三　此篇記虞、夏、商、周四代之祀典,極有條理。

《祭義》第二十四、《祭統》第二十五　此兩篇皆論祭祀。《祭義》

中孔子與宰我論鬼神一段，可考古代之哲學。此外曾子論孝之語，及推論尚齒之義，皆可見古代倫理，以家族爲之本。故修身，齊家，治國，平天下，義可一貫也。

《經解》第二十六　此篇論《詩》、《書》、《樂》、《易》、《禮》、《春秋》之治，各有得失。六藝稱經，此爲最早矣。下文論禮之語，頗同《荀子》。

《哀公問》第二十七、《仲尼燕居》第二十八、《孔子閒居》第二十九　此三篇文體相類，蓋一家之書也。《哀公問篇》前問政，後問禮。《仲尼燕居篇》記孔子爲子張、子貢、子游說禮樂。《孔子閒居》篇則爲子夏說《詩》。皆反復推論，詞旨極爲詳盡。

《坊記》第三十　此篇論禮以坊民，列舉多事爲證。

《中庸》第三十一　此篇爲孔門最高哲學。讀篇首云"天命之謂性，率性之謂道，修道之爲教"三語可見。惟中間論舜及文、武、周公一節，暨"凡爲天下國家有九經"一節，太涉粗跡，疑亦他篇簡錯也。

《表記》第三十二　鄭云："此篇論君子之德，見於儀表者，故名。"

《緇衣》第三十三　以上四篇，文體相類。《釋文》引劉瓛云："《緇衣》爲公孫尼子作。"《隋書‧音樂志》謂《中庸》、《表記》、《坊記》、《緇衣》，皆取《子思子》，《樂記》取《公孫尼子》。今案《初學記》引《公孫尼子》："樂者，審一以定和，比物以飾節。"《意林》引《公孫尼子》："樂者，先王之所以飾喜也。"皆見今《學記》；《意林》引《子思子》十餘條，一見於《表記》，再見於《緇衣》；則《隋志》之言信矣。

《奔喪》第三十四　此篇記居於他國，聞喪奔歸之禮。鄭云：此篇與《投壺》皆爲逸禮，見疏。

《問喪》第三十五、《服問》第三十六、《閒傳》第三十七、《三年問》第三十八　此四篇皆釋喪禮之義，及喪服輕重所由，實亦《儀禮》之傳也。

《深衣》第三十九　此篇記深衣之制。深衣爲古者天子達於庶人之服，若能深明其制，則其餘服制，皆易明矣。

《投壺》第四十　此篇記投壺之禮，爲古人一種游戲。

《儒行》第四十一　此篇記孔子對哀公，列舉儒者之行。與《墨子‧非儒》、《荀子‧非十二子》等篇對看，可見當時所謂儒者之情形。

《大學》第四十二　此篇論學以治國之理。與《學記篇》合看，可見古代學與政相關。

《冠義》第四十三、《昏義》第四十四、《鄉飲酒義》第四十五、《射義》第四十六、《燕義》第四十七、《聘義》第四十八　此六篇皆《儀禮》之傳。但讀《禮經》諸篇，殊覺其乾燥無味。一讀其傳，則覺妙緒環生。此吾所以云今日治禮，當以言義理者爲主，言節文者爲注脚也。

《喪服四制》第四十九　此篇亦《喪服》之傳也。

今之《大戴記》，雖未必爲戴德之舊，然其中有若干篇，則確爲大戴所有。如許慎《五經異義》引《盛德記》，已謂爲今《戴禮》説是也。此書《隋志》作十三卷。司馬貞言亡四十七篇，存者三十八篇。今存者實三十九篇。蓋由《夏小正》一篇，嘗摘出別行之故。《中興書目》、《郡齋讀書志》謂存者四十篇，則因其時《盛德記》已析爲兩故也。此書《盛德篇》中論明堂之處，古書徵引，皆稱爲《盛德篇》，不知何時析出，別標"明堂"之名。宋時諸本篇題，遂或重七十二，或重七十三，或重七十四，四庫校本仍合之，篇題亦皆校正，具見《四庫書目提要》。

此書《哀公問》、《投壺》兩篇，篇名及記文，皆同《小戴》，已見前。此外尚有同《小戴》及諸書處，具見下。蓋戴德舊本闕佚，後人取諸書足成之也。《漢志》所載《曾子》十八篇、《孔子三朝記》七篇，今多存此書中。不知爲大戴之舊，抑後人所爲。記本纂次古籍，以備參稽，患其闕不患其雜。此書雖非大戴原本，然所採皆古籍，其功用亦與《禮記》無殊。史繩祖《學齋呫畢》，謂宋時嘗以此書與《小戴》并列，稱十四經，誠無愧色，非如以《周書》與《尚書》并列之擬於不倫也。舊注存者十四篇。王應麟《困學紀聞》謂出盧辯，事見《周書》，説蓋可信。

《王言》第三十九　此書今自三十八篇以上皆亡。此篇記孔子閑居，曾子侍，孔子告以王天下之道，亦頗涉治制。此篇與《家語》大同小異。

《哀公問五儀》第四十　此篇記孔子告哀公人有五等,與《荀子》、《家語》略同。

《哀公問於孔子》第四十一　此篇同《小戴‧哀公問》。《家語》亦襲之,而分《大昏》、《問禮》兩篇。

《禮三本》第四十二　此篇略同《荀子‧禮論》。

四十三至四十五闕。

《禮察》第四十六　此篇同《小戴‧經解》及賈誼《新書》。

《夏小正》第四十七　此篇與《周書‧周月篇》大同。《小戴記‧禮運》:"孔子曰:吾得夏時焉。"鄭注:謂夏時存者有《夏小正》。則此篇確為古書也。《北史》:魏孝武釋奠太學。詔中書舍人盧景宣講《大戴禮‧夏小正》,則南北朝時,此篇確在本書中。《隋志》:《夏小正》一卷,戴德撰,則隋時有別行本矣。

《保傅》第四十八　此篇與《漢書‧賈誼傳疏》同。《新書》分為《傅職》、《保傅》、《容經》、《胎教》四篇。案此本古制,誼蓋祖述之也。

《曾子立事》第四十九、《曾子本孝》第五十、《曾子立孝》第五十一、《曾子大孝》第五十二、《曾子事父母》第五十三、《曾子制言》上第五十四、中第五十五、下第五十六、《曾子疾病》第五十七、《曾子天圓》第五十八　《漢書‧藝文志》有《曾子》十八篇。朱子曰:世稱《曾子書》,取《大戴》十篇充之。晁公武《郡齋讀書志》、陳振孫《書錄解題》,皆云《曾子》二卷十篇,具《大戴》。蓋《漢志》原書之亡久矣。《立事》、《制言》、《疾病》三篇,皆恐懼修省之意,與他書載曾子之言,意旨相合。《大孝篇》同《小戴‧祭義》。《立孝》、《事父母》意亦相同。《天圓篇》:"單居離問於曾子曰:天圓而地方者,誠有之乎?曾子曰:如誠天圓而地方,則是四角之不掩也。"近人皆取之,為我國早知地圓之證。然天圓地方,本以理言,猶言天動地靜。然天動地靜,亦以理言也。非以體言。古代天文家,無不言地圓者,亦不待此篇為證也。下文論萬有皆成於陰陽二力,萬法皆本於陰陽。頗同《淮南子‧天文訓》。《事父母篇》："若夫坐如尸，立如齊；弗訊不言，言必齊色；此成人之善者也，未得爲人子之道也。"或謂《小戴・曲禮》上篇"若夫坐如尸，立如齊"，實與此篇文同，而下文脱去。鄭注讀夫如字，乃即就脱文釋之也。

《武王踐阼》第五十九　此篇記師尚父以《丹書》詔武王，武王於各器物皆爲銘，以自儆。前半亦見《六韜》。

《衛將軍文子》第六十　此篇記衛將軍文子問子貢以孔子弟子孰賢，子貢歷舉顔淵、冉雍諸人以對。子貢見孔子，孔子又告以伯夷、叔齊諸賢人之行。略同《家語弟子行》。

《五帝德》第六十二、《帝系》第六十三　前篇略同《史記・五帝本紀》，後篇蓋同《世本》。案《五帝本紀》既謂"軒轅之時，神農氏世衰，諸侯相侵伐，弗能征"，又謂"炎帝欲侵陵諸侯"，其詞未免矛盾。黄帝與炎帝戰於阪泉，蚩尤戰於涿鹿。據《索隱》引皇甫謐，《集解》引張晏説，二者又皆在上谷。事尤可疑。今此篇只有與炎帝戰於阪泉之文，更無與蚩尤戰於涿鹿之説，炎帝姜姓，蚩尤，九黎之君，《書・呂刑》僞孔傳，《釋文》引馬融説，《戰國・秦策》高誘注。苗民亦九黎之君，《小戴記・緇衣》疏引《吕刑》鄭注。此苗民爲九黎之君之貶稱，非謂人民也。三苗亦姜姓，得毋炎帝、蚩尤實一人，阪泉、涿鹿實一役耶？此等處，古書誠只字皆至寶也。

《勸學》第六十四　此篇略同《荀子》。後半又有同《荀子・宥坐篇》處。

《子張問入官》第六十五　論官人之道，略同《家語》。

《盛德》第六十六　此篇前半論政治，後半述明堂之制。略同《家語・五刑》、《執轡》二篇。

《千乘》第六十七　此篇論治國之道，有同《王制》處。此下四篇及《小辨》、《用兵》、《少閑》，《困學紀聞》謂即《孔子三朝記》。

《四代》第六十八、《虞戴德》第六十九、《誥志》第七十　此三篇亦論政治。

《文王官人》第七十一　此篇同《逸周書》。

《諸侯遷廟》第七十二、《諸侯釁廟》第七十三　此兩篇亦《逸禮》

之類。後篇在《小戴·雜記》中。

《小辨》第七十四　此篇戒"小辨破言，小言破義，小義破道"，發明"主忠信"之旨。

《用兵》第七十五　此篇言人生而有喜怒之情，兵之作，與民之有生以俱來。聖人利用而弭亂，亂人妄用以喪身。與《呂覽》、《淮南》之說相似，實儒家論兵宗旨所在也。參看論彼二書處。

《少間》第七十六　此篇論分民以職之道，與法家消息相通。

《朝事》第七十七　同《小戴·聘義》，《周官·典命》、《大行人》。

《投壺》第七十八　同《小戴》而少略。

《公冠》第七十九　此篇述諸侯冠禮，後附成王漢昭祝辭。《士冠禮》："公侯之有冠禮，夏之末造也。"可見公冠禮自古有之，特以非達禮故，孔子定禮經，不取之耳。然仍在二《戴記》中。解此，可無訾今文家所傳之不備，亦不必盡斥古文家之《逸禮》爲僞造也。

《本命》第八十、《易本命》第八十一　此兩篇爲古代哲學，推究萬物原本一切以數說之。但其中又有論及男女之義處，又有一段同《喪服四制》，蓋古代倫理，亦原本哲學，故連類及之也。

禮之爲物，最爲繁瑣。欲求易明，厥有二法：（一）宜先通其例。通其例，則有一條例爲憑。可以互相鉤考，不至茫無把握矣。看凌廷堪《禮經釋例》最好。（二）宜明其器物之制。江永《儀禮釋宮注》、任大椿《深衣釋例》二書最要。器物必參看實物，動作必目驗實事，乃更易明。古物不可得，則宜看圖。張皋文《儀禮圖》最便。動作可以身演，阮元發其議，陳澧嘗行之，見《東塾讀書記》。可法也。若喜考究治政制度者，則《周禮》重於《儀禮》。其中犖犖大端，如沈彤之《周官祿田考》、王鳴盛之《周禮軍賦說》等，皆可參閱。《考工記》關涉製造，戴震有《考工記圖》，阮元又有《車制圖考》。《考工記》於各種工業最重車。

三禮舊《疏》皆好。清儒新疏，《儀禮》有胡培翬之《正義》，《周禮》有孫詒讓之《正義》，惟《禮記》無之。然古書皆編次錯雜，任舉一事，皆散見各處，鉤稽非易，通貫自難。實當以類相從，另行編次。朱子之《儀禮經傳通解》,即准此例而作。江永之《禮書綱目》,沿用其例;而後起更精,多足訂正《通解》之失,不可不一閱也。若宋陳祥道之禮書,則該貫古今,更爲浩博。清秦蕙田《五禮通考》,蓋沿其流。卷帙太繁,非專門治禮者,但資翻檢足矣。

　　《禮記》之注,以宋衛湜《禮記集說》蒐採爲最多。宋以前諸儒之說《禮記》者,今日猶可考見,皆賴此書之存也。清杭世駿《續禮記集說》,蒐採逮於清初,亦稱浩博。然卷帙太巨,且中多空論,未免泛濫無歸。初學欲求簡明,讀清朱彬《禮記訓纂》卻好。此書參考博,而頗能反之於約也。《大戴記》久訛舛。清盧文弨、戴震始釐正其文字。其後汪照有《大戴禮注補》,孔廣森有《大戴禮記補注》,王聘珍有《大戴禮記解詁》。

易

　　言《易》之書，不外理、數兩派。漢之今文家言理者也。今文別派京氏，及東漢傳古文諸家，言數者也。晉王弼之學，亦出漢古文家，然捨數而言理，宋邵雍、劉牧之徒，則又捨理而求諸數。惟程頤言理不言數。古今《易》學之大別，如此而已。

　　漢今文《易》立於學官者四家，施、孟、梁丘及京氏是也。《漢書·儒林傳》謂"要言《易》者，本之田何"。據《傳》所載：田何傳王同、周王孫、丁寬、齊服生，王同傳楊何。即司馬談所從受《易》者，見《太史公自序》。丁寬傳田王孫，田王孫傳施讎、孟喜、梁丘賀。授受分明，本無異派也。然《傳》又云："丁寬至洛陽，復從周王孫受古誼。"周王孫與寬，同學於田何，安所別得古誼，而寬從受之，已不免矛盾矣。《賀傳》又云："從京房受《易》。房者，楊何弟子也。房出爲齊郡太守，賀更事田王孫。"《房傳》云："受《易》梁人焦延壽。焦延壽云：嘗從孟喜問《易》。房以爲延壽《易》即孟氏學。翟牧白生孟喜授《易》者。不肯，皆曰：非也。"則糾紛彌甚。案《喜傳》："得《易》家候陰陽災變書，詐言師田生且死時，枕喜膝獨傳喜。同門梁丘賀疏通證明之，曰：田生絶於施讎手中，時喜歸東海，安得此事。博士缺，衆人共薦喜，上聞喜改師法，遂不用喜。"則喜蓋首爲異説，以變亂師法者。然《京房傳》言："成帝時劉向校書，考《易》説，以爲諸家皆祖田何。楊叔、丁將軍，大誼略同；惟京氏爲異黨。延壽獨得隱士之説，托之孟氏，不相與同。"則又似孟氏之學，本無異説，而爲京房所依托者。今案京氏易學，專言災異，實出於中葉以後；丁寬當景帝時，安得有此。劉向謂爲僞托，説蓋可信。梁丘賀初學於京氏，丁寬更問於田王孫，蓋亦造作之詞也。漢古文《易》傳於後者爲費氏，《傳》云："《費氏易》無章句，徒以《彖》、《象》、《繫辭》十篇、《文言》解説上、下經。"則其學亦應舉大誼，不雜術數。然鄭玄、荀爽皆傳費氏《易》者，其學顧多言象數，實與京氏爲同黨。何哉？蓋古文易又有高氏。高氏亦無章句，而傳言其專言陰陽災異，正與京氏同。蓋漢初《易》家，皆僅舉大誼，不但今文如此，即初出之費氏《古文》，亦尚如此。其後術數之學寖盛，乃一切附會經義。不徒今文之京氏然，即古文之高氏亦然矣。東漢傳費氏《易》者，蓋特用其古文之經。《漢志》云：劉向以中古文《易經》校施、孟、梁丘經，或脱去"無咎"、"悔亡"，惟費氏經與古文同。當時蓋有費氏經優於施、孟、梁丘經之説。至其説，則久非費氏之舊。此所以王弼亦治費氏《易》，而其説顧與鄭、荀諸家判然不同也。孟《易》嫡傳，厥惟虞氏。然《三國志·虞翻傳注》載翻奏，謂"前人通講，多玩章句，雖有秘説，於經疏闊"。此實虞氏叛孟氏之明證。今所傳孟氏易説，蓋亦非孟氏之舊矣。

東漢《易》學，至王弼而一變。弼學亦出費氏。然與鄭、荀等大異。能舉漢人象數之説，一掃而空之。蓋還費氏以《彖》、《象》、《繫辭》説經之舊。不可謂無廓清摧陷之功也。自是以後，鄭、王之學并行，大抵河北主鄭，江南行王。至唐修《五經正義》用王氏，而鄭《易》亦亡。唐李鼎祚作《周易集解》，獨不宗王，而取漢人象數之説。所蒐輯者三十餘家。後人得以考見漢《易》者，獨賴此書之存而已。

至於宋代，則異説又興，宋儒言《易》，附會《圖》、《書》。其學實出陳摶，而又分二派：（一）爲劉牧之《易數鈎隱》，以九爲《河圖》，十爲《洛書》。（一）爲邵雍，説正相反，後邵説盛行，而劉説則宗之者頗希。程頤獨指邵説爲《易》外別傳。所著《易傳》，專於言理。朱子學出於頤。所作《易本義》，亦不涉圖學。而卷首顧附以《九圖》。王懋竑謂考諸《文集》、《語類》，多相牴牾，疑爲後人依附。然自此《圖》附於《本義》後，《圖》、《書》之學又因之盛行者數百年。至於明末，疑之者乃漸多。至清胡渭作《易圖明辨》,而圖書爲道家之物,説乃大明。疑《圖》、《書》者始於元陳應潤。應潤著《爻變義蘊》,始指先天諸《圖》爲道家修煉之術。明清之際,黄宗羲著《易學象數論》,宗羲弟宗炎著《圖書辨惑》,毛奇齡亦著《圖書原舛編》,而要以胡氏書爲最詳核。以此書與惠棟之《明堂大道録》并讀,頗可考見古今術數之學之大略也。自此以後,漢《易》大興,捨宋人之象數,而言漢人之象數矣。

從來治《易》之家,言理者則詆言數者爲誣罔,言數者則詆言理者爲落空。平心論之,皆非也。漢儒《易》説,其初蓋實止傳大義;陰陽災異之説,不論今古文,皆爲後起;已述如前。宋人之圖,實出道家;在儒家并無授受。經清儒考證,亦已明白。然謂漢初本無象數之説,《圖》《書》亦無授受之徵,則可;謂其説皆與《易》不合,則不可。西諺云:"算帳祇怕數目字。"漢宋象數之説,果皆與《易》無關,何以能推之而皆合乎?參看《論〈淮南子〉》。蓋古代哲學,導源宗教,與數、術本屬一家。其後孔門言《易》,庸或止取大義。然爲三代卜筮之書之《易》,則固未嘗不通於數術。吾儕今日,原不必執言但考孔門之《易》,而不考三代卜筮之舊《易》;且亦不能斷言孔門之《易》,決不雜象數之談;即謂孔門之《易》,不雜象數,而數顯易徵,理藏難見;今者《易》義既隱,亦或因數而易明也。然則象數之説,在《易》學雖非正傳,固亦足資參證矣。惟此爲專門之學,非深研古代哲學者,可以不必深究。

《易》爲誰作,及其分篇若何,頗有異説。《漢志》:"《易經》十二篇,施、孟、梁丘三家。"師古曰:"上、下經及《十翼》,故十二篇。"十翼者:《易正義》云"上、下《彖》,上、下《象》,上、下《繫》,《文言》,《説卦》,《序卦》,《雜卦》"是也。然《法言·問神》,謂"《易》損其一";《論衡·正説》,謂孝宣時河内女子得《逸易》一篇;《隋志》亦述其事,而又云得三篇。案今《繫辭》中,屢有"繫辭"字,皆指《卦辭》、《爻辭》言之。《太史公自序》引今《繫辭》之文,謂之《易大傳》,據《釋文》,王肅本《繫辭》實有傳字。今《繫辭》中多有"子曰"字,明係後學所爲,王肅本是也。《説卦》、《序卦》、《雜卦》蓋亦非漢初所有,故《隋志》以爲三篇後得。然則今本以《卦》、《爻辭》及《彖》、《象》合爲上下二篇,蓋實漢師相傳舊本。《漢志》謂施、孟、梁丘經即十二篇,其説蓋誤。《志》載各家《易傳》皆二篇,惟丁氏八篇,亦與十二篇不合。施、孟、梁丘《章句》,亦皆二篇,亦其一證也。然自東漢以後,皆以分十二篇者爲古本。《三國志·高貴鄉公紀》博士淳于俊謂鄭氏合《彖》、《象》於經。宋呂祖謙如其説,重定之。朱子作《本義》,即用其本。明時修《五經大全》,以《本義》析入程《傳》。後士子厭程《傳》之繁,就其本刊去程《傳》,遂失《本義》原次。清修《周易折中》,用宋咸淳吴革刻本,仍分爲十二篇焉。

伏羲"畫卦",見於《繫辭》,故無異説。至"重卦"則説者紛紛。王弼以爲伏羲自重,鄭玄以爲神農,孫盛以爲夏禹,史遷以爲文王;《卦辭》、《爻辭》:鄭學之徒,以爲文王作;馬融、陸績之徒,以《卦辭》爲文王,《爻辭》爲周公作。至《十翼》則并以爲孔子作,無異論。并見《正義八論》。今案《繫辭》爲傳,《説卦》等三篇後得,已見前。既云後得,則必不出孔子。《史記·孔子世家》云:"孔子晚而喜《易》,序《彖》、《繫》、《象》、《説卦》、《文言》。"序之云者,次序之謂。猶上文所謂"序《書傳》。"初不以爲自作。《漢志》乃云:孔氏爲之《彖》、《象》、《繫辭》、《文言》、《序卦》之屬十篇。與以《卦辭》、《爻辭》爲文王周公作者,同一無確據而已。要之《易》本卜筮之書,其辭必沿之自古,縱經孔子删定,亦不必出於自爲;疑事無質,不必鑿言撰造之人可也。《周禮》:"大卜三易:一曰《連山》,二曰《歸藏》,三曰《周易》。"杜子春以《連山》爲伏羲,《歸藏》爲黄帝。鄭玄則謂夏曰《連山》,殷曰《歸藏》,周曰《周易》,然鄭以《卦》、《爻辭》并爲文王作,則不以《連山》、《歸藏》爲有辭也。

讀《易》之法,可分精、粗二者言之。若求略通《易》義,可但觀王《注》、程《傳》,以《易》本文與周、秦諸子互相鈎考。可用惠氏《易微言》之法。若求深造,則象數之説,亦不可不通,説已見前。惟仍須與哲學之義不背,不可墮入魔障耳。清儒治漢《易》者,以元和惠氏爲開山,武進張氏爲後勁。江都焦氏,則爲異軍蒼頭。初學讀《易》者,即從此三家入手可也。漢儒《易》學,自唐修《五經正義》後久微。惠氏乃以李鼎祚《集解》爲主,參以他種古書,一一輯出;其書有《周易述》二十一卷、《易漢學》八卷、《易例》二卷。《九經古義》中,涉《易》者亦不少。《明堂大道録》一書,實亦爲《易》而作;《書目答問》入之禮家,非也。惠氏書多未成,《周易述》一種,其弟子江藩有《補》四卷。漢儒《易》學,各有家法。惠氏蒐輯雖勤,於此初未能分別,至張氏乃更有進。張氏之書,有《周易虞氏義》九卷、《虞氏消息》二卷、《易禮》二卷、《易事》二卷、《易言》二卷、《易候》一卷,又有《周易鄭氏義》二卷、《荀氏九家義》一卷、《易義別錄》十四卷;始分別諸家,明其條貫,而於虞氏尤詳;亦以《集解》存諸家説,本有詳略之不同也。焦氏書曰《周易章句》十二卷、《易通釋》十二卷、《易圖略》八卷;焦氏不墨守漢人成説,且於漢儒説之誤者,能加以駁正;《通釋》一書,自求條例於《易》,立説亦極精密,誠精心之作也。予謂三家書中,惠氏之《明堂大道錄》,及其《周易述》中所附之《易微言》,及焦氏之《易通釋》三種,尤須先讀。《明堂大道錄》,舉凡古代哲學與術數有關之事,悉集爲一編;可作古代宗教哲學史讀,讀一過,則於此學與古代社會,究有何等關係,已可瞭然。《易微言》將《易經》中哲學名詞,一一逐條抄出,更附以他種古書,深得屬辭比事之法。《易通釋》則統合全書,求其條例,皆治學最善之法也。學者循其門徑,不第可以讀《易》,并可讀古代一切哲學書矣。

春　秋

《春秋》一書，凡有三《傳》。昔以《公羊》、《穀梁》爲今文，《左氏》爲古文。自崔適《春秋復始》出，乃考定《穀梁》亦爲古文。

《春秋》之記事，固以《左氏》爲詳。然論大義，則必須取諸《公羊》。此非偏主今學之言也。孟子曰："其事則齊桓晉文，其文則史，其義則丘竊取之矣。"若如後儒之言，《春秋》僅以記事，則孟子所謂義者安在哉？太史公曰："《春秋》文成數萬，其指數千。"今《春秋》全經，僅萬七千字，安得云數萬？且若皆作記事之書讀，則其文相同者，其義亦相同。讀毛奇齡之《春秋屬辭比事表》，已盡《春秋》之能事矣。安得數千之指乎？《春秋》蓋史記舊名，韓起適魯，見《易象》與《魯春秋》，見《左》昭二年。孟子曰："晉之《乘》，楚之《檮杌》，魯之《春秋》，一也。"而《晉語》司馬侯謂羊舌肸習於《春秋》，《楚語》申叔論傳大子，曰教以《春秋》。蓋《乘》與《檮杌》爲列國異名，而《春秋》則此類書之通名也。《墨子》載周《春秋》記杜伯事，宋《春秋》記祐觀辜事，燕《春秋》記莊子儀事。亦皆謂之《春秋》。孔子修之，則實借以示義。《魯春秋》之文，明見《禮記·坊記》。孔子修之，有改其舊文者，如莊七年"星隕如雨"一條是也。有仍而不改者，如昭十二年"納北燕伯於陽"一條是也。故子女子曰："以《春秋》爲《春秋》。"閔元年。《傳》曰："定哀多微辭。主人習其讀而問其傳，則未知己之有罪焉爾。"定元年。封建之時，文網尚密，私家講學，尤爲不經見之事；況於非議朝政，譏評人物乎。聖人"義不訕上，知不危身"，托魯史之舊文，傳微言於後學，蓋實有所不得已也，曷足怪哉。

《易》與《春秋》，相爲表裏。蓋孔門治天下之道，其原理在《易》，其辦法則在《春秋》也。今試就"元年春王正月"一條,舉示其義。案《傳》曰:"元年者何?君之始年也。春者何?歲之始也,王者孰謂?謂文王也。曷爲先言王而後言正月?王正月也。何言乎王正月?大一統也。公何以不言即位?成公,意也。"何君《解詁》曰:"《春秋》變一爲元。元者,氣也。無形以起,有形以分;造起天地,天地之始也。故上無所繫,而使春繫之也。不言公言君者,所以通其義於王者。《春秋》托新王受命於魯,故因以錄即位。明王者當繼天奉元,養成萬物;春者,天地開闢之端,養生之首,法象所出,四時本名也。文王,周始受命之王。天之所命,故上繫天端。方陳受命,制正月,故假以爲王法。不言謚者,法其生,不法其死,與後王共之。人道之始也。統者,總繫之辭。王者始受命,改制,布政施教於天下,莫不一一繫於正月,故云政教之始。即位者,一國之始。政莫大於正始:故《春秋》以元之氣,正天之端;以天之端,正王之政;以王之政,正諸侯之即位;以諸侯之即位,正境內之治。諸侯不上奉王之政,則不得即位,故先言正月而後言即位。政不由王出則不得爲政,故先言王而後言正月也。王者不承天以制號令則無法,故先言春而後言王。天不深正其元,則不能成其化,故先言元而後言春。五者同日并見,相須成體;乃天人之大本,萬物之所繫,不可不察也。"案中國古代哲學,最尊崇自然力。此項自然力,道家名之曰"道",儒家謂之曰"元"。參看《論讀子之法》。《春秋》"元年春王正月"之"元",即《易》"大哉乾元,萬物資始,乃統天"之"元"。爲宇宙自然之理,莫知其然而然,祇有隨順,更無反抗。人類一切舉措,能悉與之符,斯爲今人所謂"合理"。人類一切舉措而悉能合理,則更無餘事可言,而天下太平矣。然空言一切舉措當合理甚易,實指何種舉措爲合理則難;從現在不合理之世界,蘄至於合理之世界,其間一切舉措,一一爲之擬定條例,則更難。《春秋》一書,蓋即因此而作。故有據亂、升平、太平三世之義。二百四十年之中,儒家蓋以爲自亂世至太平世之治法,皆已畢具。故曰:"《春秋》曷爲終乎哀十四年,曰備矣。"曰:"撥亂世,反之正,莫近於《春秋》。"曰"萬物之散聚,皆在《春秋》"也。物、事古通訓。《春秋》之爲書如此。其所說之義,究竟合與不合,姑措勿論。而欲考見孔子之哲學,必不能無取乎是,則正極平易之理,非怪迂之談矣。

《公羊》一書,自有古學後,乃抑之與《左》、《穀梁》同列,并稱三《傳》。其實前此所謂《春秋》者,皆合今之《經》與《公羊傳》而言之,崔適《春秋復始》,考證甚詳;其實諸經皆然,今之《儀禮》中即有傳,《易》之《繫辭傳》亦與經并列。今之所謂《春秋經》者,乃從《公羊》中摘出者耳。漢儒言《春秋》者,於齊、魯,自胡毋生,於趙,自董仲舒。今仲舒書存者有《春秋繁露》;何氏《公羊解詁》係依胡毋生條例。今學家之書傳於後者,當以此爲最完矣。伏生書傳,闕佚更甚於《繁露》。《韓詩》僅存外傳。此外今學家經說,更無完全之書。清儒之治今學,其始必自《春秋》入,蓋有由也。《繁露》凌曙有注。康有爲《春秋董氏學》條理極明,可合看。清儒疏《公羊》者,有孔廣森之《通義》,及陳立之《義疏》。陳書校勝於孔,以孔於今古文家法,實未明白也。

董子曰:"《詩》無達詁,《易》無達占,《春秋》無達辭。"① 蓋文字古疏今密,著書之體例亦然。孔子作《春秋》,爲欲借以示義,原不能無義例。然欲如後人之詳密,則必不能。若必一一磨勘,則三《傳》之例,皆有可疑;過泥於例,而背自古相傳之義,非所宜也。然初學治《春秋》,必先略明其例,乃覺自有把握,不至茫無頭緒,特不當過泥耳。欲明《公羊》條例者,宜讀劉逢祿《公羊何氏釋例》、崔適《春秋復始》兩書。

《穀梁》雖亦古學,然其體例,實與《公羊》爲近。《公羊》先師有子沈子,《穀梁》亦有之。其大義雖不如《公羊》之精;然今《公羊》之義,實亦闕而不完;凡有經無傳者皆是。《穀梁》既有先師之説,亦足以資參證也。范寧《集解自序》於三《傳》皆加詆諆。謂"當棄所滯,擇善而從。若擇善靡從,即并捨以求宗,據理以通經",此自晉人治經新法,已開啖、趙三《傳》

---

① 編者按:董仲舒《春秋繁露》卷三《精華》作"《春秋》無達辭"。"《春秋》無達例"之語似出宋陸佃《陶山集》卷十二《答崔子方秀才書》。

束閣之先聲矣。范《注》屢有駁《傳》之處，如隱九年、莊元年、僖八年、十四年、哀二年皆是。楊《疏》亦屢有駁注之處，見僖四年及文二年。僖元年"護莒挐"一事，注既駁傳，疏又駁注。楊士勛《疏》稱寧別有《略例》百餘條，今皆不見。蓋已散入疏中？清儒治此經者，柳興宗《穀梁大義述》、許桂林《穀梁釋例》兩書最好。

　　至《左氏》一書，則與《公羊》大異。孔子之修《春秋》，必取其義，說已見前。今《左氏》一書，則釋《春秋》之義者甚少。或有經而無傳，或有傳而無經。莊二十六年之傳全不釋經。夫傳以解經，既不解經，何謂之傳？故漢博士謂"左氏不傳《春秋》"。杜預謂其"或先經以起事，或後經以終義，或依經以辨理，或錯經以合異"。乃曲說也。《漢書·劉歆傳》："初《左氏傳》多古字古言，學者傳訓詁而已。及歆治《左氏》，引《傳》文以解《經》，轉相發明，由是章句義理備焉。"此語實最可疑。《傳》本釋《經》，何待歆引。曰"歆引以解"，則《傳》之本不釋《經》明矣。故信今學者，以此經為劉歆偽造。謂"太史公《報任安書》：左丘失明，厥有《國語》。云左丘不云左丘明，下文左丘明無目，明字乃後人所加。《論語》"左丘明恥之"一章，出古《論》，齊、魯《論》皆無之，見崔適《論語足徵記》。云《國語》不云《左氏傳》，則本有《國語》而無《左氏傳》，有左丘而無左丘明。今之《左傳》，蓋劉歆據《國語》所編；今之《國語》，則劉歆編《左傳》之餘也。"其說信否難定。要之《左氏》為史，《春秋》為經；《春秋》之義，不存於《左氏》；《左氏》之事，足以考《春秋》；則持平之論矣。《左氏》、《國語》為一家言，人人知之，其書與《晏子春秋》亦極相似。所記之事，既多重複；且《左氏》時有君子曰，《晏子春秋》亦有之，蓋皆當時史記舊文也。《史記·十二諸侯年表》："孔子西觀周室，論史記舊聞，興於魯，而次《春秋》。七十之徒，口受其傳說。為有所刺譏褒諱貶損之文辭，不可以書見也。魯君子左丘明，懼弟子人人異端，各安其意，失其真，故因孔子史記，具論其語。成《左氏春秋》。"說甚游移。具論其語，為論孔子傳指，抑論史記舊聞？云成《左氏春秋》，則此書果為左氏一家言？抑孔子所修《春秋》之傳乎？《漢志》曰："仲尼思存前聖之業，以魯周公之國，禮文備物，史官有法，故與左丘明觀其史記，據行事，仍人道，因興以立功，敗以成罰，假日月以定曆數，借朝聘以正禮樂。有所褒諱貶損，不可書見，口授弟子。弟子退而異言。丘明恐弟子各安其意以失其真，故論本事而作傳，明夫子不以空言說經也。"說較明白。然褒諱貶損，果失其真，論其本事何益？今《公羊》固非全不及事，特本為解經，故其述事但取足以說明經意而止耳。然則弟子固非不知本事，安有所謂空言說經者，而有待於左丘明之論乎？故"《左氏》不傳《春秋》"，說實至確。惟《公》、《穀》述事，既僅取足以解經，語焉不詳。生當今日，而欲知《春秋》之本事，則《左氏》誠勝於二《傳》。此則不徒以經作史讀者不可不究心；即欲求《春秋》之義者，本事亦不可昧，《左氏》固仍必讀之書也。傳必釋經，儒家通義。故漢儒治此者，鄭衆、賈逵、服虔、許惠卿等，皆引《公》、《穀》之例以釋之。至杜預，乃自立體例，謂"專修丘明之《傳》以釋《經》。《經》之條貫，必出於《傳》；《傳》之義例，總歸於凡"。於是《左氏》一書，始離《公》、《穀》而獨立矣。今學說六經，皆以爲孔子之製作，古學家乃推諸周公。杜預以"凡五十爲周公垂法，史書舊章。仲尼從而明之。其書、不書、先書、故書、不言、不稱、書曰之類，乃爲孔子變例。"而六經出周公之說，益完密矣。杜預亦古學之功臣也。《釋例》一書，已散入《疏》中，仍別有單行之本。此可考見杜氏一家之學耳。不獨非《春秋》義，即漢儒治《左氏》者，亦不如此也。欲考杜以前《左氏注》，可看洪亮吉《春秋左傳詁》、李貽德《賈服注輯述》兩書。《左氏》之專用杜義，亦唐定《正義》後始然。前此主賈、服諸家者，與杜相攻頗甚。劉炫規過，尤爲有名。今之孔疏，往往襲劉規過之詞，轉以申杜。劉文淇《舊疏考證》將今疏中襲用舊疏者，一一考出，頗足考見孔疏以前之舊疏也。

《左氏》一書，本祇可作史讀。故杜氏治此，即於史事極詳。《釋例》而外，又有《世族譜》、《盟會圖》、《長曆》，以考年月事蹟世系。後儒治此，亦多注重史事，其中最便考索者，當推馬驌《左傳事緯》，顧棟高《春秋大事表》兩書。《事緯》係紀事本末體，讀左氏時參檢之，可助貫串。《大事表》一書，將全書事蹟，分門別類，悉列爲表。若網在綱，有條不紊。尤必須一讀。不獨有裨於讀《左》，兼可取其法以讀他書耳。惟以《左氏》作史讀，亦有不可不知者兩端：（一）則《左氏》記事，多不可信。前人論者已多，無待贅述。（二）則《左氏》記事，亦有須參證《公》、《穀》，乃能明白者。《公》、《穀》述事，本爲解經，故其所述，但取足說明經義而止，前已言之。《左氏》則不然。故其記事之詳，十倍《公》、《穀》，且皆校爲可信。如邲之戰：據《公羊》，楚莊王幾於堂堂之陣，正正之旗；而據《左氏》，則先以和誑晉，續乃乘夜襲之，實不免於譎詐。《公羊》之説，蓋雜以解經者之主觀矣。然《左氏》云："晉人或以廣隊，不能進，楚人惎之脱扃少進，馬旋，又惎之拔斾投衡，乃出。顧曰：吾不如大國之數奔也。"當交戰之時，而教敵人以遁逃，以致反爲所笑，殊不近情。故有訓惎爲毒，以惎之斷句者。然如此，則晉人顧曰之語，不可解矣。必知《公羊》"還師以佚晉寇"之説，乃知莊王此役，雖蓄謀以敗晉軍，而初不主於殺戮；故其下得教敵人以遁逃。然則"晉之餘師不能軍，宵濟亦終夜有聲"之語，蓋亦見莊王之寬大。杜注謂譏晉師多而其將師不能用，殆非也。此則非兼考《公羊》，不能明史事之真，并不能明《左氏》者矣。舉此一事，餘可類推。世之不信《公羊》者，每謂其不近情理；其實言《春秋》而不知《公羊》之條例，其事乃真不近情理。即如《春秋》所記，諸侯盟會，前半皆寥寥數國，愈後而其國愈多。若撥棄《公羊》之義，即作爲史事讀，豈春秋諸國，其初皆不相往來者乎？

宋人之治《春秋》，別爲一派。其端實啓於唐之啖助、趙匡。二人始於三《傳》皆不置信，而自以意求之經文。啖、趙皆未嘗著書。其弟子陸淳，著《春秋集傳纂例》、《春秋微旨》，皆祖述啖、趙之説。宋儒之不守三《傳》，亦與啖、趙同；而其用意則又各異。宋儒所著之書，以孫復之《春秋尊王發微》、胡安國之《春秋傳》爲最著。孫書專主尊攘，蓋亦北宋時勢始然。胡傳本經筵進講之書，時直南宋高宗，故尤發揮大復仇之義，欲激其君以進取。意有所主，不專於説經也。明初頒諸經於儒學，皆取宋人之注；以胡氏學出程氏，遂取其書。學者乃并三《傳》而稱爲四《傳》焉。宋人講《春秋》者，多近空談；既未必得經之意，於史事亦鮮所裨益。非研究宋學者，可以不必措意。

論語　孟子　孝經　爾雅

　　《詩》、《書》、《禮》、《易》、《春秋》，乃漢人所謂"五經"。《論語》、《孝經》，漢人皆以爲傳。《孝經》雖蒙經名，亦在傳列。《孟子》在儒家諸子中，《爾雅》則漢人所輯之訓詁書也。自宋代以此諸書，與五經、三《傳》及《小戴禮記》合刻，乃有"十三經"之名；朱子取《禮記》中之《大學》、《中庸》，以配《論語》、《孟子》，乃又有"四書"之名。經與傳之別，自西漢專門之學亡後，實已不能深知；今日研究，傳且更要於經，說見前。亦不必更嚴其別也。今就此諸書，略論其讀法如下。

　　"四書"之名，定自朱子；懸爲令申，則始元延祐。然《漢志》、《禮記》之外，有《中庸説》二篇；《隋志》有戴顒《中庸説》二卷，梁武帝有《中庸講疏》一卷；則《禮記》外有別行之本，由來已久。《大學》唐以前無別行本，而《書録解題》有司馬光《大學》、《中庸廣義》各一卷，亦在二程之前。王安石最尊《孟子》，司馬光、晁公武卻非議之，未免意氣用事。宋《禮鄭韻略》所附條式，元祐中即以《論》、《孟》試士，則尊《孟》亦不始朱子矣。又朱子所定"四書"，以《大學》、《論語》、《孟子》、《中庸》爲次。後人移《中庸》於《大學》之後，則專以卷帙多少論耳。

　　朱子於四書皆有注，乃一生精力所萃。其於義理，誠有勝過漢儒處，不可不細讀也。欲窺宋學之藩籬，讀此四書之注亦甚好。朱子注四書，《大學》分經傳，顛倒原次；《中庸》雖無顛倒，分章亦不從鄭氏，故皆謂之章句。《論》、《孟》則聚衆説，爲之注解，故稱"集注"。朱子注此四書之意，別著《或問》以發明之；然其後於集注又有改定，而《或問》於《大學》外未及重編。故《或問》與《四書注》,頗多牴牾;《文集》、《語類》中,有言及注四書之意者,亦不能盡合。不得據《或問》以疑四書之注也。

《論語》有魯《論》、齊《論》及古《論》之別。魯《論》篇次與今本同。齊《論》別有《問王》、《知道》二篇。二十篇中,章句亦頗多於魯《論》。古《論》云出孔壁,分《堯曰》後半"子張問"以下,別爲一篇,故有兩子張。篇次亦不與齊、魯《論》同。張禹受魯《論》於夏侯建。又從庸生王吉受齊《論》。擇善而從,號曰"張侯《論》"。已亂齊、魯之別;鄭玄就魯《論》篇章,考之齊、古爲之注,則并齊、魯、古三者之別而泯之矣。魏何晏集諸家之説,并下己意爲《集解》,盛行於世;即今《十三經注疏》所採之本也。梁時皇侃爲之作疏。宋邢昺疏即係據皇疏删其支蔓,附以義理者。梁疏後亡佚,迄清代乃得之日本焉。古《論》云有孔安國注,今見《集解》所引,蓋亦王肅所僞,其後此注亦亡;清時,歙縣鮑氏,云得其書於日本,重刻之,則又六朝以來僞物也。《論語》一書,皆記孔子及孔門弟子言行。説頗平易可信。書係雜記,無條理。《正義》篇篇皆言其總旨及章次,殊屬不必也。清儒作新疏者,有劉寶楠《論語正義》。

《孟子》一書,存儒家大義實多。他姑勿論,民貴君輕之義,非《孟子》即幾於泯没不傳。此外道性善、明仁義,亦皆孔門大義,至可寶貴。康有爲謂孟子傳孔門大同之義,荀卿衹傳小康,合否今姑勿論,要其爲書,則遠出荀卿之上。非他儒書所得比并。真孔門之馬鳴、龍樹矣。又《孟子》書中,存古經説甚多。其言《春秋》處,今人已多知之;言《尚書》處,則知者較鮮。予案《萬章上篇》,言堯、舜禪讓事,無一不與《書大傳》合者,蓋今文書説,亦民貴君輕之大義也。若無此義,則《堯典》一篇,誠乃極無謂之物矣。古有趙岐注,頗無味。阮氏《校勘記》指其注"摩頂放踵"處,與《文選注》所引不合,疑亦有竄亂也。疏題宋孫奭,實邵武士人所僞,已見前。清儒作新疏者,有焦循《正義》,博而精。

《孝經》一書，無甚精義。姚際恆《古今僞書考》以爲僞書。然其書在漢時，實有傳授，且《吕覽》即已引之，則姚説未當。此書無甚精義，而漢儒顧頗重之者，漢時社會宗法尚嚴，視孝甚重。此書文簡義淺，人人可通，故用以教不能深造之人。如後漢令期門羽林之士通《孝經》章句是也。《緯書》云："志在《春秋》，行在《孝經》。"《六藝論》云："孔子以六藝題目不同，指意殊别，恐道離散，後世莫知根原，故作《孝經》以總會之。"可見漢人重此之心理。此書亦有今、古兩本。今文注出鄭玄，傳自晉荀昶；古文出於劉炫，多閨門章四百餘字。唐《開元御注》用今文，元行冲爲之作疏。宋邢昺疏即以元疏爲藍本。清儒治此者，有皮錫瑞《孝經鄭注疏》。此書無甚深義，一覽可也。孔門言孝之義，長於《孝經》者甚多。

　《爾雅》乃訓詁書，後人亦附之於經。其實非也。張楫上廣雅表：謂"周公著《爾雅》一篇。《釋文》以爲釋詁。今俗所傳二篇，或言仲尼所增，或言子夏所益，或云叔孫通所補，或云沛郡梁文所考"，要之皆無確據。予案古人字書，共有三種：（一）四言或三七言韻語，自《史籀篇》以下皆然。王國維説。乃古人識字之書，與今私塾教學僮讀《三字經》、《千字文》同法。此事蓋沿之自古，予别有論。（二）以字形分部，如今之字典，始於許慎之《説文解字》。（三）《爾雅》，今之詞典也，此本鈔撮以備查檢，後人相傳，亦必有增改，無所謂誰作。今此書訓詁，幾全同毛《傳》，《釋樂》同《周官·大司樂》，九州異《禹貢》而同《周官》，則古學既出後之物。《釋獸》中狻麑即獅子，出西域；鸊鳩出北方沙漠；翠生鬱林；鱧鯠出樂浪、潘國；魵蝦出穢邪頭國；皆非戰國前所有。明爲後人增益。正如《神農本草經》有漢郡縣名耳。此書專治小學者宜熟讀之，否但粗加涉獵，隨時查檢即可。清儒新疏，有郝懿行《義疏》、邵晉涵《正義》兩種。

論讀子之法

吾國書籍，分爲經、史、子、集四部；而集爲後起之物，古代祇有經、史、子三者。經、子爲發表見解之書，史爲記載事物之書，已見前。逮於後世，則子亡而集代興。集與子之區別：集爲一人之著述，其學術初不專於一家；子爲一家之學術，其著述亦不由於一人。勉强設譬，則子如今之科學書，一書專講一種學問；集如今之雜誌，一書之中，講各種學問之作皆有也。

子書之精者，訖於西漢。東漢後人作者，即覺淺薄。然西漢子書之精者，仍多祖述先秦之説；則雖謂子書之作，訖於先秦，可也。然遠求諸西周以前，則又無所謂子。然則子者，春秋、戰國一時代之物也。其故何邪？

予謂專家之學興而子書起，專家之學亡而子書訖。春秋、戰國，專家之學興起之時也。前乎此，則渾而未分；後乎此，則又裂而將合。故前此無專家之學，後此亦無專家之學也。請略言之：

諸子之學之起原，舊説有二：（一）出《漢志》，謂其原皆出於王官。（一）出《淮南·要略》，謂皆以救時之弊。予謂二説皆是也。何則？天下無無根之物；使諸子之學，前無所承，周、秦之際，時勢雖亟，何能發生如此高深之學術。且何解於諸子之學，各明一義，而其根本仍復相同邪？見下。天下亦無無緣之事，使非周、秦間之時勢有以促成之，則古代渾而未分之哲學，何由推衍之於各方面，而成今諸子之學乎。此猶今人好言社會主義，謂其原出於歐洲之馬克思等可；謂由機械發明，生財之法大變，國民生計，受外國之侵削，而國內勞動資本階級，亦有畫分之勢，因而奮起研究者多，亦無不可也。由前則《漢志》之說，由後則《淮南》之說也。各舉一端，本不相背。胡適之撰《諸子不出於王官論》，極詆《漢志》之誣，未免一偏矣。

人群淺演之時，宗教哲學，必渾而不分；其後智識日進，哲學乃自宗教中蛻化而出。吾國古代，亦由是也。故古代未分家之哲學，則諸子之學所同本；而未成哲學前之宗教，則又古代不分家之哲學之根原也。必明乎此，然後於諸子之學，能知其源；而後讀諸子書，乃有入處。

宇果有際乎？宙果有初乎？此在今日，人人知非人智所逮，哲學家已置諸不論不議之列。然此非古人所知也。今人競言"宇宙觀"、"人生觀"，其實二者本是一事。何則？我者，宇宙間之一物；以明乎宇宙之真理，然後我之所以自處者，乃皆得其道矣。故古人之所研究，全在哲學家所謂宇宙論上也。

吾國古代之宇宙論，果如何乎？曰：古之人本諸身以爲推。見夫人之生，必由男女之合也，則以爲物亦如此；而仰觀俯察，適又有蒼蒼者天，與摶摶者地相對；有日月之代明；有寒暑之迭更；在在足以堅其陰、陽二元之思想。於是以爲天地之生物，亦如是而已矣。故曰："物本乎天，人本乎祖。"《禮記·郊特牲》。

然哲學所求之原因，必爲"最後"，爲"惟一"。求萬物之原因，而得陰、陽二元，固猶非"一"；非"一"，則非其"最後"者也。然則陰、陽之原，又何物耶？夫謂萬物厘然各別，彼此不能相通者，乃至淺之見；不必證以科學，而亦能知其非是者也。人日食菽飲水而後生，又或豢豕爲酒以爲食。方其未飲食時，菽自菽，水自水，豕自豕，酒自酒，人自人也；及其既飲食之後，則泯然不復見其跡焉。人三日不食則憊，七日不食則死。然則人與動植礦物異乎？不異乎？且也，"衆生必死，死必歸土。骨肉斃於下，蔭爲野土；其氣發揚於上爲昭明，焄蒿淒愴"。《禮記·祭義》。然則人與天地，是一乎？是二乎？古以天爲積氣所成。

故謂萬物厘然各別,彼此不能相假者,至淺之見;稍深思之,而即知其非是者也。此固不待證之以科學也;古之人亦知此也,乃推求萬物之本原;乃以爲天地萬物,皆同一原質所成,乃名此原質曰"氣"。

《易大傳》曰:"精氣爲物,游魂爲變。""精"者,凝集緊密之謂。《公羊》莊十年:"觕者曰侵,精者曰伐。"《注》:"觕,粗也,精,猶密也。"是也。魂者,人氣。蓋同一氣也,古人又以爲有陰陽之分。陽者性動,輕清而上升;陰者性静,重濁而下降。《左》昭七年疏引《孝經說》曰:"魂,芸也。"芸芸,動也。《廣雅·釋天》:三氣相接,剖判分離;輕清者上爲天,重濁者下爲地。其在於人,則陽氣成神,是曰魂,陰氣成形,是曰魄。故魂亦氣也。上言氣,下言魂,變詞耳。"游"者,游散。韓注。構成萬有之原質,循一定之律,而凝集緊密焉,則成人所知覺之物,是曰"精氣爲物"。循一定之律而分離游散焉,則更變化而成他物,是曰"游魂爲變"而已矣。此其在人,則爲生死。然非獨人也,一切物之成毁,莫不如是;即天地亦然。故古人論天地開闢,亦以氣之聚散言之。《易正義八論》引《乾鑿度》"有太易,有太初,有太始,有太素。太易者,未見氣;太初者,氣之始;太始者,形之始;太素者,質之始"是也。職是故,古人乃以萬物之原質即氣。凝集之疏密,分物質爲五類,是爲"五行"。五行之序,以微著爲漸。《尚書·洪範》疏所謂"水最微爲一,火漸著爲二,木形實爲三。金體固爲四,土質大爲五"也。益以〔一〕有形無形,〔二〕有質無質,〔三〕同是有質也,而剛柔大小不同,爲分類之準;猶今物理學分物質爲氣體、液體、固體也。然則宇宙間一切現象,無所謂有無,亦無所謂生死,祇是一氣之變化而已。氣之變化,無從知其所以然,祇可歸之於一種動力。然則此種動力,乃宇宙之根原也。故曰:"易不可見,乾坤或幾乎息"也。《易·繫辭》。

故此種動力,古人視爲偉大無倫。《易》曰:"大哉乾元;萬物資始,乃統天。"《公羊》何《注》曰:"春秋以元之氣,正天之端。天不深正其元,則不能成其化。"《老子》曰:"有物混成,先天地生;寂兮寥兮,獨立而不改,周行而不殆;可以爲天下母。吾不知其名,字之曰道。"皆指此種動力言之。夫如是,則天地亦遵循自然之律而動作而已;非能貴於我也,更非能宰制我也。大而至於天地,小而至於蚊虻,其爲一種自然之質,循自然之律而變化,皆與我同也。故曰:"天地與我并生,萬物與我爲一。"《莊子》。然則中國古代之哲學,殆近於機械論者也。

此等動力,固無乎不在,是之謂"神"。《易·繫辭》曰:"神無方而易無體。"盈天地之間皆是,則不能偏指一物爲神,故無體。又曰:"陰陽不測之謂神。"盈天地之間皆是,自然無論男女雌雄牝牡皆具之,男女雄雌牝牡皆具之,則無復陰陽之可言矣。又曰:"惟神也,故不疾而速,不行而至。"又曰:"無思也,無爲也,寂然不動,感而遂通天下之故;非天下之至神,其孰能與於此?"言其充塞乎宇宙之間,故無從更識其動相。亦指此等動力言之也。此等動力,既無乎不在,則雖謂萬物皆有神可也,雖謂物即神可也。故曰:"鬼神之爲德,其盛矣乎。體物而不可遺。"《禮記·中庸》。神即物,物即神,則孰能相爲役使?故曰"吹萬不同,使其自已;咸其自取,怒者其誰"也。《莊子·齊物論》。然則中國古代之哲學,又可謂之無神論,謂之泛神論也。

此等哲學思想,爲百家所同具。至東周以後,乃推衍之於各方面,而成諸子之學焉。蓋其時世變日亟,一切現象,皆有留心研究之人。而前此一種哲學,入於人人之心者既深,自不免本之以爲推。其原既同,則其流雖異,而仍必有不離其宗者在。此周、秦諸子之學,所以相反而相成也。今試略舉數端以明之:古代哲學,最尊崇自然力。既尊崇自然力,則祇有隨順,不能抵抗。故道家最貴"無爲"。所謂"無爲"者,非無所事事之謂,謂因任自然,不參私意云耳。然則道家之所謂"無爲",即儒家"爲高必因丘陵,爲下必因川澤"之意;亦即法家"絕聖棄智",專任度數之意也。自然之力,無時或息。其在儒家,則因此而得"自強不息"之義焉。其在道家之莊、列一派,則謂"萬物相刃相劘,其行如馳","一受其成形,不亡以待盡",因此而得委心任運之義焉。自然力之運行,古人以爲如環無端,周而復始。其在道家,則因此而得"禍福倚伏"之義;故貴"知白守黑,知雄守雌"。其在儒家,則因此而得窮變通久之義,故致謹於治制之因革損益。其在法家,則因此而得"古今異俗,新故異備"之義;而商君等以之主張變法焉。萬物雖殊,然既爲同一原質所成,則其本自一。夫若干原質凝集而成物,心有其所以然,是之謂"命";自物言之則曰"性"。性與生本一字,故告子曰"生之謂性",而孟子駁之以"白之爲白"也。"性命"者,物所受諸自然者也。自然力之運行,古人以爲本有秩序,不相衝突。《禮記・禮運》曰:"事大積焉而不苑,并行而不繆,細行而不失;深而通,茂而有間;連而不相及也,動而不相害也。"《中庸》曰:"萬物并育而不相害,道并行而不相悖。"皆極言天然之有秩序,所謂順也。人能常守此定律,則天下可以大治;故言治貴"反諸性命之情",故有"反本"、"正本"之義。儒家言盡性可以盡物,道家言善義生者可以托天下,理實由此。抑《春秋》之義,正次王,王次春;言"王者欲有所爲,宜求其端於天";而法家言形名度數,皆原於道;亦由此也。萬物既出於一,則形色雖殊,原理不異。故老貴"抱一",孔貴"中庸"。抑宇宙現象,既變動不居,則所謂真理,祇有"變"之一字耳。執一端以爲中,將不轉瞬而已失其中矣。故貴"抱一"而戒"執一",貴"得中"而戒"執中"。"抱一""守中",又即"貴虛""貴無"之旨也。"抱一"者,抱無一可抱之一。"得中"者,得無中可得之中。然則一切現象正惟相反,然後相成。故無是非善惡之可言,而"物倫"可齊也。夫道家主因任自然,而法家主整齊畫一,似相反矣。然所謂整齊畫一者,正欲使天下皆遵守自然之律,而絶去私意;則法家之旨,與道家不相背也。儒家貴仁,而法家賤之。然其言曰:"法之爲道,前苦而長利;仁之爲道,偷樂而後窮。"則其所攻者,乃姑息之愛,非儒家之所謂仁也。儒家重文學,而法家列之五蠹。然其言曰:"糟糠不飽者,不務粱肉;短褐不完者,不待文綉。"則亦取救一時之急爾。秦有天下,遂行商君之政而不改,非法家本意也。則法家之與儒家,又不相背也。舉此數端,餘可類推。要之古代哲學之根本大義,仍貫通乎諸子之中。有時其言似相反者,則以其所論之事不同,史談所謂"所從言之者異"耳。故《漢志》謂其"譬諸水火,相滅亦相生"也。必明乎此,然後能知諸子學術之原;而亦能知諸子以前,古代哲學之真也。

諸子中惟墨家之學爲特異。諸家之言，皆似無神論、泛神論，而墨家之言"天志"、"明鬼"，則所謂"天"所謂"鬼"者，皆有喜怒欲惡如人。故諸家之説，皆近機械論，而墨子乃獨非命。予按墨子之志，蓋以救世，而其道則出於禹。《淮南・要略》云："墨子學儒者之業，受孔子之術。以爲其禮煩擾而不悦，厚葬靡財而貧民，服傷生而害事；服上蓋奪"久"字。故背周道而用夏政。"孫星衍《墨子後叙》，因此推論墨學皆原於禹，其説甚辯。予按古者生計程度甚低，通國之内，止有房屋一所，名之曰明堂。説本阮氏元，見《揅經室集・明堂論》。爲一切政令所自出。讀惠氏棟《明堂大道録》可見。《漢志》云："墨家者流，蓋出於清廟之守，茅屋采椽，是以貴儉；養三老五更，是以兼愛；選士大射，是以尚賢；宗祀嚴父，是以右鬼；順四時而行，是以非命；以孝視天下，是以尚同。"茅屋采椽，明堂之制也。養三老五更，學校與明堂合也。選士大射，後世行於泮宫；然選士本以助祭，其即在明堂宜也。宗祀嚴父，清廟明堂合一之制也。順四時而行，蓋《禮記・月令》、《吕覽・十二紀》、《淮南・時則訓》所述之制，所謂一切政令，皆出明堂也。明堂既與清廟合，以孝視天下，説自易明。《論語》："子曰：禹，吾無間然矣。菲飲食，而致孝乎鬼神；惡衣服，而致美乎黻冕，卑宫室，而盡力乎溝洫。""致孝乎鬼神"，"致美乎黻冕"，則宗祀嚴父之説也。卑宫室，則茅屋采椽之謂也。《禮記・禮運》："孔子曰：我欲觀夏道，是故之杞；而不足徵也，吾得夏時焉。"所謂夏時者，鄭《注》以《夏小正》之屬當之，而亦不能質言。竊以《月令》諸書所載，實其遺制。夏早於周千餘歲，生計程度尚低，政治制度亦簡，一切政令皆出明堂，正是其時。周之明堂，即唐、虞之五府，夏之世室，殷之重屋，乃祀五帝之所。《史記・五帝本紀》索隱引《尚書・帝命驗》。五帝者：東方青帝靈威仰，主春生；南方赤帝赤熛怒，主夏長；西方白帝白招拒，主秋成；北方黑帝汁光紀，主冬藏；而中央黄帝含樞紐，則寄王四時；以四時化育，亦須土也。蓋以天地萬物，同爲自然之力所成，乃進化以後之説。其初則誠謂有一天神焉，"申出萬物"，"陰隲下民"；繼又本"卑者親視事"之義，造爲所謂五帝,以主四時化育;而昊天上帝耀魄寶,則"居其所而衆星拱之"而已。君德之貴無爲,其遠源蓋尚在此。夫學説之變遷,必較制度爲速。以孔子之睿智,豈尚不知五行災變之不足憑;然其删定六經,仍過而存之者,則以其沿襲既久,未可驟廢故也。然則夏之遺制,猶存於周之明堂,正不足怪。墨子所取之説,雖與諸家異,又足考見未進化時之哲學矣。墨子救世之志,誠可佩仰。然其學不久即絶,亦未始不由於此。以是時哲學業已大進,而墨子顧欲逆行未進化時之説故也。

諸子派別:《史記・太史公自序》述其父談之論,分爲陰陽、儒、墨、名、法、道德六家。《漢志・諸子略》,益以縱橫家、雜家、農家、小説家爲十家,其中去小説家爲九流。此外兵家、數術、方技,《漢志》各自爲略,而後世亦入子部。案兵家及方技,其爲一家之學,與諸子十家同。數術與陰陽家,尤相爲表裏。《漢志》所以析之諸子之外者,以本劉歆《七略》,《七略》所以別之者,以校書者異其人,《七略》固書目,非論學術派別之作也。十家之中,陰陽家爲專門之學,不易曉。小説家無關宏旨。九流之學,皆出王官,惟小説家則似起民間。《漢志》所謂"街談巷語,道聽塗説者之所造,閭里小知者之所及"也。《莊子・外物篇》:"飾小説以干縣令,其於大達亦難矣。"《荀子・正名篇》:"故知者論道而已矣,小家珍説之所願皆衰矣。"所謂"飾小説"及"小家珍説",似即《漢志》之小説家。蓋九流之學,源遠流長,而小説則民間有思想、習世故者之所爲;當時平民,不講學術,故雖偶有一得,初不能相與講明,逐漸改正,以蘄進於高深;亦不能同條共貫,有始有卒,以自成一統系;故其説蒙小之名,而其書乃特多。《漢志》小説家之《虞初周説》,至九百四十三篇,《百家》至百三十九卷是也。其説固未嘗不爲諸家所採,如《御覽》八百六十八引《風俗通》,謂"城門失火,殃及池魚",本出《百家書》是。然徒能爲小説家言者,則不能如蘇秦之遍説六國,孟子之傳食諸侯;但能飾辭以干縣令,如後世求仕於郡縣者之所爲而已。墨家上説之外,更重下教。今《漢志》小説家有《宋子》十八篇,實治墨學者宋銒所爲;蓋採小説家言特多也。古之所謂小説家者如此;後世寄情荒怪之作,已非其倫;近世乃以平話尸小説之名,則益違其本矣。農家亦專門之學,可暫緩。縱橫家鬼谷子係僞書。其真者《戰國策》,今已歸入史部。所最要者,則儒、墨、名、法、道及雜家六家而已。儒家之書,最要者爲《孟子》,又《禮記》中存儒家諸子實最多,今皆已入經部。存於子部者惟一《荀子》。此書真僞,予頗疑之。然其議論,固有精者;且頗能通儒法之郵；固仍爲極要之書也。墨家除《墨子》外，更無傳書。《晏子春秋》雖略有墨家言，而無甚精義。名家《經》及《經説》見《墨子》；其餘緒論，散見《莊子》、《荀子》及法家書中。法家：《商君書》精義亦少，間有之，實不出《管》、《韓》二子之外。道家又分二派：（一）明"欲取姑與"、"知雄守雌"之術，《老子》爲之宗；而法家之《管》、《韓》承其流。（二）闡"萬物一體"、"乘化待盡"之旨，其説具於《莊子》。《列子》書晚出，較《莊子》明白易解，然其精深，實不逮《莊子》也。而雜家之《呂覽》、《淮南》，兼綜九流，實爲子部瑰寶。《淮南王書》雖出西漢，然所纂皆先秦成説，精卓不讓先秦諸子也。兵家精義，略具《荀子・議兵》、《呂覽・孟秋》《仲秋》二紀、《淮南・兵略》及《管子》中言兵法諸篇。醫經經方，亦專門之學，非急務。然則儒家之《荀》，墨家之《墨》，法家之《管》、《韓》，道家之《老》、《莊》，雜家之《呂覽》、《淮南》，實諸子書中最精要者；苟能先熟此八書，則其餘子部之書，皆可迎刃而解；而判別其是非真偽，亦昭昭然白黑分矣。讀此八書之法：宜先《老》，次《莊》，次《管》、《韓》，次《墨》，次《荀》，殿以《呂覽》、《淮南》。先《老》、《莊》者，以道家專言原理，爲諸家之學所自出也；次《管》、《韓》者，以法家直承道家之流也；次《墨》，以見哲學中之別派也；《荀子》雖隸儒家，然其書晚出，於諸家之學，皆有論難，實兼具雜家之用；以之與《呂覽》、《淮南》，相次并讀，可以綜覽衆家，考見其異同得失也。

　　讀諸子書者，宜留意求其大義。昔時治子者，多注意於名物訓詁、典章制度，而於大義顧罕研求。此由當時偏重治經，取以與經相證；此仍治經，非治子也。諸家固亦有知子之大義足貴，從事表章者。然讀古書，固宜先明名物制度；名物制度既通，而義乃可求。自漢以後，儒學專行，諸子之書，治之者少；非特鮮疏注可憑，抑且乏善本足據，校勘訓釋，爲力已疲。故於大義，遂罕探討。善夫章太炎之言曰："治經治子，校勘訓詁，特最初門徑然。大略言之：經多陳事實，諸子多明義理。校勘訓詁而後，不得不各有所主。故賈、馬不能理諸子，而郭象、張湛不能治經。"《與章行嚴論墨學第二書》，見《華國月刊》第四期。胡適之亦謂"治古書之法有三：（一）校勘，（二）訓詁，（三）貫通。清儒精於校勘訓詁，於貫通工夫，尚有未逮"。見所著《中國哲學史大綱》上卷第一篇。

誠知言之選也。今諸子之要者,經清儒校勘訓釋之後,近人又多有集解之本,初學披覽,已可粗通。若求訓釋更精;及以其所述制度,互相比較,並與群經所述制度相比較；制度以儒家爲詳,故以諸子所述制度與經比較尤要。則非初學所能。故當先求其大義。諸家大義,有彼此相同者,亦有相異者。相同者無論矣,即相異者,亦仍相反而相成。宜深思而求其會通；然後讀諸子書,可謂能得其要。至於校勘疏解,偶有所得,亦宜隨時札記,以備他日之精研。讀書尚未終卷,即已下筆千言；詆排先儒,創立異說。此乃時人習氣,殊背大器晚成之道,深願學者勿效之也。凡人著書,有可速成者,有宜晚出者。創立新義,發前人所未發；造端宏大,欲求詳密,斷非一人之力所能；祇可姑引其端,而疏通證明,則望諸異人,或俟諸後日；此可早出者也。此等新義之發明,恒歷數百千年而後一見。乃時會爲之,非可強求；亦決非人人可得。至於校勘考證之學,正由精詳,乃能得闕。必宜隨時改訂,以求完密；苟焉未定之說,不可輕出誤人。今人好言著書,而其所談者,皆校勘考證之事,此則私心期期以爲不可者也。

讀古書固宜嚴別真僞,諸子尤甚。秦、漢以後之書,僞者較少,辨別亦較易,古書則不然。古書中之經,治者較多,真僞已大略可睹,子又不然也。然近人辨諸子真僞之術,吾實有不甚敢信者。近人所持之術,大要有二：(一)據書中事實立論,事有非本人所能言者,即斷爲僞。如胡適之摘《管子・小稱篇》記管仲之死,又言及毛嬙、西施,《立政篇》闢寢兵兼愛之言,爲難墨家子論是也。(二)則就文字立論,如梁任公以《老子》中有偏將軍、上將軍之名,謂爲戰國人語；見《學術講演集》評胡適之《中國哲學史大綱》。又或以文字體制之古近,而辨其書之真僞是。予謂二法皆有可採,而亦皆不可專恃。何則？子爲一家之學,與集爲一人之書者不同,前已言之。故讀子者,不能以其忽作春秋時人語,忽爲戰國人之言,而疑其書之出於僞造；猶之讀集者,不能以其忽祖儒家之言,忽述墨家之論,而疑其文非出於一人。先秦諸子,大抵不自著書。今其書之存者,大抵治其學者所爲；而其纂輯,則更出於後之人。書之亡佚既多；輯其書者,又未必通其學；即謂好治此學；然既無師授,即無從知其書之由來,亦無從正其書之真僞；即有可疑者,亦不得不過而存之矣。不過見講此類學術之書共有若干，即合而編之，而取此種學派中最有名之人，題之曰某子云耳。然則某子之標題，本不過表明學派之詞，不謂書即其人所著；與集部書之標題爲某某集者，大不相同。集中記及其人身後之事，及其文詞之古近錯出，固不足怪。至於諸子書所記事實，多有訛誤，此似誠有可疑；然古人學術，多由口耳相傳，無有書籍，本易訛誤。而其傳之也，又重其義而輕其事；如胡適之所摘莊子見魯哀公，自爲必無之事。然古人傳此，則但取其足以明義，往見者果爲莊子與否，所見者果爲魯哀公與否，皆在所不問。豈惟不問，蓋有因往見及所見之人，不如莊子及魯哀公之著名，而易爲莊子與魯哀公者矣。然此尚實有其事。至如孔子往見盜跖等，則可斷並其事而無之。不過作者胸中有此一段議論，乃托之孔子、盜跖耳；此則所謂"寓言"也。此等處若據之以談史實，自易繆誤；然在當時，固人人知爲"寓言"。故諸子書中所記事實，乖繆者十有七八，而後人於其書，仍皆信而傳之。胡適之概斷爲當時之人，爲求利而僞造；又譏購求者之不能別白；亦未必然也。誤之少且小者，後人或不能辨；今諸子書皆罅漏百出，繆誤顯然，豈有概不能辨之理。設事如此，行文亦然。今所傳五千言，設使果出老子，則其書中偏將軍、上將軍，或本作春秋以前官名，而傳者乃以戰國時之名易之。此則如今譯書者，於書中外國名物，易之以中國名物耳。雖不免失真，固與僞造有別也。又古人之傳一書，有但傳其意者，有兼傳其詞者。兼傳其詞者，則其學本有口訣可誦，師以是傳之徒，徒又以是傳之其徒；如今瞽人業算命者，以命理之書口授其徒然。此等可傳之千百年，詞句仍無大變。但傳其意者，則如今教師之講授，聽者但求明其意即止；迨其傳之其徒，則出以自己之言；如是三四傳後，其説雖古，其詞則新矣。故文字氣體之古近，亦不能以別其書之古近也，而況於判其真僞乎。今各家學術，據其自言，皆有所本，説誠未必可信。《淮南子‧修務訓》已言之。然亦不能絕無關係。如管夷吾究但長於政事，抑兼長於學問，已難質言。即謂長於學問，亦終不似著書之人。然今《管子‧戒篇》載流連荒亡之説，實與《孟子》引晏子之言同；《梁惠王下》

篇。《晏子春秋》亦載之；則此派學術，固出於齊；既出於齊，固不能斷其與管仲無關也。中、小《匡篇》所述治制，即或爲管仲之遺。其他自謂其學出於神農、黃帝者視此。《孟子》"有爲神農之言者許行"，梁任公謂其足爲諸子托古之鐵證。其意謂許行造作言語，托之神農也。然此語恐非如此解法。《禮記·曲禮下》篇："醫不三世，不服其藥。"疏引又説云："三世者：一曰黃帝針灸；二曰神農本草；三曰素女脈訣，又云夫子脈訣。"然則"神農本草"四字，乃一學科之名。今世所傳《神農本草經》，非謂神農氏所作之《本草經》；乃謂神農本草學之經。猶今言藥物學書耳。世多以其有後世郡縣名，而訾其書非神農氏之舊，誤矣。《月令》：季夏之月，"毋發令以妨神農之事"。此"神農"二字，決不能作神農氏解。然則諸書所引神農之教，如"一男不耕，或受之饑；一女不織，或受之寒"云云，亦非謂神農氏之教，乃謂神農學之説矣。"有爲神農之言者"，爲當訓治，與《漢書·武紀》"丞相綰奏所舉賢良方正，或治申、商、韓非、蘇秦、張儀之言"，句法相同。《漢志》論農家者流曰："鄙者爲之，以爲無所事聖王，欲使君臣并耕"，正許行之説；初非謂其造作言語，托之神農也。夫神農、黃帝、管仲，誠未必如托之者之言；然其爲此曹所托，亦必自有其故；此亦考古者所宜究心矣。要之古書不可輕信，亦不可抹煞。昔人之弊，在信古過甚，不敢輕疑；今人之弊，則又在一概吐棄，而不求其故。楚固失之，齊亦未爲得也。

　　明乎此，則知諸子之年代事蹟，雖可知其大略，而亦不容鑿求。若更據諸子中之記事以談古史，則尤易致誤矣。蓋古書之存於今，而今人據爲史料者，約有數種：（一）史家所記，又可分爲四種：《尚書》，一也。《春秋》，二也。《國語》，三也。孔子所修之《春秋》，雖爲明義而作，然其原本則爲記事之書。《左氏》真僞未定，即真，亦與《國語》同類也。世系，四也。此最可信。（二）私家紀事之作。其較翔實者，如孔門之《論語》；其務恢侈者，則如《管子》大、中、小《匡》三篇是也。前者猶可置信，後者則全不足憑矣。古代史家所記之事，誠亦未必盡信。然較諸私家傳説，則其謹嚴荒誕，相去不啻天淵。試取大、中、小《匡》三篇一讀便見。此三篇中，《大匡》前半篇及《小匡》中"宰孔賜胙"一段，蓋後人別據《左氏》一類之書補入，餘則皆治法學者傳述之辭也。（三）諸子中之記事，十之七八爲寓言；即或實有其事，人名地名及年代等，亦不可據；彼其意，固亦當作寓言用也。據此以考事實，苟非用之十分謹慎，必將治絲益棼。夫諸子記事之不可盡信如此；而今人考諸子年代事蹟，顧多即以諸子所記之事爲據；既據此假定諸子年代事蹟，乃又持以判別諸子之書之信否焉，其可信乎？一言蔽之，總由不知子與集之異，太重視用作標題之人，致有此誤也。

吾謂整治諸子之書，仍當著重於其學術。今諸子書急待整治者有二：（一）後人僞造之品，竄入其中者。（二）異家之言，誤合爲一書者。蓋諸子既不自著書；而其後學之著書者，又未嘗自立條例，成一首尾完具之作；而其書亡佚又多；故其學術之真相，甚難窺見。學術之真相難見，則僞品之竄入自易，異家之誤會亦多。夫真僞混淆，則學說湮晦；異家錯處，則流別不明；此誠足爲治諸子學之累；故皆急宜揀剔。揀剔之法，仍宜就其學術求之，即觀其同，復觀其異；即觀其同異，更求其說之所自來；而求其所以分合之由。如是，則諸子之學可明；而諸子之學之根源，及其後此之興替，亦可見矣。此法今人必譏其偏於主觀；然考校書中事實及文體之法，既皆不足恃，則仍不能不出於此也。

舊時學者，於吾國古書，往往過於尊信；謂西方學術，精者不出吾書。又或曲加附會，謂今世學術，皆昔時所已有。今之人則適相反，喜新者固視國故若土苴；即篤舊者，亦謂此中未必真有可取；不過以爲舊有之物，不得不從事整治而已。此皆一偏之見。平心論之：社會科學之理，古人皆已引其端；其言之或不如後世之詳明，而精簡則遠過之。截長補短，二者適足相償也。且古代思想，恒爲後世學術風俗之原；昧乎其原，則於其流終難深曉。諸子爲吾國最古之學；雖其傳久晦，而其義則已於無形中蒸爲習尚，深入於人人之心。不知此者，其論世事，縱或持之有故，終不免隔河觀火之談。且真理古今不異，苟能融會貫通，心知其意，古書固未必不周今用；正可以今古相證而益明也。惟自然科學，中國素不重視；即有發明，較諸今日，亦淺薄已甚，稍加疏證，不過知古代此學情形如何，當作史材看耳。若曲加附會，侈然自大，即不免夜郎之誚矣。

讀諸子者，固不爲研習文辭。然諸子之文，各有其面貌性情，彼此不能相假；亦實爲中國文學，立極於前。留心文學者，於此加以鑽研，固勝徒讀集部之書者甚遠。中國文學，根柢皆在經史子中，近人言文學者，多徒知讀集，實爲捨本而求末；故用力多而成功少；予別有論。即非專治文學者，循覽諷誦，亦足所袪除鄙俗，涵養性靈。文學者美術之一；愛美之心，人所同具；即不能謂文學之美，必專門家乃能知之，普通人不能領略也。諸子之文，既非出於一手，并非成於一時。必如世俗論文者之言，謂某子之文如何，固近於鑿；然其大較亦有可言者。大約儒家之文，最爲中和純粹。今荀子雖稱爲儒，其學實與法家近；其文亦近法家。欲求儒家諸子之文，莫如於《小戴記》中求之；前已論及。道家《管》、《老》一派，文最古質。以其學多傳之自古，其書亦非東周時人所撰也。見後。《莊子》文最詼詭，以當時言語程度尚低，而其説理頗深，欲達之也難，不得不反復曲譬也。法家文最嚴肅。名家之文，長於剖析；而法家論事刻核處，亦實能辨別豪芒。以名法二家，學本相近也。《墨子》文最冗蔓。以其上説下教，多爲愚俗人説法，故其文亦隨之而淺近也。大約《墨子》之文，最近當時口語。縱橫家文最警快，而明於利害。《戰國策》中，此等文字最多；諸子中亦時有之；説術亦諸家所共習也。雜家兼名、法，合儒、墨，其學本最疏通，故其文亦如之；《呂覽》、《淮南》，實其巨擘。而《呂覽》文較質實，《淮南》尤縱橫馳騁，意無不盡，則時代之先後爲之也。要之言爲心聲，諸子之學，各有專門，故其文亦隨之而異，固非有意爲之；然其五光十色，各有獨至之處，則後人雖竭力摹仿，終不能逮其十一矣。以今語言之，則諸子之文，可謂"個性"最顯著者，欲治文學者，誠不可不加之意也。

老　子

　　道家之書，後世爲神仙家所依托，固已全失其本真；即反諸魏、晉之初，談玄者率以《老》、《莊》并稱，實亦已非其朔。若循其本，則《漢志》所謂道家者流，其學實當分二派：一切委心任運，乘化以待盡，此一派也。現存之書，《莊》、《列》爲其代表。秉要執本，清虛以自守，卑弱以自持，此一派也。現存之書，以《老子》爲最古。此二派，其崇尚自然之力同；然一因自然力之偉大，以爲人事皆無可爲，遂一切放下；一則欲因任之以致治，善用之以求勝；其宗旨固自不同。夷考漢人之言，多以黄、老連稱，罕以老、莊并舉。案今《列子書》第一篇《天瑞》，引《黄帝書》二條，黄帝之言一條。第二篇爲《黄帝篇》，引老聃之言一條。第六篇《力命》引老聃謂關尹之言一條，《黄帝書》一條。而《天瑞篇》所引《黄帝》，有一條與今《老子書》同。"谷神不死，是謂玄牝。玄牝之門，是謂天地之根。綿綿若存，用之不勤"。《列子》原未必可信，然十之七八，當係採古書纂輯而成，必非晉人杜撰；然則"黄老"者，乃古代學派之名；其學遠托諸黄帝；而首傳其説者，則老子也。今觀《老子書》，文體甚古。全書多作三四言韻語。乃未有散文前之韻文。間有長句及散句，蓋後來所加。又全書之義，女權皆優於男權。案今《周易》首乾，而《殷易》先坤，見《禮記·禮運》"吾得坤乾焉"鄭注，此亦吾國男女權遞嬗之遺跡。然殷時女權，實已不盛。吾别有考。《老子》全書，皆稱頌女權；可見其學必始於殷以前。托諸黄帝，固未必可信。然據《禮記·祭法》，嚴父配天，實始於禹；則夏時男權已盛，老子之學，必始五帝時矣。蓋舊有此説，口耳相傳，至老子乃誦出其文也。書中無男女字，但稱牝牡；亦可徵其時代之早。近人如梁任公，以其書中有偏將軍、上將軍之名；又謂"師之所處,荊棘生焉,大兵之後,必有凶年"等語,似係見過長平等大戰者。遂疑爲戰國時書。胡適之摘其"民之饑,以其上食稅之多","天之道,損有餘而補不足,人之道則不然,損不足以奉有餘"等語,謂爲反對東周後之橫征暴斂,引《碩鼠》等詩爲證,皆非也。偏將軍、上將軍等語,不足爲《老子書》出戰國後之證,前已辯之。"師之所處,荊棘生焉,大兵之後,必有凶年",凡戰事皆然,何必長平等大戰?《老子》一書,皆發揮玄理之語,非對一時政治立言;又觀其文體之古,即知其書非出周代,亦不得引風詩爲證也。

　　《老子》全書之旨,可以兩言括之:(一)曰治國主於無爲,(一)曰求勝敵當以卑弱自處而已。吾國古代哲學,近於機械論,前已言之。既近機械論,則視一切社會現象,皆有自然之律,運行乎其間,毫厘不得差忒,與研究自然科學者之視自然現象同;彼其視自然之力,至大而不可抗也,故祇有隨順,斷無可違逆之,使如吾意之理。欲違逆之使如吾意,即所謂"有爲";一切隨順天然之律,而不參以私意,則即所謂"無爲"也。凡治事者,最貴發見自然之律而遵守之;而不然者,姑無論其事不能成,即使幸成焉,其反動之力,亦必愈大;此老子所以主張治國以無爲爲尚也。至其求勝敵之術,所以主於卑弱者,則因其以自然力之運行爲循環之故。所謂"道之動曰反"也。自然力之運行,既爲循環,則盛之後必繼以衰,強之後必流於弱,乃無可逃之公例;故莫如先以卑弱自處。此皆老子應事之術也。至其空談原理之語,宗旨亦相一貫;蓋所謂治國當主無爲,勝敵必居卑弱者,不外遵守天然之律而已。古代哲學之宇宙論,以爲萬物同出一原,前文亦已言及;萬物同出一原,則現象雖殊,原理自一。此形形色色之現象,老子喻之以"器";而未成萬物前之原質,則老子喻之以"樸"。其曰"樸散而爲器"者,猶曰原質分而爲萬物耳。夫同一原質,斷未有不循同一定律者;至其散而爲萬物,則有難言者矣。《老子》一書,反復推闡,不外謂樸散爲器之後,仍當遵守最初之原理。其曰"見素",欲見此也;其曰"抱樸",欲抱此也;其曰"守中",以此爲中也;其曰"抱一",以此爲一也。又其言曰:"有無相生,難易相成,長短相較,高下相傾。"又曰:"天下皆知美之爲美,斯惡矣;皆知善之爲善,斯不善矣。"欲舉天下對待之境，一掃而空之。亦以此等相對之名，皆"樸散爲器"而始有；返諸其初，則祇渾然之一境也。此其"絕聖棄智"，"聖人不死，大盜不止"之説所由來，而亦莊周"齊物"之理所以立。百家之學，其流異，其原固無不同；然其流既異，即不得因其原之同，而泯其派別也。老子全書之宗旨如此；由前總論所述，已可見之。然《老子書》解者最多，而其附會曲説亦最甚；故不憚詞費，更申言之。要之古書中語，具體者多，抽象者少。此自言語巧拙，今古不同使然。讀書固貴以意逆志，不可以詞害意；世之誤解《老子》者，多由泥其字面，誤取譬之詞，爲敷陳之論，有以致之也。又古書中"自然"字，"然"字當作成字解，不當作如此解。如《老子》"功成事遂，萬物皆謂我自然"；《淮南子·原道訓》"萬物固以自然，聖人又何事焉"是也。

《老子》書注者極多，最通行者，爲河上公注、王弼注、吳澄注三種。河上公注爲偽物，前人已言之。王弼注刻本雖晚出，然陸德明《經典釋文》，爲作音訓；又《列子》引《黃帝書》一條，與《老子》同者，張湛即引弼注注之，皆與今本相符；可證其非偽物。吳澄注多以釋理與道家言相證，雖非本旨，亦尚無金丹黃白，如塗塗附之談。予謂《老子書》并不難解，讀者苟具哲學常識，凡研究中國古哲學及佛學者，必須先有現在哲學常識。此層最爲緊要；否則研究中國哲學者，易致貌似玄妙，而實無標準。研究佛學者，更易流於迷信。即不看注，義亦可通；而一看注，則有時反至茫昧；初學讀此書，可但涵泳本文，求其義理。諸家之注，一覽已足，不必深求也。

欲求《老子》之義於本文，姚鼐《老子章義》，卻可一覽。《老子》原書，本無《道經》、《德經》之分，分章更係諸家隨意所爲；讀者但當涵泳本文，自求條理，若一拘泥前人章句，則又滋糾紛矣。姚氏此書，即以前人分章爲不然，以意重定；雖不必執其所定者爲準，然其法自可用也。

古書"經"、"傳"恒相輔而行，大抵文少而整齊有韻者爲"經"，議論縱橫者爲"傳"。蓋經爲歷世相傳，簡要精當之語，"寡其辭，協其音"，所以便誦讀；而傳則習其學者發揮經意之書也。《老子》書理精詞簡，一望而可知爲經；其學之傳授既古，後學之發揮其義者自多。據《漢志》：道家有《老子鄰氏經傳》四篇、《老子傅氏經說》三十七篇、《老子徐氏經說》六篇、劉向《說老子》四篇，蓋皆《老子》之傳。惜其書皆不傳。然解釋《老子》之詞，散見於諸子中者仍不少。近人長沙楊樹達，嘗彙輯之而成《老子古義》一書_{中華書局出版}。極可看。焦竑《老子翼》三卷，輯《韓非》以下解《老子》者六十四家，採摭可謂極博，然亦宋以後說爲多，初學可暫緩。

莊 子

《莊子》與《老子》同屬道家，而學術宗旨實異，前已言之。《莊子》之旨，主於委心任運，頗近頹廢自甘；然其説理實極精深。中國哲學，偏重應用，而輕純理；固以此免歐洲、印度哲學不周人用之誚，而亦以此乏究極玄眇之觀。先秦諸子中，善言名理，有今純理哲學之意者，則莫《莊子》若矣。《列子》宗旨與《莊子》大同。然其書似出後人纂輯，不免屢雜；精義亦不逮《莊子》之多。又據《莊子》末篇，則惠施之學，頗與莊子相近。然惠施學説，除此以外，無可考見；他書引惠子事，多無關哲理，如今《莊子》之有《説劍篇》耳。章太炎於先秦諸子中，最服膺《莊子》，良有由也。

今《莊子》書分內篇、外篇及雜篇。昔人多重內篇，然外篇實亦精絶，惟雜篇中有數篇無謂耳。分見後。

《莊子》注以郭象爲最古，《世説新語》謂其竊諸向秀，據後人所考校，誠然。可參看《四庫書目提要》。此注與《列子》張湛注，皆善言名理；似尚勝王弼之《易》注及《老子》注。兼可考見魏、晉人之哲學，實可寶也。四庫所著録者，有宋褚伯秀《南華真經義海纂微》一百六卷。纂郭象、吕惠卿、林疑獨、陳祥道、陳景元、王雱、劉槩、吴儔、趙以夫、林希逸、李士表、王旦、范元應十三家之説。《提要》謂宋以前解《莊子》者，梗概略具於是。又焦竑《莊子翼》八卷，體例與其《老子翼》同。雖《提要》議其不如彼書之精，然亦多存舊説也。近人注釋，有郭慶藩《莊子集釋》、王先謙《莊子集解》。郭氏書兼載郭象注及唐成玄英疏，更集衆説，加以疏釋，頗爲詳備。王氏書較郭氏爲略，蓋其書成於郭氏之後，不取重複,故但説明大意而止也。

《逍遥游》第一　此篇借物之大小不同,以明當境各足之義。蓋世間之境,貧富貴賤,智愚勇怯,一若兩端相對者然;語其苦樂,實亦相同。然世多以彼羨此,故借大小一端,以明各當其分;大者不必有餘,小者不必不足;郭注所謂"以絶羨欲之累"也。"列子御風而行"一段,爲《莊子》所謂逍遥者,其義主於"無待"。夫世間之物,無不兩端相對待者,欲求無待,非超乎此世界之外不可,則其説更進矣。此篇文極詼詭,然須知諸子皆非有意爲文。其所以看似詼詭者,以當時言語程度尚低,抽象之詞已少;專供哲學用之語,更幾於絶無;欲説高深之理,必須取譬於實事實物;而眼前事物,欲以説明高深之理極難;故不得不如是也。此等處宜探其意而弗泥其辭;苟能心知其意,自覺其言雖詼詭,而其所説之理,實與普通哲學家所説者無殊矣。至於世俗評文之家,竟謂諸子有意於文字求奇,其説更不足論。此凡讀古書皆然。然《莊子》書爲後人穿鑿附會最甚,故於此發其凡。此篇引《齊諧》之言。所謂《齊諧》者,蓋誠古志怪之書,而作此篇者引之。不然,初不必既撰寓言,又僞造一書名,而以其寓言托之也。然則此篇中詼詭之語,尚未必撰此篇者所自造;有意於文字求奇之説,不攻自破矣。

《齊物論》第二　論與倫古字相通。倫者類也,物必各有不同,然後可分爲若干類,故倫字有不同之義。猶今人各種東西之種字耳。此篇極言世界上物,雖形形色色,各有不同,然其實仍係一物。蓋"彼出於是,是亦因彼",去彼則此之名不存,去此則彼之名亦不立;又宇宙之間,變化不已,此物可化爲彼,彼物亦可變爲此;此足見分別彼此,多立名目者,乃愚俗人之見矣。此篇宗旨,在"天地與我并生,萬物與我爲一"十二字;惠施"泛愛天地,萬物一體"之説,見《天下篇》。亦由此理而出,實仍本於古代哲學,宇宙萬物皆同一原質所成之觀念也。亦可見先秦諸子之學,同出一原矣。

《養生主》第三　此篇言作事必順天理,以庖丁解牛爲喻;天者自然,理者條理。隨順天理,即隨順自然之條理也。人能知此理,則能安時處順,使哀樂不入,而可以養生。

《人間世》第四　此篇言處世之道，貴於虛己。所謂"虛己"者，即無我之謂也；人而能無我，則物莫能害矣。物兼人爲之事，及自然之力言。

《德充符》第五　此篇舉兀者等事，見無我者之爲人所悅，是爲德充之符。

《大宗師》第六　郭《注》云："雖天地之大，萬物之富，其所宗而師者無心也。"此篇蓋發揮哲學中之機械論，夫舉全宇宙而爲一大機械，則人處其間，祇有委心任運而已。故曰"天地大爐，造化大冶，惟所陶鑄，無乎不可"也。

《應帝王》第七以上內篇。　此篇言應世之術，貴乎無所容心。其言曰"至人之用心若鏡，不將不迎，應而不藏"，乃全篇之宗旨也。蓋言無我則能因物付物，是爲應世之術。

《駢拇》第八　此篇言仁義非人性。伯夷、盜跖，雖善惡不同，而其爲失本性則均。齊是非之論也。

《馬蹄》第九　此篇言伯樂失馬之性，聖人毀道德以爲仁義，與上篇宗旨意同。

《胠篋》第十　此篇言善惡不惟其名惟其實，因欲止世之爲惡者，而分別善惡，爲惡者即能並善之名而竊之；夫善之名而爲爲惡者所竊，則世俗之所謂善者不足爲善，惡者不足爲惡，審矣。乃極徹底之論也。

《在宥》第十一　此篇言以無爲爲治，而後物各得其性命之情；戒干涉，主放任之論也。"性命"二字之義見前。

《天地》第十二　此篇爲古代哲學中之宇宙論，極要。

《天道》第十三　此篇由哲學中之宇宙論，而推論治天下之道，見道德名法，皆相一貫而歸本於無爲。

《天運》第十四　此篇言仁義等之不足尚。

《刻意》第十五　此篇言虛無無爲之貴。

《繕性》第十六　此篇言心之所欲，多非本真，故戒去"性"而從心，當反情性而復其初。

《秋水》第十七　此篇首設河伯、海若問答，亦齊物之旨。"夔憐蚿"一節，言人當任天而動。"孔子畏於匡"一節，言窮通由於時命，非人所能爲。"莊子與惠子游濠梁"一節，言名學之理頗深；惟"莊子釣於濮水"、"惠子相梁"兩節粗淺。

《至樂》第十八　此篇言"無爲爲至樂，至樂者無樂"。因極言生死之同。"種有幾"一段亦此義。<small>郭注：有變化而無死生也。</small>近人以牽合生物學，似非也。

《達生》第十九　此篇言生之來不能卻，其去不可止；能遺世則爲善養生；亦委心任運之論。

《山木》第二十　此篇言人之處世，材不材皆足嬰患，惟乘道德而游者不然。所謂乘道德者，虛己之謂也；虛己則無計較利害之心，無計較利害之心，則物莫之能累矣。亦《人間世》、《德充符》兩篇之旨也。

《田子方》第二十一　此篇記孔子告顏回語，亦齊物之旨。老聃告孔子語，推論生物之原，由於陰陽二力，亦古代哲學中之宇宙論也。

《知北游》第二十二<small>以上外篇。</small>　此篇言"道"，亦古代哲學中宇宙論也。其言"無無"之義，已頗涉認識論矣。

《庚桑楚》第二十三　此篇文頗艱深，其大意謂一切禍福，皆心所造；故心無利害之念，則物自莫之能侵。所謂"寇莫大於陰陽，<small>猶今言自然力。</small>無所逃於天地之間，非陰陽賊之，心自使之"；"身若槁木，心若死灰，禍亦不至，福亦不來"也。其云："萬物出乎無有；有不能以有爲有，必出乎無有；而無有一無有。聖人藏於是。"闡無有之理尤精。<small>此言一切萬物，彼不能爲此之原因，此亦不能爲彼之原因。</small>乃道家虛無無爲之旨所從出也。

《徐無鬼》第二十四　此篇亦言爲仁義，則必流於不仁義，道家所以貴道德而賤仁義者由此。末段亦涉及古代哲學中之宇宙論，文頗難解。

《則陽》第二十五　此篇亦言爲仁義則必流於不仁不義，兼涉及宇宙論，與上篇同。篇末"莫爲"、"或使"之辯，即哲學中"有神"、"無神"之爭也。其論犯罪者非其罪一節，尤有合於社會主義。

《外物》第二十六　　此篇爲雜論。

《寓言》第二十七　　此篇亦雜論，有與他篇重複處。

《讓王》第二十八　　此篇雜記讓國之事，言惟輕天下重一身者，乃足以治天下；詞意似淺。然道家所謂"養生"，其意實謂必如此之人，乃足以治天下，而非徒寶愛其身，欲求全其性命，即此可見。此義道家屢及之，如《呂覽·貴生》、《淮南·精神訓》、《詮言訓》是。神仙家之竊取附會，而自托於道家者，其失不待辯而自明矣。

《盜跖》第二十九　　此篇言君子小人，名異實同，莫如恣睢而求目前之樂。與《列子·楊朱篇》同義。其言富者之苦樂一節，頗可考見古代社會生計情形。

《説劍》第三十　　此篇記莊子説止趙文王好劍之事，意義淺薄，與《莊子》全書，了無關涉。且此事散見他書者甚多，所屬之人亦各異。凡古代傳說之事，固多如此。蓋此事相傳，一説以屬莊子，故編《莊子》書者，遂以之輯入爲一篇也。

《漁父》第三十一　　此篇亦淺薄。

《列御寇》第三十二　　此篇亦淺薄，而間有精論。

《天下》第三十三　　此篇蓋莊子之自叙，前總論，後分列諸家，可考見古代學術源流。論古代學術源流者，以《莊子》此篇、《淮南·要略》、《太史公自序》、《漢書·藝文志》四篇爲最有條理。而四篇又各有勝處。《漢志》推論諸家之學所自出，可見其各有所本；《莊子》此篇則言道術始合而後分，可見諸家之學，雖各有所本，而仍同出一原；同出一原，謂其同根據於古代之哲學；各有所本，則言其以一種哲學，而推衍之於各方面。其義相反而相成。《淮南》論諸子之學，皆起於救時之弊，有某種弊，即有某種學；如方藥然，各有主治，即各有用處。而《太史公自序》，則言諸家之學，各有所長，亦各有所短；其義亦相反而相成也。

列　子

　　此書前列張湛《序》，述得書源流，殊不可信。而云"所明往往與佛經相參，大同歸於老莊"；"屬辭引類，特與《莊子》相似。莊子、慎到、韓非、尸子、淮南子，玄示指歸，多稱其言"；則不啻自寫供招。佛經初入中國時，原有以其言與老、莊相參者；一以爲同，一以爲異，兩派頗有争論。湛蓋亦以佛與老、莊之道爲可通，乃僞造此書，以通兩者之郵也。其云莊子、慎到等多稱其言，蓋即湛造此書時所取材。汪繼培謂"後人依採諸子而稍附益之"，最得其實。然此固不獨《列子》。凡先秦諸子，大都不自著書；其書皆後人採綴而成；採綴時，豈能略無附益，特其書出有早晚耳。故此書中除思想與佛經相同，非中國所固有者外，仍可認爲古書也。篇首劉向校語，更不可信。凡古書劉向序，大都僞物。姚姬傳惟信《戰國策序》爲真，予則並此而疑之。

　　注《莊子》書者甚多，《列子》則惟張湛一注，孤行於世。唐殷敬順就張湛注作《釋文》，本各爲書。元、明以來刻本，皆以《釋文》入注，二者遂混淆不辨。清汪繼培得影宋鈔本，又錄《釋文》單行本於《道藏》，據以參校，二者始各還其舊。此外參校之本尚多，實此書最善之本也。又有唐盧重元注，《唐·藝文志》以下，皆不著錄。鄭樵《通志》始及之。書有陳景元序，謂得之徐靈府。清秦恩復得之金陵道院，重刻之。然今所傳《文子纘義》，亦出徐靈府，其書殊不可信，則此書恐亦非唐時物也。

　　此書大旨與《莊子》相類。精義不逮《莊子》之多，而其文較《莊子》易解，殊足與《莊子》相參證。讀《莊子》不能解者，先讀此書最好。其陳義有視前人爲有進者。如《湯問篇》："湯問於夏革，曰：古初有物乎？夏革曰：古初無物，今惡得物？後之人將謂今無物，可乎？湯問曰：然則物無先後乎？夏革曰：物之終始，初無極已。始或爲終，終或爲始，惡知其紀？自物之外，自事之先，朕所不知也。"案古人論宇宙原始者，率以爲有氣而後有形，有形而後有質，皆宇宙論中語。此則明人能知有，不能知無；時間之起訖，空間之際限，實非人所能知；人之所知，實以認識所及爲限；已深入認識論之堂奧矣。蓋佛學輸入後始有之義也。

《天瑞》第一　此書爲《列子》之宇宙論，與他古書所述大同，而文最明白易曉。

《黃帝》第二　此篇言氣無彼我，彼我之分由形；任氣而不牽於形，則與物爲一；與物爲一，則物莫能害。蓋承上篇，言人所以自處之道也。

《周穆王》第三　此篇言造物與人之爲"幻"無異，夢與覺無異，蓋言真幻不別也；似亦已雜佛學之理矣。<small>莊子物化之説，雖亦已起其端，然言之不如此篇之透徹。</small>西極化人，即西域眩人，乃漢時事。《穆天子傳》及《山海經》中涉及西域者，後人以其地理多合，信爲古書；不知其正西域地理既明後，僞造之作也。觀此篇所取材，而知其爲魏、晉間物矣。

《仲尼》第四　此篇總旨，在"忘情任理"四字。"中山公子牟"一節，述公孫龍之學，頗有條理。其説必有所本，注文亦極明了。可寶也。<small>今《公孫龍子》殊不易讀。</small>

《湯問》第五　此篇言空時間皆不可知。又言人所不知之事甚多，不可據其所知，以疑其所不知；乃極精之認識論也。

《力命》第六　此篇言力不勝命，今哲學中所謂定命論；又言凡事皆出於不得不然，今哲學中所謂機械論也。

《楊朱》第七　此篇爲厭世之義。楊朱之學，除《孟子》稱其爲我外，他無可考；此書何從獨有之？可知其僞。

《說符》第八　此篇言因果有必至之符,亦機械論。又言有術者或不能行,行之者不必有術;視學問事功,判然二物。又言人與物徒以智力相制,迭相食,見無所謂福善禍淫等天理,其理亦皆與機械論相通也。

荀　子

儒家孟、荀并稱，然《荀子》書予極疑之。予疑《荀子》書，自讀其非象刑之論始。蓋儒家論刑，止有二義：（一）曰五刑，是爲肉刑，見《書·吕刑篇》。（一）曰象刑，見《堯典》。今本分爲《舜典》。象刑之説，見《書大傳》，謂不殘賊人之肢體，徒僇辱之而已。漢文《廢肉刑詔》："蓋聞有虞氏之時，畫衣冠、異章服以爲戮而民弗犯"，即今文《書》説也。皆《書》説也。非象刑之論，與儒家之尚德化，根本不相容。及讀《漢書·刑法志》，荀子之論具在，乃恍然有悟。蓋漢時地方豪族，以及游俠之士，漢時去封建近，此等乃前此貴族及武士之遺也。勢力極大。上扞國法，下陵小民；獄犴不平，職是之故。仁人君子，蒿目時艱，乃欲以峻法嚴刑，裁抑一切；此自救時之論，有激而云，而實行之者則王莽也。夫莽固事事托之於古者也。然則非象刑之論，蓋亦不知何人所造，而托之荀子者矣。本此以推，則見其性惡之論、法後王之言，亦皆與儒家之義，不能并立。其論禮也，謂"人生不能無群，群而無分則爭，爭則亂，亂則離，離則弱，弱則不能勝物"。見《王制篇》。亦法家論法之語也。夫如後世之論，則諸經皆出荀卿。汪中《荀卿子通論》。案此篇所引諸經傳源流，多不可信。董仲舒作書美荀卿，説出今所傳《荀子》、劉向《叙》，他無徵驗。此序之僞，亦顯而易見也。今姑不必深求。但使戰國之末，儒家大師荀卿，其議論果如今《荀子》書所云，則在儒家中實爲異軍蒼頭；安得歷先漢二百年，迄無祖述之書，亦無反駁之論哉？今《荀子》書同《韓詩外傳》、《二戴記》、《説苑》、《新序》處最多，亦有同《書大傳》、《春秋繁露》、《公羊》、《穀梁》、《左氏》、《國語》、《楚辭》、《禮緯》、《詩》毛氏《傳》、《孔子家語》者；又有同《管》、《韓》、《莊》、《列》諸子、《晏子春秋》、《淮南王書》者。夫其同《說苑》、《新序》，誠可諉爲劉向校書中秘，已見是書。《大戴記》晚出，無傳授，昔人即不之信；《小戴記》亦今古文雜；《穀梁》、《左氏》、《毛詩》皆晚出，姑勿論。其同《韓詩外傳》、《書大傳》、《公羊》、《繁露》，何說之辭？謂諸儒襲《荀子》，則諸儒早見《荀子》書矣，何待劉向？謂其各不相襲，所本者同，又無解於《荀子》書中，與儒家持義根本不相容之處，他家皆無此論也。然則《荀子》者，乃較早出之《孔子家語》耳。其與諸書同處，正足證其書由抄襲而成；而較《荀子》晚出之書，則又轉襲《荀子》者也。予之臆見如此，當否誠不敢自信。至於《荀子》之書當讀，則初不因其真僞而異；因其書有甚精處，要必爲先秦之傳，固不必問其集自何人，題爲何子也。

　　《荀子》書多精論，然頗凌雜無條理，今爲料揀之。案《荀子》書宗旨，犖犖大者，凡有八端：曰"法後王"，見《不苟》、《非相》、《儒效》、《王制》諸篇。曰主人治，見《王制》、《君道》、《致士》諸篇。曰群必有分，見《王制》、《富國》諸篇。曰階級不能無，見《榮辱》、《富國》諸篇。曰性惡，見《榮辱》、《性惡》諸篇。曰法自然，見《天論》、《解蔽》諸篇。曰正名，見《正名》篇。此外攻擊儒、墨、名、法，與權謀諸家之語，散見《非十二子》、《儒效》、《王霸》、《君道》、《議兵》、《強國》、《正論》、《樂論》諸篇。要之《荀子》書於諸家皆有詰難；語其宗旨，實與法家最近；而又蒙儒家之面目者也。全書中最精者，爲《天論》、《正論》、《解蔽》、《正名》四篇。

　　《荀子》書《漢志》三十二篇。今《漢志》作"三十三"，乃誤字。《隋》、《唐志》皆十二卷。唐楊倞爲之注，分爲二十卷；於篇第頗有升降。今世通行者，爲嘉善謝氏刻本，其校勘實出盧文弨。又有宋台州刻本，黎庶昌得之日本，刻入《古逸叢書》中。王先謙更取王念孫、俞樾諸家校釋，又以台州本及盧氏取之未盡之虞、王合校本，與謝本相校，成《荀子集解》一書。採摭頗備，甚便觀覽。

《勸學》第一、《修身》第二、《不苟》第三　以上三篇，皆儒家通常之論。《不苟篇》"君子養心莫善於誠"一節，義與《禮記‧中庸篇》通。又"君子位尊而志恭"一節，論法後王之義。

《榮辱》第四　此篇義亦主於修爲，與前數篇同。"凡人有所一同"一節，謂人之行爲，爲生理所限，而生理受制於自然律，實性惡之說所本也。

《非相》第五　此篇祇首節非相，蓋以首節之義名篇也。與《論衡‧看相》等篇參看，可見古者對於相人之術，迷信頗甚。

《非十二子》第六　此篇亦見《韓詩外傳》，而止十子，無子思、孟軻。《荀子》書吾頗疑其爲西漢末人所集。然其所取資，固不能盡僞。凡古僞書皆然。墨子學於孔子，說似不誣。見後。今其書《非儒》、《公孟》、《耕柱》諸篇，攻擊儒家最烈。其中固有由宗旨不同處，然譏儒者貪於飲食，惰於作務，徒古其服及言而實無可取；頗與此篇所攻子張氏、子夏氏之賤儒合。此不得謂非儒者之病。蓋儒者固自有其真，然徒黨既多，不能無徒竊其名而無其實者。《禮記‧儒行》記孔子之言曰："今衆人之命儒也妄常，以儒相詬病。"篇末又記哀公聞孔子之言，"終没吾世，不敢以儒爲戲"。則當時耳儒之名而不知其義，以儒相詬病，以儒爲戲者甚多；皆"貪於飲食，飾其衣冠"之賤儒，有以自取之也。頗疑此篇中攻子思、孟軻之語，爲後人所造；詳見鄙著《辨梁任公陰陽五行説之來歷》。見《東方雜志》第二十卷第二十號。而其非子張、子夏氏之賤儒之語則真。但爲先秦舊説耳，不必定出荀卿其人，且不必定出儒家，此義亦前已及之矣。

《仲尼》第七　此篇言"仲尼之門，五尺之竪子，羞稱五霸"，與《春秋繁露‧封膠西王篇》合。《漢書‧董仲舒傳》亦同。是今文家義也。夫董子者，"正其義，不謀其利，明其道，不計其功"者也；而此篇下文論擅寵於萬乘之國，而無後患之術，幾於鄙夫之談，亦可見《荀子》書之雜矣。

《儒效》第八　此篇中有辟名家之論，亦及法後王之義。

《王制》第九　此篇中有述制度處，頗足與群經相考證。此外有論人治之語；有言法後王之義；又其言有群乃能勝物，而群不可無分；則爲法家重度數之意，可與下篇參看。

《富國》第十　此篇言群不可無分，有分爲富國之道，闢墨子之徒以不足爲患，陳義頗精。

《王霸》第十一　此篇斥權謀。"禮之所以正國也"一節，與《禮記‧經解篇》同。《禮論篇》"取繩墨誠陳"云云亦然。此數語法家論法，亦恒用之；亦可見《荀子》與法家相近也。《禮記》亦漢人集諸經之傳及儒家諸子而成。見前。

《君道》第十二　此篇言人治，辟權謀。此篇楊注亡。

《臣道》第十三　此篇爲儒家通常之義。

《致士》第十四　此篇論人治數語，與《王制》篇復。得衆動天十六字，文體及意義，並與上下文不相蒙；下文論刑賞及師術，亦與致士無涉。蓋多他篇錯簡，或本篇本雜湊而成，而取其一端以名篇也。

《議兵》第十五　此篇論用兵之理極精。《韓詩外傳》、《新序》、《史記‧禮書》、《漢書‧刑法志》皆載之。

《強國》第十六　此篇亦通常之論。

《天論》第十七　此篇言："吉凶由人不由天。""事非人力所能爲者，不以措意。""人當利用自然。""怪異不足畏。""合衆事乃能求得公例，徒據一偏則不能得。"乃《荀子》書中最精之論也。此篇駁老子、慎到、墨翟、宋鈃。

《正論》第十八　此篇皆詰難當時諸家之論。第一節即駁法家。然第二節論湯、武非篡，義不如《孟子》之精，而持論實與法家相近。第三節駁象刑，則彌與儒家反矣。要之此書雖駁法家，然其思想實與法家近也。篇末駁子宋子，頗可借考宋牼學說。

《禮論》第十九　此篇有精語。然大體與《大戴禮‧禮三本》、《史記‧禮書》同。又有同《穀梁》及《禮記‧經解‧三年問》處。

《樂論》第二十　此篇同《禮記‧樂記》，而多增入辟墨子語。《史記‧禮書》亦同。案《史記》八《書》皆亡，蓋後又取他書補之。可見《荀子》書中辟他家之語，有後來增入者。亦足爲《非十二子》中闌子思、孟軻之語，爲後人增入之一證也。又一段同《禮記·鄉飲酒義》。此篇注亦亡。

《解蔽》第二十一　此亦《荀子》書極精者，足與《天論篇》媲美。《僞古文尚書》"人心惟危，道心惟微，惟精惟一，允執厥中"十六字，原出此篇。

《正名》第二十二　此篇論名學哲學極精。

《性惡》第二十三　案荀子性惡之論，爲後人所訾。然此篇首句曰："人之性惡，其善者僞也。"楊注曰："僞，爲也，矯也，矯其本性也。凡非天性而人作爲之者，皆謂之僞。故僞字人旁爲，亦會意字也。"則僞非僞飾，其義皦然。《禮論篇》："故曰：性者，本始材樸也；僞者，文禮隆盛也。無性則僞之無所加，無僞則性不能自美。"《正名篇》："心慮而能爲之動，謂之僞；慮積焉，能習焉，而後成，謂之僞。"尤不啻自下界説。以爲真僞之僞，而妄肆詆諆，真不必復辯矣。爲之本義爲母猴，蓋動物之舉動，有出於有意者，有不待加意者；其不待加意者，則今心理學家所謂"本能"也。其必待加意者，則《荀子》書所謂"心慮而能謂之動，慮積焉能習焉而後成"；楊注所謂"非天性而人作爲之"者也。動物舉動，多出本能。惟猿猴知識最高，出乎本能以外之行動最多，故名母猴曰爲。其後遂以爲人之非本能之動作之稱。故爲字之本義，本指有意之行動言，既不該本能之動作，亦不涵僞飾之意也。古用字但主聲，爲、僞初無區別。其後名母猴曰爲之語亡，爲爲母猴之義亦隱，乃以爲爲作爲之爲，僞爲僞飾之僞。此自用字後起之分別，及字義之遷變爾。若拘六書之例言之，則既有僞字之後，非具僞飾，皆當作僞，其作爲者，乃傳形成聲耳。然性惡之論，究與法家相近，而非儒家尚德化之義，則亦不容曲辨也。此篇本二十六，楊升。

《君子》第二十四　此篇言人君之事，無甚精義。本第三十一，楊升。

《成相》第二十五　此篇大體以三七言成文。俞樾謂相即《禮記·曲禮》"鄰有喪，舂不相"之相，爲古人樂曲之名，蓋是也。《漢志》賦分四家，《成相雜辭》十一篇，與隱書并附於雜賦之末。此篇蓋即所謂成相。而下《賦篇》，每先云"爰有大物"，"有物於此"，極陳其物，然後舉其名，蓋即所謂隱書矣。或謂後世彈詞文體，實出《成相》。此篇本第二十八,楊升。

《賦》第二十六　此篇之體,頗類《漢志》所謂隱書,已見前。然《漢志》亦有《孫卿賦》,不知其究誰指也。"天下不治,請陳佹詩"一節,文體與前不同。然末節文體與此同,《戰國策·楚策》載之,亦謂之賦。蓋"不歌而誦",則皆謂之賦也。此篇本第二十二,楊降。

《大略》第二十七　此篇雜,楊云:"弟子雜録荀卿之語。"案以下諸篇,多與他傳記諸子同。

《宥坐》第二十八、《子道》第二十九、《法行》第三十、《哀公》第三十一、《堯問》第三十二　楊云:"此以下皆荀卿及弟子所引記傳雜事,故總推之於末。"《堯問篇》末一段,爲他人論荀子之語,楊云:"荀卿弟子之辭。"

晏子春秋

此書《漢志》八篇。《史記正義》引《七略》及《隋》、《唐志》皆七卷，蓋後人以篇爲卷，又合雜上下爲一篇。《崇文總目》作十四卷，則每卷又析爲二也。其書與經子文辭互異，足資參訂處極多；歷來傳注，亦多稱引；決非僞書。《玉海》因《崇文總目》卷帙之增，謂後人採嬰行事爲書，故卷帙頗多於前，實爲妄説，孫星衍已辨之矣。前代著錄，皆入儒家。柳宗元始謂墨氏之徒爲之。晁公武《讀書志》、《文獻通考·經籍考》，遂皆入之墨家。今觀全書，稱引孔子之言甚多；卷一景公衣狐白裘章，卷二景公冬起大臺之役章，景公嬖妾死章，卷五晉欲攻齊，使人往觀章，晏子居喪遜答家老章，皆引孔子之言，以爲評論。卷三景公問欲善齊國之政章，則晏子對辭，稱聞諸仲尼，卷五晏子使魯，仲尼以爲知禮，卷七仲尼稱晏子行補三君而不有，亦皆稱美晏子之言。又卷四曾子問不諫上不顧民以成行義者章，卷五曾子將行，晏子送之以言章，皆引曾子之事。晏子居喪遜答家老章，亦稱曾子以聞孔子，又卷四叔向問齊德衰子若何章，卷五崔慶劫將軍大夫盟章，晏子飲景公酒章，卷七景公飲酒章，皆引《詩》。引墨子之言者僅兩條，卷三景公問聖王其行若何章，卷五景公惡故人章。詆毀孔子者，惟外篇不合經術者一至四四章耳。陳義亦多同儒家，而與墨異，以入墨家者非也。

全書皆記晏子行事。其文與《左氏》復者頗多。《左氏》之"君子曰"，究爲何人之言，舊多異説。今觀此書，引君子之言亦頗多。卷三莊公問威當世服天下章，卷五齊饑，晏子因路寢之役以振民章，景公夜從晏子飲章，晏子之晉睹齊累越石父章，卷六景公欲更晏子宅章，下皆有"君子曰"。卷五景公使晏子予魯地章，則曰："君子於魯，而後知行廉辭地之可爲重名也。"則係當時史家記事體例如此。

《左氏》與此書，所本相同，所謂"各往往捃摭春秋之文以著書"也。《史記·十二諸侯年表》。然則《左氏》之"君子曰"，與經義無涉，概可見矣。

此書以孫星衍校本爲最便。吳虦覆刻元本，前都有凡，每篇有章次題目；外篇每章有定著之故；足以考見舊式，亦可貴也。

墨　子

墨家宗旨：曰尚賢，曰尚同，曰兼愛，曰天志，曰非攻，曰節用，曰節葬，曰明鬼，曰非樂，曰非命，今其書除各本篇外，《法儀》則論天志；《七患》、《辭過》爲節用之説；《三辨》亦論非樂；《公輸》闡非攻之旨；《耕柱》、《貴義》、《魯問》三篇，皆雜記墨子之言。此外《經》上下、《經説》上下、大小《取》六篇爲名家言，今所謂論理學也。《備城門》以下諸篇，爲古兵家言。墨翟非攻而主守，此其守禦之術也。《非儒》、《公孟》兩篇，專詰難儒家，而《修身》、《親士》、《所染》三篇，實爲儒家言。《修身》、《親士》二篇，與《大戴禮》曾子五事相表裏。《當決》與《吕氏春秋・當染篇》同。《吕氏春秋》亦多儒家言。因有疑其非《墨子》書者。予案《淮南要略》，謂"墨子學儒者之業，受孔子之術，以爲其禮煩擾而不悦，厚葬靡財而貧民，服傷而害事，故背周道而用夏政"，其説實爲可據。見《辨梁任公陰陽五行説之來歷》。又案《墨子・七患篇》引《周書》之解，實當作《夏箴》，見孫氏《閒詁》，又《公孟篇》墨子距公孟之辭曰："子法周而未法夏也。"并墨子用夏道之證。今《墨子》書引《詩》、《書》之辭最多。予昔嘗輯之，然但及其引《詩》《書》之文，及其本文確爲佚詩佚書者，其與今文家經説同處，未能編輯，故尚未能寫定。百家中惟儒家最重法古，故孔子之作六經，雖義取創制，而仍以古書爲據。《墨子》多引《詩》、《書》既爲他家所無；而其所引，又皆與儒家之説不背。即可知其學之本出於儒。或謂墨之非儒，謂其學"累世莫殫，窮年莫究"，安得躬道之而躬自蹈之。殊不知墨之非儒，僅以與其宗旨相背者爲限，見下。此外則未嘗不同。且理固有必不能異者。《公孟篇》："子墨子與程子辯，稱於孔子。程子曰：非儒。何故稱於孔子也？子墨子曰：是亦當而不可易者也。今鳥聞熱旱之憂則高，魚聞熱旱之憂則下，當此，雖禹、湯爲之謀，必不能易矣。翟曾無稱於孔子乎？"又《貴義篇》："子墨子南游使衛，載書甚多。弦唐子見而怪之，曰：夫子教公尚過曰：揣世直而已；今夫子載書甚多，何也？子墨子曰：翟聞之：同歸之物，信有誤者，是以書多也。今若過之心者數逆於精微，同歸之物，既已知其要矣，是以不教以書也。"然則墨子之非讀書，亦非夫讀之而不知其要；又謂已知其要者，不必更讀耳。非謂凡人皆不當讀書也。其"三表"之說，即謂上本之古聖王之事，而安得不讀書。其稱引《詩》、《書》，又何怪焉？然則墨子之學，初出於儒，後雖立異，而有其異仍有其同者存，此三篇亦未必非《墨子》書矣。墨學與他家特異之處，及其長短，已見前。

墨家之書，《漢志》著錄者，除《墨子》外，又有《尹佚》二篇、《田俅子》三篇、《我子》一篇、《隨巢子》六篇、《胡非子》三篇。《隋》、《唐志》僅存《墨子》、《隨巢子》、《胡非子》。《舊唐志》無《隨巢子》。《宋志》則僅存《墨子》矣。《通志‧藝文略》，《墨子》有《樂臺注》。《晉書‧隱逸傳》載魯勝《墨辯注叙》，今其書皆不傳。墨子上說下教，文最淺俗，說本易通。徒以傳授久絕，治其書者亦鮮；書中既多古言古字，又包名家、兵家專門之言，遂至幾不可讀。清畢沅始爲之校注。其後治《墨子》者，亦有數家，孫詒讓乃集其成，而成《墨子閒詁》。而其書始煥然大明。然名家言，在中國久成絕學。孫氏創通其說，闕憾猶多。近人得歐洲名學，以相印證，而其說又有進。梁啓超《墨經校釋》，胡適《中國哲學史大綱》上卷中，涉墨學者，皆可讀也。予所知又有張之銳《新考正墨經注》，刻於河南，惜未得讀。《學衡雜志》載永嘉李氏笠《定本墨子閒詁校補序》，則似僅寫定而未刊行也。

《親士》第一、《修身》第二、《所染》第三　此三篇皆儒家言，已見前。《所染篇》上半與《呂氏春秋‧當染篇》同，而下半絕異。或以其所引事多出墨子之後，疑其非《墨子》書，然某子之標題，本祇以表明學派，非謂書即其人所著，則此等處正不足疑矣。

《法儀》第四　此篇爲天志之説。

《七患》第五　此篇論節用之義，兼及守禦。

《辭過》第六　孫云："此篇與《節用篇》文意略同。《群書治要》引并入《七患篇》，此疑後人妄分，非古也。"

《三辯》第七　此篇爲非樂之説。篇中載程繁之問，與墨子之答，辭不相涉。今案此篇本有闕文，墨子答程繁之辭，蓋亦有闕也。

《尚賢上》第八、《尚賢中》第九、《尚賢下》第十　凡《尚賢》、《尚同》等篇，文字皆極累重。蓋墨子上説下教，強聒不捨，故其辭質而不文也。

《尚同上》第十一、《尚同中》第十二、《尚同下》第十三　三篇相複重，中最詳，上最略。以中、上二篇相校，顯見上篇有闕。尚同以天爲極則，説與《天志》相通。尚同之義，或有訾其近於專制者；然剗滅異論固不可，而是非太無標準亦有害。戰國時正值群言淆亂之際。所患者不在異論之不申，而在是非太無標準，令人無所適從；時勢不同，未可以今人之見，議古人也。且彼固主選賢以爲長矣，是尚同亦即同於賢者也，而又何訾焉。

《兼愛上》第十四、《兼愛中》第十五、《兼愛下》第十六　亦三篇相複重，而上篇最略。兼愛爲墨家之根本義，讀《墨子》書，當一切以是貫通之。

《非攻上》第十七、《非攻中》第十八、《非攻下》第十九　亦首篇最略，但言其不義；中、下篇則兼言其不利；且多引古事。

《節用上》第二十、《節用中》第二十一、《節用下》第二十二　上篇校略，中篇校詳。兼有及節葬之語。下篇亡。篇中欲限民昏嫁之年以求庶；以人力爲生財之本，因節用而兼及之也。

《節葬上》第二十三、《節葬中》第二十四、《節葬下》第二十五　上、中皆闕。節葬之説，亦見《節用中》篇及《非儒》，宜參看。此篇言墨子所制葬法與禹同，亦墨子用夏道之證。

《天志上》第二十六、《天志中》第二十七、《天志下》第二十八　亦三篇相複重。以兼愛爲天志而非攻；又云："無從下之政上，必從上之政下，夫爲政於天子。"則其義又與尚同通也。

《明鬼上》第二十九、《明鬼中》第三十、《明鬼下》第三十一　上、中皆闕。論理並無足取。但引古事及夏、商、周之書以實之。案《論語》言"禹致孝乎鬼神"；據《禮記·祭法》，則嚴父配天，實始於禹；《漢志》謂墨家"宗祀嚴父，是以右鬼"，鬼者人鬼，明鬼蓋亦夏教也。

《非樂上》第三十二、《非樂中》第三十三、《非樂下》第三十四　中、下皆闕。非樂之旨，太偏於實利；而其道大觳，使人不堪；故多爲諸家所難。

《非命上》第三十五、《非命中》第三十六、《非命下》第三十七　此篇謂言有三表。三表者，上本之古聖王之事，下察之百姓耳目之實，發爲刑政，中百姓人民之利。今上篇之論，大致本之古聖王，中篇大致考之耳目之實，下篇則言爲政也。然則其餘分爲三篇者，亦必有一區別；特今或偏亡，或編次混亂，遂不可見耳。非命之説，亦見《非儒》篇中，宜參看。

《非儒中》第三十八、《非儒下》第三十九　上篇亡。下篇所言，非其喪服及喪禮，以其違節葬之旨也。非其娶妻親迎，以其尊妻侔於父，違尚同之義也。非其執有命，以神非命之説也。非其貪飲食，惰作務，以明貴儉之義也。非其循而不作，以與背周用夏之旨不合也。非其勝不逐奔，掩函弗射，以其不如非攻之論之徹底也。非其徒古其服及言；非其君子若鐘，擊之則鳴，弗擊不鳴；以其無強聒不捨之風，背於貴義之旨也。蓋墨之非儒如此，皆以與其宗旨不同者爲限，原無害於其説之本出於儒矣。此外詆訾孔子之詞，多涉誣妄，則諸子書述古事者類然；因其説出於傳述，不能無誤也。此誠不必皆墨子之言，亦不必遂非墨子之説。當時傳其家之學者，或推衍師意而自立説；或祖述師言，存其意而易其辭，固不能一一分別。畢氏必辨爲非墨子之言，殊可不必矣。非儒之論，亦見《耕柱》、《公孟》二篇，宜參看。

《經上》第四十、《經下》第四十一、《經說上》第四十二、《經說下》第四十三、《大取》第四十四、《小取》第四十五　以上六篇，皆名家言。《經說》即釋《經》者。魯勝注《墨辯叙》謂"《墨辯》有上、下《經》，《經》各有說，凡四篇"，蓋即指此。大、小《取》之取，孫詒讓謂即取譬之取，蓋是；六篇惟《小取》篇較易解，餘皆極難解，宜參看近人著述，已見前。

《耕柱》第四十六、《貴義》第四十七　此兩篇皆雜記墨子之言，論明鬼、貴義、非攻、兼愛等事。又有難公孟子非儒之言，疑《公孟》篇簡錯也。

《公孟》第四十八　此篇多非儒之論，皆墨子與公孟子，旗鼓相當。多與《非儒》複者。間有雜記墨子之言，與非儒無涉者。

《魯問》第四十九　此篇多非攻之論，亦及勸學、貴義、明鬼。

《公輸》第五十　此篇亦言非攻。

《□□篇》第五十一　亡。

《備城門》第五十二、《備高臨》第五十三、《□□》第五十四、《□□》第五十五、《備梯》第五十六、《□□》第五十七、《備水》第五十八、《□□》第五十九、《□□》第六十、《備突》第六十一、《備穴》第六十二、《備蛾傳》第六十三、《□□》第六十四、《□□》第六十五、《□□》第六十六、《□□》第六十七、《迎敵祠》第六十八、《旗幟》第六十九、《號令》第七十、《雜守》第七十一　自《備城門》至此，凡二十一篇。今亡五十一、五十四、五十五、五十七、五十九、六十、六十四、六十五、六十六、六十七，共十篇。諸篇皆專門家言，不易曉。讀一過，就其可考者考之可也。凡讀古書，遇不能解者，亦仍須讀一過，不得跳過；以單詞隻義，亦有用處。且絕學復明，往往自一二語悟入也。今《墨子》目錄，爲畢氏所定。孫氏據明吳寬鈔本，以《備城門》爲五十四，《備高臨》爲五十五，册末吳氏《手跋》"本書七十一篇，其五十一之五十三、五十七、五十九之六十、六十四之六十七，篇目并闕"云云，是吳所據本，實如此也。

公孫龍子

正名之學，淺言之，本爲人人所共知，亦爲百家所同題。蓋欲善其事，必求名實相符，名實不符，事未有能善者；此固至淺之理，而亦不諍之論也。然深求之，則正有難言者。何者？名實之宜正爲一事；吾之所謂名實者，果否真確，又爲一事。前説固夫人所共喻，後説或皓首所難窮。使執正名之術以爲治，而吾之所謂名實者，先自舛誤，則南轅而北其轍矣。職是故，正名之學，遂分爲二派。（一）但言正名之可以爲治，而其所謂名實者，則不越乎常識之所知。此可稱應用派，儒、法諸家是也。（一）則深求乎名實之原，以求吾之所謂名實者之不誤，是爲純理一派，則名家之學是也。天下事語其淺者，恒爲人人所共知；語其深者，則又爲人人所共駭；此亦無可如何之事，故正名之理，雖爲名家所共題；而名家之學，又爲諸家所共非。孔穿謂"言減兩耳甚易而實是，言減三耳甚難而實非"；司馬談謂名家"專決於名而失人情"，皆以常識難學人也。夫學術至高深處，誠若不能直接應用；然真理必自此而明；真理既明，而一切措施，乃無繆誤；此固不容以常人之淺見相難矣。今名家之書，傳者極少。《墨經》及《經説》，皆極簡質，又經錯亂，難讀。此外惟見《莊子·天下》、《列子·仲尼》兩篇，亦東鱗西爪之談。此書雖亦難通，然既非若《墨經》之簡奧；又非如《莊》、《列》之零碎，實可寶也。《漢志》十四篇，《唐志》三卷，今僅存六篇，蓋已非完帙，《通志》載陳嗣古、賈士隱兩注，皆不傳。今所傳者，爲宋謝希深注。全係門外語，絕無足觀；讀者如欲深求，當先於論理學求深造；然後參以名家之説散見他書者，熟讀而深思之也。

《跡府》第一　此篇先總叙公孫龍之學術。次叙龍與孔穿辯難，與《孔叢子》略同。俞樾曰："《楚辭·惜誦》注，所履爲迹，迹與跡同。下諸篇皆其言，獨此篇是實學一事，故謂之跡。府者，聚也，言其事跡具此也。"見《俞樓雜纂》。

《白馬論》第二　此篇言白馬非馬，他書稱引者最多。

《指物論》第三　此篇言："物莫非指，而指非指。""指也者，天下之所無也；物也者，天下之所有也。"案《莊子》"指窮於爲。薪，火傳也，不知其盡也"。歷來注家，皆不得確釋。今案《淮南·齊俗訓》："至是之是無非，至非之非無是，此真是非也；若夫是於此而非於彼，非於此而是於彼者，此之謂一是一非也。此一是非，隅曲也；夫一是非，宇宙也。"言限於一時一地而言之，則是非如此，通於異時異地而言之，則又不然。《氾論訓》："今世之爲武者則非文也，爲文者則非武也；文武更相非，而不知時世之用也；此見隅曲之一指，而不知八極之廣大也。故東向而望，不見西牆；南面而視，不睹北方；惟無所嚮者，則無所不通。"以隅曲詁指，與宇宙及八極對言；則隅曲當作一地方，指字當作一方向解。莊子"指窮於爲"四字當斷句，言方向迷於變化耳。此篇之"指"字，亦當如此解。言人之認識空間，乃憑藉實物；天下祇有實物，更無所謂空間；破常人實物自實物，空間自空間之繆想耳。

《通變論》第四　此篇言"二無一"，"羊合牛非馬，牛合羊非鷄。""青以白非黄，白以青非碧。"以同與。蓋言統類之名，均非實有。

《堅白論》第五　此篇謂"視得白無堅，拊得堅非白"，蓋辨觀念與感覺不同。

《名實論》第六　此篇述正名之旨，乃名學之用也。其言曰"天地與其所產，物也；物以物其所物而不過焉，實也；實以實其所實而不曠焉，位也。位其所位焉，正也。以其所正，正其所不正"云云，其説甚精。淺言之,則法家"綜覈名實"之治;儒家"名不正則言不順,言不順則事不成"之說;深言之,則"天地位,萬物育"之理,亦寓乎其中已。故知詆名家爲詭辯之學者,實誣詞也。

管　子

《管子》一書，最爲難解，而亦最錯雜。此書《漢志》列道家，《隋志》列法家。今通觀全書，自以道法家言爲最多。然亦多兵家、縱橫家之言，又雜儒家及陰陽家之語。此外又有農家言。《輕重》諸篇論生計學理，大率重農抑商，蓋亦農家者流也。全書凡八十六篇，與《漢志》合，而亡其十。《四庫提要》云："李善注陸機《猛虎行》曰：江邃《釋》引《管子》云：夫士懷耿介之心，不蔭惡木之枝。惡木尚能恥之，況與惡人同處。今檢《管子》，近亡數篇，恐是亡篇之内，而邃見之，則唐初已非完本矣。"又曰："今考其文，大抵後人附會，多於仲之本書；其他姑無論。即仲卒於桓公之前，而篇中處處稱桓公，其不出仲手，已無疑義矣。書中稱《經言》者九篇，稱《外言》者八篇，稱《内言》者九篇，稱《短語》者十九篇，稱《區言》者五篇，稱《雜篇》者十一篇，稱《管子解》者五篇，稱《管子輕重》者十九篇。意其中孰爲手撰，孰爲記其緒言，如語錄之類；孰爲述其逸事，如家傳之類；孰爲推其義旨，如箋疏之類；當時必有分別。觀其五篇明題管子解者，可以類推。必由後人混而一之，致滋疑竇耳。"予案某子之標題，本祇取表明其爲某派學術，非謂書即其人所著。見前。《管子》之非出仲手，可以勿論。古書存者，大抵出於叢殘綴輯之餘，原有分別，爲後人所混，亦理所可有。然古代學術，多由口耳相傳。一家之學，本未必有首尾完具之書。而此書錯雜特甚，與其隸之道法，毋寧稱爲雜家；則謂其必本有條理，亦尚未必然也。今此書《戒篇》有流連荒亡之語，與孟子述晏子之言同。

又其書述制度多與《周官》合；制度非可虛造；即或著書者意存改革，不盡與故事相符，亦必有所原本。此書所述制度，固不能斷爲管子之舊，亦不能決其非原本管子；然則此書蓋齊地學者之言，後人彙輯成書者耳。《法法篇》有"臣度之先王"云云，蓋治此學者奏議，而後人直錄之。尹注以臣爲管子自稱，恐非。亦可見其雜也。此書多古字古言；又其述制度處頗多，不能以空言解釋；故極難治。舊傳房玄齡注，晁公武以爲尹知章所記。《四庫提要》云："《唐書·藝文志》，玄齡注《管子》不著錄，而所載有尹知章注《管子》三十卷。則知章本未記名，殆後人以知章人微，玄齡名重，改題之以炫俗耳。"其注極淺陋，甚至并本書亦不相參校，以致誤其句讀，即隨誤文爲釋。前人已多議之。明劉績有《補注》。今通行趙用賢校本，亦已擇要列入。清人校釋，除王念孫《讀書雜志》、俞樾《諸子評議》外，又有洪頤煊《管子義證》、戴望《管子校正》、章炳麟《管子餘義》三書，然不可通者尚多也。

《牧民》第一、《形勢》第二　此兩篇皆道、法家言，此書以道法家言爲主。凡屬道法家言者，以後即不復出。理精深而文簡古。《形勢篇》有解。

《權修》第三　此篇言用其民以致富強之術。此術謂之權。

《立政》第四　此篇凡八目，多關涉制度之言。其中九敗有解。九敗闢兼愛寢兵之説，可知爲戰國時物。

《乘馬》第五　此篇爲《管子》書中言制度者。篇中備述度地建國，設官分職，及賦民以業之法；可見古者立國之規模。而仍歸其旨於無爲，則道、法家言也。此篇難解。

《七法》第六　此篇爲兵家言。"七法"及"四傷百匿"二目，言法爲兵之本。"爲兵之數"，言治兵之術。"瀝陳"言用兵之術也。此篇但言勝一服百，而無兼併之談，蓋尚非戰國時語。此篇亦難解。

《版法》第七　此篇言賞罰之道，亦難解。此篇有解。

《幼官》第八、《幼官圖》第九以上《經言》。　此兩篇爲陰陽家言。蓋本祇有圖，後又寫爲書，故二篇相複。兩篇皆難解。

《五輔》第十　此篇言王霸在人，得人莫如利之，利之莫如政。文明白易解，然仍簡質。

《宙合》第十一　此篇先列舉若干句，下乃具釋之。案《管子書》中如此者多，蓋經傳別行之體；今其解釋有在本篇之內者，有仍別行者。其仍別行者，如有解諸篇是也。即在本篇之內者，如此篇是也。此篇篇首諸語，蓋一氣相承，而以末句名其篇。注分爲十三目，非也。此篇極精深而難解。其言"宙合有橐天地其義不傳"云云，可見古哲學中之宇宙論。

《樞言》第十二　理精而文簡質難解。

《八觀》第十三　此篇言覘國之法。文極質樸，卻不難解。

《法禁》第十四　此篇言法禁。其論法制不議，與李斯主張焚書之理頗同。種種防制大臣之術，亦必三家分晉，田氏篡齊之後，乃有是言，殆戰國時物也。以下三篇，文皆樸茂，卻不難解。

《重令》第十五　此篇言安國在尊君，尊君在行令，行令在嚴罰，說極武健嚴酷。案古言法術有別。言法者主商君，言術者宗申子。見《韓非子·定法篇》。今《商君書》頗乏精義。法術家言之精者，皆在管、韓二家書中。如此篇等者，蓋皆主商君之法家言也。

《法法》第十六　此篇頗雜。其言"鬥士食於功，小人食於力"。即壹民於農戰之意。又云"令未布而民爲之，不可賞罰"云云，則意與上篇同。又云"民未嘗可與慮始，而可與樂成功"，則商君變法之意。蓋亦主商君之法家言也。篇中兩云："故春秋之記，有臣弒其君，子弒其父者。"又云："政者，正也；正也者，所以正定萬物之命也。是故聖人精德立中以生正，明正以治國。"又云："巧者能生規矩，不能廢規矩而正方圓。雖聖人能生法，不能廢法而必治國。"又云："凡民從上也，不從口之所言，從情之所好，上之所好，民必甚焉。"又云："賢人之行其身也，忘其有名也；王主之行其道也，忘其成功也。"皆與儒家言相近。論廢兵數語，與上下皆不貫，疑下篇錯簡。篇中有"臣度之先王者"云云，疑直錄後人奏議。見前。此篇蓋雜湊而成也。

《兵法》第十七以上《外言》。　此篇爲兵家言，文極簡質。

《大匡》第十八、《中匡》第十九、《小匡》第二十　此三篇皆記管子之事。其中《大匡》上半篇及《小匡》"宰孔賜胙"一段，與《左氏》大同，餘皆戰國人語，述史事多頗謬。蓋傳述管子之事者之辭。自《大匡》後半篇以下，其事大略一貫。大、中、小蓋猶言上、中、下；因篇幅繁重，分爲三篇耳。注釋《大匡》曰："謂以大事匡君。"蓋謬。此三篇述史事不甚可據；而《中》、《小匡》中關涉制度之處頗多，足資考證。

《王言》第二十一　亡。

《霸形》第二十二　此篇記管仲隰朋說桓公之事，多與他篇複。其文則戰國時之文也。《霸言篇》說理頗精，而此篇無甚精義；疑原文已亡，而後人以雜說補之也。

《霸言》第二十三　此篇多縱橫家及兵家言，其文亦戰國時之文。

《問》第二十四　此篇列舉有國者所當考問之事，可見古者政治之精密。文亦簡質。

《謀失》第二十五　亡。

《戒》第二十六以上《內言》。　此篇與儒家言相似處最多。其文亦戰國時之文也。

《地圖》第二十七、《參患》第二十八、《制分》第二十九　此三篇皆兵家言。其文則戰國時之文也。《參患篇》與晁錯《言兵事書》多同，蓋古兵家言而錯引之。

《君臣上》第三十、《君臣下》第三十一　此兩篇言君臣之道，道法家言爲多，間有似儒家言處。其文亦戰國時人之文。

《小稱》第三十二　此篇論敬畏民嵒之理，文頗古質。末記管仲戒桓公勿用易牙、豎刁等事，與《戒》篇大同小異，與上文全不貫，蓋亦他篇錯簡。

《四稱》第三十三　此篇記桓公問有道無道之君及臣而管子對，文頗古質。

《正言》第三十四　亡。

《侈靡》第三十五　此篇極難解。且與侈靡有關之語少，而篇幅極長。蓋亦雜湊而成也。末段章氏《管子餘義》以爲識。

《心術上》第三十六、《心術下》第三十七　兩篇皆言哲學，文頗簡質。

《白心》第三十八　此篇亦言哲學，文簡質難解。

《水地》第三十九　此篇文尚易解，語多荒怪；然頗有生物學家言，亦言古哲學者可寶之材料也。

《四時》第四十、《五行》第四十一　此兩篇爲陰陽家言。

《勢》第四十二　此篇爲道家言，文極簡質。

《正》第四十三　此篇言道德法政刑相一貫之理。道家之精誼也。

《九變》第四十四以上《短語》。　此篇爲兵家言，文尚易解。

《任法》第四十五、《明法》第四十六、《正世》第四十七　此三篇皆法家言，文皆明白易解。《明法》有解。

《治國》第四十八　此篇言重農貴粟之理，明白易解。

《內業》第四十九以上《區言》。　此篇蓋言治心之法，故曰內業，多道家言，偶有與儒家言類處，又似有雜神仙家言處。文簡質難解。

《封禪》第五十　注云："元篇亡，今以司馬遷《封禪書》所載管子言補之。"

《小問》第五十一　此篇首節言兵，次節言牧民；此外皆記雜事，無甚精義，而頗涉怪迂。

《七臣七主》第五十二、《禁藏》第五十三　此兩篇亦法家言，而甚雜。兩篇各有一節爲陰陽家言，與《幼官》、《四時》、《五行》相出入，蓋亦他篇簡錯也。

《入國》第五十四　此篇言九惠之政，文甚明白。

《九守》第五十五　此篇言君人所當守。文簡質，然易解。

《桓公問》第五十六　此篇言嘖室之議，頗合重視輿論之意。文亦明白。

《度地》第五十七　此篇言建國之法，於治水最詳。"冬作土功，夏多暴雨"云云,亦陰陽家言。先秦學術,雖不尚迷信;然哲學原出宗教,故各種學術,多與陰陽家言相雜也。

《地員》第五十八　此篇言地質及所宜之物,農家言也。專門之學,殊不易解。

《弟子職》第五十九　此篇記弟子事先生之禮,皆四言韵語。蓋《曲禮》、《少儀》之類,與《管子》書全無涉;亦可見《管子》書之雜也。此篇莊述祖有《集解》,別爲單行本一卷。

《言昭》第六十、《終身》第六十一、《問霸》第六十二以上《雜篇》、《牧民解》第六十三　以上四篇皆亡。

《形勢解》第六十四、《立政九敗解》第六十五、《版法解》第六十六、《明法解》第六十七以上《管子解》。　以上四篇爲解與原文別行者。文皆明白易曉。尹注疑爲韓非《解老》之類,吾謂《解老》亦未必韓非所作,蓋《老子》書本有此傳耳。

《臣乘馬》第六十八、《乘馬數》第六十九、《問乘馬》第七十、《事語》第七十一、《海王》第七十二、《國蓄》第七十三、《山國軌》第七十四、《山權數》第七十五、《山至數》第七十六、《地數》第七十七、《揆度》第七十八、《國準》第七十九、《輕重甲》第八十、《輕重乙》第八十一、《輕重丙》第八十二、《輕重丁》第八十三、《輕重戊》第八十四　以上皆《管子》中所謂《輕重》之篇。其中亡第七十及八十二兩篇。諸篇文字,大致明白,而亦間有難解處。所言皆生計學理。大致可分爲三端:(一)畜藏斂散,(二)鹽鐵山澤,(三)制民之產。蓋法者正也;正之義必有取於平;而致民之不平,莫大貧富之懸隔。故法家欲以予奪貧富之權,操之於上。其言最與近世之所謂國家社會主義者近。此義未必可行於今,然不得以此議古人。蓋今日之中國爲大國,而古者則分爲小邦;自漢以後,政治久取放任,而古代則習於干涉;國家之權力較大也。此蓋東周以後,井田之制大壞,私人所營工商之業勃興而後有之。吾國古代小國小部落并立,皆行共產之制。其後雖互相吞併,此制猶有存者。故有橫征厚斂之暴君污吏,而無豪奪巧取之富人大賈。至春秋以後,其制乃大變。其說甚長,一時難遍疏舉。欲知其略,可看《史記·貨殖列傳》及《漢書·食貨志》。觀其所引之事,及於越、梁二國,即可知其爲戰國時物矣。

《輕重己》第八十五以上《管子·輕重》。　此篇以《輕重》名，而皆陰陽家言，蓋誤入《輕重》也。

韓非子

　　刑名法術，世每連稱，不加分別，其實非也。刑名之刑，本當作形，形者，謂事物之實狀，名則就事物之實狀，加以稱謂之謂也。凡言理者，名實相應則是，名實不相應則非；言治者名實相應則治，不相應則亂；就通常之言論，察其名實是否相應，以求知識之精確，是爲名家之學。操是術以用諸政治，以綜覈名實，則法家之學也。故"形名"二字，實爲名、法家所共審；而"名法"二字，亦可連稱。"法術"二字，自廣義言之，法蓋可以該術，故治是學者，但稱法家。若分別言之，則仍各有其義。法者，所以治民；術者，所以治治民之人。言法者宗商君，言術者祖申子。見本書《定法篇》。法家之學，世多以刻薄訾之。其實當東周之世，競爭既烈，求存其國，固不得不以嚴肅之法，整齊其民。且後世政治，放任既久；君主之威權不能逮下；民俗亦日益澆漓。故往往法令滋章，則奸詐益甚；國家愈多所興作，官吏亦愈可藉以虐民。在古代國小民寡，風氣醇樸之時，固不如是。天下無政治則已，既有政治，即不能無治人者與治於人者之分；然同是人也，治於人者固須治，豈得謂治人者，即皆自善而無待於治？今世界各國，莫不以治人者別成一階級爲患。其所謂利，上不與國合，下不與民同。行政官吏然，民選立法之議會，亦未嘗不然。世界之紛擾，由於治於人者之蠢愚者，固不能免；出於治人者之狡詐昏愚，嗜利無恥者，殆有甚焉。術家之言，固猶不可不深長思也。韓非謂言法者宗商君，言術者祖申子。今《申子》書已不傳。世所傳《商君書》，雖未必僞，然偏激太甚,而精義顧少,遠不逮《管》、《韓》二書。道、法二家,關係最切。原本道德之論,《管子》最精;發揮法術之義,《韓非》尤切。二書實名、法家之大宗也。

《韓非》書《漢志》五十五篇,《隋》、新、舊《唐書》、《宋史・志》二十卷,皆與今本符。《唐志》有尹知章注,今亡。今所傳注之何犿,謂出李瓚。《太平御覽》、《事類賦》、《初學記》諸書已引之,則其人當在宋前,然其注頗不備,且有舛誤。何犿本刻於元至元三年,明趙用賢以宋本校之,知有缺脫。用賢刻本,與明周孔教大字本同。《四庫》據周本著錄,而校以趙本。然趙本實多誤改。清吳鼒得朱乾道刻本,爲趙本所自出。顧廣圻爲校,而鼒刻之。顧氏《識誤》三卷,刻原書之後。顧氏而外,盧文弨、王念孫、俞樾,於是書亦有校識。長沙王先慎合諸家校釋,編者按:校釋者爲王先慎。而成《韓非子集解》一書,實最便觀覽也。

《初見秦》第一　此篇見《戰國策》,爲張儀説秦惠王之詞,蓋編韓子者誤入之。司馬光以此譏非欲覆宋國,非也。

《存韓》第二　此篇載非説秦毋攻韓。次以李斯駁議,請身使韓。秦人許之。斯遂使韓,未得見,因上書韓王。蓋編《韓子》者,存其事以備考也。

《難言》第三　此篇即《説難》之意。

《愛臣》第四　此篇言人君防制其臣之術,術家言也。

《主道》第五　此篇言人君當虛靜無爲,以事任人;可見法家言之原出於道。

《有度》第六　此篇言君當任法以御下,多同《管子・明法篇》。

《二柄》第七　此篇言刑德爲制臣之二柄,不可失。又言人君不可以情借臣,當去好惡而任法。

《揚權》第八　此篇言無爲之旨,君操其名,而使臣效其形;去智巧,勿授人以柄。可見刑名法術,皆原於道。此篇十之九爲四言韵語,蓋法家相傳誦習之詞也。

《八奸》第九　此篇言人臣所以成奸者有八術,亦術家言。

《十過》第十　此篇無甚精義。

《孤憤》第十一　此篇言智能法術之士，與權奸不兩立；智能法術之士恒難進，然權奸之利，實與人主相反，術家之精言也。

《説難》第十二　此篇先陳説之難，繼言説之術，極精。

《和氏》第十三　此篇言法術爲人臣士民所同惡，可見"法"之與"術"，雖名異而理實相通。

《奸劫弒臣》第十四　此篇言君以同是非説其臣，於是臣以是欺其主，而下不得盡忠，故必參驗名實。次節言學者不知治亂之情，但言仁義惠愛，世主不察，故法術之士無由進。皆言用人之術，亦術家言也。末節"厲憐王"，《國策》、《荀子》，皆作荀子答春申君書。

《亡征》第十五　此篇列舉可亡之事，而曰："亡征者，非曰必亡，言其可亡也。"乃自下"亡征"二字之界説也。

《三守》第十六　（一）戒漏言，（二）戒假威，（三）戒不自治事而假手於人，亦術家言。

《備內》第十七　此篇言人臣之於君，非有骨肉之親。故窺覦其君無已時；而后妃太子，亦利君之死，故有因后妃太子以成其奸者。看似刻覈，然於後世權奸宮闈之禍，若燭照而數計；其見理明，故其説事切也。大抵人類惡濁之性，恒人不甚樂道出，而法術家務揭舉之，故常爲世所訾；然其説理則甚精，而於事亦多驗，固不可不措意矣。又言王良愛馬，爲其可以馳驅；勾踐愛人，乃欲用以戰鬥；則法家刻酷之論矣。建國原以爲民；欲保國者，有時原不能曲顧人民；然若全忘人民之利益，視若專供國家之用者然，則流連而忘本矣。此則法家之失也。

《南面》第十八　此篇言人君當任法以御臣，不可任甲以備乙，亦術家言也。末節言變法之理甚精。

《飾邪》第十九　此篇主明法以爲治，戒信龜策，恃外援，可考見戰國時迷信及外交情形。

《解老》第二十　此篇皆釋《老子》之言，義甚精，然非必《老子》本意。蓋治學問者，原貴推廣其意，以應百事；韓嬰之作《詩外傳》即如此；凡古書之有傳者，實皆如此也。

《喻老》第二十一　上篇釋《老子》之意，此篇則舉事以明之。

《說林上》第二十二、《說林下》第二十三　此篇列舉衆事，藉以明義。《史記索隱》謂其多若林，故曰《說林》也。此可見古人"多識前言往行以畜其德"之義。

《觀行》第二十四、《安危》第二十五、《守道》第二十六、《用人》第二十七、《功名》第二十八、《大體》第二十九　以上六篇，皆法術家言。大體篇亦及因任自然之旨，與道家言通。篇幅皆短。

《内儲說上》第三十、《内儲說下》第三十一、《外儲說左上》第三十二、《外儲說左下》第三十三、《外儲說右上》第三十四、《外儲說右下》第三十五　《内外儲說》，皆言人主御下之術，乃法術家言之有條理者。其文皆先經後說，可見古者經傳別行之體。

《難一》第三十六、《難二》第三十七、《難三》第三十八、《難四》第三十九　一至三皆述古事而難之；四則既難之後，更有難難者之語。剖析精微，可見法術家綜覈名實之道。

《難勢》第四十　難任勢爲治之論。

《問辨》第四十一　非民以學議法，李斯焚書之理如此。

《問田》第四十二　此篇言法家不憚危身以嬰暗主之禍。案戰國之時，大臣跋扈，率多世祿之家。游說之士雖盛，然多出自疏遠，能執國之柄者蓋少。故韓非發憤屢言之，術家言之所由興也。

《定法》第四十三　此篇言法與術之別。

《說疑》第四十四　此篇亦言人主御臣之術，多引古事以明之。

《詭使》第四十五　此篇言利與威與名，所以爲治，然眞能用之者少。

《六反》第四十六　此篇舉奸僞無益之民六，謂其皆足以毀耕戰有益之民。又闢輕刑。《商君書》之精義，已具於此及《五蠹》、《飭令》、《制分》三篇。

《八說》第四十七　此篇舉匹夫之私譽，而爲人主之大敗者八事。又言法令必人人所能。古者人寡而物多，故輕利而易讓；後世生計窮蹙，則不能。然天下無有利無害之事，但在權其大小。治國者不可恃愛。皆法術家之精論。

《八經》第四十八　（一）凡治天下，必因人情。人情有好惡，故賞罰可用。（二）力不敵衆，智不盡物，與其用一人，不如用一國。故君當用人之智，而不自任其力。（三）言臣主異利。（四）言參伍之道。（五）言明主務周密。（六）言參聽及言必責實之道。（七）言寵必在爵，利必在祿。（八）言功名必出於官法，不貴法外難能之行。亦法術家極精之論。

《五蠹》第四十九　此篇言聖王不期修古，不法常可；論世之事，因爲之備。即商君變法之旨。又言文學非急務，取譬於糟糠不飽者不務粱肉；短褐不完者不待文綉。可見法術家言，雖刻覈而重實利；然自爲救時之論，非謂平世亦當如此也。篇末闢縱橫之士，謂其徒務自利。此外大旨與上篇同。

《顯學》第五十　此篇闢儒、墨，亦精。

《忠孝》第五十一　此篇非尚賢。

《人主》第五十二　此篇戒大臣太貴，左右太威，亦術家言。

《飭令》第五十三　此篇言人君任人當以功，而不可聽其言。又主重刑厚賞，利出一孔。與《商君書·靳令》篇同。《商君書》亦有作《飭令》者。

《心度》第五十四　此篇言聖人之治民，不從其欲，期於利之而已。其説甚精，可見法家之治，雖若嚴酷，而其意實主於利民，而尤足爲民治時代之藥石。蓋求利是一事，真知利之所在，又是一事；人民自主張其利益者，往往不知利之所在，欲求利而適得害。故先覺之言，不可不察也。

《制分》第五十五　此篇言相坐之法，亦商君所以治秦也。

商君書

《漢志》：法家，《商君書》二十九篇。《隋》、新舊《唐志》皆五卷。《通志》謂二十九篇亡其三，《直齋書録解題》謂二十八篇亡其一。嚴萬里得元刻本，凡二十六篇，而中亡其二，實二十四篇。《史記·商君列傳》："太史公曰：余讀商君《開塞》耕戰書，與其人行事相類。"《索隱》："案《商君書》：開謂刑嚴峻則政化開，塞謂布恩惠則政化塞，其意本於嚴刑少恩。又爲田開阡陌，及言斬敵首賜爵，是耕戰書也。"所釋開塞之義，與今書《開塞》篇不合。晁公武謂司馬貞未嘗見其書，妄爲之説。今案開塞耕戰，蓋總括全書之旨，或太史公時《商君書》有此名。非專指一兩篇；《索隱》意亦如此；晁氏自誤解也；《尉繚子·兵教下》："開塞，謂分地以限，各死其職而堅守。"此"開塞"二字古義。《索隱》庸或誤釋，然謂其未見《商君書》固非。或又以與《索隱》不合而疑今書爲僞，亦非也。今《商君書》精義雖不逮《管》、《韓》之多，然要爲古書，非僞撰；全書宗旨，盡於"一民於農戰"一語。其中可考古制，及古代社會情形處頗多，亦可貴也。此書有朱師轍《解詁》，最便觀覽。

《更法》第一　此篇記孝公平畫，公孫鞅、甘龍、杜摯三大夫御於君。鞅主變法，甘龍、杜摯難之。孝公從鞅。與《史記·商君列傳》大同。

《墾令》第二　此篇主抑商廢學以重農，説多偏激。

《農戰》第三　此篇言官爵者，人主所以勸民，而國以農戰興。當使民求官爵以農戰。又論絕學及去商賈技藝。

《去強》第四　此篇主峻刑法。金粟互生死一節，亦涉及生計。

《說民》第五　此篇亦主嚴刑重農戰之論。其云：「家斷有餘，官斷不足，君斷則亂」，則言人臣當各舉其職，人君不可下侵臣事，法家多重"鄉治"由此。

《算地》第六　此篇言任地之法，亦及重刑賞以"一民於農戰"之意。

《開塞》第七　此篇首爲原君之論。其言以亂而求立君，頗合歐西民權論中之一派。下爲主嚴刑之論。

《壹言》第八　此篇言尚農戰，下辯說，技藝，絕游學，杜私門。又言不法古，不修今，因勢而治，皆與他篇互見。

《錯法》第九　此篇論賞罰。

《戰法》第十、《立本》第十一、《兵守》第十二　三篇皆論兵事。多闕誤，難讀。

《靳令》第十三　此篇言任人當以功，不當以言。又言重刑輕賞，利出一孔。《去強篇》曰："虱官者六：曰歲，曰食，曰美，曰好，曰志，曰行。此篇又曰：六虱：曰禮樂，曰詩書，曰修善，曰孝弟，曰誠信，曰貞廉，曰仁義，曰非兵，曰羞戰。國有十二者，上無使農戰，必貧至削。十二者成群，此謂君之治不勝其臣，官之治不勝其民；此謂六虱勝其政也。"其詞錯亂，未知其說。此篇同《韓非子·飭令》篇。本書標題，亦有作《飭令》者。

《修權》第十四　此篇言國所以治者三：（一）曰法，（二）曰信，（三）曰權。法與信，君臣所共，權，君之所獨。又曰："堯舜之位天下也，非私天下之利也，爲天下位天下也；三王五霸，非私天下之利也，爲天下治天下。今則不然。公私之交，存亡之本也。"亦廓然大公之論。

《徠民》第十五　此篇言秦患土滿，三晉反之；當利其田宅，復其身，以徠三晉之民。頗有精論。

《刑約》第十六　亡。

《賞刑》第十七　此篇言聖人之爲國也，壹賞，壹刑，壹教。壹賞謂利禄官爵，專出於兵；壹刑謂刑無等級，壹教謂富貴之門專於戰。

《畫策》第十八　此篇言勝敵必先自勝，亦主壹民於戰。

《境内》第十九　此篇言户籍及軍爵。

《弱民》第二十　此篇言民强則國弱，民弱則國强，乃以人民爲國家機械之論。

《□□》第二十一　亡。

《外内》第二十二　此篇言重農戰之理。

《君臣》第二十三　此篇言君不可釋法，亦及重農戰之論。

《禁使》第二十四　此篇主勢治。

《慎法》第二十五　此篇言人主御下之術。"使吏非法無以守，則雖巧不得爲奸；使民非戰無以效其能，則雖險不得爲詐"二語，乃一篇主旨也。

《定法》第二十六　此篇言立法行法及司法之官吏，可以考見古制。

尹文子

此書言名法之義頗精，然文甚平近，疑經後人改竄矣，按《漢志》，《尹文子》一篇，《隋志》二卷。《四庫提要》云："前有魏黄初末山陽仲長氏序，稱條次撰定，爲上、下篇。《文獻通考》著錄作二卷。此本亦題《大道上篇》、《下篇》，與序文相符，而通爲一卷。蓋後人所合併也。序中所稱熙伯，蓋繆襲之字。其山陽仲長氏，不知爲誰。李淑《邯鄲書目》以爲仲長統。然統卒於建安之末，與所云黄初末者不合。晁公武因此而疑史誤，未免附會矣。"案四庫著錄之本，與今通行本同。此序恐係偽物。《群書治要》引此書，上篇題《大道》，下篇題《聖人》，與今本不合，則今本尚定於唐以後也。今本兩篇，精要之論，多在上篇中。然上篇實包含若干短章；因排列失次，其義遂不易通。蓋條次撰定者，於此學實未深造，此篇蓋《漢志》之舊。其文字平近處，則後人所改。下篇由雜集而成，蓋後人所附益，非漢時所有。故《漢志》一篇，《隋志》顧二卷也。今略料揀上篇大意於下。學者依此意分節讀之，便可見此書之意矣。

此書之旨，蓋尊崇道德，故謂道貴於儒、墨、名、法，非法術權勢之治，所得比倫。夫所貴於道者，爲其能無爲而治也；無爲而治，非不事事之謂，乃天下本無事可爲之謂；天下所以無事可爲者，以其治也，天下之所以治，以物各當其分也。蓋天下之物，固各有其分；物而各當其分，則天下固已大治矣。然此非可安坐而致，故必借法以致之。所謂"道不足以治則用法，法不足以治則用術，術不足以治則用權，權不足以治則用勢；勢用則反權，權用則反術，術用則反法，法用則反道"也。夫權與術與勢，皆所以行法；法則所以蘄致於道也。法之蘄致於道奈何？曰：使天下之物，各當其份而已。然非能舉天下之物，爲之強定其份，而使之守之也。能使之各當其固有之份而已。所謂"圓者之轉，非能轉而轉，不得不轉；方者之止，非能止而止，不得不止。故因賢者之有用，使不得不用；因愚者之無用，使不得用"也。夫如是，則"形以定名，名以定事"之術，不可不講矣。天下萬事，不可備能；責其備能於一人，賢者其猶病諸。今也，人君以一身任天下之責，而其所操者，不過"形以定名，名以定事"之一事，不亦簡而易操乎。故曰"以簡治煩惑，以易御險難；萬事皆歸於一，百度皆准於法；歸一者簡之至，准法者易之極"也。夫任法之治，固尚未能合道。所謂"法行於世；則貧賤者不敢怨富貴，富貴者不敢陵貧賤；愚弱者不敢冀智勇，智勇者不敢鄙愚弱。道行於世，則貧賤者不怨，富貴者不驕；愚弱者不懾，智勇者不陵"是也。然必先合於法，而後可以蘄至於道；欲蘄至於道者，必先行法；則斷然矣。而欲定法則必先審形名；此形名之術，所以爲致治之要也。上篇之大旨如此。此篇雖經後人重定，失其次序；亦或有闕佚。其文字疑亦有改易。然諸書言形名之理，未有如此篇之明切者，學者宜細觀之。"形名"二字，本謂因形以定名。後世多誤爲刑名，失之。釋"形名"二字之義者，亦惟此書最顯。

又此書上篇，陳義雖精，然亦有後人竄入之語。如"見侮不辱，見推不矜；禁暴寢兵，救世之鬥"，乃莊子論尹文語，此篇襲用之，而與上下文意義，全不相涉。即其竄附之證。蓋古人之從事輯佚者，不肯如後人之逐條分列，必以己意爲之聯貫。識力不及者，遂至首尾衡決，亦非必有意作僞也。下篇則決有僞竄處。如"貧則怨人，賤則怨時"一節，斷非周、秦人語，亦全非名家之義也。

慎　子

此書亦法家者流，而闕佚殊甚。《漢志》法家："《慎子》四十二篇。名到。先申、韓，申、韓稱之。"《史記·孟荀列傳》："慎到，趙人。田駢、接子，齊人。環淵，楚人。皆學黃、老道德之術。因發明序其指意。故慎到著《十二論》，環淵著《上下篇》，而田駢、接子，皆有所論焉。"《集解》："徐廣曰：今《慎子》劉向所定，有四十一篇。""一"係誤字，《漢志》法家篇數可證。《正義》："《慎子》十卷，在法家，則戰國時處士。"按荀子謂"慎子蔽於法而不知賢"；又謂"慎子有見於先，無見於後"。謂其物來順應，更無他慮，即《莊子》"不師知慮，不知前後"之意，非謂其知進而不知退也。莊子以慎到與彭蒙、田駢并稱。謂其"棄知去己，而緣不得已。笑天下之尚賢，非天下之大聖。不師智慮，不知前後；推而後行，曳而後往。曰：至於若無知之物而已。豪傑相與笑之。曰：慎到非生人之行，而死人之理也"。觀荀、莊二子之論，其學實合道、法爲一家。故《史記》謂其學黃、老道德之術，《漢志》以其書隸法家也。《韓子·難勢》篇，《呂覽·慎勢》篇引慎到語，皆法家之言。其書《唐志》十卷，與《史記正義》合。《崇文總目》三十七篇，校《漢志》已損其五。王應麟謂惟有《威德》、《因循》、《民雜》、《德立》、《君人》五篇，與今本合。然今本每篇皆寥寥數行，《四庫》謂又出後人掇摭，非振孫所見之舊已。

然如《威德》篇謂"古者立天子而貴之，非以利一人也。曰：天下無一貴，則理無由通；通理以爲天下也。故立天子以爲天下，非立天下以爲天子也"。可見法家雖尊君權，實欲借以求治；非教之以天下自私。又如《因循》篇謂:"因則大,化則細。因也者,因人之情也;人莫不自爲也,化而使之爲我,則莫可得而用。"此"化"字實爲《老子》"化而欲作"之"化"字之確詁。雖闕佚,亦可寶也。

鄧析子

此書《漢志》二篇，在名家。《隋志》一卷，《四庫提要》云："今本仍分《無厚》、《轉辭》二篇，然其文節次不相屬，似亦掇拾之本也。"又云："聖人不死，大盜不止一條，其文與《莊子》同，或篇章淺缺，後人摭《莊子》以足之歟？"愚案此書有採掇先秦古書處，又有後人以己意竄入處。核其詞意，似係南北朝人所爲。如"在己爲哀，在他爲悲"、"患生於宦成，病始於少瘳，禍生於懈慢，孝衰於妻子"等，皆決非周、秦人語也。僞竄處固已淺薄；採掇古書處，亦無精論；無甚可觀。

吕氏春秋

《吕氏春秋》，爲雜家之始。畢沅所謂"書不成於一人，不能名一家者，實始於不韋，而《淮南》内、外篇次之"是也。《史記·吕不韋傳》，謂不韋使其客人人著所聞，集論以爲《八覽》、《六論》、《十二紀》，"號曰《吕氏春秋》"；而《自序》及《漢書·司馬遷傳》載遷《報任安書》，又云："不韋遷蜀，世傳《吕覽》。"案《序意》云："維秦八年，歲在涒灘。"是時不韋未徙，故有議史公之誤者。然史公本謂世傳《吕覽》，不謂不韋遷蜀而作《吕覽》也。據《本傳》"號曰《吕氏春秋》"之語，則四字當爲全書之名，故《漢志》亦稱《吕氏春秋》。然編次則當如梁玉繩初説，先《覽》後《論》，而終之以《紀》。世稱《吕覽》，蓋舉其居首者言之。《序意》在《十二紀》之後，尤其明證。畢氏沅《禮運注疏》，謂以《十二紀》居首，爲《春秋》之所由名；説本王應麟，見《玉海》。《四庫提要》謂唐劉知幾作《史通》，《自序》在《内篇》之末、《外篇》之前，因疑《紀》爲内篇，《覽》與《論》爲外篇雜篇；皆非也。《禮運》鄭注，本無吕氏以《春秋》名書，由首《十二紀》之意。古人著書，以"春秋"名者甚多，豈皆有《十二紀》以爲之首邪？古書《自序》，例在篇末；《吕覽》本無内、外、雜篇之名，何得援唐人著述，鑿空立説乎？此書合《八覽》、《六論》、《十二紀》，凡二十六篇。自《漢志》以下皆同。庾仲容《子鈔》、陳振孫《書録解題》、《史記索隱》作三十六，"三"蓋誤字；《文獻通考》作"二十"，則又脱"六"字也。《玉海》引王應麟，謂"《書目》，是書凡百六十篇"。與今本篇數同。盧文弨曰："《序意》舊不入數，則尚少一篇。此書分篇，極爲整齊,《十二紀》紀各五篇,《六論》論各六篇,《八覽》當各八篇。今第一覽止七篇,正少一。考《序意》本明《十二紀》之義,乃末忽載豫讓一事,與《序意》不類。且舊校云一作'廉孝',與此篇更無涉,即豫讓亦難專有其名。因疑《序意》之後半篇俄空焉;別有所謂《廉孝》者,其前半篇亦簡脱,後人遂相附合,併《序意》爲一篇,以補總數之闕。然《序意》篇首無'六曰'二字,後人於目中專輒加之,以求合其數,而不知其跡有難掩也。"案盧説是也。予謂此書篇數,實止廿六。今諸《覽》、《論》、《紀》又各分爲若干篇,亦後人所爲,非不韋書本然也。此書諸《覽》、《論》、《紀》,義皆一綫相承。説見後。固無取別加標題。《四庫提要》謂"惟夏令多言樂,秋令多言兵,似乎有義,其餘絶不可曉",繆矣。

此書雖稱雜家,然其中儒家言實最多。今人指爲道家言者,實多儒、道二家之公言,參看論《淮南子》處。《四庫提要》謂其"大抵皆儒家言",實爲卓識。案《書大傳》:"古者諸侯始受封,則有采地;其後子孫雖有罪黜,其采地不黜,使其子孫賢者守之,世世以祠其始受封之人。此之謂興滅國,繼絶世。"《史記·秦本紀》莊襄王元年:"東周君與諸侯謀秦,秦使相國呂不韋誅之。盡入其國。秦不絶其祀;以陽人地賜周君,奉其祭祀。"即興滅國、繼絶世之義也。史又稱是年"大赦罪人;修先王功臣;施德,厚骨肉,而布惠於民"。亦必不韋所爲。不韋其能行儒家之義矣。不韋進身,誠不由正,然自非孔、孟,孰能皆合禮義?伊尹負鼎,百里自鬻,王霸之佐,皆有之矣。高似孫曰:"始皇不好士,不韋則徠英茂,聚畯豪,簪履充庭,至以千計。始皇甚惡書也,不韋乃極簡册,攻筆墨,採精錄異,成一家言。《春秋》之言曰:十里之間,耳不能聞;帷墻之外,目不能見;三畝之間,心不能知;而欲東至開晤,南撫多鶿,西服壽麋,北懷儋耳,何以得哉? 此所以譏始皇也。"方孝孺亦稱其書"詆訾時君爲俗主,至數秦先王之過無所憚"。夫不韋著書,意在"備天地萬物古今之事",《史記》本傳語。原不爲譏切一時。然其書立論甚純,而不韋又能行之;使秦終相不韋,或能行德布化,以永其年,不至二世而亡；使天下蒼生，亦蒙其荼毒；未可知也。今此書除儒家言外，亦存道、墨、名、法、兵、農諸家之言。諸家之書，或多不傳；傳者或非其真；欲考其義，或轉賴此書之存焉；亦可謂藝林瑰寶矣。要之不韋之爲人，固善惡不相掩，而其書則卓然可傳；譏其失而忘其善，已不免一曲之見，因其人而廢其書，則更耳食之流矣。

此書注者，惟有高誘。其注誤處甚多。《史記》謂不韋書成，"布咸陽市門，縣千金其上，延諸侯游士賓客，有能增損一字者予千金"。高注多摘其書誤處，謂揚子雲恨不及其時，車載其金。見《慎人》、《適威》二篇注。殊不知古人著書，重在明義；所謂誤不誤者，但就論道術之辭言之，非斤斤計較於稱引故實之間也。高引揚雄語以詆呂氏，畢沅即摘高注誤處，轉以是語相譏，宜矣。近人孫德謙云：注此書已成，然未刊布。今通行者，仍爲畢沅校本。

《孟春紀》、《十二紀》 皆與《禮記·月令》大同。按此所述，爲古明堂行政之典。《淮南·時則訓》、《管子·幼官圖》，皆是物也。此蓋同祖述古典。參看論《墨子》處自明。或以《呂覽》載之，疑爲秦法，誤矣。

《孟春紀》 下標目凡四：曰《本生》，言養生之理。曰《重己》，言人當順性之情。使之不順者爲欲，故必節之。曰《貴公》，曰《去私》，義如其題。蓋天下之本在身；春爲生長之始，故《孟春》、《仲春》、《季春》三《紀》之下，皆論立身行己之道。而《孟春紀》先上本之於性命之精焉。諸《覽》、《論》、《紀》下之分目，雖後人所爲，亦便識別。故今皆仍之，而又説明其一綫相承之義，以見此書編次之整齊焉。

《仲春紀》 下亦標四目：曰《貴生》，義與《莊子·讓王篇》同。又云："全生爲上，虧生次之，死次之，迫生爲下。"此言生活貴有意義，尊生者非苟全其生命之謂，其説極精；後世神仙家言之自托於道家者，乃徒欲修煉服餌，以求長生，其説不攻而自破矣。曰《情欲》，言欲有情，情有節，聖人修節以止欲，故不過行其情。此情字當作誠字解，今所謂真理也。不主絶欲而務有節，實儒家精義。曰《當染》，前半與

《墨子・所染篇》同，而後文議論處異。又云："古之善爲君者，勞於任人，而佚於官事。"蓋因私人交友之道，而及人君用人之方也。曰《功名》，言立功名必以其道，不可強爲。

《季春紀》 下標四目：曰《盡數》，言自然之力，莫不爲利，莫不爲害，貴能察其宜以便生，則年壽得長。又云："長也者，非短而續之也，畢其數也。"此可見求長生之謬矣。曰《先己》，亦言貴生之理。反其道而身善，治其身而天下治，是爲無爲；可見所謂無爲者，乃因任自然，而不以私意妄爲之謂，非謂無所事事也。曰《論人》，前半言無爲之理，後半言觀人之法。曰《圜道》，言天道圜，地道方，各有分職；主執圜，臣處方，貴各當其職。《仲春》、《季春》二紀，因修己之道，旁及觀人用人之術，而極之於君臣分職之理。

《孟夏紀》 下標四目：曰《勸學》，曰《尊師》，義如其題。《尊師篇》可考古者弟子事師之理。曰《誣徒》，言教學當反諸人情，即人性之本然。極精。曰《用衆》，言取人之長，以補己之短。其曰："吾未知亡國爲主，不可以爲賢主也。其所生長者不可耳。"即今教育當重環境之説也。孟夏爲長大之始；人之於學，亦所以廣大其身，《禮記・文王世子》："況於其身以善其君乎？"鄭注："于讀爲迂。迂猶廣也，大也。"故論爲學之事。

《仲夏紀》 下標四目：曰《大樂》，言樂之所由生；並駁非樂，論頗精。曰《侈樂》，言樂貴合度，不貴侈大，侈則失樂之情。此篇有同《禮記・樂記》處。曰《適音》，言大小清濁之節，蓋即所謂度量也。曰《古樂》，述樂之史。

《季夏紀》 下標四目：一曰《音律》，言十二律相生及十二月行政。曰《音初》，言東西南北之音所自始。末節同《樂記》。曰《制樂》，言治厚則樂厚，治薄則樂薄。下引湯、文、宋景公之事，無甚深義。曰《明禮》，言亂國之主不知樂，多侈陳災祥之言。"樂盈而進"，故於夏長之時論之。《仲夏紀》論樂之原理頗精。《季夏紀》所論，或爲專門之言，或雜怪迂淺薄之論。

《孟秋紀》 下標四目：曰《蕩兵》，推論兵之原理。謂有義兵而無偃兵，極精。曰《振亂》，曰《禁塞》，皆闢非攻之論，亦精。曰《懷寵》，此篇論所謂義兵者，即儒家所謂仁義之師。案儒家崇尚德化，而不言去兵。儒家經世之道，備於《春秋》；而《孟子》曰"《春秋》無義戰"，則"義戰"二字，乃儒家用兵標準也。《呂覽》多儒家言，此篇所述，蓋亦儒義。予別有論。

《仲秋紀》 下標四目：曰《論威》，言立威之道。其言曰："死生榮辱之道一，則三軍之士，可使一心；三軍一心，則令無敵。士民未合，而威已諭，敵已服，此之謂至威。"又曰："兵欲急疾捷先，并氣專精，心無有慮，一諸武而已。"皆兵家極精之論。曰《簡選》，言簡選不可專恃，然因此遂謂市人可勝教卒則非。曰《決勝》，言民無常勇，亦無常怯。有氣則實，實則勇；無氣則虛，虛則怯。兵有本幹；必義，必智，必勇。兵貴因，因敵之險，以爲己用；因敵之謀，以爲己事。兵貴不可勝。不可勝在己，可勝在彼。必在己，不必在彼者，亦兵家極精之論也。曰《愛士》，言行德愛人，則民親其上；民親其上，則樂爲君死。

《季秋紀》 下標四目：曰《順民》，曰《知士》，義如其題。曰《審己》，言凡物之然也必有故，不知其故，雖當，與不知同，其卒必困。此言作事當通其原理，不可恃偶合。曰《精通》，言精神相通之理。聖人所以行德乎己，而四荒咸飭其仁。秋主則殺，故論用兵之事。《順民》、《知士》乃用兵之本；《審已》則慎戰之理；《精通》亦不戰屈人之意也。

《孟冬紀》 下標四目：曰《節喪》，曰《安死》，皆言厚葬之禍。可考古代厚葬及發墓者情形。曰《異寶》，言古人非無寶也，所寶者異耳。以破世俗之惑。曰《異用》，言人之所以用物者不同，爲治亂存亡死生所由判。意承上篇。蓋人之愚，皆由爲物所惑。不爲物所惑，而且能用物，則所爲皆成矣。此亦哲學家極精之論。

《仲冬紀》 下標四目：曰《至忠》，言忠言逆耳，非明主莫能聽。曰《忠廉》，言忠廉之士難得。曰《當務》，言辯而不當論，同倫。信而不當理，勇而不當義，法而不當務；大亂天下，必此四者。即《孟子》"非禮之禮,非義之義,大人弗爲"之說,亦所以惡"執中而無權"也。曰《長見》,言知愚之異,在所見之短長。審今可以知古,審古亦可以知後;故爲後人所非之事不當作,因知而推之於行也。

《季冬紀》 下標四目:曰《士節》,言定天下國家,必由節士,不可不務求。曰《介立》,言貴富有人易,貧賤有人難。晉文公貧賤時能有介之推,而貴富時不能有,所以不王。曰《誠廉》,言誠廉之士,視誠廉重乎其身,出乎本性。曰《不侵》,言尊富貴大,不足以來士,必知之然後可。冬主閉藏,故言喪葬之理。墨家固主節葬,儒家道家亦戒厚葬。然此特道術之士然,至於習俗,蓋皆主厚葬。秦始皇等特其尤甚者耳。故戒厚葬之談,實其時當務之急也。人能多所蓄藏則必智,而智莫大於知人;故諸篇多論求智之事,及知人之方焉。

《序意》 此篇爲全書自序。《十二紀》本列《六覽》、《八論》之後;此書在《十二紀》之後,亦即在全書之末;今本升《紀》於《覽》、《論》之前,故序亦在《紀》與《覽》、《論》之間也。《序語》似專指《十二紀》者,以其已非完篇也。見前。

《有始覽》 首節言天地開闢。中與《淮南・地形訓》同。末言"天地萬物,大同衆異"。與《莊子・天下》篇引惠施之說同。可見此爲古代哲學家之公言,非莊、列、惠施等二三人之私論也。下標七目:曰《應同》,言禎祥感應之理。曰《去尤》,言心有尤則聽必悖,故必去之,然後能聽言。曰《聽言》,言聽言者必先習其心於學問。曰《謹聽》,戒人自以爲智。曰《務本》,言人臣當反身自省,不可徒取祿。曰《諭大》,言小之定必恃大,大之安必恃小;小大貴賤交相恃,然意偏於務大,則因人之蔽於小而不知大者多,故以是戒之也。古人論政,原諸天道;而一國之政,君若臣實共司。此篇因論天地開闢之宇宙論,而及於君若臣所以自處之道,及其所當務也。此篇從天地開闢說起,亦可見《八覽》當列全書之首。

《孝行覽》 言爲天下國家必務本,本莫貴於孝,多同《孝經》及《禮記・祭義》。下標七目:曰《本味》,言功名之本在得賢。曰《首時》，言成功在於得時。曰《義賞》，言一事之成，皆有其外緣使之。賞罰之柄，上之所以使下也。賞罰所使然，久則成習，而安之若性，故賞罰之所加，不可不慎也。曰《長攻》，言治亂存亡，安危強弱，亦有外緣。湯、武非遇桀、紂不王，桀、紂非遇湯、武不亡。曰《慎人》，承上篇，言功名之成，雖由於天，然因是而不慎人事則不可。亦及不得時則不可強爲之義。曰《遇合》，言外緣之相値，由於適然。曰《必己》，承上篇，言外物不可必，故君子必其在己，不必其在人者。多同《莊子‧山木》，其言修德不必獲報，無論如何，無必免患之法，可破修德獲報之說。此覽承上覽，言治國之本，及總論成敗之道。

《慎大覽》 言強大當慎，居安思危之義。下標七目：曰《下賢》，言人主當下賢。曰《報更》，舉報恩之事，言人主當博求士。曰《順說》，言說術。曰《不廣》，言智者之舉事必因時。曰《貴因》，言創者難爲功，因者易爲力之理。曰《察今》，言先王之法不足法，當法其所以爲法；因言察己可以知人，察今可以知古，法隨時變之理。極精。曰《權勳》。此覽亦承上覽。《孝行覽》論成功之術，蓋就國家開創時立言；此覽則就國家既成立後言之，皆守成之道也。

《先識覽》 言國之興亡，有道者必先知之。故有道者之言，不可不重。下標七目：曰《觀世》，言有道之士少，不可不求。曰《知接》，言知者所接遠，愚者所接近。所接近者，告之以遠亦不喻。戒人不可自以爲智。曰《悔過》，此篇承上篇，上篇言耳目有所不接，此篇言心智亦有所不至。因引秦穆公事，遂以悔過題篇，實非本意也。此可見各《紀》各《覽》各《論》中之分篇，多後人所爲。曰《樂成》，言民可與樂成，難與慮始。汹汹之論，不可不察。曰《察微》，言治亂存亡，始於至微。能察之，則大事不過。曰《去宥》，宥同囿。曰《正名》，言名實之間，不可不察。此覽亦承前言之。《孝行》、《慎大》二覽，皆就行事立言；此覽則就知識立言也。

《審分覽》 言君臣異職，人主不可下同群臣之事。下標七目：曰《君守》，言人君所處之分，以無爲爲尚。曰《任數》，言御下之術，當修其數。耳目智巧不足恃。曰《勿躬》，言人君不可躬親事務。曰《知度》，言治要存乎除奸；除奸之要，存乎治官；治官之要，存乎治道；治道之要，存乎知性命。可見政治學與哲學一貫之旨。曰《慎勢》，言以大畜小，以重使輕，此勢不可失。曰《不二》，戒聽衆議以治國，此篇有脫文。曰《執一》，言天下之本在國，國之本在家，家之本在身；聞爲身，不聞爲國。亦道家養生之旨也。此覽言臣主之分，而仍歸本於性命之情，可見形名度數，皆原於道。

《審應覽》　言人主應物，不可不審。其道在因人之言，以責其實，而不爲先。下標七目：曰《重言》，言人主之言不可不慎。曰《精諭》，言縝密之道。曰《離謂》，言名實不副，爲亂國之道。曰《淫辭》，言名實不副者，上不可無以察之。曰《不屈》，言察士應物，其辭難窮；然不必爲福。曰《應言》，蓋即舉察士應物之辭。曰《具備》，言立功名者自有其具。說與治之務莫若誠。此覽言人君聽說之道，多難名、法家之言，以其能變亂是非也；而歸結於臣主之務，莫若以誠，可謂得爲治之要矣。

《離俗覽》　言世以高行爲貴，然以理義論，則神農、黃帝，猶有可非，微獨舜、禹。蓋極言理論與實際，不能相合，戒作極端之論也。下標七目：曰《高義》，言君子之所謂窮通與俗異，故不苟受賞逃罪；人之度量，相越甚遠，不可不熟論。言以求衆人之道馭非常之人，則必失也。曰《上德》，言用人者不可徒恃罰。曰《用民》，言用民者亦不可徒恃威，其理甚精。足箴法家過任威刑之失。曰《適威》，言立法必爲民所能行。《管子》所謂"下令於流水之原"也。曰《爲欲》，言民之可用，因其有欲。治亂強弱，由其使民之術不同，甚精。曰《貴信》，言信立則虛言可以賞，六合之内，皆爲己府，而不患賞之不繼矣。甚精。曰《舉難》，戒求全。此篇承前覽，前覽言聽言之術，此覽則言用人之術也。

《恃君覽》　言人之生恃乎群；群之所以不渙，恃乎群中之人，皆以群爲有利；群之能利其群之人，以君道立也。此等原君之論，法家常主張之。然又曰："君道以利立，故廢其不然而立其行道者。德衰世亂，然後天子利天下。"則又儒家"湯、武革命，應天順人"之説矣。固知九流之學，流異原同也。下標七目：曰《長利》，言天下之士，必慮長利。利倍於今，而不便於後，弗爲也；安雖長久，以私其子孫，弗爲也。又謂賢者不欲其子孫恃險久存，以行無道，亦廓然大公之論。曰《知分》，言達乎生死之分，則利害存亡弗能惑。理頗近《莊》、《列》。曰《召類》，言禍福自來，衆人不知，則以爲命，其實皆有以召之。案上篇言理，偏重自然，故以此篇繼之；以見事雖有非人力所能爲者，然人事仍不可失也。曰《達鬱》，言人身精氣鬱則病，一國亦然，鬱則萬惡并起。理極精。曰《行論》，言人主之行與布衣異，勢不便，時不利，則當事仇以求存；何者？執民之命，不得以快志爲事也。可破宋以後氣矜之隆，不論利害之失。曰《驕恣》，言亡國之主之失。曰《觀表》，言人心難測，聖人過人以先知。先知必審徵表。衆人以爲神，以爲幸，而不知其爲數之所不得不然也。此覽推論國家社會所以成立之原，由於衆以爲利，因博論利害之理，及人所以知利害之術，并及立君所以利民；戒人主不可以國自私，真廓然大公之論。

《開春論》 言賢主不必苦心焦思，在能任賢。下標五目：曰《察賢》，義如其題。曰《期賢》，言世主多暗，人君有明德，則士必歸之。曰《審爲》，言身重於天下。今人多趨利而忘其身。蓋因下篇言愛類，故先及此也。曰《愛類》，言仁者必愛其類。賢人往來王公之朝，非求自利，欲以利民。故人主能務民，則天下歸之。曰《貴卒》，言智者之異於人，以其能應變於倉卒之間。此論承前論。前論言人主利民之道，此論言賢人皆以利民爲務，因及人君用人之方。

《慎行論》 言計利者未必利，惟慮義則利。下標五目：曰《無義》，極言義之利。曰《疑似》，言知必求其審，故疑似之務，不可不察。曰《壹行》，言人之行義，當昭然與天下以共見，使人信之。如陵上巨木，人以爲期，易知故也。乘船者爲其能浮而不能沈；賢士君子，爲其能行義而不能行邪僻也。曰《求人》，上篇言壹行在己，故言求人以該其義也。曰《察傳》，言得言不可不察。數傳而白爲黑，黑爲白矣。故聞言必熟論。必驗之以理。如"夔一足"、"穿井得一人"等，皆可以理決其無者也。此論實爲破除迷信之根。此論承前二論。前二論皆言利，恐人誤見小利，故此論極言以義爲利之旨。利之爲利易見，義之爲利難知。故極言知之貴審。既知義則必行之，故又極言行之貴壹也。

《貴直論》　言直臣之可貴。下標五目：曰《直諫》，言非賢人不肯犯危諫諍，故人主當容察之。曰《知化》，言惡直言者，至其後聞之則已晚。曰《過理》，言亡國之主，皆由所樂之不當。曰《雍塞》，言亡國之主，不可與直言。曰《原亂》，舉禍亂因壅塞而生者以爲戒。前論言知貴審而行貴壹，知及行必藉人以自輔，故此論承之，極言直臣之可貴也。

《不苟論》　言賢主必好賢。下標五目：曰《贊能》，言進賢之功。曰《自知》，言人主欲自知，則必得直士。曰《當賞》，言賞罰爵祿，人臣之所以知主，所加當，則人爲之用。曰《博志》，言有所務，必去其害之者。賢者之無功，不肖者害之也。曰《貴當》，言治國之本在身，治身之本在得其性。所謂性者，則自然之道也。此論亦承前論，前論言直臣之可貴，此論則言人主當用賢去不肖。人主之於賢臣，固不徒貴知之，必貴能用之也。而以用人之本，歸結君心，則《孟子》所謂"惟大人爲能格君心之非"，"一正君而國定"者也。

《似順論》　言事有貌相似而實相反者，因言循環之道。下標五目：曰《別類》，言剖析疑似之事，因推論智識有限，故聖人不恃智而因任自然。極精。曰《有度》，言必通乎性命之情，則執一而萬物治。所謂性命之情者，即今所謂真理也。曰《分職》，言君當守無爲之道，使衆爲之。曰《處分》，言物各異能，合衆異正所以爲同，故貴因材授任。然立法則必爲人之所共能。曰《慎小》，義如其題。此篇承前，前論以知人用人歸束於君，故此篇又總論君道也。

《士容論》　言誠則人應之，無待於言，言亦不足論人。下標五目：曰《務大》，言務大則小自該。戒人臣欲貴其身，而不知貴其主於天下。與《諭大》篇有重複處。曰《上農》，言導民莫先於農。農則樸，樸則易用；農則重，重則少私義；少私義則公法立；可以戰守。義與《商君書》同。上言男女分職之理，義頗合於《孟子》。言制民之產之法，又與儒家言大同。亦可見九流之學之本無不合也。曰《任地》，曰《辨土》，曰《審時》，皆農家專門之言，不易解。與《亢倉子》同。《亢倉子》僞書蓋取諸此。此論亦承前。前五論皆言人君之道，此論則言臣民之務也。

尸　子

此書雖闕佚特甚，然確爲先秦古籍，殊爲可寶。按《漢志》雜家："《尸子》二十篇。名佼。魯人。秦相商君師之。鞅死，佼逃入蜀。"《史記·孟荀列傳》："楚有尸子。"《集解》："劉向《別録》曰：楚有尸子，疑謂其在蜀。今按《尸子》書，晉人也。名佼。秦相衛鞅客也。商君被刑，佼恐并誅，乃逃亡入蜀。自爲造此二十篇書。凡六萬餘言。"《索隱》謂："尸子名佼，晉人，事具《别録》。"按裴駰、司馬貞及見《别録》及《尸子全書》，所知較詳，説當不誤。晉、魯形近，今《漢志》作魯人，蓋訛字也。其書二十篇，《隋》、《唐志》皆同。宋時遂殘缺。王應麟《漢志考證》：李淑《邯鄲書目》存四卷。館閣書目止存二篇，合爲一卷，其本又不傳於後。清時所行，凡有三本：（一）爲震澤任氏本，（一）爲元和惠氏本，（一）爲陽湖孫氏本。汪繼培以三本參校，以《群書治要》所載爲上卷，諸書稱引與之同者，分注於下。其不載《治要》，散見諸書者爲下卷，引用違錯及各本誤收者，别爲存疑附於後，實最善之本也。今所傳劉向校上《荀子》語，謂尸子著書，"非先王之法，不循孔氏之術"；劉勰謂其"兼總雜術，術通而文鈍"，據今所輯存者，十之七八皆儒家言，劉向《校序》本僞物，不足信。此書蓋亦如《吕覽》，兼總各家而偏於儒。其文極樸茂，非劉勰所解耳。今雖闕佚已甚，然單詞碎義，足以取證經子者，實屬指不勝屈。今姑舉其最要者數條。如《分篇》："天地生萬物，聖人裁之。裁物以制分，便事以立官。""君臣，父子，上下，長幼，貴賤，親疏，皆得其分曰治。愛得分曰仁，施得分曰義,慮得分曰智,動得分曰適,言得分曰信;皆得其分,而後爲成人。""明王之治民也,事少而功立,身逸而國治,言寡而令行。事少而功多,守要也。身逸而國治,用賢也。言寡而令行,正名也。""君民者苟能正名,愚智盡情。執一以靜,令名自正,令事自定。賞罰隨名,民莫不敬。"《發蒙篇》:"天下之可治,分成也。是非之可辨,名定也。過其實,罪也。弗及,愚也。是故情盡而不僞,質素而無巧。""故陳繩則木之枉者有罪,措準則地之險者有罪,審名分則群臣之不審者有罪。""是故曰:審一之經,百事乃成;審一之紀,百事乃理。名實判爲兩,合爲一。是非隨名實,賞罰隨是非。是則有賞,非則有罰。人君之所獨斷也。""明君之立也正,其貌莊,其心虛,其視不躁,其聽不淫,審分應辭,以立於廷,則隱匿疏遠,雖有非焉,必不多矣。""明君不用長耳目,不行間諜,不强聞見;形至而觀,聲至而聽,事至而應。近者不過,則遠者治矣。明者不失,則微者敬矣。"實足以通儒、道、名、法四家之郵。又如《分篇》:"夫弩機損若黍則不鈎,益若□則不發。言者百事之機也,聖王正言於朝,而四方治矣。"實《易·繫辭傳》"言行者君子之樞機"一節絶好注脚。又如《仁意篇》:"治水潦者禹也,播五種者后稷也,聽獄折衷者皋陶也,舜無爲也,而天下以爲父母,愛天下莫甚焉。"亦足與《論語》"無爲而治者其舜也歟"相補足。此外典制故實,足資考證者尚多,不及備舉也。

鶡冠子

此書歷代著録，篇數頗有異同。《漢志》道家："《鶡冠子》一篇，楚人。居深山，以鶡爲冠"。《隋》、《唐志》皆三卷。《四庫》所著録，爲宋陸佃注本，卷數同。《提要》云："此本凡十九篇。佃《序》謂韓愈讀此稱十六篇，未睹其全。佃北宋人，其時韓文初出，當得其真。今本韓文乃亦作十九篇，殆後來反據此書，以改韓集。此注則當日已不甚顯。惟陳振孫《書録解題》載其名。晁公武《讀書志》則但稱有八卷一本。前三卷全同《墨子》，後兩卷多引漢以後事。公武削去前後五卷，得十九篇。殆由未見佃注，故不知所注之本，先爲十九篇歟。"按《漢志》止一篇，韓愈時增至十六，陸佃注時，又增至十九，則後人時有增加，已決非《漢志》之舊，然今所傳十九篇，皆詞古義茂，決非漢以後人所能爲。蓋雖非《漢志》之舊，而又確爲古書也。第七、第八、第九、第十四、第十五諸篇，皆稱龐子問於鶡冠子。第十六篇稱趙卓悼之借字。襄王問於龐煖，第十九篇稱趙武靈王問於龐煖，則龐子即龐煖，鶡冠子者，龐煖之師也。全書宗旨，原本道德，以爲一切治法，皆當隨順自然。所言多明堂陰陽之遺。儒、道、名、法之書，皆資參證，實爲子部瑰寶。

《博選》第一　此篇言君道以得人爲本，得人以博選爲本。

《著希》第二　此篇言賢者處亂世必自隱，戒人君不可不察。

《夜行》第三　此篇言天文地理等，皆有可驗。"有所以然者，然成也。隨而不見其後，迎而不見其首；成功遂事，莫知其狀；故聖人貴夜行"。夜者,暗昧之意。第十九篇"陰經之法,夜行之道",同義。《管子·幼官篇》"若因夜虚守静"之夜,亦當如此解。

《天則》第四　此篇言:"天之不違,以不離一;天若離一,反還爲物。""人有分於處,處有分於地,地有分於天,天有分於時,時有分於數,數有分於度,度有分於一。""列地而守之,分民而部之;寒者得衣,饑者得食,冤者得理,勞者得息,聖人之所期也。""同而後可以見天,異而後可以見人,變而後可以見時,化而後可以見道。"蓋言天地萬物,同出一原;然既爲萬物,則各有其所當處之分;各當其分,斯爲至治。物所當處之分,出於自然;能知其所當處之分,而使之各當其分,斯爲聖人。合天然與人治爲一貫,乃哲學中最古之義也。

《環流》第五　此篇言:"有一而有氣,有氣而有意,有意而有圖,有圖而有名,有名而有形。""物無非類,動靜無非氣。""物極則反,命曰環流。"蓋古哲學中宇宙論。又云:"一之法立,而萬物皆來屬。""言者萬物之宗也;是者,法之所與親也;非者,法之所與離也。是與法親,故強;非與法離,故亡。"亦人事當遵循自然之意。又云:"命者自然者也;命無所不在,無所不施,無所不及。""命之所立,賢不必得,不肖不必失。"則定命機械之論也。

《道耑》第六　此篇原本自然,述治世之法,與第八篇皆多明堂陰陽之言。

《近迭》第七　此篇言當恃人事,不當恃天然之福,而人道則以兵爲先。頗合生存競争之義。然云:"兵者,禮義忠信也。行枉則禁,反正則捨。是故不殺降人,王道所高。得地失信,聖王弗貴。"則仍仁義之師,異夫專以殺戮爲威者矣。

《度量》①第八　此篇言度量法令,皆原於道。

《王鈇》第九　"王鈇"二字,義見首篇;此篇中亦自釋之。此篇先述治道,亦法自然之意。後述治法,與《管子》大同。

---

①　文淵閣《四庫全書》本作《度萬》。

《泰鴻》第十　此篇言"天地人事,三者復一"。多明堂陰陽家言。

《泰錄》第十一　此篇亦言宇宙自然之道。又曰:"神聖之人,後天地生,然知天地之始;先天地亡,然知天地之終。""知先靈,王百神者,上德,執大道,凡此者,物之長也。及至乎祖籍之世,代繼之君,身雖不賢,然南面稱寡,猶不果亡者,其能受教乎有道之士者也。不然,而能守宗廟、存國家者,未之有也。"按《學記》一篇,多言人君之學。《漢志》以道家爲君人南面之術,觀乎此篇,則可以知古代爲人君者之學矣。

《世兵》第十二　此篇大致論用兵之事。

《備知》第十三　此篇先言渾樸之可尚,有意爲之則已薄,與《老子》頗相近。繼言功名之成,出於時命,非人力所可強爲。因言:"費仲、惡來,知心而不知事;比干、子胥,知事而不知心;聖人者必兩備而後能究一世。"蓋其所謂備知者也。

《兵政》第十四　此篇言兵必合於道,而後能勝。

《學問》第十五　此篇載龐子問:"聖人學問服師也,亦有終始乎?抑其拾誦記辭,闔棺而止乎?"鶡冠子答以"始於初問,終於九道"。蓋學問必全體通貫,而後可謂之有成。此即《大學》"物有本末,事有終始"、《論語》"一以貫之"、"有始有卒,其惟聖人"之義也。

《世賢》第十六　此篇借醫爲喻,言治於未亂之旨。

《天權》第十七　此篇先論自然之道,而推之於用兵。亦多陰陽家言。

《能天》第十八　此篇言安危存亡,皆有自然之理。又曰:"道者通物者也,聖者序物者也。"又曰:"聖人取之於勢,而弗索於察。勢者,其專而在己;察者,其散而之物者也。"與第四篇義同。

《武靈王》第十九　此篇亦論兵事。

淮南子

《漢志》雜家:"《淮南》內二十一篇,外三十三篇"。《淮南王傳》:"招致賓客方術之士數千人,作爲內書二十一篇,外書甚衆。又有中篇八卷,言神仙黃白之術,亦二十餘萬言。"今所傳《淮南王》書,凡二十一篇。其爲內篇,似無疑義。然高誘《序》謂"與蘇飛、李尚、左吳、田由、雷被、毛被、伍被、晉昌等八人,及諸儒大山、小山之徒,共講論道德,總統仁義,而著此書。其旨近《老子》。淡泊無爲,蹈虛守靜,出入經道。言其大也,則燾天載地;説其細也,則淪於無垠。及古今治亂存亡禍福、世間詭異瑰奇之事。其義也著,其文也富。物事之類,無所不載,然其大較,歸之於道。號曰鴻烈。鴻,大也;烈,明也;以爲大明道之言也。故夫學者不論《淮南》,則不知大道之深也。是以先賢通儒,述作之士,莫不援採,以驗經傳。劉向校定撰具,名之《淮南》。又有十九篇,謂之外篇。"述外篇篇數,與《漢志》不合。《漢志》天文有《淮南·雜子星》十九卷,卷數與誘所述外篇篇數卻符。然捨《漢志》"外三十三篇"不言,顧以其爲《雜子星》者當外篇,於理終有可疑。案《漢志》,《易》家有《淮南王·道訓》二篇。注曰:"淮南王安,聘明《易》者九人,號九師法。"今《淮南·要略》,爲全書自序。其言曰:"言道而不言事,則無以與世浮沉;言事而不言道,則無以與化游息。"又曰:"今專言道,則無不在焉。然而能得本知末者,其惟聖人也。今學者無聖人之才,而不爲詳説,則終身顛頓乎混溟之中,而不知覺寤乎昭明之術矣。"可見淮南此書,實以道與事相對舉。今《要略》兩稱

"著二十篇"云云,蓋以本篇爲全書自叙,故不數之,若更去其首篇《道訓》,則所餘者適十九篇矣。高注久非故物,此序詞意錯亂,必爲後人竄改無疑。頗疑高《序》實以十九篇與《原道訓》分論。"言其大也,則燾天載地;說其細也,則淪於無垠"等,爲論《原道訓》之語。"及古今治亂存亡禍福、世間詭異瓌奇之事,其義也著,其文也富,物事之類,無所不載"等,爲論其餘十九篇之語。本無《外篇》之名。後人既混其論兩者之語而一之,乃妄臆"其餘十九篇"不在本書之内,遂又加入"謂之外篇"四字也。《漢志》言安聘明《易》者九人,高《序》所舉大山、小山,或亦如《書》之大、小夏侯,《詩》之大、小毛公,一家之學,可作一人論;則合諸蘇飛、李尚等適得九人矣。得毋今書首篇之《原道訓》,即《漢志》所謂《道訓》者,《漢志》雖採此篇入《易》家,而於雜家仍未省;又或《漢志》本作二十篇,而爲後人所改邪? 書闕有間,更無堅證,誠未敢自信。然竊有冀焉者:九流之學,同本於古代之哲學;而古代之哲學,又本於古代之宗教。故其流雖異,其原則同。前已言之。儒家哲學,蓋備於《易》,《易》亦以古代哲學爲本。其雜有術數之談,固無足怪。然遂以此爲《易》義則非也。今所謂漢《易》者,大抵術數之談耳。西漢今文之學,長於大義。東漢古文之學,則詳於訓詁名物之間。今施、孟、梁丘之《易》皆亡,今文家所傳《易》之大義,已不可見。淮南王書引《易》之處最多,見《繆稱》、《齊俗》、《氾論》、《人間》、《泰族》諸篇。皆包舉大義,無雜術數之談者。得毋今文《易》義轉有存於此書中者邪?《淮南》雖號雜家,然道家言實最多;其意亦主於道;故有謂此書實可稱道家言者。予則謂儒、道二家哲學之說,本無大異同。自《易》之大義亡,而儒家之哲學,不可得見。魏、晉以後,神仙家又竊儒、道二家公有之說,而自附於道。於是儒家哲學之說,與道家相類者,儒家遂不敢自有,悉舉而歸諸道家;稍一援引,即指爲援儒入道矣。其實九流之學,流異原同。凡今所指爲道家言者,十九固儒家所有之義也。魏、晉間人談玄者率以《易》、《老》并稱,即其一證。其時言《易》者皆棄數而言理,果使漢人言《易》,悉皆數術之談,當時之人,豈易創通其理，與《老》相比。其時今文《易》說未亡，施、孟、梁丘之《易》，皆亡於東西兩晉間。其理固與《老子》相通也。《河圖》、《洛書》之存於道家，亦其一證。宋人好以《圖》《書》言《易》，清儒極攻之。然所能言者，《圖》、《書》在儒家無授受之跡耳；如何與《易》說不合，不能言也。方東樹說。方氏攻漢學，多過當誤會之語，然此說則平情也。西諺云："算賬衹怕數目字。"《圖》、《書》皆言數之物，果其與《易》無涉，何以能推之而皆合，且又可以之演範乎。然則此物亦儒家所固有，而後爲神仙家所竊者耳。明乎此，則知古代儒、道二家之哲學，存於神仙家即後世之所謂道家。書中者必甚多。果能就後世所謂道家之書，廣爲搜羅，精加別擇，或能輯出今文《易》說，使千載湮沉之學，渙然復明；即道家之說，亦必有爲今日所不知者。而古代哲學，亦因之而益彰者也。臆見所及，輒引其端，願承學之士共詳之。

此書今所傳者，凡二十一篇。《漢書》所謂外篇及中篇者，蓋久亡佚矣。《漢志》於内外篇皆僅稱《淮南》。今題作《淮南子》，"子"字蓋後人加之。今所謂"某某子"，"子"字爲後人所加者甚多。《隋書》及新、舊《唐志》皆作二十一卷。許慎、高誘兩注並列。舊《唐志》又有《淮南鴻烈音》二卷，何誘撰。新《唐志》亦題高誘。《宋志》於許注仍云二十一卷，高注則云十三卷。晁公武《讀書志》，據《崇文總目》，云亡三篇。李淑《邯鄲圖志》，則云亡二篇。而洪邁《容齋隨筆》，稱所存者二十一卷，與今本同。蓋其書自宋以後，有佚脱之本，而仍有完本。高似孫《子略》云二十篇者，以《要略》爲淮南自叙，除去計之，《四庫》亦以爲非完本，非也。《提要》又云：白居易《六帖》引烏鵲填河事，云出《淮南子》。今文無之，則尚有脱文，案此必不出内篇，《四庫》此言亦誤也。音二卷，實出何誘。新《唐志》并題高誘者誤。今本篇數仍完，而注則許、高二家，刪合爲一矣。以上並據莊逵吉《叙》。向所行者爲莊逵吉校本。原出錢坫所校《道藏》本。近人劉文典，撰《淮南鴻烈集解》，用力至勤，法亦嚴密，讀胡適《序》可見。實佳者也。

《原道訓》 此篇言道之體用，皆世所謂道家言也，極精。《淮南》書中，世所謂道家言，予疑其實多與儒家言合。今從衆所稱名，仍稱爲道家言。廿一篇惟要略下無"訓"字,姚範云:疑"訓"字乃高誘自名其注解,非《淮南》篇名所有。

《俶真訓》 此篇爲古代哲學中之宇宙論,因推論及於事物變化無極,生死無異,極精。

《天文訓》 言天文、律、曆、度、量、衡等事。亦推論及於哲學。

《地形訓》 此篇頗似荒怪。然古實有此説,特今尚未能大通耳。凡古書言地理之荒怪,有可信,有不可信者。爲後人竄造最多者,爲《山海經》、《穆天子傳》等書。如此篇及《楚辭》等,則其較可信者也。

《時則訓》 前述十二月行令,與《月令》同。下多五位六合。篇末明言爲明堂之制,可見以《月令》爲秦制者非矣。

《覽冥訓》 此篇大旨言物類之相感應,非人所能知,故得失亦無從定。聖人之所以不恃智而貴無爲者以此,亦哲學中之精論。

《精神訓》 此篇大旨言我本自然之物,故當隨順自然。所以不能隨順自然者,以嗜欲害之也。故當去嗜欲。又言天下之不足欲,死生之無異,以見嗜欲之不足慕,極精。末節闢儒家之言禮樂,不能使人無欲,而徒事強制,亦有精義。

《本經訓》 此篇言仁義禮樂之不足行,世所謂道家言也。

《主術訓》 此言人主所執之術。首言無爲,道家言也。次言任人,任法,勢治,名實,法家言也。末言制民之產同《王制》,又有同《公羊》、《禮記》、《孟子》處,則儒家言也。

《繆稱訓》 此篇首言道滅而德用,德衰而仁義生,世所謂道家言也。下言治貴立誠,則世所謂儒家言也。

《齊俗訓》 此篇言禮俗皆非本性,不得執成法以非俗,亦不得以高行爲俗,頗精。

《道應訓》 此篇解故事而以老子之言結之,頗似韓非之《喻老》。又引《莊子》、《管子》、《慎子》各一條。

《氾論訓》 此篇論變法,與商君之言同,蓋法家言也。其論因迷信而設教一節,極有見。又言聖人處剛柔之間,貴權寡欲,則世所謂道家言。

《詮言訓》 此篇言無欲則無繆舉,故治天下之本在身,身之本在心,愛身者可以托天下,又言無爲之旨。又言合道術者,但能無害,不必能求利。亦養生之論也。

《兵略訓》 此篇先論兵之原理。次及用兵之利,用兵之術。兵家極精之言。

《説山訓》、《説林訓》 此兩篇以極簡之言,説明一理,與他篇之議論縱橫者,文體頗異,而味彌永。

《人間訓》 此篇極言禍福倚伏之義,多引故事以明之。

《修務訓》 此篇首言無爲非不事事,下皆勸學之語。又箴砭學者眩於名而不知真是非。論亦切至。

中國文化史六講

何謂文化,事極難言。追溯文化之由來,而明其所以然之故,彌不易矣。予謂文化者,人類理性之成績也。人之舉措,直情逕行者果多;熟思審處者,亦自不少,舉措既非偶然,成績必有可睹;一人然,人人從而效之,萬人然,後人率由不越,積久則成爲制度,習爲風俗。其事不容驟變,而其跡亦不可遽滅。此則所謂文化史者矣。人之作事,恆因其境而異,各國民所處之境不同,故其所造之文化亦不同。觀其異同,而其得失可見矣。非茹荼不能知苦;觀於其榮然者,而其文化可知矣。故就我國社會,犖犖大端,分爲二十篇述之。其目爲:婚姻族制第一;戶籍階級第二;財產制度第三;農工商業第四;衣食居處第五;交通通信第六;政體官制第七;學校選舉第八;兵制第九;法律第十;財政賦稅第十一;文字印刷第十二;先秦學術第十三;兩漢經學第十四;玄學佛學第十五;理學第十六;清學第十七;史學第十八;文學美術第十九;神教第二十。

第一講　婚姻族制

《易》曰："有天地，然後有萬物。有萬物，然後有男女。有男女，然後有夫婦。有夫婦，然後有父子。有父子，然後有君臣。"若是乎社會之組織，實源於家族，而家族之本，又由於男女之胖合也。欲知文化之源者，必不容不知婚制及族制審矣。

今言人倫，必始夫婦。然夫婦之制，非邃初所有也。《白虎通》言，古之時，人民但知其母，不知其父。是爲夫婦之制未立之世。斯時匹合，蓋惟論行輩。同輩之男，皆可爲其女之夫。同輩之女，皆可爲其男之妻。《周官·媒氏》有會男女之法。而《禮運》言"合男女，頒爵位，必當年德"，蓋由於此。其後慮以争色致鬥亂，而程度日進，各部落之接觸日繁，乃有劫略或價買於異族者。婚禮必行之昏時，蓋即源於略奪。六禮之納徵，則賣買之遺俗也。《郊特牲》曰："取於異姓，所以附遠厚別也。"厚別所以防同族之争亂，附遠則借此與異族結和親也。益進，則脱賣買之習，成聘娶之禮矣。婚禮有六，曰納采，亦曰下達，男氏求婚之使。曰問名，女氏既許婚，乃曰："敢請女爲誰氏。"謙，不必其爲主人之女也。問其姓氏者，蓋主人之親戚或傭婢之類也，果是主人之女，奚用問姓也。納采、問名共一使。曰納吉，歸卜之於廟。曰納徵，亦曰納幣，卜而得吉，使告女氏，納玄纁束帛儷皮。曰請期，定吉日也。吉日男氏定之，然必三請於女氏，女氏三辭，然後告之，示不敢專也。曰親迎。親迎之夕，共牢而食，合卺而酳，所以合體，同尊卑，以親之也。質同平。明，贊婦見於舅姑。厥三日。明，舅姑共饗婦。舅姑先降自西階，婦降自阼階，以著代也。此禮亦稱授室。與適（同嫡）子之冠於阼同,惟冢婦有之。婦入三月以三月氣候一轉也。而祭行。舅姑不在,則三月而廟見。未廟見而死,歸葬於女氏之黨,示未成婦也。《禮記・曾子問》。必三月者,取一時,足以別貞信也。《公羊》成公九年,《解詁》。納徵之後,婿若女死,相爲服喪,既葬而除之。故夫婦之關係,實自納徵始。然請期之後,婿若女之父母死,三年服闋,仍可別婚。《禮記・曾子問》。則禮必成於親迎。後世過重納徵,乃有未嫁婿死、女亦爲之守貞者,宜清人汪容甫譏爲好仁不好學。其蔽也,愚也。

娶妻之禮如此。若言離婚,則婦人有七棄,五不娶,三不去,說見《公羊解詁》。莊公二十七年。其說曰:嘗更三年喪不去,不忘恩也。賤取貴不去,不背德也。有所受無所歸不去,不窮窮也。喪婦長女不取,無教戒也。世有惡疾不取,棄於天也。世有刑人不取,棄於人也。亂家女不取,類不正也。逆家女不取,廢人倫也。無子棄,絶世也。淫佚棄,亂類也。不事舅姑棄,悖德也。口舌棄,離親也。盜竊棄,反義也。嫉妒棄,亂家也。惡疾棄,不可奉宗廟也。《大戴禮記・本命篇》略同。後世法律,亦明七出之文,然社會情形,今古不同,故律所強其出之者,惟在義絕。何謂義絕,律無明文,蓋難言之,故以含渾出之也。

婚禮精義,在於男不親求,女不親許。今世婚姻適得其反矣。吁!故如魯季姬使鄫子請己,《春秋》大以爲非。《公羊傳》僖公十四年。然如《左氏》所載,子南子晳,爭婚徐吾氏,乃使其女自擇者,亦非無之。《左傳》昭公六年。婚禮不稱主人,特其形式而已。《公羊傳》隱公二年。固非如後世,全由父母主婚,男女絕不與聞也。

婚年。《書傳》、《尚書大傳》。《禮記》、《公》、《穀》、《周官》皆云男三十,女二十。《墨子・節用》、《韓非・外儲說右下》則曰男子二十,女十五。《大戴禮記・本命》謂上古男五十,女三十。中古男三十,女二十。此皆爲之極限,使不可過。非謂必斠若劃一也。大抵婚年早者,出於蕃育人民之意。遲則由於古人財力不及,故殺禮多婚,爲《周官・大司徒》荒政十二之一。古者霜降逆女,冰泮殺止。《荀子・大略》、《春秋繁露・循天之道》。至於仲春而猶不能婚,則其財力不逮可知。故《周官・媒氏》,仲春會計也。男女,奔者不禁。所謂奔者,謂不備禮,正以貧乏故也。六禮不備曰奔,非淫奔之謂也。婚年婚時,以王肅之說爲通。見《孔子家語‧本命解》及《詩‧摽有梅》疏。後世生計漸裕，則婚嫁較早。曹大家十四而適人，見《女誡》。漢惠帝令女子十五不嫁五算，《漢書》本紀。惠帝時成年者納一算。皆其徵也。《大戴記》謂婚年自天子至庶子同。《左氏》則謂國君十五而生子。見襄公九年。越勾踐撓敗於吳，乃頒律男女十七不婚嫁者，科其父母，以進生殖也。

畜妾之俗，起於富貴之淫侈。《鹽鐵論‧散不足篇》謂"古者一夫一婦，而成家室之道"。妾非邃古所有，見於書傳者，惟此而已。妾御之數見於經者，《公羊》謂天子娶十二女，《公羊傳》成公十年《解詁》。諸侯九。莊公十八年。取一國，則二國往媵，皆有侄娣。夫人有左右二媵。侄為今之內姪女，娣為今之小姨。《曲禮》謂"天子有后，有夫人，皆世婦。有嬪，有妻有妾。公侯有夫人，有世婦，有妻有妾"。《昏義》謂天子有一后，三夫人，九嬪，二十七世婦，八十一御妻，《周官》無三夫人，有世婦女御，而不言其數。案冠、婚、鄉、射、燕、聘諸義，皆《儀禮》之傳，傳文皆以釋經。惟《昏義》末節，與經不涉，文亦不類。而百二十人之數，適與王莽和、嬪、美、御之制合，《漢書》本傳。和、嬪、美、御亦一百二十人。其為後人竄入無疑。古者諸侯不再娶，所以"節人情，開媵路"也。《公羊》莊公十八年。《儀禮‧喪服傳》。媵與夫人之娣，為貴妾，得為繼室。《昏禮》曰"無大夫冠禮而有其婚禮，古者五十而後爵，何大夫冠禮之有"。然則大夫五十，猶得再娶，其為繼娶可知。得繼娶，其本為妾媵可知。故知畜妾為後起之俗也。

《顏氏家訓》云："江左不諱庶孽，喪室之後，多以妾媵終家事。河北鄙於側出，不預人流。是以必須重娶。至於三四。"蓋江左猶存有妾不得再娶之義，河北則蕩然也。《公羊》質家，《公羊》有文質兩家，質求實際也。母以子貴。隱公元年。又《春秋繁露‧三代改制質文篇》。然妾為夫人，特廟祭之。子死則廢。《公羊傳》隱公五年，《解詁》。猶與正夫人有別。此由本為妾媵故然。再娶事自有異。《唐書‧儒學傳》：鄭餘慶廟有二妣，疑於祔祭，請諸有司。博士博士為太常寺司員，掌禮也。韋公肅議曰："古諸侯一娶九女，故廟無二適。自秦以來有再娶。前娶後繼，皆適也。兩衱無嫌。"余慶用其議。後世亦多遵之，同爲適室，祇限繼娶。若世俗所謂兼祧(嗣也)雙娶等，則爲法所不許。大理院統字四百二十八號解釋，以後娶者爲妾。**妾之有無多少，古視貴賤而分，後世則以貧富而異。法律仍有依貴賤立別者**，如《唐書・百官志》：親王孺人二人，媵十人。二品，媵八人。國公及三品，媵六人。四品媵四人，五品媵三人。**庶人娶妾，亦有限制。**如《明律》，民年四十以上無子者，方聽取妾，違者笞四十。然多成具文而已。

貞婦二字，昉見《禮記・喪服四制》。宋伯姬逮火而死，排他爲愛情之要素。魯女嫁宋伯姬。古例傅姆不下堂。傅，年長之男侍。姆，年長之女侍。《春秋》特書之。《公羊傳》襄公三十年。以及《茉苢》、《柏舟》柏舟，齊公主嫁衛國君，甫抵衛城而國君亡。《大車》之序於《詩》。皆見《列女傳》。劉向學《魯詩》，今詩分魯、齊、韓三家，古唯《毛詩》而已。皆可見儒家之崇獎貞節。然有淫通者，亦不以爲大過。《凱風》之詩，衛有七子之母，不安其室。而孟子曰："《凱風》，親之過小者也。"視再嫁尤爲恒事。《郊特牲》曰："壹與之齊,(妻也)終身不改，故夫死不嫁。"案："壹與之齊，終身不改。"謂不得以妻爲妾。非謂不得再嫁。注亦不及再嫁義。此語爲後人竄入無疑。宋學家好作極端之論。宋學盛行，而貞節乃益重，上中流女子，改嫁者幾於絕跡矣。世多以伊川"餓死事小，失節事大"之言爲詬病。案此語出程氏《外書》,《外書》本不如《遺書》之可信。而此語之意，亦別有在，意在極言失節之不可，非主婦女再嫁言也。泥其辭而昧其意，亦流俗無識使然。未可專咎小程也。

倡妓之始，娼妓本作倡伎，最初之時，本爲男人所操之業。日本謂之賣淫。世多以《管子》女閭三百爲徵。此蓋後世樂戶之流。至於私倡，則其原始，無可徵矣。後世樂戶，多以罪人及其家屬充之。或取諸賤族。詳見《癸巳類稿》。樂戶分官奴婢和私奴婢兩種，俞正燮理初著有《樂戶集》。

以上論婚制竟。以下略論族制。

夫婦之制既爲邃初所未有，則保育子女之責，必多由母任之。故人類親親之情，必造端於母子。知有母，則知有同母之人焉。由此而推之，則知有母之母焉。又知有與母同母之人焉。親屬之關係，自此昉也。故古代血統，以母爲主，所以表其血統者爲姓。於文，女生爲姓，職是故也。女系時代，得姓之由，略如下圖：

```
         ┌ 姬姓
      女 ┤
      姬 └ 姬姓       ┌ 姜姓
      姓   子       女 ┤
              ┐    姜 └ 姜姓
              ├───┤ 子
              ┘    
         ┌ 姜姓
      女 ┤
      姜 └ 姜姓
      姓   子
```

　　斯時甥舅爲一家之人，同姓一，異姓二，陰陽之義也。母黨者，生之所自出也；妻黨者，生之所由出也，終始之義也。其後所生者雖不同，而其爲甥舅則一也，均異姓也。而世叔父則否。歐俗財產或傳諸甥由此。人類生計，必自漁獵進於游牧，自游牧進於耕農。漁獵之世，民居出谷洲渚之間，可以合族而處。游牧須逐水草，耕農各有分地，斯不然矣。丁斯時也，人民由合而分，而女子遂爲男子之私屬。私其子姓，人有恒情，有財產者，必思傳於子。又古代職業，父子相繼，欲知其人爲何如人者，必先知其父爲何如人。財產權力之統系，亦必有以表之。夫是之爲氏。故姓之始，恒從女。而氏之起恒從男。

　　然至男權日張，妻子皆爲之私屬，周時子姓乃隨父，如文王姓姬，夫人任武王亦姓姬。則表女系之姓，亦易而爲男系。如周姓姬，齊姓姜，宋姓子是也。是之謂正姓，同出一祖者，正姓皆同。而又有氏以表其支派。若魯之三桓，孟孫氏、仲孫氏、季孫氏。鄭之七穆是也。是之謂庶姓。詳見《禮記》、《尚書大傳》注疏。三代以前，大抵男人稱氏，女子稱姓。詳見顧亭林《原姓》。姓百世尚不更，氏數傳而可改。封建既廢，譜牒淪亡，正姓多不可知。亦無新起之庶姓，而姓氏之別遂亡。詳見《通志·氏族略》。古有王牒纂修館。

　　下圖九族，爲今《戴禮》、《歐陽尚書》說。

```
          ┌ 五屬之内
          │ 父女昆弟適人者與其子
     ┌父族四┤ 己女昆弟適人者與其子
     │    └ 己之子適人者與其子
     │    ┌ 母之父姓
九族 ┤母族三┤ 母之母姓
     │    └ 母女昆弟適人者與其子
     │    ┌ 妻之父姓
     └妻族二┤
          └ 妻之母姓
```

古文家以上自高祖，下至玄孫爲九族，乃九世之誤也。俞蔭甫說。宗法至周而始詳，蓋亦至周而始嚴，其法以別子爲祖。別子之正適爲大宗，次子以下，皆爲小宗。小宗之正適，爲繼禰小宗，其正適爲繼祖小宗，以次相傳，爲繼曾祖小宗，繼高祖小宗。繼禰者兄弟宗之，繼祖者從兄弟宗之，繼曾祖者再從兄弟宗之，繼高祖者三從兄弟宗之，六世親盡。則不復宗事與我同六世之正適，故曰五世而遷。大宗之正適，則永爲同出一祖者所宗事，故曰百世不遷。凡諸小宗，皆爲大宗所統攝。族之殤與無後者，從祖祔食。皆祭於大宗之家。故小宗可絕，大宗不可絕。《儀禮·喪服》。大宗不絕，則同出一祖之人，皆能摶結而不散。此宗法之組織，所以爲堅強而悠久也。天子者，同姓諸侯之大宗。諸侯者，同姓大夫之大宗。故曰"君之宗之"。《詩·篤公劉》。然則宗子皆有土之君，故能收卹其族人。族人皆與宗子共生息於其封土，故必翊戴其宗子。此宗法與封建，所以相輔而行也。九族之義，詳見《五經異義》。宗法詳見《禮記大傳》。古者諸侯不敢祖天子，大夫不敢祖諸侯。祖，正統之世祖也。宗，旁系也。

```
國君──嗣君──嗣君
         ├─旁系(諸侯)(大宗之祖)──┬─大宗宗子
         └─旁系(諸侯)              └─旁系(大夫)
```

如上圖，大宗之祖不能稱國君爲祖也。然稱宗則可也。而不能親與祭祀，以正名也。旁系在本系内稱諸侯，至別系内又得稱世祖。小宗在別系内又得稱大宗。

```
國君
├嗣君    別子
│        大宗
│        之祖
├嗣君
│        ┌────────┐
│        大宗     小宗
│        宗子     宗子
├嗣君
│        大宗     繼禰    小宗
│        宗子     小宗    之子
├嗣君
│        大宗     繼祖    繼禰    小宗
│        宗子     小宗    小宗    之子
├嗣君
│        大宗     繼曾祖  繼祖    繼禰    小宗
│        宗子     小宗    小宗    小宗    之子
└嗣君
         大宗     繼高祖  繼曾祖  繼祖    繼禰    小宗    小宗
         宗子     小宗    小宗    小宗    小宗    宗子    宗子
```

文王──┬武王（大宗）
　　　└周公（小宗）

魯──周公（大宗）──┬伯禽（大宗）
　　　　　　　　　└□□（小宗）

古代之民所以篤於宗族者，先有族後有宗。以其時人類相親相愛之情未廣,分工協力之道未備,政治與生計之摶結,皆止於是也。後世親愛之情日擴,通工易事之範圍亦日廣。職業複雜,斷不容聚族而居,強宗巨家或且爲政令之梗。則宗法不得不替,而相生相養,專恃五口八口之家,治理則胥由於國矣。有謂古之家族觀念厚,今之家屬觀念薄,實則非人心之異,乃社會之組織不同有以致也。古者社會組織簡陋,宗族事務非協力無以生存。今則適趨其反,工商發達,凡百事業,皆可以金錢代力。則宗族愈大,反致無濟於事,是以宗族之觀念疏焉。喪服同財,以大功爲限。平民有弟,則爲餘夫。《孟子・滕文公上》。可見古者卿大夫之家,較今日普通之家爲大。平民之家,則相等也。五口八口,爲一夫上父母,下妻子。此謂相生相養,不得不然之摶結。較諸歐人,亦僅多上父母一代耳。此非至人人"不獨親其親,不獨子其子"之世,不易破除也。宗族百口,累世同居之事,史傳多載之。篤舊者侈爲美談,喜新者又以爲詬病,其實以中國之大,此乃鳳毛麟角耳。制度與社會組織,格不相入,未有能行之廣、持之久者也。繼嗣之法,自周以來,始專重適長。其時宗族方盛,宗子之地位最尊,有一大宗,則同出一祖之人,皆得所依倚。故所不可絕者僅大宗。後世宗法既廢,敬宗收族之意亦亡。而不孝有三,無後爲大之見解,依然如故,《孟子・離婁上》。遂至人人皆欲立後,此其勢實不可行。故儀禮之家多非之。然財產既許私有,無後則產無所歸,歸公非人情所願。近親分受,轉益糾紛,尚不如立一人焉。主其祀而襲其產之爲得,此習俗之所以重立嗣,而法律亦從而許之也。惟今世法律,當重保護人之財產,立後與否,當聽其人之自願。財產歸諸何人,當一憑本人之意。而法律於此,不能盡符。此則未盡善者耳。趙甌北先生著《陔餘叢考》一書,專叙歷史上制度與社會組織正史所遺漏不載。

兼祧之法長房之子兼祧於其次各房者,則於本生父母服三年而於兼祧父母服一年。小房之子兼祧長房者,於本生父母服一年,於兼祧父母三年。創於清高宗時。蓋一族人丁衰少時,往往近親固無多丁,遠房亦無支子。清律禁立異姓爲後,惟仍得爲養子,且得分給財產。又禁昭穆輩份相稱也。失序,非如是,不能令人人皆有後也。女子繼承,係國民政府新定之法,於理固當。然與習俗相違,推行盡利,尚非旦夕間事也。

第二講　户籍階級

凡治皆以爲民，亦凡治皆起於民。故户籍者，一國政治之根本也。吾國户口之清晰，蓋尚在三代以前，斯時國小而爲治纖悉。君卿大夫，皆世守其地，易知民之情僞。又生事簡陋，交通阻塞，社會風氣誠樸。而民之輕去其鄉者少，故户籍易於清釐。後世則一切反是，故其民數，遂至無可稽考也。中國古時户口之不得清查，丁、户税之存在，亦爲一大主因。

清查户口，必始鄉里。鄰比之制，鄰比之制，猶今之區鎮街長是也。實爲其基。《周官》小司徒，頒比法於各鄉，使各登其鄉之衆寡，承行其事者，蓋皆比閭族黨之長，司民登萬民之數，特爲之會計而已。後世鄉職，名存實亡。官吏又皆客籍，視其位爲傳舍，逆旅也。此等詳密之政，安得推行盡利哉！而其尤爲清查之累者，則莫如户籍役籍，併爲一談一事。

徐幹漢末年人。《中論》曰："民數者，庶事之所出也。以分田里，以令貢賦，以造器用，以制禄食，以起田役，以作軍旅。"蓋古之清查户口，有裨治理如此。後世此等事一切不問，特爲收税起見，加以清查。則人民安得不隱匿，官吏又安肯切實奉行乎？

歷代清查户口之法，雖難具詳，要之在官必始於縣，自此上達於郡，更上達於中央，或監司之官。自縣以下，則委之吏胥及鄉職。吏胥舞弊，鄉職蠢愚，其不能善其事，無待再計矣。略舉其弊，約有七端：酷吏務求增丁，畏葸者亦不敢減；户有死絶，攤諸現存，一也；清以前人民須得度牒，方得落发空門。清以來乃廢，以致僧侶益衆。貨賄出入，任意低昂，二也；吏胥婪索，三也；此弊之在官吏者也。詐稱客籍，冒爲士族，或妄托二氏，二氏者，和尚、道士也。以規免役，四也；脱户漏口，五也；豪强隱佔，親族蔽匿，六也；户役輕重，各有不同，如軍民匠竈等。情有趨避，遂生詐冒，七也。此皆弊之在民者也。總而言之，役籍不實，而户籍與之併爲一談，其不能實，無待再計矣。

姑以明清近事徵之。明制：以百十户爲里，在城曰坊，近城曰廂。歲役里長一人，甲長十人，以司其事。民數具於黄册。黄册以户爲經，以田爲緯，亦以里長司之。而上諸縣，縣上諸府，府上諸布政司，布政司上諸户部，歲終以聞。命户科給事中一人，御史二人，户部主事四人校焉。其制似極精詳，黄册先載户數，次載當差丁數，次載男婦口數，末總計當差丁數。鰥寡孤獨，不能應役者，附十甲後爲畸零。僧道有田者，編册如民科，無田者亦爲畸零。果能推行盡利，全國民數，亦未始不可周知。然總結衹具當差人丁，其法已不盡善。況於當差人丁，數亦未必得實。不當差之男婦，其爲隨意填寫，抑真加以清查，更不可知乎。又況乎後來并黄册而無之，或有之而全不實。釐定賦役，但憑所謂白册者乎。各縣自造，以供定賦役之用者，謂之白册。明制，五年一均役，十年則更造黄册。清初三年一編審，後改爲五年，所謂編審，與清查人口，全無干涉。衹是將全縣應收丁税，攤之各户而已。此時丁税，實早攤入田畝。故康熙五十年，有嗣後滋生人丁，永不加賦之詔。非不欲加丁税，明知即加之，所得亦終有限也。雍正四年，徑將丁銀攤入地糧，自此編審不行。乾隆時，遂憑保甲以造户册。保甲固與役法無關，然其立法極詳密。以昔時政治之疏闊，安能實力奉行，則亦具文而矣。人謂編審停而户口之數較得實，吾不信也。

嬴秦以前，户口之數，已無可考。自漢以來，則散見史籍，大約口數盛時，多在六七千萬左右，最少時不足千萬，歷代户口之數，可看《三通考・户口考》最便。此可覘歷代口税盈絀耳。與户口之數，實無涉也。乾隆既停編審，户口之數驟增，口數逾一萬萬。自此遞有增加，道光十五年,遂逾四萬萬。今日習稱中國人口爲四萬萬,由此也。

　　中國議論,有與歐洲異者。歐洲古希臘等皆小國,崎嶇山海之間,地狹人稠,過庶之形易見。故自亞里士多德_{古希臘大哲學家}以來,已有人衆而地不能容,爲最後之憂之說。馬爾薩斯之人口論,特承其餘緒而已。中國則大陸茫茫,惟患土滿。故古之論者,多以民之不庶爲憂,後世雖有租庸調等計口授田之法,實未必行。故過庶之患難見。而政治主於放任,調劑人口等事,政府又素不關懷,殖民之說,尤自古無有。數千年來,國內則荒處自荒,稠密處自患稠密。開疆拓土,亦徒以饜侈君喜功好大之心,於人民無甚裨益。"年年戰骨埋荒外,空見葡萄入漢家"。古來暴骨沙場,不知凡幾,而訖今日,仍以廣田自荒,啓戎心而招外侮。誦昔人之詩,能無深慨乎!

　　古有恒言曰君子小人,所謂君子,蓋執政權者之通稱。所謂小人,則不與政,自食其力者也。大抵古代階級由於戰爭,有戰爭,則有征服者,亦有被征服者。征服者之同姓、外戚、功臣、故舊,謂之百姓。_{古百姓與民異義。如《堯典》"平章百姓"與"黎民於變時雍"分言}。其餘則因其職業之異,分爲士、農、工、商。士之初,蓋戰士之意。當時政事,蓋多在此等人手,故後遂變爲任事入仕之稱。初任事者曰士,士而受爵,則爲大夫,此皆所謂君子。自士以下,執事者曰庶人。"士有員位,而庶人無限極",_{《孝經‧庶人章》疏引嚴植之語}。則與農工商同爲小人矣。士、農、工、商,通稱四民,野人則變民言氓,_{《周官‧遂人注》}。蓋民爲征服人之族,居於郭以內。野人則服於人之族,居於郭以外。城爲極小之方圍,郭乃大範圍之城,無定形,郭内景象,一如鄉村。然郭內多行畦田制,郭外多行井田制,以郭内多不平之地也。古制居於郭之内者,稱國人。居於郭之外者,稱野人。大概國人爲戰勝民族,野人爲戰敗民族,其待遇迥異。孟子曰:"國人皆曰可殺,然後殺之。國人皆曰可用,然後用之。"故國人之力大焉,而野人無與也。古代參與政治,實惟國人_{如詢國危,詢國遷,詢立君等,見《政體篇》}。以此。其後封建制壞,君卿大夫,漸失其位,遂至與民無別。而國人增殖,不能不移居於野。野日富厚文明,寖至與國無異,則國人野人之跡亦泯矣。又有所謂奴婢者,蓋以罪人及俘虜爲之。《周官》司隸有五隸,罪隸爲罪人。閩隸、蠻隸、夷隸、貉隸皆異族。蓋戰勝所俘也。然其除去奴籍，初不甚難。《左氏》襄公三十二年，斐豹請殺督戎，范宣子喜曰："而殺之，所不請於君焚丹書者，有如日。"則以君命行之而已。後世人主每以詔旨釋放奴婢，殆亦沿之自古歟。

古代之階級，由貴賤而分。封建政體既壞，則由貧富而異。秦漢之世，擁厚資者，大略有三：曰大地主；曰擅山澤之利者；曰大工商。董仲舒言，富者田連阡陌，貧者無立錐之地，此則所謂大地主。《史記‧貨殖列傳》所載事種樹、畜牧、煮鹽之人，則所謂擅山澤之利者也。晁錯謂當時商賈，交通王侯，力過吏勢。以利相傾，千里游敖。乘堅策肥，履絲曳縞。當時所謂商賈，實兼製造之家言之。如孔僅爲南陽大冶是也。此所謂大工商也。《漢書》謂編戶齊民，同列而以財力相君，雖爲僕隸，猶無慍色。《貨殖列傳》。貧富階級之顯著，概可見矣。然古代貴賤之階級，亦非至此而遂剷除淨盡也。其遺留者，則爲魏晉以後之門閥。

唐柳芳論氏族曰："氏族者，古史官所記也。昔周小史，定系世，<small>系，帝系也。世本，諸侯卿大夫之家譜也。</small>辨昭穆，故古有《世本》，錄黃帝以來至春秋時，諸侯卿大夫名號繼統。""秦既滅學，公侯子孫，失其本系。漢興，司馬遷父子，乃約《世本》修《史記》，因周譜明世家，乃知姓氏之所由出。虞、夏、商、周、昆吾、大彭、豕韋、齊桓、晉文，皆同祖也。更王迭霸，多者千祀，少者數十代。先王之封既絕，後嗣蒙其福，猶爲強家。漢高帝興徒步，有天下，命官以賢，詔爵以功。先王公卿之冑，才則用，不才棄之。不辨士與庶族，始尚官矣。然猶徙山東豪傑，以實京師。齊諸田，楚屈、景，皆右姓也。其後進拔豪英，論而錄之。蓋七相五公之所由興也。魏氏立九品，置中正，尊世冑，卑寒士，權歸右姓已。其州大中正主簿、郡中正功曹，皆取士族爲之，以定門冑，品藻人物。晉宋因之，始尚姓已。<small>中正之弊，惟能知其閥閱，非復辨其賢愚，是亦九品制之不完美也。所謂尊世冑，卑寒士，助長階級之氣焰。上品無寒門，下品無世族。</small>於時有司選舉，必稽譜籍而考其真偽。故官有世冑，譜有世官。賈氏王氏譜學出焉。由是有譜局,譜局爲齊梁時所設。令史職皆具。”“夫文之弊,至於尚官;官之弊,至於尚姓;姓之弊,至於尚詐。隋承其弊,不知其所以弊。乃反古道,罷鄉舉,離地著,尊執事之吏。於是乎士無鄉里,里無衣冠,人無廉恥,士族亂而庶人僭矣。”《新唐書・柳冲傳》。此說於階級興替,言之殊爲瞭然。蓋古代貴族宗支,具存譜牒。故與平民不相混。此等譜牒,本皆職以官司。逮封建廢而官失其守,譜牒淪亡。漢世用人,又不拘門第。自古相沿之階級,本可至斯而泯。然沿襲既久,社會視聽,驟難變易,故魏晉以降,其焰復張。當時士庶之隔,有若鴻溝。婚姻不相通,廡仕不相假,甚至一起居動作之微,亦不相儕偶。觀《陔餘叢考》"六朝重氏族"一條可見。琅邪王姓,博陵崔姓,皆貴族也。唐文宗欲以公主降士族,曰:"民間婚姻,不計官品,而尚閥閱。我家二百年天子,反不若崔、盧邪?"《舊唐書・杜兼傳》。可見唐末此等風氣尚盛。乃至五季,而"取士不問家世,婚姻不問閥閱"。《通志・氏族略》。千年積習,一旦捐除,雖曰遭遇喪亂,官私譜牒淪亡,《昭明文選》讖琅邪王與富陽滿通婚姻事,以不明譜牒也。亦何遽至此哉?君子觀於此,而知世變之亟也。凡蟠踞社會之上層者,必有其實力,實力惟何,一曰富,一曰貴,貴者政治上之勢力,富者社會上之勢力也。觀《廿二史札記》"江左世族無功臣"、"江左諸帝皆出庶族"、"南朝多以寒人掌機要"等條,而知士族政治勢力之式微。觀《日知錄・通譜》、《廿二史札記》"財昏"等條,而知庶族社會勢力之雄厚。社會之組織,既不容由憑恃財力,復返於憑恃武力。則徒藉相沿閥閱以自雄者,終不能不爲新起之富豪所征服,有斷然矣。蓋至此而自古相沿之階級盡矣。論者或以崇尚門閥,區別士庶爲美談,而轉陋隋唐之所爲,豈知言哉?

門閥既廢,則爲平等之累者,惟有奴婢。奴婢有二:以罪沒入者爲官奴婢,以貧鬻賣者爲私奴婢。二者皆漢世最盛,而後漢光武一朝,免奴最多,皆見《本紀》。殆可稱中國之林肯。不過政治力強,莫敢舉兵相抗而已。古代奴婢,皆使事生業,所謂"耕當問奴,織當問婢"。非如後世以供驅使,故其數可以甚多。白圭、刁間、蜀卓氏皆以此起。後世二者亦不絕，然政治常加以糾正，故其勢不能大盛。大抵官奴婢有赦令則免，私奴婢則或以詔旨勒令釋放，或官出資爲贖，或令以買直爲庸資，計其數相當則免之。然在民國以前，其跡終未能盡絕也。又有所謂部曲者，其初蓋屬於將帥之卒伍，後遂爲之私屬。《續漢書・百官志》：大將軍營五部，部下有曲，曲下有屯，此部曲本意。《三國魏志・李典傳》：宗族部曲三千餘家，居乘氏，自請願徙詣魏郡。《衛覬傳》：鎮關中，時四方大有還民，諸將多引爲部曲，覬書與荀彧謂郡縣貧弱，不能與爭，兵家遂强，一旦變動，必有後憂，皆部曲專屬將帥之證。部曲之女，謂之客女，較平民爲賤，而較奴婢爲貴，自魏晉至唐宋皆有之。

　　古代婢妾，本無區別，故以罪沒入之婦女，亦可使之執伎薦寢以娛人，是爲樂户。此制歷代皆有，直至清世始全廢。俞氏正燮《癸巳類稿》，有文紀之。又歷代以罪淪爲賤民者極多，至清世亦皆放免。如江山之九姓等。亦見俞氏文中。在清代，所謂身家不清白者，惟倡優皂隸，及曾鬻身爲奴者而已。然不許應試入仕，亦僅以三世爲限也。至民國，乃擧此等汙跡，一律劃除焉。

　　以上所述，爲本族之階級，而本族與異族間之階級，亦隨武力之不競而俱起。此則述之而滋可傷者已。我族爲異族所征服，自五胡之亂始。史稱高歡善調和漢人與鮮卑，其語鮮卑人曰：漢民是汝奴，夫爲汝耕，婦爲汝織，輸汝粟帛，令汝溫飽，汝何爲陵之？其語漢人則曰：鮮卑是汝作客，得汝一斛粟，一匹絹，爲汝擊賊，令汝安寧，汝何爲疾之？以漢人任耕，鮮卑任戰，儼然一爲武士，一爲農奴焉。五胡之待中國人可知矣。遼、金、元、清，猾夏尤甚。遼自太祖，即招致漢人，別爲一部。卒以此併八部而成帝業。然終遼之世，徵兵必於部族。五京鄉丁，僅使保衛閭里而已。遼世設官，分南北面。北以治部族宮帳，南以治漢人州縣，而財賦之官，南面特多，蓋朘漢人以自肥也。遼金漢人不雜居，其禍尚淺。金則猛安謀克戶入中原者，皆奪民地以畀之。宣宗南遷，騷擾尤烈，致成骨仇血怨，一朝喪敗，屠戮無遺。觀其後來報之慘，而知其初陵之烈矣。《廿二史札記・金末種人被害之慘》。元入中國，至欲盡戮漢人，空其地以爲牧場。《元史・耶律楚材傳》。

雖不果行，而漢人入奴籍者甚多，雖儒者亦不免。《廿二史劄記・元初諸將多掠人爲私戶》。元世分人爲蒙古、色目、漢人、南人四等，一切權利，皆不平等，末造見誅之事，往史雖語焉不詳，然今諺猶有"殺韃子"一語，韃子即蒙人自號也。想其見報，亦必不免矣。清代滿漢不通婚，不雜居，故相仇亦視金元爲淺。然其初入關時，籍民莊田，又圈民地，以給旗民，亦與金代所爲無異。官缺皆分滿漢，又有蒙古包衣缺，亦與元代長官必用蒙人者，相去無幾。此皆非契丹所有。其刑法，宗室、覺羅及旗人，皆有換刑，特邀寬典。又或刑於隱者，儼然有"不與國人慮兄弟"之意。亦與遼金元不同。遼金元之初，刑法亦漢蕃異施。然意在各率其俗，與清代用意不同也。迫令舉國薙髮易服，尤前此外夷所不敢行，相迫相煎之局，每以降而愈烈。處茲生存競爭之世，固不容不凜凜矣。

第三講　財產制度

中國財產分配之法，大抵隆古之世，行共產之制。有史以後，逐漸破壞，至秦漢之世而極。是時冀望復古者甚多，王莽毅然行之，卒召大亂，自是無敢言均平財產者。私產之制，遂相沿以迄於今。

老子言"郅治之世，鄰國相望，鷄犬之聲相聞。民各甘其食，美其服，安其俗，樂其業，至老死不相往來"。此爲邃古之世，部落分立之情形。其時蓋各部落之中，自行共產之制。孔子謂大道之行也，"人不獨親其親，不獨子其子"。"貨惡其棄於地也，不必藏於己，力惡其不出於身也，不必爲己"。蓋即此時代之情形也。自交通日闢，彼此之往來日繁，而其制漸壞。

部落共產之制，所以隨交通之便而破壞者，一因其互相兼併，勝者攘敗者之財爲己有。一由交易漸興，前此自造之物，至此可不造而易之於外，少造之物，可多造以與人相易。前此之分職，遂不可復行。而奇異之物，日接於耳目，欲利之心，因之日熾。爲公家任職之處，又多制私貨，雠諸異族。於是部落中有私財之人日多，而貧富漸不均。前此共產之組織，亦遂逐漸破壞，兩部落之相争戰也，敗者之財產，率盡爲勝者所有。斯時無所謂個人之私產也，一部落之財產，則其族之人所共有而已。然財產雖爲一族之人所共有，而管理之權，必操諸一人，其實乃與族長一人所有無異。戰敗之族之財產，盡歸諸戰勝之族，亦仍如此。《詩》曰："普天之下，莫非王土。率土之濱，莫非王臣。"王即戰勝之族之酋長也。戰勝之酋長，以此土地，分給子弟親故,使食其入而治其人,是爲封建。以此土地,賦與農奴,使之耕種,則所謂井田之制也。農奴僅得耕作,土地初非所有,故有還受之法焉。古代分職,時曰士農工商,士之初蓋爲戰士,其後乃變爲任事之稱。凡爲士者,皆祿足代耕,然亦僅足代耕而已。農夫所食,自九人至五人。工業大者皆由官營,商人之貿遷,亦爲國家謀通有無,彌闕乏,所得私利有限,國家所以監督之者又甚嚴。見《農工商業》篇。故斯時四民,實無甚貧甚富。其所入較多者,惟有封地之君大夫而已。此則諸部落互相兼併,因生平民貴族之差,以至於此也。

貧富之不平,首由井田之破壞;井田之破壞,孟子謂由"暴君汙吏,慢其經界"。實亦人口漸繁,土地不足,惜田間道路溝洫,佔地太多,故欲從事墾闢也。見朱子《開阡陌辨》。自井田廢而民或無立錐之地,貧富始大不均矣。農田以外之土地,古代皆爲公有。故《王制》謂"名山大澤不以封",孟子言"數罟不入洿池","斧斤以時入山林"。而《周官》有山虞、林衡、川衡、澤虞、跡人、卝人等官。蓋凡遵守規則者,皆得取用焉。自土地日闢,成法日壞,亦爲私人所有。《史記‧貨殖列傳》所載,以畜牧、種樹、煮鹽、開礦致富者是也。漢董仲舒言"富者田連阡陌,貧者無立錐之地。又潁川澤之利,管山林之饒",晁錯言商賈"大者積貯倍息,小者坐列販賣","男不耕耘,女不蠶織,衣必文采,食必粱肉","因其富厚,交通王侯,力過吏勢"。漢世所謂商人,實包含大工業家在內。大地主、大工商,乃當時所謂富者階級也。

漢人救正之法有二。其於土地,主急進者欲復井田,主漸進者則欲限民名田。終兩漢之世,迄未能行。其於大工商家,則法律抑之特甚。《漢書‧食貨志》言:"高祖令賈人不得衣絲乘車,重稅以困辱之。孝惠高后時,天下初定,復弛商賈之律,然市井子孫,亦不得仕宦爲吏。"又漢時有所謂七科謫者,賈人,故有市籍,父母有市籍,大父母有市籍者皆與焉。《漢書‧武帝記》天漢四年注引張晏說。其於農人,則特輕其稅。漢初十五稅一,文帝除民之田租,至於十有三年。景帝即位,乃令民半出租,爲三十而稅一。後漢亦仍之。然荀悅謂其"適足以資豪強"。晁錯謂"法律賤商人，商人已富貴矣；尊農夫，農夫已貧賤矣"。蓋其救正之效甚鮮矣。

王莽者，社會主義之實行家也。莽既得志，更命天下田曰王田，奴婢曰私屬，皆不得賣買。男口不盈八，而田過一井者，分餘田與九族鄉黨，又立五均司市泉府之官。司市以四時中月，定物平價，物之周於民用而不讎者，均官以本賈取之，物昂貴過平一錢，則以平價賣與民。工商百業，皆除其本，計其利，以十分之一爲貢。民欲治産業，或喪祭無費者，泉府以貢之所入貸之，喪祭者無息，治産業者，歲取息無過十一。又行六筦之制，收鹽、鐵、酒酤、山澤、賖貸、鐵布銅冶，皆歸諸官。合生産者與消費者，皆思有以劑其平。蓋欲一舉而復三代盛時之舊矣。然行之既無其法，而吏又因之爲奸，遂至"元元失業，食貨俱廢"。天下大亂，莽卒以亡。自莽之亡，言治者輒引爲戒。雖亦知貧富不均，爲致亂之原，然所行者，率不過彌縫補苴之策，無敢更言清源正本者矣。

王莽變法，雖召大亂，而土地却因亂而漸均。荀悅云："井田之制，不宜於人衆之時，田廣人寡，苟爲可也。然欲廢之於寡，立之於衆，土地布列在豪强，卒而革之，并有怨心。則生紛亂，制度難行。若高祖初定天下，光武中興之後，人衆稀少，立之易矣。"觀此，可知東漢之初，實有土廣人稀之象，向之田連阡陌，又顓川澤之利，管山林之饒者，至此皆因兵燹而喪其所有矣。此其所以獲暫安也。

凡一種制度，爲人心所同欲，學者所同然，一時雖未克行，久之，未有不見諸施行者。限民名田之論，兩漢儒者之公言也。兩漢迄未能行，而晉以後行之。晉之户調式，魏之均田令，唐之租庸調法，皆以成年爲丁，因男女之異，而受田有差。其所受之田既均，則其所納之稅亦均，乃按户而征之，是曰户調。魏制有桑田露田之別，桑田爲世業，露田有還受。蓋以在官之荒田授民爲露田。其所私有，亦不奪之，則爲桑田。孟子曰："五畝之宅，樹之以桑。"桑田蓋屋廬所在。桑田得賣其盈，亦得買所不足。而不得賣其分，亦不得買過所足。蓋欲以漸平均地權也。唐制：還受者曰口分，不還受者曰永業。鄉有寬狹，田多可以足其人者爲寬鄉，不足者爲狹鄉。田，鄉有餘以給比鄉，縣有餘以給比縣，州有餘以給比州。庶人徙鄉及無以葬，得賣世業田。自狹鄉徙寬鄉者，得并賣口分田。其立法彌詳矣。然史稱開元而後，其法大壞，并兼踵漢成哀。德宗時，楊炎創兩稅，就其有而取之，雖稱救時良法，然制民之產之意，蕩焉盡矣。

凡天下喪亂之際，必爲豪強兼併之時，其故約有數端：田多荒蕪，乘機佔有，一也；貧者無以自立，或迫於苛稅，棄田而去，亦爲豪強所佔，二也；亂時民或棄農爲兵，田益易荒，三也；暴政恒施於小民，民不得不托庇於豪強，四也；吏治苟簡，不能摧抑豪強，或且與之結托，五也。唐中葉以後，蓋即其時，宋興，初未能加以救正，故其農民困苦特甚。當時民間借貸，自春徂秋，取息逾倍。宋太祖時嘗禁之，見《宋史・食貨志》。且穀粟布縷魚鹽薪蕨櫌鉏斧錡之屬，皆雜取之。《宋史・陳舜俞傳》。宣仁太后臨朝，司馬光疏言農民疾苦，有曰："幸而收成，公私之債，交爭互奪。穀未離場，帛未下機，已非己有。所食者糠粃而不足，所衣者綈褐而不完，直以世服田畝，不知有何可生之路耳。"其言可謂哀切矣。王安石秉政，欲行方田均稅之法，南渡後又有經界之制。然或推行未廣，或則有名無實，訖無成效可見。而南宋貴勢，肆行兼併，兩浙腴田，多落其手。賈似道當國，強買爲公田，即以私租爲官額。明太祖下平江，惡其民爲張士誠守，又以私租爲官賦。嗣後雖屢經蠲減，至於今日，兩浙賦額，猶獨重於全國。并兼之詒禍，亦可謂烈矣。

明初行黃册魚鱗册之法，黃册以戶爲主，以田從之。魚鱗册則以土田爲主，諸原阪墳衍下隰沃瘠沙鹵之別畢具。據黃册則知各户所有丁糧，由之以定賦役，而田之所在，則稽諸魚鱗册而可知。其法本甚精詳，使能實行，則戶口土田，皆有可考，雖由此進謀平均地權可也。顧積之久，魚鱗册漫漶不可問，而田所在不可復知。於是黃册亦失實，卒至富者有田而無稅，貧者有稅而無田，其或田棄糧存，則攤征於細民，責償於里甲。紳士又爲下户代納賦稅，而私其所入，其弊不可勝窮。嘉靖時，乃有履畝丈量之議。神宗初，張居正爲相，行之，限三歲竣事。史稱豪猾不得欺隱，里甲免賠累，而小民無虛糧焉。清代丁稅攤入地糧，但按田征稅，而人戶之有田無田，及其田之多少，不復過問。地權之均不均，國家遂無從知之矣。

　　工商之業，在私有財產之世，所以制馭之者，不過稅法之重輕；業之大者，實宜收歸官營，一以防豪強之兼併，一則國家得此大宗收入，可以減輕賦稅，以利窮民，且可興舉大業也。然歷代論政之家，狃於三代以前，偏重田租口賦之制，不知此爲產業未盛之時之遺法，而以爲義所當然。故漢汲黯謂縣官但當衣食租稅。《漢書・食貨志》。晉初定律，酒酤等事，皆別爲令，以便承平時廢除。《晉書・刑法志》。隋文帝定天下，亦將一切雜稅，次第除去。唐中葉後，藩鎮擅土，王賦所入無幾，國用艱窘，不得不取之雜稅。而鹽茶等稅，乃日增月益，藩鎮亦競收商稅，有住稅，有過稅，亦猶清代軍興時之有厘金也。宋代養兵太多，竭天下之財以給之，此等稅遂迄不能除，抑且加重。元、明、清三代，皆沿襲焉。然皆徒爲斂財計而已。抑并兼利萬民之意，則蕩然無復存焉者已。

　　借貸之事，古者蓋由公家司之。孟子謂"春省耕而補不足，秋省斂而助不給"。《梁惠王下》。陳氏齊大夫。以公量貸，而以家量收之，《左傳》昭公三年。馮諼爲孟嘗君收責於薛，盡焚其券以市義，《戰國策》。蓋皆其事。《史記・貨殖列傳》謂"子貸金錢千貫者，比千乘之家"。則秦漢時，已有私人恃放債爲生者，其後訖亦不絕。趙氏翼《陔餘叢考》有一條考之，可見其概。

　　其以救濟爲宗旨者，於民食，在漢爲常平，在隋爲義倉，在宋爲社倉。更思推此以充借貸者，則爲宋王安石之青苗法。常平之法，創自耿壽昌。蓋沿李悝糴甚貴傷民甚賤傷農之說，而思有以劑其平。其法於諸郡築倉，穀賤時增價以糴，穀貴時減價以糶。民獲其利，而官司亦有微贏，誠爲良法。然在穀物貿易未盛之時，其策可用。後世食糧之市場益廣，而在官之資本甚微，則其效亦寡矣。且其法僅可以平穀價，而不可以充振貸。於是隋長孫平有義倉之法。勸課當社，收穫之日，隨其所得，出粟及麥，時或不熟，即以振給。既能遍及各地，又令人民自謀，實爲最善。然後或移之於縣，則全失本意矣。宋以來，乃又有所謂社倉。孝宗乾道四年，建民艱食，朱熹請於府，得常平米六百石，請本鄉土居朝奉郎劉如愚，共任賑濟。夏受粟於倉，冬則加二計息以償。自後逐年斂散，或遇少歉，即蠲其息之半，大飢即盡蠲之。凡十有四年，得息，造成倉廒，以元數六百石還府，仍存米三千一百石，以爲社倉，不復收息。一鄉四十五里間，雖遇凶年，人不闕食，後多有放行之者。《通考》謂"凶年飢歲，人多賴之。然事久而弊，或主之者倚公以引私，或官司移用而無可給，或拘納息米而未嘗除，甚者拘摧無異正賦"。

蓋此爲人民自治之事，必人民程度高，而後其效可睹也。青苗之法，始於李參。參官陝西，令民隱度穀粟之贏，貸以錢，俟穀熟還官。安石秉政，請以諸路常平廣惠倉錢穀，依其例，預借於民，令出息二分，隨夏秋稅輸納。謂常平廣惠之物，收藏積滯，必待年儉物貴，然後出糶，而所及又不過城市游手之人。今通一路有無，貴發賤斂，可以廣蓄積，平物價，使農人有以赴時趨事，而并兼者不得乘其急也。當時反對者甚衆，大抵謂官吏奉行不善，而朝廷之意，實在藉此以取財。予謂青苗立法之意頗善。然實人民自相扶助之事，一經官手，則因設治之疏闊，而監督有所難周，法令之拘牽，於事情不能適合，有不免弊餘於利者。此安石所以行之一縣而效，行之全國而不能盡善也。_{王安石嘗一度長浙鄞縣令，故云。}

平均市價之事，後世無之。漢桑弘羊行均輸之法，藉口百物由官販賣，則富商大賈，無所牟大利，則反本而萬物不得騰躍，故抑天下之物，名曰平準。然其意實在理財而已。宋神宗時，嘗置市易務。凡貨之可市及滯於民而不售者，平其價市之，願以易官物者聽。若欲市於官，則度其抵而貸之錢，責期使償，半歲輸息十一，及歲倍之。以呂嘉問爲都提舉市易司，諸州市易司皆隸焉。頗近王莽之司市泉府，其事亦卒不能行。蓋後世商業日盛，操縱非易也。

自王莽以後，以國家之力，均平貧富，無復敢萌此想者。然特謂其事不易行而已，固非謂於理不當行。讀王安石之《度支廳壁題名記》，可見其略。安石之言曰："合天下之衆者財，理天下之財者法，守天下之法者吏也。吏不良，則有法而莫守，法不善，則有財而莫理。有財而莫理，則阡陌閭巷之賤人，皆能私取予之勢，擅萬物之利，以與人主爭黔首，而放其無窮之欲，非必貴强桀大，而後能如是。而天子猶爲不失其民者，蓋特號而已耳。雖欲食蔬衣敝，憔悴其身，愁思其心，以幸天下之給足而安吾政，吾知其猶不得也。然則善吾法而擇吏以守之，以理天下之財，雖上古堯舜，猶不能毋以此爲急，而況於後世之紛紛乎。"此等見解，蓋非特安石有之，此現今之社會主義，所以一輸入，遂與吾國人深相契已。然其行之如何，則固不可不極審慎矣。

第四講　農工商業

人類資生，莫急於食，取食之方，有僅爲目前之計，其技幾於不學而能者，水漁山獵，及取天然之草木以爲食是也；有必待稍知久遠之計，勤苦盡力而後能得之者，畜牧種植是也。《禮運》曰："昔者先王未有火化，食草木之實，鳥獸之肉，飲其血，茹其毛。"蓋我國疆域廣大，偏北之地，氣候物產，近於寒帶；偏南之地，則近熱帶。故取資動植，以給口實者，一國之中，兼有之也。古稱三皇曰燧人、伏羲、神農。燧人之功，在能攢木取火，教民熟食。伏羲之號，蓋以能馴伏犧牲。"神農"二字，本古農業之通稱。如《月令》言"水潦盛昌，神農將持功"。又古言神農之教，乃農家言，非謂炎帝之教令也。蓋至此三君之世，而我國民始漸習於畜牧種植之業矣。神農以後，農業日重。《堯典》載堯命羲和四子，曆象日月星辰，敬授民時。授時者，古代農政之要端也。《禹貢》備載九州土性，分爲九等，固未必眞禹時書，亦無以斷其所錄非禹時事。《無逸》一篇，歷述殷周賢王，中宗、高宗、祖甲、大王、王季、文王，多重農之主。此篇出周公之口。《生民》、《篤公劉》，亦周人自述先世之作。此皆信而有徵，觀此知唐虞三代之世，我國農業，業已盛行矣。

農業既盛，而漁獵畜牧之事遂微。田獵僅行之農隙，以寓講武之意。漁則視爲賤業，爲人君所弗親。可看《左傳》隱公五年，臧僖伯諫觀魚之辭。牧業如《周官》所設牧人、牛人、充人、羊人、犬人等，皆僅以供祭祀之用。惟馬政歷代皆較注重，則以爲交通戎事所資也。此以設官論，至於民間，亦因重視農業，地之可供畜牧，民之從事畜牧者少，故僅盛於沿邊。內地則穀量牛馬者，幾於絕跡矣。

蠶業興起，略與農業同時。《農政全書》引《淮南蠶經》，言黃帝元妃嫘祖，始育蠶治絲繭。說固未可盡信。然《易·繫辭傳》言："黃帝堯舜，垂衣裳而天下治。"疏曰："以前皮衣，其制短小，今衣絲麻布帛，所作衣裳，其制長大，故言垂衣裳也。"《虞書》亦有"以五采章施於五色作服"之文。知黃帝堯舜時，蠶織必已發明矣。三代之政，天子親耕，后親蠶。"五畝之宅，樹之以桑"。男耕女織并稱本業，至於今未替。此其所以能以絲織，著聞五洲也。然古代蠶利，盛於西北，而後世惟盛於東南。偏僻之處，且有絕不知紡織之利者。此則疆域廣大，各地方風氣不齊，而治化亦不能無進退故也。清知襄陽府周凱，嘗勸民種桑。其言曰："《禹貢》兗州曰桑土既蠶，青州曰厥篚檿絲。"檿，山桑也。楊徐東南亦僅曰厥篚織貝，厥篚玄纖縞而已。《詩·豳風》："蠶月條桑。"《唐風》："集於苞桑。"《秦風》："止於桑。"桑者閑閑，詠於魏。鳲鳩在桑，詠於曹。說於桑田，詠於衛。利不獨東南也。襄陽介荊豫之交，荊州厥篚玄纁璣組，豫州厥篚纖纊。纊，細綿也。纁絳幣組綬屬，皆絲所織。北燕馮跋下書令百姓種桑。遼無桑，慕容廆通晉求種江南。張天錫歸晉，稱北方之美，桑葚甘香。《先賢傳》載司馬德操躬採桑後園，龐士元助之。《齊書》載韓系伯桑陰妨他地，遷界，鄰人愧謝。三子皆襄陽人，襄之宜桑必矣。《日知錄》曰：今邊郡之民，既不知耕，又不知織。雖有材力，而安於游惰。引華陰王宏撰著議，謂延安一府，布帛貴於西安數倍。又引《鹽鐵論》，邊民無桑麻之利，仰中國絲絮。夏不釋復，冬不離窟。崔寔《政論》，五原土俗，不知緝績。冬積草，伏卧其中。若見吏，以草纏身。謂今大同人，多是如此。婦人出草，則穿紙褲。

我國農業之進化，觀其所植之物，及其耕作之精粗，可以知之。古曰百穀，亦曰九穀、鄭司農云：黍稷秫稻麻大小豆大小麥。康成謂無秫大麥，而有粱苽。見《周官·大宰》注。五穀黍稷粟麥稻。蓋其初以爲主食之品甚多，後乃專於九，專於五也。今則以稻麥爲主矣。古者一夫百畝，又有爰田之法。爰即換字。《公羊》宣十五年何注：上田一歲一墾，中田二歲一墾，下田三歲一墾。《周官·大司徒》：不易之地家百畝，一易之地家二百畝，再易之地家三百畝。其所穫則"上農夫食九人，其次食八人，其次食七人，其次食六人。下農夫食五人"。《孟子·王制》。今日江南，上農所耕，不逮古者三之一，其所食，未有以遜於古也。此蓋積時久則智巧漸開，人口增，土地少，則墾治之法日密。乃社會自然之進步也。然亦有不逮古者二端。一古國小，設官多，爲治密，故有教民稼穡之官，亦多省斂省耕之事。《噫嘻》鄭箋謂三十里即有一田畯主之，其精詳可想。漢世鄉有嗇夫，猶存遺意。魏晉而後，此制蕩然。耕植之事，一任人民自謀，官不過問，士之講農學者絕少，有之亦不能播其學於氓庶。凡事合才智者以講求，則蒸蒸日上。聽其自然，未有不衰敝者也。此其一也。一則古代土地，屬於公有，故溝洫陂渠，易於整治。後世變爲私有，寸寸割裂，此等事，遂莫或肯爲，亦莫或能爲。而如人民貪田退灘廢堰，濫伐林木等，又莫之能禁。利不興，弊不除，農事安得不壞。古代農業，西北爲盛。後世大利，皆在東南。唐都長安，宋都汴梁，元、明、清都北平，無不仰東南之轉漕者，以東南天然之利厚，而西北有待於人力者大。人事荒，故農業盛衰，隨之轉移也。此又其一也。歷代農業升降之原，二者蓋其大端也。

古代教稼之法，今略見於《周官》。如大司徒"辨十有二壤而知其種"。司稼"巡邦野之稼，而辨穜稑之種，周知其名，與其所宜地以爲法，而懸於邑閭"。此辨土壤擇穀種之法也。草人"掌土化之法，以物地相其宜，而爲之種"。此變化土壤之法也。其農書，則《管子》之《地員》，《呂覽》之《任地》、《辨土》、《審時》，其僅存者，惜不易解。漢世農書，以氾勝之爲最，今亦無傳焉。今所傳者，以後魏賈思勰《齊民要術》爲最古。後來官修之書，如元之《農桑輯要》，清之《授時通考》；私家鉅著，如元王禎之《農書》、明徐光啓之《農政全書》，皆網羅頗廣，如蠶桑菜果樹木藥草孳畜等，皆該其中。田制勸課救荒等，亦多詳列。即不皆有用於今，亦足考昔日耕耘之法。

《管子》言葛盧雍狐之山，發而出水，金從之，蚩尤受而制之以爲兵。《地數》。此蓋礦業初興，尚未知取之於地。又述伯高對黃帝之言，謂"上有丹砂者，下有黃金。上有慈石者，下有銅金。上有陵石者，下有錫鉛赤銅。上有赭者，下有鐵。此山之見榮者也"。則已知察勘礦苗之法矣。《管子》東周之書，其時蓋已有此法。其托之伯高，蓋不足信。漢有司言"黃帝作寶鼎三，禹收九牧之金鑄九鼎"。《漢書·郊祀志》。

而《易・繫辭傳》言黃帝堯舜之時，"弦木爲弧，剡木爲矢"。《禹貢》荊州之貢，"礪砥砮丹"。賈逵曰"砮，矢鏃之石也"。則其時之金，特用以鑄重器。至春秋時，乃以之作兵。《左氏》僖公十八年，"鄭伯始朝於楚，楚子賜之金。既而悔之，與之盟，曰無以鑄兵"是也。斯時之農器，則多以鐵爲之。《管子》書所言其事，秦漢之世猶然。故賈生説漢文收銅勿令布，而曰"以作兵器"。漢武筦鹽鐵，而文學以爲病民也。曹魏以後，乃多以鐵作兵，而銅兵漸少。詳見《日知録》卷十一。工業在古代，較重難者，皆由官營。其簡易者，則人人能自爲之。《考工記》曰："粵之無鎛，燕無函，秦無廬，胡無弓車。粵之無鎛也，非無鎛也，夫人而能爲鎛也。燕之無函也，非無函也，夫人而能爲函也。秦之無廬也，非無廬也，夫人而能爲廬也。胡之無弓車也，非無弓車也，夫人而能爲弓車也。"注曰："人人皆能作是器，不須國工。"此簡易之工，人人能自爲之之説。其設官"曰某人者，以其事名官。曰某氏者，官有世功，若族有世業，以氏名官者也"。此則重難之工，國家設官治之者也。此蓋古代自給自足之遺制。其後交通日繁，貿易日盛，一國所造之物，或爲外邦所需，或可不造而求之於外。人民智巧日進，能自造械器者亦多。則設官制器之事，不復可行，而其制漸廢矣。中國夙以節儉爲訓，又其民多農業，安土重遷，故其器率貴堅牢樸質，奇巧華美非所尚，間或有之，則智巧之士特出心裁。達官世家，豪民駔賈，日用飲食，殊異於人。重賞是懷，良工競勸，爲是以中其欲耳。夫智巧由於天授，而人云亡而其技亦湮。術嚳專於一家，則製雖工而其傳不廣。此皆無與工業之進化。工業之進化，當觀多數人之用器，比較其精粗良楛而得之。如古人率用几席，無後世之桌椅，宋以後漸有之。然民國初元，濮陽宋古城發見，民家所用桌椅，率多粗惡，較諸今日，精粗幾不可以道里計，又其所用陶器，亦較今世爲粗，此則工業進化之一端也。

　　古代小部落，率皆自給自足，故商業無由而興。《老子》謂："郅治之極，鄰國相望，雞犬之聲相聞，民各甘其食，美其服，樂其業，至老死不相往來。"《鹽鐵論》曰："古者千室之邑,百乘之家,陶冶工商,四民之求,足以相更。"《權修》。則此時代之情形也。交通日便,往來日繁,則貿遷有無之事起。最初所行,大抵如現在之作集。《易·繫辭傳》言,神農氏"日中爲市,致天下之民,聚天下之貨,交易而退,各得其所"是也。《酒誥》言農功既畢,"肇牽車牛遠服賈"。《郊特牲》言"四方年不順成,八蜡不通"。皆可見其貿易之有定時。其後社會日進,有資於通工易事者日多,則商業亦日盛。商人分兩種,行貨曰商,居貨曰賈。賈大率在國中。《考工記》："匠人營國,面朝後市。"又有設於田野之間,以供人民之需求者。《公羊》何注"因井田而爲市"《公羊傳》宣公十五年。是也。《孟子》謂:"有賤丈夫焉,必求龍斷而登之,以左右望而罔市利。"龍斷謂岡隴之斷而高者,亦可見其在田野之間矣。其行貨者,則必遠適異國。如《左氏》所載鄭商人弦高是。《左傳》僖公三十三年。此等人周歷四方,見聞較廣,故其才智頗高。弦高之能却秦師,即其一證。

隆古社會,本皆自給自足,有求於外者,非淫佚之品,則適逢荒歉之時耳。惟所販鬻,本多淫佚之品,故當時之商人,多與王公貴人爲緣。如子貢結駟連騎,以聘享諸侯。《史記·貨殖列傳》。漢晁錯謂當時商人,交通王侯,力過吏勢是也。其當本國空無之時,能遠適異國,以求得其物者,則於國計民生,所關甚大。鄭之遷國,實與商人俱。《左傳》昭公十六年。豈不以新造之邦,財用必患不足,不得不求之於外哉!斯時之商賈,實生產消費者之友,而非其敵也。其後則漸不然。《管子》曰:歲有四秋。四秋即四次收穫也。農事作爲春之秋,絲纊作爲夏之秋,五穀會爲秋之秋,紡績緝縷作爲冬之秋。物之輕重,相什而相百。《管子·輕重乙》。又曰:歲有凶穰,故穀有貴賤,令有緩急,故物有輕重。然而人君不能治,故使畜賈游於市。乘民之急,百倍其本。《管子·國畜》。至此,則商人日朘生產消費者以自肥,始與公益背道而馳矣。然分配之機鍵,操其手中,非有新分配之法,商人固未易廢除也。

商業之演進,不徵諸富商大賈之多,而徵諸普通商人之衆。普通商人衆，則分工密，易事繁。社會生計，互相依倚，融成一片矣。《史記·貨殖列傳》，謂關中自秦漢建都，"四方輻湊，地小人衆，故其民益玩巧而事末"。又謂"鄒魯地小人衆，好賈趨利，甚於周人"。以地小人衆而爲商，其必負販之流，而非豪商大賈明矣。古代之市，皆自爲一區，不與民居相雜。秦漢而降，此意仍存。如《三輔黃圖》謂長安市各方二百二十六步，六市在道西，四市在道東。《唐書·百官志》，謂市皆建標築土爲候，日擊鼓三百以會衆，日入前七刻，古者每晝夜分爲十二小時，每時分爲十刻，每刻分爲十二分。擊鉦三百而散。《遼史》謂太祖置羊城於炭山北，起權務，以通諸道市易。太宗得燕，置南京，城北有市，令有司治其徵。餘四京及他州縣貨産懋遷之地，置示如之是也。邸肆民居，毫無區別，通衢僻巷，咸有商家，未有如今日者。此固由市制之益壞，亦可見商業之日盛也。

中外通商，亦由來已久，且自古即頗盛。《貨殖列傳》述櫟邑、巴蜀、天水、隴西、北地、上郡、揚、平楊、上谷至遼東等，與外國接壤之處，商利幾無不饒。漢初兩粵，尚同化外，西域尤絕未聞知。而枸醬竹杖，既已遠至其地，商人之無遠弗屆，亦可驚矣。西域既通，來者益多。罽賓殺漢使，遣使謝罪，漢欲遣使報送，杜欽言其"悔過來，而無親屬貴人奉獻者，皆行賈賤人，欲通貨市買，以獻爲名"。欽述當時西域之道，險阻爲害，不可勝言。而賈胡猶能矯其君命，遠來東國，其重利可謂甚矣。自此至南北朝，中國與西域之交通，雖或盛或衰，而訖未嘗絕。史所云絕者，以國交言之。若民間之往來，則可謂終古未絕也。隋唐之世，國威遐暢，來者尤多，元代地跨歐亞，更不必論矣。唐、宋、元、明中外通商情形，可參考《蒲壽庚傳》一書。日本桑原騭藏《東洋史要》曰："東西陸路之互市，至唐極盛，先是隋煬帝時，武威、張掖、河西諸郡，爲東西交易之中樞。西方賈人，來集其地者，溢四十國。唐興，中亞天山南路之路開，西方諸國，來東方通商者益盛。支那人之商於中亞波斯印度者亦不少。素諳商業之猶太人，乘機西自歐非，東至支那印度間，商權悉歸掌握，或自紅海經印度洋，來支那之南海。或自地中海東岸之安地凹克、經呼羅珊、中亞、天山南路來長安。及大食勃興，阿剌比亞人漸拓通商之範圍，無論陸路海路，世界商權，殆在其掌中。"又曰："自蒙古建國，四方割據諸小國悉滅，商賈往來日便，又新開官道，設驛站，分置守兵，旅客無阻。東西兩洋之交通，實肇於此。是時西亞及歐洲商人，陸自中亞經天山南路，或自西伯利亞南部經天山北路，而開販路於和林及燕京。波斯與印度及支那之間，海上交通亦日繁，泉州、福州諸港，爲世界第一貿易場，外人來居其地者，以萬數云。"

海路通商，似亦先秦即有之。《史記・貨殖列傳》言番禺爲珠璣、瑇瑁、果、布之湊，此即後世與外國交易之品也。自秦開南海、桂林、象郡，今安南之地，自廣和以北，悉在邦域之中。<small>廣和，即後來據地自立之林邑也。</small>桑原氏云："當時日南交阯，爲東西洋交通中樞。西方賈人，多集其地。時則羅馬商船，獨專印度洋航權。及佛教東漸，錫蘭及南洋諸國，與支那道路已通。支那海運，因而漸興，經爪哇、蘇門答剌至錫蘭之航路，遂歸支那人手。歷南北朝至唐初葉，支那商船更推廣其航路。或自錫蘭沿西印度海岸入波斯灣，或沿阿剌伯海岸至亞丁。當時錫蘭爲世界商業中樞，支那人、馬來人、波斯人、哀西比亞人等，交易於斯。及大食興，非洲西亞沿岸及印度河口港灣，前後歸其版圖，阿剌比亞人與其屬波斯人、猶太人，益恢張海運，東經南洋諸國，通商支那，代支那人而專有亞細亞全境之航權。日本曆千三百五十年頃，<small>周武后天授中。</small>阿剌比亞人，商於廣州、泉州、杭州者以萬數，唐於諸港置提舉市舶之官，征海關稅，爲歲入大宗。"案國史於南方諸國，記載最詳者，當推《宋》、《梁》、《唐》三書。所記諸國，大抵爲通市來者也。互市置官，始於隋之互市監，而唐因之。市舶司之置，新舊《書》、《六典》皆不載。《文獻通考》曰：唐有市舶使，以右威衛中郎將周慶立爲之。唐代宗廣德元年，有廣州市舶使呂太一。案慶立見《新唐書・柳澤傳》。呂太一事，見《舊唐書・代宗紀》。又《新書・盧懷慎傳》："子奐，天寶初，爲南海太守，汙吏斂手。中人之市舶者，亦不敢干其法，遠俗爲安。"然則唐市舶使之置，多以武人宦官爲之。贖貨無厭，以利其身,損國體而斂怨於遠人。云爲歲入大宗,蓋東史臆度之語。泉杭諸州,曾置市舶,史亦無文。謂於諸港皆置提舉,亦不審之談也。及宋代而設置漸多,其可考者,有杭、明、温、秀、泉、廣諸州,及華亭、江陰、板橋。鎮名,屬密州,即今青島也。所稅香藥犀象,往往以酬入邊,充鈔本。始眞於國用有裨矣。元、明二代,亦皆有之。元設於上海、澂浦、杭州、慶元、温州、泉州、廣東,凡七處。時有省置,明洪武初,設於太倉黃渡,尋罷。復設於寧波,以通日本,泉州以通琉球,廣州以通占城暹羅及西洋。永樂中,又常設交阯、雲南市舶提舉司。元代甚重視木棉之培植,故江浙一帶設有提舉司一職,專司一切提倡木棉事務。明之設司,意不在於收稅,而在以此撫治諸夷,消弭釁隙,此其時倭寇方張也。宋、元二代,海路所通頗遠,明祖御宇,亦使驛四通。陸路遠至天方,海路幾遍今南洋群島。成祖之遣鄭和下西南洋,事在永樂三年,即西曆一千四百有五年。哥倫布得亞美利加,事在西曆千四百九十三年,當明孝宗弘治六年。後於和者,實八十八年也。自鄭和航行後,中國之聲威,頗張於海表。華人之謀生南洋者不少,且有作蠻夷大長者。新大陸既發現,西人陸續東航,而通商之情形,乃一變矣。其詳更僕難窮,其大略則人多知之。其利害又當別論。今不具述。

第五講　衣食居處

《禮記·禮運》曰："昔者先王未有宮室，冬則居營窟，夏則居橧巢。未有火化，食草木之實，鳥獸之肉，飲其血，茹其毛。未有麻絲，衣其羽皮。後聖有作，然後修火之利，範熔鑄也。金合土，以爲臺榭宮室牖户。以炮以燔，以烹以炙，以爲醴酪。治其麻絲，以爲布帛。"此總述古代衣食居處進化之大略也。所謂先王，蓋在伏羲以前，所謂後聖，則在神農以後，何以知其然也。《禮運》又曰："夫禮之初，始諸飲食，其燔黍而捭豚，汙尊而抔飲，蕢桴而土鼓，猶若可以致其敬於鬼神。"疏引《明堂位》："土鼓葦籥，伊耆氏之樂。"《乾鑿度》云伊耆氏爲神農，斷此爲神農之事。《世本》曰："伯余作衣裳。"亦見《淮南子·氾論》。伯余黄帝臣，《易·繫辭傳》："黄帝堯舜，垂衣裳而天下治。"疏曰："以前衣皮，其製短小。今衣絲麻布帛所作衣裳，其製長大，故曰垂衣裳。"《傳》又言："上古穴居而野處，後世聖人易之以宮室。"同蒙上黄帝堯舜而言。《淮南·脩務》亦云："舜作室築墻茨屋。"知衣食居處之進步，必先在炎黄堯舜之世矣。

古人食草木之實，鳥獸之肉，其物較少，不足以飽。乃於食肉之外，兼茹其毛。見《禮運》疏。果實之外，亦兼茹菜，是謂疏食，疏今作"蔬"。亦曰素食。《墨子·辭過》曰："古之民，素食而分處，聖人作，誨男耕稼樹藝，以爲民食。"故穀食者，疏食之進化也。穀食始稱百穀，繼則九穀，繼稱五穀。蓋其初用以充食之物甚多，漸次去其粗而存其精，是則所謂嘉穀也。此又穀食中之進化也。

既進於農業之世，則肉食惟艱，故必貴人耆老，乃得食肉。《孟子》：鷄豚狗彘之屬，無失其時，七十者可以食肉矣。庶人所食，魚鼈而已。見《詩·無羊》疏。《鹽鐵論·散不足》曰：古者燔黍食稗而燀豚以相餉，其後鄉人飲酒。老者重豆，少者立食。一醬一肉，旅飲旅飲即輪轉互飲也。而已。及其後賓昏相召，則豆羹白飯，縈膾熟肉。今民間酒食，殽旅重疊，燔炙滿案。古者庶人欚食黎藿，非鄉飲酒腊臘祭祀無酒肉。諸侯無故不殺牛羊，大夫無故不殺犬豕。今閭巷阡陌，無故烹殺，負粟而往，易肉而歸。古者不粥飪，不市食。其後則有屠沽，沽酒市脯，魚鹽而已。今熟食徧列，殽旅即雜列重疊之意，言其繁也。成市云云。可見漢時飲食遠較古代爲侈。然《論衡·譏日》謂海內屠肆，六畜死者，日數千頭。則較諸今日不過十一之於千百耳。《隋書·地理志》謂梁州漢中，"性嗜口腹，多事佃漁，雖蓬室柴門，食必兼肉"。已非漢時所及矣。可見人民生活程度，無形之中，日漸增高也。

飲食之物，隨世而殊。如古人食肉，犬豕并尚，後世則多食豕。古調羹用鹽梅，秦漢則用鹽豉。見《左氏》昭公二十年疏。鹽之豆豉。今湘贛亦兼有用淡豆豉以調羹者，蘇浙則不多見。古人刺激之品，惟有酒及葷辛。《儀禮·士相見禮》："夜侍坐，問夜、膳葷，請退可也。"注："膳葷，謂食之葷辛物葱薤之屬，食之以止卧。"案葱韭氣葷而味非辛。故鄭言之屬以該之辛，如薑桂是也。鄭兼言辛，見膳葷亦得兼及辛。後世則兼有茶煙。古食甘止有飴，後世乃有蔗糖。此等或因生業之不同，或因嗜好之遷變，或因中外交通，食品增多，未易一一列舉矣。

釀酒蓋起虞夏之世。《戰國策》曰："儀狄作酒，禹飲而甘之。"《明堂位》謂"夏后氏尚明水"，其徵也。神農之世，汙尊抔飲，蓋飲水而已。疏謂鑿地盛酒，恐非。

古無"茶"字，祇有"荼"字。"荼"見於《詩》者，或指苦菜，或指茅秀，或指陸草，皆非今之茶。惟《爾雅》釋木，"檟，苦荼"。注曰："樹小如梔子，冬生葉，可煮作羹飲。今呼早採者爲荼，晚取者爲茗。一名荈，蜀人名之苦荼。"此字雖亦从草从余，而所指實爲今之茶。蓋茶味亦苦,故借苦菜之名以名之。復乃變其韵而成兩字。王褒《僮約》:"武都買荼。"張載《登成都白菟樓詩》"芳荼冠六清",孫楚詩"蘆桂荼荈出巴蜀"。《本草衍義》:"晉溫嶠上表,貢茶千斤,茗三百斤。"《三國吳志·韋曜傳》"密賜茶荈以當酒"。《世説新語》:"王濛好飲茶,客至,嘗以是餉之。"則飲茶始於蜀,先行於南方,至唐時乃遍行全國。故《唐書·陸羽傳》,謂羽著《茶經》三篇,天下益知飲茶,而茶税亦起唐世也。然金章宗時,嘗以茶皆市於宋,費國用而資敵,置坊自造。其後坊罷,又限七品以上,方得飲茶,則尚不如今日之盛也。

蔗糖之法,得自摩揭陀。見《唐書·西域傳》。大徐《説文》新附中,始有"糖"字,糖乃从米,訓以飴而不及蔗,則宋初尚未大盛。至王灼撰《糖霜譜》,始備詳其法焉。

菸草來自呂宋,漳州莆田人始種之,盛行於北邊。謂可避瘴,崇禎末嘗禁之,卒不能絶,禁旋弛。王肱《枕蚓庵瑣語》、張岱《陶庵夢憶》,皆謂少時不識菸草爲何物。則其盛行,實在明末弛禁之後也。然是時吸食之法,尚不如今日之便。張岱謂大街小巷,盡擺烟卓。黄玉圃《臺海使槎録》,謂"鴉片煙用麻葛同雅土切絲,於銅鐺内剪成鴉片拌煙,另用竹筒,實以棕絲,群聚吸之,索值數倍於常煙"。中國人之吸鴉片,本由吸煙引起。觀張、黄二氏之説,則當初之吸煙,殆亦如後來之吸鴉片也。

鴉片由吸煙引起,説見日本稻葉君山《清朝全史》。案罌粟之名,昉見《開寶本草》。又曰,一名米囊。而唐雍陶《西歸出斜谷詩》曰:"萬里客愁今日散,馬前初見米囊花。"則唐時已有其物。然自明以前皆作藥用。清雍正硃批諭旨,七年"福建巡撫劉世明奏,漳州知府李國治,拿得行户陳遠,私販鴉片三十四斤,擬以軍罪。臣提案親訊,陳遠供稱,鴉片原係藥材,與害人之鴉片煙,并非同物。當傳藥商認驗,僉稱此係藥材,爲治痢必須之品,并不能害人,惟加入菸草同煎,始成鴉片煙。李國治妄以鴉片爲鴉片煙,甚屬乖謬,應照故入人罪例,具本題參奏"云云。則知當時吸食鴉片,尚未與菸草相離也。製菸膏之法，見明王璽《醫林集要》亦以作藥用。豈雍正以後，吸食鴉片之禁日嚴，有癮者欲吸不得，乃代之以藥，而成後來之吸法歟。

未有麻絲以前，衣之材料有二。一《禮運》所謂衣其羽皮，此爲皮服。一則如《郊特牲》之黃衣黃冠，《詩》之臺笠，所謂卉服也。有麻絲以後，此等材料，乃逐漸淘汰。至其裁制，則最初有者，爲後世之韍，亦曰韠。鄭注《乾鑿度》謂"古者佃漁而食，因衣其皮，先知蔽前，後知蔽後"是也。《詩·采菽》疏引。夫但知蔽前爲韍，兼知蔽後，則爲裳矣。裳有襱襪而短則爲褌。《事物記原》，褌，漢晉名犢鼻。姚令威曰：醫書膝上二寸爲犢鼻。蓋褌之長及此。長其襱則爲袴。《說文》作絝，曰脛衣也。蔽上體者曰衣。連衣裳而一之爲深衣。詳見《禮記·深衣》、《玉藻》兩篇。裳幅前三後四，朝祭之服，襞積無數。喪服三襞積，深衣之裳，前後皆六幅不襞積。衣之在內者短曰襦，長曰衫，長而有著者曰袍。古朝祭之服，皆殊衣裳，深衣則否。然惟庶人即以爲吉服。漢以後，漸去衣裳，徑以袍爲外服，而其便服轉尚裙襦，遂漸成今世之服矣。詳見任大椿《深衣釋例》。《唐書·車服志》："中書令馬周上議，禮無服衫之文，三代之制有深衣。請加襴袖褾襈，爲士人上服。開胯者曰缺胯，庶人服之。"《類篇》：衣與裳連曰襴。褾，袖端也。襈，緣也。《事物記原》曰："缺胯衫，今四胯衫。"

作事以短衣爲便，古今皆然。《曲禮》曰："童子不衣裘裳。"《內則》曰："十年，衣不帛，襦袴。"衣不帛句絶。疏謂"不以帛爲襦袴"，誤矣。二十可以衣裘帛，則亦二十而裳。不言者，與上互相備，古人語法如此。故戴德喪服變除，童子當室，自十五至十九。其服深衣不裳也。武人之服亦然。故杜預釋跗注曰：若袴而屬於跗。《左傳》成公十六年。不徑曰袴者，袴不皆屬於跗也。此即後世之袴褶。魏晉以後，爲車駕親軍，中外戒嚴之服。王靜庵以爲皆出於胡，見《觀堂集林·胡服考》。誤矣。中國服飾，惟靴確出於胡，見《陔餘叢考》。古人則夏葛屨，冬皮屨也。見《士冠禮》。曾三異《同話錄》曰："近歲衣製，有一種，長不過腰，兩袖僅掩肘，名曰貉袖。起於御馬院圉人，短前後襟者，坐鞍不妨脫著，以其便於控馭也。"此今之馬褂也。裲襠，《玉篇》曰："其一當胸，其一當背。"《廣雅》謂之袙腹，宋時謂之背子。見《石林燕語》。此爲今之坎肩。見《陔餘叢考》。加於首者，最尊者爲冕，以木爲幹，用布衣之。上玄下朱，前俯後仰，紞纊塞聰。《東京賦》薛綜注：紞纊，以黃綿，大如丸，懸冠兩邊，當耳。案後以玉曰瑱。垂旒蔽明，蓋野蠻時代之飾。弁如冕，前後平，以皮革韋等物爲之，冠以鬖髮，《說文》。略如後世之喪冠。中有梁，廣二寸，秦始皇改爲六寸，漢文帝增爲七寸，而梁始廣，而古制不可見矣。詳見江永《鄉黨圖考》。冠之卷曰武，纓以組二屬於武，合結頤下。有餘則垂爲飾，是曰緌。冠爲士服。古者男女必冠，以露髮爲恥。故子路謂君子死，冠不免，結纓而死。後世官吏獲咎者，每稱免冠謝過。庶人則以巾。巾以覆髻曰幘。帶有大帶、革帶。大帶以素絲爲之，以束腰，垂其餘爲飾，謂之紳。《左傳》桓公二年疏。革帶在大帶上，爲雜佩所繫。佩有德佩、事佩。德佩，玉也。事佩，如《內則》所云紛帨小觿之屬。紛帨，即今之手帕也。小觿，解結之具。袴之外有行縢，亦曰邪幅。襪，初亦以革爲之。故見尊者必跣，後則惟解履耳。

古無棉布，凡布皆麻爲之。所謂絮纊，皆今之絲綿也。裘之製，則因貴賤而不同，詳見《禮記‧玉藻》。古人衣裘，皆毛在外，故曰："虞人反裘而負薪，彼知惜其毛，不知皮盡而毛無附。"裘上有衣，時曰裼衣。開裼衣露其裘曰裼，掩之曰襲。無裼衣爲表裘，爲不敬。故曰"表裘不入公門"。《玉藻》。袗、衫、襌也。袗，絺綌之外袍也。絺，音 chī。綌音 xì。亦然。惟犬羊之裘不裼。賤者衣褐。褐，毛布也。木棉，宋以前惟交廣有之。宋末元初，其種乃入江南。有黃道婆，自崖州至松江，教紡織之法，其利遂遍全國。《陔餘叢考》。

古喪服以布之精粗爲序，非以其色也。斬衰三升，約二百餘支纖維爲一升。齊衰四升五升六升，大功七升、八升、九升，小功十升、十一升、十二升，緦麻十五升去其半，至十五升則爲吉布，爲深衣。然其色亦白。故《詩》曰"麻衣如雪"。素服亦白色。周之大札、大荒、大災，《周官‧司服》。或以絹爲之，與喪服非同物。古王公大人，服有采章，無爵者皆白，故白衣爲庶人處士之稱，然王公大人，初非不著白衣也。宋程大昌《演繁露》謂"南齊桓崇祖守壽春，著白紗帽，肩輿上城。今人必以爲怪。樂府《白紵歌》曰：'質如輕雲色如銀，製以爲袍餘作巾。'今世人麗妝，必不肯以白紵爲衣，古今之變，不同如此。《唐六典》：天子服有白紗帽，其下服如裙襦襪，皆以白，視朝聽訟，燕見賓客，皆以進御，猶存古制。然其注云，亦用烏紗。則知古制雖存，未必肯用，習見忌白久矣"。愚案歐洲古平民祇許衣黑，革命之後，乃并貴人皆黑衣。見康有爲《歐洲十一國游記》。中國古代平民祇衣白，階級崩壞，乃并許平民衣采章，似以中制爲得也。

未有宮室以前，居處因寒暑而異。《禮運》：冬則居營窟，夏則居橧巢。注云："寒則累土，暑則聚柴薪居其上。"《詩》曰："古公亶父，陶復陶穴。"疏曰："平地累土謂之復，高地鑿坎謂之穴。其形如陶竈。"此即所謂寒則累土。《孟子》曰"下者爲巢"。此即聚柴薪而居其上之類也。《墨子·節用》曰："未有宮室之時，因陵丘堀穴而處，聖王慮之，以爲堀穴，冬可以避風寒，逮夏，下潤濕，上熏蒸，恐傷民之氣，於是作爲宮室而利。"宮室之所由興如此。然棟梁之制，實原於巢居。墙壁之制，則原於穴居者也。

古之民，蓋居水中洲上，州、島同音，州、洲實一字也。明堂稱辟雍。雍者，壅之古字。西北積高，則稱雍州。辟即璧。玉肉好若一曰璧，璧形圜，言其四面環水也。後世之城，率繞之以池，蓋猶沿邃古之制。城方大國九里，次國七里，小國五里。《考工記》。皆築土爲之。時曰墉，墉之上爲垣，稱脾睨。亦曰陴，亦曰女墙。《釋名》。城皆以人力爲之。其外曰郭，亦曰郛，則依山川，無定形。焦循《群經宮室圖》。郭之內爲郊，猶稱國中，其外則爲野鄙。匠人營國，面朝後市。內有九室，九嬪居之。外有九室，九卿朝焉。案天子諸侯，皆有三朝。最南爲外朝，在皋門諸侯曰庫門。之內，應門諸侯曰雉門。之外。應門之內曰治朝，其內爲路門，路門之內爲燕朝，燕朝之後爲寢，寢之後爲宮。宮寢之間，爲內宮之朝。內九室當在於是，外九室則當在治朝也。其餘尚有官府次舍，不能確知其處。應門之旁有闕，亦曰觀，亦曰象魏，爲懸法之地。天子外闕兩觀，諸侯內闕一觀。見《公羊》昭二十五年《解詁》。家不臺門，見《禮器》。路門之側爲塾,民居二十五家爲閭,閭之兩端有門,其側亦有塾,爲教學之地。

路寢之制,前爲堂,後爲室。堂之左右爲兩夾,亦曰厢。東厢之東曰東堂,西厢之西曰西堂。室之左右爲東西房,其北曰北堂,牖戶之間謂之房。室西南隅爲奧,戶在東,西南隅最深隱,故名,尊者常處焉。西北隅謂之屋漏,日光所漏入也。東北隅謂之宧,宧,養也。蓋飲食所藏。東南隅謂之窔,亦隱闇之義。此爲貴族之居。晁錯論募民徙塞下,謂古之徙遠方,"先爲築室,家有一堂二内"。此近今日中爲堂,左右爲室之制。蓋平民之居然也。

《爾雅》曰:"闍謂之臺。"注:"積土四方。"有木者謂之榭。注:"臺上起屋。"又曰:"四方而高曰臺,狹而修曲曰樓。"則今日之樓,非周以前所能爲。《孟子·盡心》:"孟子之滕,館於上宫。"趙注:"上宫,樓也。"可以爲館,則似今日之樓。而非前此之臺榭,僅供眺望者矣。恐不足信。然亦可見邹卿時,已有今日之樓也。

	北階 ▽		北階 ▽	
		北 牖		
北堂		中室		北堂
西房		牖䘮戶		東房
西堂	西夾	房戶 中 房戶	東夾	東堂
		楹 堂 楹		
	西序		東序	
	△ 賓階		△ 阼階	

《儒行》稱"一畝之宮,環堵之室,篳門圭竇,蓬戶甕牖"。可想見古代民居之簡陋。然《月令‧季秋》:"乃命有司:寒氣總至,民力不堪,其皆入室。"《詩》:"十月蟋蟀,入我床下。穹窒熏鼠,塞向墐戶。嗟我婦子,曰爲改歲,入此室處。"《公羊解詁》亦曰:"吏民春夏出田,秋冬入保城郭。"宣公十五年。則除風雨寒暑外,蟄處室中之時,蓋甚少也。

古代眺望,止於臺榭,游觀則在苑囿。囿兼有禽獸,苑但有草木,蓋畫地施以厲禁,如美之黃石公園。故其大可方數十百里,非今之花園也。今之花園,蓋因園圃爲之。

古築城郭宮室,皆役人民爲之,故以卑宮室爲美談,事土木爲大戒。崇宏壯麗之建築,歷代未嘗無之。然以中國之大言之,則其數甚微耳。又地處平原,多用土木而少石材。即用磚亦甚晚,故大建築之留詒者甚少。《日知錄》曰:"予見天下州之爲唐舊治者,其城郭必皆寬廣,街道必皆正直,廨舍之爲唐舊創者,其基址必皆宏敞。宋以下所置,時彌近者制彌陋。"致慨於"人情之苟且,十百於前代"。此等足覘生計之舒蹙,治化之進退,誠爲可嘆。若夫詗諸史而覺偉大建築之不逮人,則康南海所云,適足見我階級之平夷,迷信之不深,不足愧也。

第六講　交通通信

交通者，國家之血脈也。以地理形勢言之，原隰平坦之區，陸路交通爲亟。水路交錯之區，河川交通爲亟。山嶺崎嶇，港灣錯雜之地，則其民長於航海。我國之黃河流域，東亞之大平原也。長江支流航路之遠，亦世界所僅見也。南嶺以南，平地較少，河川雖多，航行之利，亦不如長江。然海綫曲折，則遠非江河流域所及，故其航海之業，亦爲全國之冠焉。

中國文明，本起河域。故其陸路交通，發達最早。《莊子》所謂"山無蹊隧，澤無舟梁"者，蓋已在荒古之世。至於三代，則其陸路交通，已頗便利矣。斯時之道路，當分國中及野外言之，國中之道，《考工記·匠人》云："經涂九軌。"《王制》云："男子由右，婦人由左，車從中央。"蓋極寬平坦蕩，野外則不能如是。《儀禮》："商祝執功布，以御柩執披。"注云："道有低仰傾虧，則以布爲左右抑揚之節，使引者執披者知之。"《曲禮》曰："送葬不避涂潦。"《左氏》載梁山崩，晉侯召伯宗，行辟重，重人曰："待我，不如捷之速也。"可見其寬平不逮國中矣。案郊野之道，蓋即所謂阡陌。《月令·季春》："命司空，修理隄防，道達溝瀆，開通道路，毋有障塞。"注："古者溝上有路。"蓋依溝洫爲之。井田未廢之時，溝洫占地頗多，且頗平直。則依溝洫而成之道路，亦必較今日田間之道路，爲寬且直矣。特其用人力修治，不能如國中之殷，故其平坦，亦不逮國中耳。其有多用人力，修治平坦者，則秦漢間所謂馳道。

古戎狄事田牧，多居山險。漢族事耕農，多處平地，故駕車之時，較騎乘之時爲多。車有兩種，一曰大車，駕以牛，平地任載之車也。一曰小車，即兵車，亦稱武車，駕馬，人行亦乘之。婦人坐乘，男子立乘，車皆駕二馬。三馬爲驂，四馬爲駟，然三四皆可稱驂。《公羊》説：天子駕六。《毛詩》説：自天子至大夫皆駕四。

古書言騎乘者甚少，後人因謂古馬惟駕車，無單騎。《左傳》昭公二十五年："左師展將以公乘馬而歸。"疏引劉炫，以爲騎馬之漸，此非也。《日知錄》謂"古公亶父，來朝走馬"。即是騎馬。其説得之。又言："春秋之世，戎狄雜居中夏者，大抵在山谷之間，兵車之所不至。齊桓晉文僅攘而却之，不能深入其地者，用車故也。中行穆子之敗翟於大鹵，得之毀車崇卒。而智伯欲伐仇猶，遺之大鐘，以開其道，其不利於車可知矣，勢不得不變而爲騎。騎射，所以便山谷也。胡服，所以便騎射也。"此雖言兵事，而交通變遷之故，從可知矣。

古代騎馬，又不獨平人也，驛亦有之。戴侗曰："以車曰傳，以騎曰駰。"《經典釋文》曰："以車曰傳，以馬曰遞。"亭林因謂《左氏》所載乘駰乘遞，皆是騎馬。説亦甚確。漢初尚乘傳車，後惡其不速，皆改爲乘馬矣。

水路之交通，不如陸路之發達。《孟子》言："歲十一月，徒杠成。十二月，輿梁成。"則必水淺之時，乃能乘之以架橋。水大時，則惟有用舟濟渡耳。《爾雅》所謂天子造舟，比船爲橋。諸侯維舟，連四船。大夫方舟，併兩船。士特舟，單船。庶人乘泭併木以渡。者也。此即後世之浮橋。《詩》疏。川之甚之者，則乘舟以渡。《詩》云"誰謂河廣，一葦杭之"是也。淺狹之處則徒涉，《詩》云："子惠思我，褰裳涉溱。"《論語》云："深則厲，淺則揭。"《禮記》言："舟而不游。"《淮南子》言："短綣無袴，以便涉游"是也。舟之初蓋以一木爲之。故《易》言"刻木爲舟"，又曰"利涉大川，乘木舟虛"也。注："空大木爲之曰虛。"《月令》有舟牧，季春之月："命舟牧覆舟，五覆五反，乃告舟備具於天子。"則其製造，必非如前此之簡陋矣。《禹貢》九州貢路，皆有水道，雖未必真禹時書，亦必春秋以前物。《左氏》：晉饑，乞糴於秦，秦輸之粟。"自雍及絳相繼，命之曰泛舟之役。"則能由水道漕粟矣。然北人之使船，似終不如南人。吳欲伐齊，城邗，溝通江淮，此爲以人力開運河之始。其後徐承又自海道伐齊。吳楚爭戰，用舟師時甚多。入郢之役，楚所以不能禦者，以吳忽舍舟而遵陸，出不意故也。春秋時，江域之文化，遠後於北方，獨航行駕於其上。亦可見開化之必由地利矣。

中國地勢，西高東下，大川皆自西徂東。故其交通，東西易而南北難。自河域通江域之運河，相需最亟。古代以人工開鑿者，蓋有二焉。一爲邗溝，一爲鴻溝也。鴻溝久湮，《史記·河渠書》述其略曰："滎陽下引河東南爲鴻溝，以通宋、鄭、陳、蔡、曹、衛，與濟、汝、淮、泗會。"其爲用，頗似今惠民河、賈魯河也。

婁敬言河渭漕挽天下，西給京師。則自泛舟之役以來，其利迄未嘗替。至後漢明帝時，而引汴渠自滎陽至千乘之大工程出焉。蓋當時富力，皆在山東。故亟謀自長安通齊地之水運也。東晉以後，富力漸集於江淮，則運道亦一變。隋開通濟渠，自東都引穀洛入河，又自河入汴，自汴入淮，以接淮南之邗溝。自江以南，則自京口達餘杭，開江南河，凡八百里。唐世江淮漕轉，二月發揚州，四月自淮入汴，六七月至河口，八九月入洛。自此以往，有三門之險，欲鑿之而未成，乃陸運以入於渭。此自東南通西北之運道也。宋都汴京，水道四達。東河通江淮，亦曰里河。西河通懷孟，南河通潁壽，亦曰外河，今惠民河其遺跡也。北河通曹濮。四河之中，東河之利最鉅，淮南、浙東西、荆湖南北之貨，皆自此入汴。嶺表之金銀香藥，亦陸運至虔州入江。陝西之貨，有入西河入汴者。亦有出劍門，與四川之貨，同至江陵入江者，蓋東河所通，三分天下有其二矣。元有天下，始引汶水，分流南北，以成今日之運河，歷明、清無改。此則自東南通東北之水路也。

陸路交通，秦、漢而後，蓋已不如列國時之修整，自宋以後，廢壞尤甚。今試引《日知錄》數則，以見其概。

《日知錄》曰："讀孫樵《書褒城驛壁》，乃知其有沼有魚，讀杜子美

《秦州雜詩》，又知其驛之有池有林有竹。今之驛舍，殆於隸人之垣矣。予見天下州之爲唐舊治者，其城郭必皆寬廣，街道必皆正直，廨舍之爲唐舊創者，其基址必皆宏敞。宋以下所置，時彌近者制彌陋。此又樵記中所謂州縣皆驛，而人情之苟且，十百倍於前代矣。"

又曰："古之王者，於國中之道路，則有條狼氏，滌除道上之狼扈，而使之潔清。於郊外之通路，則有野廬氏，達之四畿。合方氏，達之天下，使之津梁相湊，不得陷絕。而又有遂師以巡其道修，候人以掌其方之道治。至於司險掌九州之圖，以周知其山林川澤之阻，而達其道路。則舟車所至，人力所通，無不蕩蕩平平者矣。晉文之霸也，亦曰：司空以時平易道路，而道路若塞，川無舟梁，單子以卜陳靈之亡。自天街不正，王路傾危。涂潦遍於郊關，污穢鍾於輦轂。《詩》曰：'周道如砥，其直如矢。君子所履，小人所視，睠焉顧之，潸焉出涕。'其斯之謂歟？"

又曰："《周禮》：野廬氏，比國郊及野之道路宿息井樹。《國語》：單襄公述周制以告王曰，列樹以表道，立鄙食以守路。《釋名》曰：古者列樹以表道，道有夾溝，以通水潦。古人於官道之旁，必皆種樹，以記里至，以蔭行旅。是以南土之棠，召伯所芨。道周之杜，君子來遊。甘棠之咏召公，鄭人之歌子產。固已宣美風謠，流恩後嗣。子路治蒲，樹木甚茂。子產相鄭，桃李垂街。下至隋唐之代，而官槐官柳，亦多見之詩篇。《詩》云：蔽芾甘棠，勿剪勿敗，召伯所憩。猶是人存政舉之效。近代政廢法弛，任人斫伐。周道如砥，若彼濯濯，而官無勿翦之思，民鮮侯甸之芘矣。《續漢書·百官志》，將作大匠，掌修作宗廟路寢宮室陵園土木之功，并樹桐梓之類，列於道側，是昔人固有專職。《後周書·朱孝寬傳》：雍州刺史，先是路側一里置一土堠，經雨頹毀，每須修之。自孝寬臨州，乃勒部內，當堠處植槐樹代之。既免修復，行旅又得庇蔭。周文帝後問知之。曰：豈得一州獨爾，當令天下同之。於是令諸州夾道一里種一樹，十里種三樹，百里種五樹焉。《册府元龜》：唐玄宗開元二十八年正月，於兩京路及城中苑內種果樹。代宗永泰二年正月,種城內六街樹。《舊唐書‧吳湊傳》:官街樹缺,所司植榆以補之。湊曰:榆非九衢之玩,命易之以槐。及槐蔭成而湊卒,人指樹而懷之。《周禮‧朝士》注曰:槐之言懷也,懷來人於此。然則今日之官,其無可懷之政也久矣。"

又曰:"《唐六典》:凡天下造舟之梁四,石柱之梁四,木柱之梁三,巨梁十有一,皆國工修之。其餘皆所管州縣,隨時營葺,其大津無梁,皆給船人。量其大小難易,以定其差等。今畿甸荒蕪,橋梁廢壞,雄莫之間,秋水時至,年年陷絕,曳輪招舟,無賴之徒,借以為利。潞河渡子,勒索客錢,至煩章劾。司空不修,長吏不問亦已久矣,況於邊障之遠,能望如趙充國,治隍狹以西道橋七十所,令可至鮮水,從枕席上過師哉。《五代史》:王周為義武節度使,定州橋壞,覆民租車,周曰:橋梁不修,刺史過也。乃償民粟,為治其橋。此又當今有司之所愧也。"

今日各地方之情形,與亭林所言,有以異乎?無以異乎?其原因,亭林謂由"國家取州縣之財,纖毫盡歸之於上,而吏與民交困,遂無以為修舉之資"。蓋古代之民政,愈至後世而愈廢弛,此實中國不振之大原因也。

古代肩輿,僅用之於山地。《史記‧河渠書》所謂"禹山行即橋"。《漢書‧嚴助傳》所謂"輿轎而隃嶺"者也。宋某小說載,王荊公終身不乘肩輿,可見北宋時用者尚罕。南渡以後遂盛行,亦可見城市中路日趨傾陁也。

驛置歷代有之,至唐益備。唐制:卅里一驛,天下水驛一千六百三十九,陸驛一千二百九十七,水陸相兼之驛八十六。其職屬於駕部。宋以駕部屬兵部,有步遞馬遞急腳遞之分。急腳遞日行四百里,軍興則用之,南渡又有金字牌急腳遞,日行五百餘里,見沈括《夢溪筆談》。《宋史》所謂岳飛一日奉金字牌詔十二者也。元稱站赤,站之稱固取之他國也。設置兼及藩王封地,規模尤大。明制:南北京設會同館,在外設水馬驛遞運所。清制分鋪遞驛遞兩種,鋪遞用人,驛遞用馬,亦皆屬兵部。凡驛皆有官馬及舟車，不足則和雇。馳行則或役民夫，或用兵卒。自郵局興，驛站乃以次裁撤。

驛站之設，人物既可往來，音訊亦資傳遞，實爲最便之事。然歷代僅限其用於官，而未能推以便民。故民間通信，事極艱苦。非遣急足，諉親友，則必輾轉請託矣。歷來當寄書之任者，蓋多商人或旅客。或代人請託者，則爲逆旅主人。至清代乃有民信局之設，初起寧波，後遍全國，甚至推廣及於南洋。而沿江一帶尤盛。郵局設立以後，雖逐漸減少，猶未盡絕也。此事頗足見我國民才力之偉。

海道交通可考者，始於吳人以舟師伐齊，前已言之。此等沿岸航行，蓋隨世而益盛。至漢以後，則有航行大海者，其路綫見《漢書・西域傳》、《唐書・地理志》。明時鄭和奉使，航路抵今非洲，詳見鞏珍《西洋番國志》、馬歡《瀛海勝覽》。《明史・外國傳》，即採自鞏書者也。海路運糧，始於唐之陳磻石。磻石潤洲人。咸通中，用兵交阯、湖南、江西，轉餉艱苦。磻石創海運之議，自揚子經閩廣以往。大船一艘，可運千石，軍需賴以無闕云。元、明、清三代，則天庾之正供，亦藉海舟以輸運矣。

理學綱要

序

本書計十五篇，乃民國十五年予在上海滬江大學講《中國哲學史》時所手編之講義也。今略加修改，以成是書。

理學行世幾千年，與國人之思想關係甚深；然其書率多零碎乏條理，又質而不文，讀者倦焉。雖有學案之作，人猶病其繁重，卒不能得其要領也。是書舉理學家重要學說，及其與前此學術思想之關聯，後此社會風俗之影響，一一挈其大要，卷帙雖少，綱領略具，讀此一編，於理學之爲如何學問，可以知其大概矣。故名之曰《理學綱要》。

自宋迄今，以理學名家者無慮千人；然其確有見地不與衆同者不過十餘家耳。茲編即以是爲主，其大同小異者即附其人之後，如慈湖附象山後是也。其無甚特見者，總爲一篇，叙其名氏傳授，以見斯學之源流派別而已。諸賢事蹟，限於篇幅未及詳叙，如欲尚論其世，固有史傳及諸家學案在也。

理學與古代哲學及佛學皆有關係，近人類能言之，然所見者似皆非其真也。茲故別爲一篇，論之雖似旁文，實爲斯學來歷，瞭此則理學中重要之說，皆迎刃而解矣。不可不細讀也。

數術非中國哲學正宗，然亦自成一派，且與社會思想關係頗深，世多目爲索隱行怪，甚或斥爲迷信，非也。數術家之所言，雖未必確，以爲迷信，則實不然。真知數術家之所言，乃知迷信之流自附於數術者，悉非其實耳。茲總爲一篇叙之。邵子雖以數術名，實於哲理發明爲多，數術非所重也。故別爲篇。

理學特色在於躬行實踐，非如尋常所謂哲學者，但厭好奇之心，馳玄遠之想而已。諸家之說，各有不同，非好爲異也。補偏救弊，立言固各以其時；殊途同歸，轍跡原無須強合。又有前人見其淺，後人見其深者，此則思想演進，次第當然；當知其易地皆然，不必存入主出奴之見也。茲編於諸家相承相矯，及其同時分爭合一之故，并詳析言之，以見學術演進之跡。至於各人受用，則或因其性之所近，或矯其習之所偏，有難範以一律者，非茲編之所能言也。

　　　　　　民國十七年三月二十三日武進呂思勉識

篇一　緒　論

今之人有恒言曰"宇宙觀",又曰"人生觀",其實二者本係一事。何則？人者,宇宙間之一物。明乎宇宙之理,則人之所以自處者,自得其道矣。

哲學非絕人之事也。凡人所爲,亦皆有其所以然之故,即哲學之端也。雖然,此特隨事應付耳。若深思之,則我之所以處此,與此事之究須措置與否,乃皆有可疑。如饑而食,特應付事物耳。見在之飲食,是否相宜？食而生,不食而死,孰爲真是？凡飲食者,未有能言之者也。一一窮究之,即成哲學矣。恒人爲眼前事物所困,隨事應付且不暇,更何暇游心於高遠？然一社會中,必有處境寬閑,能游心於遠者；又必有因性之所近,遇事輒喜思索者；乃取恒人所不暇深思,及其困於智力,不能深思之端；而一一深思之,而哲學於是乎起矣。

然則哲學非隨事應付之謂也。隨事應付,恒人本自能之。所有待於哲學者,則窮究宇宙之理,以定目前應付之法耳。以非窮究到底,則目前應付之法,無從證爲真是也。然則哲學者,窮究宇宙之理,以明立身處世之法者也。故真可稱爲哲學家者,其宇宙觀及人生觀,必有以異於恒人。而不然者,則不足稱爲哲學家。有一種新哲學興,必能改變舊哲學之宇宙觀及人生觀。而不然者,則不足稱爲新哲學。

吾國哲學,有三大變：邃古之世,本有一種幽深玄遠之哲學,與神教相混,爲後來諸子百家所同本。諸子之學,非不高深；然特將古代之哲學,推衍之於各方面；其宇宙觀及人生觀,初未有所改變也。

西漢、魏、晉諸儒，不過發揮先秦諸子之學，更無論矣。此一時期也。佛教東來，其宇宙觀及人生觀，實有與吾國異者。吾國人受其感化，而其宇宙觀、人生觀，亦為之一變。此又一時期也。佛學既敝，理學以興。雖亦兼採佛學之長，然其大體，固欲恢復吾國古代之哲學，以拯佛學末流之弊。宋學之中，朱、陸不同。有明之學，陽明、甘泉諸家，亦復互異。然此僅其修為之法，小有乖違；以言乎其宇宙觀、人生觀，則固大致相同也。此又一時期也。此等大概之遷變，今之人類能言之。然其所以然之故，及其同異之真，則能詳悉言之者甚鮮。茲編略述宋、明哲學，即所謂理學者之真相；及其與他時代之不同；并其所以然之故。千金敝帚，雖或寶燕石而不自知；然大輅椎輪，先河後海；郢書燕說，世固有其物不足貴，而其功不必薄者矣。

篇二　理學之原

理學者，佛學之反動，而亦兼採佛學之長，以調和中國之舊哲學與佛學者也。一種學術，必有其獨至之處，亦必有其流弊。流弊不可無以矯之；獨至之處，亦不容埋沒。故新興之學術，必能袪舊學術之流弊，而保其所長。謂爲代興之新學術可；謂爲改良之舊學術，亦無不可也。凡百學術，新舊遞嬗之際皆然。佛學與理學，亦何獨不然。

又天下無突然而生之事物；新者之興，必有所資於舊。天下亦無真芻狗可棄之事物；一種學術，一時爲人所厭棄，往往隔若干年而又盛行焉。理學之於中國舊哲學則如是。中國舊有之哲學，蓋自神教時代，遞演遞進，至周、秦之際而極盛。兩漢、魏、晉，雖間有新思想，然其大體，固不越古代哲學之範圍。佛教興，而中國哲學一時退處於無權；然其中固不乏獨至之處。宋學興，乃即以是爲憑藉，以與佛學相抗焉。故不知佛學之大要，不可以言宋學。不知中國古代哲學之大要，亦不可以言宋學也。

哲學有其質，亦有其緣。論其質，則世界哲學，無不從同。以人之所疑者同也。論其緣，則各民族所處之境，不能無異；所處之境異，斯其所以釋其疑者，亦自異矣。此世界各國之哲學，所以畢同畢異也。明乎此，乃可據見在哲學之條理，以求中國古代之哲學。

哲學之根本云何？曰：宇宙觀、人生觀是已。人生而莫不求知；求知，則凡可知之物，莫不欲盡明其底蘊。人生而莫不求善；求善，則我之所執以爲我者，必求措諸至當之地而始安。夫宇宙者，萬物之總括也。明乎宇宙，則於事物無不明。我者，宇宙中之一物也。明乎宇宙之蘊，則我之所以自處者，不虧得其道，而自無不得其道矣。此宇宙觀與人生觀，所以二而實一；而各國哲學，莫不始於宇宙論也。

宇果有際乎？宙果有初乎？此非人之所能知也。顧古之人，不知其不可知也。不知其不可知，而其事又卒不可知，古之人果何以釋此疑哉？曰：不知彼者視諸此。由近以推遠，卽小以見大，此人類求知之恆蹊。哲學之初，亦若是則已矣。

物必有其所由來；欲明其物者，必先知其所由來，此不易之理也。芸芸萬物，果孰從而知其所由來哉？古之人則本諸身以爲推。見夫生物之生，必由牝牡之合也，則以爲一切物亦若是而已矣。所謂"物本乎天，人本乎祖"也。《禮記·郊特牲》。於是陰陽爲萬有之本之義立焉。是爲哲學之第一步。古代哲學，殆無不自男女構精推想而出者。《易》之––二畫，疑卽象男女陰。《老子》曰："大國者下流，天下之交，天下之牝。牝常以靜勝，牡以靜爲下。故大國以下小國，則取小國；小國以下大國，則取大國。故或下以取，或下而取。大國不過欲兼畜人，小國不過欲入事人。夫兩者各得所欲，大者宜爲下。"尤皆以男女之事爲喩也。哲學之初，雜以男女生殖之說，不獨中國爲然。實由古人所欲推求，首在萬物之所由來也。

顧既求所謂原因，則必得其惟一者。求萬物之所由來，而得陰陽二元，非人智之所能甘也。則必進而求之。進而求之，而惟一之境，實非人所能知，則不得不出以假設。以爲陰陽以前，實有一爲陰陽之所自出者，是爲兩儀所從生之大極。是爲哲學之第二步。

哲學者，所以解釋一切見象者也。不能解釋一切見象，不足以爲哲學。既有哲學，則必對一切見象，力求有以解釋之。故哲學以解釋事物而興，亦以解釋事物而生變遷。有陰陽二者，足以釋天地之相對矣，足以釋日月之代明矣；然時則有四，何以釋之？於是分陰陽爲大少，而有所謂四象。人之前後左右，其方向亦爲四，以四象配之足矣。加以身之所處則爲五；更加首之所戴則爲六；四正加以四隅則爲八；八加中央爲九；九之周圍爲十二；又何以說之？於是有以四時分配四方，更加中央爲五帝，加昊天上帝爲六帝，五帝分主四時化育，而昊天上帝，則無所事事之説出焉。有上帝周行八方，而還息乎中央，所謂大一行九宮之説出焉。九宮之周圍爲十二，恰與一年十二月之數相當。於是天子之治天下，十二月各有其當行之政；謂其本乎天意也。五帝六天，説出緯候。謂東方青帝靈威仰，主春生。南方赤帝赤熛怒，主夏長。西方白帝白招拒，主秋成。北方黑帝汁光紀，主冬藏，中央黄帝含樞紐，則寄王四時。以四時化育，亦須土也。更加昊天上帝耀魄寶，則爲六帝。昊天上帝，爲最尊之天神。餘五帝則分主化育之功者也。大一行九宮，説出《乾鑿度》。鄭注曰：“大一者，北辰神名。下行八卦之宮，每四乃還於中央。中央者，北辰之所居，故謂之九宮。天數大分，以陽出，以陰入。陽起於子，陰起於午。是以大一下行九宮，從坎宮始。自此而從於坤宮。自此而從於震宮。自此而從於巽宮。所行半矣，還息於中央之宮。既又自此而從於乾宮。又自此而從於兑宮。又自此而從於艮宮。又自此而從於離宮。行則周矣，上游息於大一之星，而反紫宮。行起從坎宮始，終於離宮也。”案此所謂大一者，即昊天上帝耀魄寶也。古説天有九野，故地有九州。明堂亦有九室，王者居之，以出政令，蓋象昊天上帝也。五官之設，別所以象五方帝也。昊天上帝，無所事事，故古代君德，亦貴無爲。無爲非無所事事，乃復起之義，其初蓋正謂無所事事耳。古代神教，最尊天象，故舉四時八方等説，一一以此貫之也。天有九野，見《淮南子•天文訓》。凡此者，皆舉錯雜之見象，一一以哲學釋之，且穿貫諸説爲一説者也。此爲哲學之第三步。

自物質言之，則因天有四時，而萬物皆生於土，乃分物質爲五行。五行之生，以微著爲次，此所以説萬物之生成。《尚書•洪範》正義：“萬物成形，以微著爲漸。五行先後，亦以微著爲次。水最微爲一，火漸著爲二，木形實爲三，金體固爲四，土質大爲五也。”又有相生相勝之説，則所以説萬物之迭成迭毀者也。蕭吉《五行大義》：“木生火者，木性溫暖，伏其中，鑽灼而出。火生土者，火熱，故能焚木，木焚而成灰，灰即土也。金居石，依山津潤而生。聯土成山，必生石，故生金。金生水者，少陰之氣，溫潤流澤；銷金亦爲水。水生木者，水潤而能生。”《白虎通•五行篇》：“天地之性；衆勝寡，故水勝火也。精勝堅，故火勝金。剛勝柔，故金勝木。專勝散，故木勝土。實勝虛，故土勝水也。”案此篇於萬物之成毀，無不以五行生勝釋之。其説雖不足信，然在當時，實能遍釋一切現象，且頗有條理統系也。

萬物之迭成迭毀，自淺者視之，則以爲成者自無而出有，毀者自有而之無而已。稍深思之，則知宇宙間物，祇有所謂變化，更無所謂有無。質力不滅之理，固不必待科學爲證，即據理推測，亦未嘗不可得之也。既知宇宙間祇有變化，更無有無，則不得不以萬物之原質爲一。萬物之原質，古人名之曰氣。"臭腐化爲神奇，神奇化爲臭腐"，皆此氣之變化也。《莊子·知北游》："人之生，氣之聚也。聚則爲生，生則死。臭腐復化爲神奇，神奇復化爲臭腐，通天下一氣耳。"於是萬物之原因，乃不在其何以有，而在其何以變。此時已知有無之不可知矣。《列子·湯問》："殷湯問於夏革曰：古初有物乎？夏革曰：古初無物，今安得物？後之人將謂今之無物，可乎？湯曰：然則物無先後乎？夏革曰：物之終始，初無極已，始或爲終，終或爲始，惡知其紀？然自物之外，自事之先，朕所不知也。"言此義最明。世界質力之變化，非人之所能知也。即其變而名之，則曰動而已矣。於是世界之真原因，乃成爲一種動力。《易·大傳》曰："易不可見，則乾坤或幾乎息。"《易》與《春秋》皆首元。元即動力也。《易》曰："大哉乾元！萬物資始，乃統天。"《春秋繁露·重政篇》曰："元猶原也。元者，萬物之本，在乎天地之前。"《乾鑿度》曰："有太易，有太初，有太始，有太素。太易者，未見氣也。太初者，氣之始也。太始者，形之始也。太素者，質之始也。氣形質具而未相離，謂之渾沌。渾沌者，言萬物相渾沌而未相離也。"皆以一種動力，爲宇宙之原也。《老子》曰："有物混成，先天地生。寂兮寥兮，獨立而不改，周行而不殆，可以爲天下母。"又曰："谷神不死，是謂玄牝，玄牝之門，是謂天地根。綿綿若存，用之不勤。"皆指此而言之也。谷者，空虛之義。神者，動力之謂。不死，言其不息。玄者，深遠之義。牝者，物之所由生。玄牝之門，是謂天地根，言天地由此而生也。綿綿若存，言其力之不可見。用之不勤，仍言其不息也。是爲哲學之第四步。

宇宙之間，既無所謂有無，則尋常所謂有無之見破。尋常所謂有無之見破，則所謂無者，其實皆有。其實皆有，而又明見爲無，則所謂有無者，非真有無，乃人能認識與不能認識之別耳。同一氣也，何以或爲人所能認識？或爲人所不能認識？以其氣有疏密故也。密則爲人所能識，疏則非人所能識矣。故曰："精氣爲物，游魂爲變。"精者，物質凝集緊密之謂。《公羊》莊十年："觕者曰侵，精者曰伐。"注："觕，麤也。精，猶密也。"《老子》："窈兮冥兮，其中有精，其精甚真。"真，闓同訓。《管子·內業》："凡物之精，此則爲生，下爲河岳，上爲列星。"即"精氣爲物"之説。又曰："流於天地之間，謂之鬼神。"則"游魂爲變"之説也。游訓游散，見韓康伯注。古人説死生之故，恒以是言之。人所識謂之明，所不識謂之幽，有幽明而無死生也。後來言此理者，張橫渠最明。

既以宇宙萬物，爲一氣所成，陰陽二元之説，其自此遂廢乎？曰：

不然。陰陽之説，與一氣之説，相成而不相破者也。自其本質言之曰一氣，自其鼓蕩言之曰陰陽。蓋變動之象，爲人所能識者，不外乎相迎相距。一迎一距，以理言，固可謂爲同體而異用；以象論，夫固見其判然而不同。既已判然不同，即可立陰陽二名以命之矣。職是故，古人即所謂一氣者，而判之爲輕清、重濁二端。"輕清者上爲天，重濁者下爲地"。見《列子‧天瑞篇》。物之輕浮而上升者，皆天類也。其重濁而下降者，皆地類也。《易文言》曰："本乎天者親上，本乎地者親下，則各從其類也。"天地之氣，初非各不相涉，而且彼此相求。春融和，夏炎暑，則曰"天氣下降，地氣上騰"。秋肅殺，冬閉塞，則曰"天地不通"。《月令》。自男女雌雄牝牡之相求，以至於日月之運行，寒暑之迭代，無不可以是釋之。陰陽二元之説，與宇宙原質爲一氣之説，不惟不相背，且相得益彰，相待而成矣。是爲哲學之第五步。

　　宇宙一切現象，既莫非氣之所成；而其所由然，又皆一氣之自爲鼓蕩，而非有物焉以爲之主，《莊子》所謂"吹萬不同，使其自己，咸其自取，怒者其誰"也。則其説，已成今所謂泛神論。泛神論者，世界之本體即神。於其浩無邊際，而見其偉大焉。於其更無起訖，而見其不息焉。於其變化無方，而仍有其不易之則，而見其不測與有秩序焉。泛神論之所謂神，較之一神論多神論之所謂神，固覺其確實而可信；亦正因其確實可信，而彌覺其大也。故中國古籍，於神之一字，皆極其嘆美。《易大傳》曰："神無方而易無體。"又曰："陰陽不測之謂神。"言彌淪乎宇宙之間者，惟有一神，更不能偏指一物以當之也。故曰："鬼神之爲德，其盛矣乎！視之而不見，聽之而不聞，體物而不可遺。"張橫渠説鬼神，亦深得古人之旨。而如"至誠無息"等之所謂至誠，亦皆所以狀世界之本體者也。

　　通宇宙之間，既除一氣之外，更無餘物，則人亦自爲此氣之所成，而爲宇宙之一體。宇宙之一體，何以成爲人？自宇宙言之謂之命。自人言之謂之性。《大戴禮記‧本命篇》。宇宙間一切，各有其不易之則，人爲宇宙之一體，自亦有其當循之道，故人貴盡性。抑人既爲宇宙之一體，非盡明乎宇宙之理，固無從知自處之方；苟真明乎自處之方，則於宇宙之理，已無不貫矣。故曰："盡其心者，知其性也；知其性，則知天矣。"《孟子·盡心》又曰："窮理盡性，以至於命。"《本命篇》。我者，宇宙之一體。萬物亦宇宙之一體。萬物與我，既同為宇宙之一體，則明乎處我之道者，亦必明乎處物之道。故曰："能盡其性，則能盡人之性；能盡人之性，則能盡物之性；能盡物之性，則可以贊天地之化育；可以贊天地之化育，則可以與天地參。"《中庸》。《荀子·天論》："天有其時，地有其財，人有其治，夫是之謂能參。"亦此義。所謂治，乃盡性後之辦法也。此所謂天人合一。至此，則人與自然，冥合無間，而推論之能事極，而力行之義蘊，亦盡於此矣。此為哲學之第六步。

中國古代之道德倫理，無一不本於法自然者。以全宇宙皆一氣所成也，故我與天地萬物，可以為一體。惠施之說，見《莊子·天下》篇。一體，即融合無間之謂。與上文所用一體字異義。上文所用一體，乃《孟子》"子夏，子游，子張，皆有聖人之一體"之一體也。以全宇宙之動蕩不已也，故有自強不息之義。夫合全宇宙而為一動，則雖謂其動即其靜可也，故動靜交相資。以其變化不居，而仍有其一定之則也，故有變易、不易、易簡三義，乃盡《易》之蘊。《周易正義八論》引《乾鑿度》曰："《易》一名而含三義：所謂易也，變易也，不易也。易者其德也。光明四通，簡易立節。天以爛明。日月星辰，布設張列。通精無門，藏神無穴。不煩不擾，澹泊不失。變易者其氣也。天地不變，不能通義。易者其位也，天在上，地在下。"鄭玄依此作《易贊》及《易論》曰："《易》一名而含三義：易簡，一也。變易，二也。不易，三也。"案此《易》之大義也。自然見象從差別中見其平等，亦從平等中見其差別。從平等中見其差別，則所謂易也。從差別中見其平等，則所謂不易也。所謂易簡者，謂極錯雜之見象，統馭於極簡單之原理，莫之為而為，莫之致而至；亘古如斯，從不差忒也。以時時變動不居也，故賤執一而貴中庸。以幾何學之理譬之，世界猶體，至當不易之道為點。至當不易之道，必有一點，而亦僅有一點，此即《中庸》之所謂中庸也。使世界靜止，則此點恒常，擇而執之，初非難事，惟世界變易無一息之停，故此點所在，亦無一息而不變動。擇而執之，斯為難矣。孔子所以嘆"中庸不可能"也。以萬物之動，各有其軌道而不相亂也，故各當其位，為治之至。《易》之道，莫貴乎當位。《禮運》曰："物大積焉而不蘊，并行而不繆，細行而不失，深而通，茂而有間，連而不相及也，動而不相害也，此順之至也。"即所謂各當其位也。大學之道，極於平天下。平天下之義，《荀子·榮辱》篇說之，曰："農以力盡田；賈以察盡財；工以巧盡械器；士大夫以上，至於公侯，莫不以仁厚知能盡官職；夫是之謂至平。"亦不過各當其位而已。法家之明份職，義亦如此。以自古迄今，一綫相承也，故有正本、慎始、謹小、慎微之義；而"正其義不謀其利，明其道不計其功"，言道德者最重動機焉。以世界本爲一體，彼之於此，無一息不相干也，故成己可以成物，正人必先正己；而反求諸己，則一心又爲一身之本焉。宋儒治心之學，古人有先發之者。《莊子‧天道》篇曰："萬物無足以撓其心者，故靜。心靜，天地之鑒也，萬物之鏡也。夫虛靜恬淡，寂寞無爲者，天地之平，而道德之至，故帝王聖人休焉。休則虛，虛則實，實者倫矣。虛則靜，靜則動，動則得矣。"《荀子‧天論》曰："形具而神生，好惡喜怒哀樂臧焉，夫是之謂天性。耳目鼻口形能，各有接而不相能也，夫是之謂天官。心居中虛，以治五官，夫是之謂天君。"《解蔽》曰："治之要，在於知道。人何以知道？曰心。心何以知道？曰虛壹而靜。"皆與宋儒所言，無以異也。以天尊地卑，各有定位，故有君貴臣賤，重男輕女之義。以孤陽不生，獨陰不長，故雖重男抑女，而陰陽仍有平等之義焉。以春夏秋冬，周而復始，認一切現象，皆爲循環，故有禍福倚伏、持盈保泰之義；又有"天不變，道亦不變"之說焉。抑且萬事萬物，皆出陰陽二元，故有彼必有此；既貴仁，又貴義；既重禮，亦重樂；一切承認異己者之幷立，而不趨極端焉。此等要義，悉數難終。蓋國人今日之思想，溯其原，無不與古代哲學相貫通者。哲學思想之初起，雖由一二哲人；而其昌大，則擴爲全社會之思想。亦可云：此種思想，在此環境中，最爲適宜，故全社會人胥主之；而哲人，則其研究之尤透澈者也。雖屢與異族接觸，而其根柢曾未搖動。甚矣，國性之入人深也。

以上所述，爲古代普通思想。又有所謂數術家者，則其思想，頗近於唯物派。案《漢志‧諸子略》之陰陽家，出於羲、和之官。數術六家，亦云出於明堂羲、和史卜之職。二者蓋同出一原，而一陳其事，一言其義也。數術六家，天文、曆譜、五行、蓍龜、雜占，皆近迷信。天文、曆譜，本無所謂迷信。然古人於此，恒雜以占驗之術。《漢志》謂"天文者，序二十八宿，步五星日月，以紀吉凶之象"；曆譜以"探知五星日月之會，凶阨之患，吉隆之喜"是也。天文家有《圖書》、《秘記》十七篇，蓋即識之所本也。惟形法一家，《漢志》述其學曰："大舉九州之執，以立城郭、室舍。形人及六畜骨法之度數，器物之形容，以求其聲氣、貴賤、吉凶。猶律有長短，而各徵其聲，非有鬼神，數自然也。"其思想最於惟物派爲近。此等思想，後世亦非無之，特不盛耳。如王仲任即其一也。細讀《論衡》自見。中國各種迷信之術，惟相法較爲通人所信。《荀子》已有《非相篇》。其後《論衡》、《潛夫論》、《申鑒》，於相學皆不全然排斥。亦以相法根據人之形體，究有所依據也。此亦據骨法之度數，以求貴賤吉凶之理。形法家之所謂數者，蓋物質自然必至之符。形法家以爲萬物之變化，皆可求諸此；而不認有官體所不能感覺之原因，故曰："非有鬼神。"古人以萬有之原質爲氣，而氣又分輕清、重濁二者。輕清者上爲天，重濁者下爲地。人則兼備此二氣，所謂"冲和氣者爲人"也。物亦然，所謂"萬物負陰而抱陽，冲氣以爲和"也。人之死也，輕清之氣歸於天，重濁之氣歸於地。所謂"體魄則降，和氣在上"；所謂"骨肉歸復於土，魂氣則無不之"；所謂"骨肉斃於下，陰爲野土，其氣發揚於上爲昭明，焄蒿淒愴"也。此爲普通思想。形法家之所持，爲無鬼論。《漢志》則不以其說爲然，故駁之曰："形與氣相首尾。亦有有其形而無其氣，有其氣而無其形者。"《漢志》之所謂形，蓋即《易大傳》"精氣爲物"之物；其所謂氣，蓋即"游魂爲變"之魂，而亦即形法家所謂"鬼神"。《漢志》蓋亦如普通之見，以萬物之原質氣。時而有形可見，時而無形可見，精氣變爲游魂，游魂復爲精氣，所謂"相首尾"也。故於形法家之說，加以詰難也。形法家之思想，而實如此，在諸學派中，實最與今所謂科學者相近；而顧與天文、曆譜、五行、蓍龜、雜占等迷信之術，同列一略，其故何哉？豈校讎者之無識與？非也。天文、曆譜、五行、蓍龜、雜占，亦非必迷信之術。非必迷信之術，而其後卒入於迷信者，蓋時勢爲之也。何也？夫"理事不違"，欲明一理者，不得不遍究萬事，其說然矣。然事物之紛紜，卒非人所能盡究。於是不得不即已經研究之事，姑定爲一理，而執之以推其餘。宇宙之廣大悠久，實非人之所能知。乃有欲即其已知，以推其未知者。《史記》述鄒衍之學，謂其"先驗小物，推而大之，至於無垠。先序今以上，至黃帝，學者所共述。大并世盛衰。因載其禨祥制度。推而遠之，至天地未生，窈冥不可考而原也。先列中國名山大川，通谷禽獸，水土所殖，物類所珍。因而推之，及海外人之所不能睹"。所用者即此術也。《太玄》爲揚雄最得意之作。其書起冬迄大雪之末，備詳一年之變遷。亦以宇宙久大，不可得而知，以爲宇宙一期之變遷，必與一年之變遷相類，乃欲據此以測彼耳。邵子之元會運世，亦此思想也。此蓋凡研究學術者所不能免，其法亦不得爲誤。其所以致誤者，則以其所據之事，有確有不確，其所推得之理，遂有正有不正耳。數術六家，蓋皆欲即天然之見象，以研究其理者。其所根據之見象，有全然不確者，如蓍龜及雜占是也。有所根據之現象雖確，而其研究所得，則不確者，如天文、曆譜、五行、形法諸家是也。接於人之見象，大概可分爲自然現象、社會現象二者。欲求宇宙之真理，二者固不可遺其一。中國學問，向來偏於社會見象，而缺於自然見象；其有據自然現象，以研究哲理者，則古代之數術家，其先河也。後世之數術家，其思想亦不外此。學問不能前無所承。中國研究自然見象者，惟有數術家。故少數喜研究自然見象之人，不期而入於此派。

以上論中國古代之哲學竟，以下請略論佛教之哲學。

哲學有其質，亦有其緣。以質言，則世界各國，無不從同。以緣言，則各民族因處境之不同，其所從言之者，遂不能無異。前已言之。中國哲學與印度哲學之異同，其理亦不外此。

哲學之演進，有其一定之步驟焉。其始也，必將宇宙全體，分析爲若干事物，渾淪之宇宙，爲人所不能認識。人能知二，不能知一也。故認識即是分別。而於其間立一因果關係；以此事爲彼事之原因，此物爲彼物之原因。如基督教謂天主造物，七日而成，中國古說謂天神申出萬物，地祇提出萬物是也。《說文》。佛教不言時間之長，空間之際。有問及者，斥爲戲論。見《金七十論》。佛經推原事物，但曰"無始以來"，"法爾而有"而已。稍進，乃知恒人所謂有無者，實爲隱顯而非有無。即人能認識與否，而非外物真有所謂有無。乃知一切事物，有則俱有，無則俱無；彼不因此，此亦不出於彼。萬有之原因，祇可即謂之萬有而已。所謂一切攝一切也。此則泛神之論所由興也。夫將宇宙分析，而以此事爲彼事之原因，此物爲彼物之原因，其說實屬不確。迷信此等說者，其所嚴恭寅畏，不過如世俗之所謂鬼神，如有物焉，臨之在上，質之在旁而已。惟尋常人然後信之，少有思慮者，即唾棄不屑道已。至於泛神之論，則其理確不可易，而宇宙自然之律，其力之大莫與京，亦於是乎見之。此則明於哲學之士，所以恒主隨順自然，利用自然，而不主與自然相抗也。中國之哲學，蓋循此途轍而演進。印度亦然。其在古代，所謂"優婆尼沙士"

者,既以代表宇宙之梵,爲最尊之神。印度最古之經典曰《吠陀》,婆羅門專司之。是爲婆羅摩奴之學。其書曰《阿蘭若迦》,譯言《林中書》。以婆羅門之年老者,恒居林中也。即《林中書》而精撰之,曰《優婆尼沙士》。譯言《奥義書》。《奥義書》以梵爲宇宙之本體,亦即爲我,惟一而無差別。有差別者曰摩耶。摩耶爲幻。人能知我與梵一,即得智明。其所以流轉生死者,由爲無明所迷,不知差別之爲幻也。此已啓佛教惟識之先路矣。佛教初興,所尊崇者,雖爲釋迦牟尼其人;及其進爲大乘,則所尊崇者,實爲法而非佛。人能如法修行,即可成佛;釋尊即以法爲師而自悟者。見佛固無異見法,見法亦無異見佛;佛之所以威力無邊者,實以其法身而非以其報身;報身,謂佛其人。法身,即自然之寓言。佛説一念皈依,則諸佛菩薩,同時護念,使之去禍得福,猶言人能爲善,則自然律中,必有善報,絲毫不得差忒也。其一心信佛,有所觀見者,是爲佛之應身。謂應於人之念慮而有。以今之學理言之,可謂應於人之心理作用而有,亦即人之心理作用所顯現也。是爲佛之三身。其説與科學,絶不相背。然則佛者,法之寓言耳。所謂法者,即宇宙定律之謂也。然則大乘教之所謂佛,即宇宙定律也。故佛教雖似一神教、有神教,而實則泛神論、無神論也。隨順自然之理,佛教中發揮尤切至。佛教貴無爲而賤有爲,所謂無爲,即隨順自然,所謂有爲,即與自然相抗之謂也。世間萬事,一切無常,是即中國人所謂無一息不變之宇宙定律。知其無常而隨順之,是爲聖人。強欲使之有常,則凡夫矣。聖凡之分,即在於此。然則佛非異人;所謂佛土,亦非異地。能明乎宇宙定律而遵守之,則娑婆世界,即是净土;凡夫之身,亦即聖人耳。此地獄之所以頓超也。此其隨順自然之義,實與《易》、《老》無二致也。此印度哲學與中國同者也。

其與中國異者,則因其處境之不同。蓋人之知識,雖曰藉智而得;而智之所指,必有其方;所以定此向方者,則情感也。情之所向,實因其處境而異。中國地居温帶;爲文明所自起之黄河流域,在世界文明發原地中,又頗近於寒瘠;其民非力作則無以自存。故其所殫心者,在如何合群力作,以維其生;以求養生送死之無憾而已。印度則地處熱帶,民生較裕。其所殫心者,不在保其身之生存,而在免其心之煩惱。簡言之:中國人所蘄得者身之存,至多兼安樂言之。印度人所求免者心之苦也。職是故,中國人觀於宇宙而得其變,印度人觀於宇宙而得其空。

何謂中國人觀於宇宙而得其變,印度人觀於宇宙而得其空也?夫宇宙一渾淪之體耳。自其全體而言之,可以謂之至實。若如恒人之見,析宇宙爲若干事物;就人所能認識者,則謂之有;所不能認識者,則謂之無;則其所謂有者,亦可謂之至空。如實則實,分析則空。空者所謂真空,實者所謂妙有也。何則?苟爲實有,應不待因緣而成。然世間一切事物,無不待因緣成者;事物所待之因緣,亦無不待因緣成者。則萬事萬物,悉非實有可知。我者,事物之一也。一切事物,皆非實有,我安得獨有?我且無有,安得與我相對之物?我物俱無,更安有於苦樂?此蓋印度人欲求免心之煩惱,乃即世間所謂苦者,而一一窮究其所自來;窮究至極,遂發見此理也。此説也,以理言之,誠亦無以爲難。然理論祇是理論,終不能改變事實。吾儕所謂我與物者,就當下之感覺言之,固明明可謂之有,有我有物,斯有逆順;有逆順,斯有苦樂矣。此蓋人人之良知。佛雖有獅子吼之辯,其如此良知何?爲佛教者,乃從真空而得妙有,而斷之曰:"萬法惟識。"蓋恒人以物爲實,以法爲空。自哲學家言之,則物爲空而法爲實。更進一步,則法物兩空,惟識是實。何也?夫恒人之所謂實者,豈非目可見、身可觸之物邪?其所謂空者,豈非目不可見、手不可捉之宇宙律邪?曰:然。曰:金石者,至堅之物也。至堅者,不渝之謂也。豈不然邪?曰:然。然自礦物學家地質學家言之,金石亦何嘗不變?彼金石者,固自有其所以成,亦終不能免於毀。其成也。蓋循宇宙之定律而成;及其既成,則循宇宙之定律而住;方其住時,已循宇宙之定律而壞;既壞之後,乃成恒人之所謂空;蓋一切與他物同。金石且然,豈況生物?然則恒人之所謂實者,實則無一是實;所可稱爲實者,則此一切事物,循之而成,循之而住,循之而壞,循之而空之宇宙律耳。實物無一息不變,定律則無時或息。此佛教中"我空法有"之説,亦即普通哲學家之見也。更進一步,則離宇宙論而入於認識論矣。夫世界萬事,一切皆空,惟法是實,是則然矣。然所謂法者,果實有之物邪?抑亦吾人之認識所造邪?今日見爲赤者,明日必不能變而爲黃;一人以爲甘者,衆人必不至皆以爲苦;似所謂法者,至可信也。然有目疾者,則視一切赤物皆若黃;有胃病者,則嘗一切甘物皆若苦;又何以説之?此則恒人所謂物之真相,實非物之真相,而爲認識所成,彰彰矣。人之論事,恒以同自證,以多自信。惡知其所謂同,所以多者,悉由人人所造業力相同;故其所見亦同邪?此唯識一宗,所以謂萬物悉非實有,悉由人類業力所成,亦由人類業力持使不壞也。世界真相,實非人之所知。人之所知,祇是感官所得之相。此理,今之哲學家,人人能言之。然則吾曹所知,必有吾曹主觀之成份,更無疑矣。設使人類感官,增其一,或闕其一,即其所知,當不復如是。動物有以臭辨別一切者,有以觸辨別一切者,人不能也。然則彼所知之世界,人不知也。人之腦筋,特異於他動物。叔本華曰:"惟人能笑,亦惟人能哭。"然則人所知之世界,他動物亦不知也。此特以大概言之。若一一細別,則吾之所知者,人不能;人之所知者,我亦不知。人人自謂所知與人相同,實則無一真同者也。然則一切皆心造無疑矣。佛説創造此等者爲第八識。八識能總持萬法而不變壞。法者,人所用以認識世界,康德所謂"先天範疇"也。七識以八識所造之境爲緣,恒審思量,執爲實有;而所謂我,所謂世界,於是乎成矣。此其説,實與今之認識論相通。其所異者,則今之認識論,但證明世界真相不可知,一切皆出人之認識而止;而佛教則於此義既明之後,又必有其蘄向之的,修持之法耳。此則以佛教究爲教而非徒學故也。

所謂世界,苦邪樂邪?自樂觀者言之,則曰樂,以世界本善也。今之所以不善者,乃其未至於善,而非其終不能善。抑且以進化之理言之,世界終當止於至善也。亞里士多德之説即如此。此西人進化之説所由來也。自悲觀者言之,則世界之爲世界,不過如此。今日固不可爲善,將來亦未必能善。以其質本惡也。然則欲求去苦得樂,惟有消滅世界耳。此佛教之終極,所以在於涅槃也。夫世界何自始邪?自恒人言之,則曰:盤古一身,化爲萬有;曰:上帝創造,七日而成耳。自不講認識論之哲學家言之,則曰不可知耳。自持唯識論者言,則人有識之始,即世界成立之時;世界者,識之所造也。世界既爲識所造,欲消滅世界,惟有滅識耳。故佛教假名識所由起曰"無明"。而曰:"無明生行,行生識,識生名色,名色生六入,入生觸,觸生受,受生愛,愛生取,取生有,有生生,生生生老病死苦。"所謂"十二緣生",亦即所謂"苦集二諦"也。斷此二諦,時曰"滅諦"。滅也者,滅此識也。滅識非自殺之謂,自殺祇能殺其身,不能斷其識也。斷其識者,所謂"轉識成智"也。識所以可轉爲智者,以佛教假名一切罪業之本爲無明,本來清净之體曰"真如";"真如無明,同體不離";佛家喻之以水與波。在今日,則有一更切而易明之譬,生理病理是也。病時生理,異乎平時,然非別有一身;去病還健,亦非別易一身也。"無明可熏真如而爲迷,真如亦可還熏無明而成智也"。佛之所謂寂滅者,雖曰轉識成智,非謂使識消滅。然所謂世界,既係依識而立;識轉爲智,即是識滅;識滅,即世界消滅矣。故佛教之究竟,終不離於涅槃也。

夫如是,則佛教與中國哲學之同異,可知已矣。佛家既謂一切迷誤,皆起於識,則藉智以探求真理,自然無有是處。佛家所謂智,不徒不能藉智以求,且必斷識而後能得,所謂"惟證相應"也。夫如是,則其修持之法,必致漠視事物,而徒致力於一心;而其所謂致力於一心者,又非求以此心,駕馭事物,而在斷滅此心之識。此爲佛教進步必至之符。一種學問,不能無所注重。有所注重,即有所偏矣。治理學者,曷嘗謂當屏棄事物,專談心性?然物莫能兩大,既以心性爲重,終必至於遺棄事物,此勢所必至,無可如何者也。佛家六度萬行,曷嘗偏於寂滅?然既以心識爲主,終亦必偏於治内。亦猶理學未嘗教人以空疏,而卒不免於空疏也。諸宗之所以皆衰,禪宗之所以獨盛,蓋由於此。又中國人之所求,爲處置事物。處置事物,至當不易之道,惟有一點,是爲儒家所謂中庸。仁義皆善,過即爲惡。理學家所謂"無善惡,祇有過不及;中即善,過不及即惡"也。佛教既以去苦爲的,較之中國,自不能不偏於仁。其所謂"菩薩行"者,即純然一有人無我之境界。讀《華嚴經》,最可見之。佛説四聖:曰"佛",曰"菩薩",曰"緣覺",曰"聲聞"。緣覺、聲聞,因怖畏生死而修道,猶有我之見存,故大乘斥其不足成佛。菩薩則全與恒人相反。恒人念念不離乎我,菩薩念念有人無我。基督所行,方佛斯義。猶有人我之見存,與恒人處於對待之地位,未爲盡善也。佛則超乎對待之境之外矣。佛教以超出世界爲宗旨,故必至佛而後爲究竟。然佛無可學,恒人所能學者,止於菩薩。行菩薩行,所以蘄成佛也。故可委身以飼餓虎;又可任人節節支解,不生嗔怒。由中國之道言之,則過於仁而適成爲不仁矣。

　　佛教修持之宗旨,可攝以一語,曰:"悲智雙修。"所謂悲者,本於佛教之悲觀。其視世界,徹始徹終,皆爲罪惡,無可改良之理。欲求善美,惟有舉此世界而消滅之耳。故其視世界之內,無一人一物而非流轉苦海,無一人一物而不可悲可憫也。所謂智者,則爲救此世界之法所自出。必深觀此世界之究竟,乃能知其致苦之由,乃知所以救之之道。救之之道既得,則一切善巧方便,皆自此出焉。其修持之法,亦可攝以一語,曰:"止觀雙修。"止非寂然不動之謂,而常在正念之謂,若以寂然不動爲正念,則亦可。所謂"正念者無念"也。所謂"十二時中,常念於法,不相舍離"也。蓋天下之禍,成於著而實起於微。一千九百十四年歐洲之大戰,其禍可謂博矣。推厥由來,則曰:由各民族有互相疾惡之心也。由資本家皆思朘人以自肥也。各民族何以有互相疾惡之心?各資本家何故皆思朘人以自肥?其所由來者遠矣。不能拔其本、塞其原,而徒欲去其相疾惡之心,與其朘人自肥之念,無益也。然此等原因,極爲深遠;推得一層,又有一層在其後,則將奈何?曰:原因雖極繁複,而其性質則極簡單。一言蔽之,曰:不正之念而已。一人起不正之念,則必傳遞激動第二人,第二人又激動第三人,如水起微波,漸擴漸大。其極,遂至於壞山襄陵,浩浩滔天。然分析之,原不過一一微波之相激。苟能使千萬微波,同時靜止,水患固可以立除。即能於千萬微波中,靜止其一二,其靜止之力,亦必足以殺汹涌之勢,猶其汹涌之勢,足以破靜止之局也。要之止波其本矣,此止之義也。觀則所以求智。世界上事,恒人但觀其表面,故其論皆似是而非。佛則必須觀鑒到底。故世俗所謂大善,自佛觀之,悉成罪業。且如愛國、愛世界,豈非世俗以爲大善者哉?然愛其國,則必不愛異國,而兩國相爭,伏尸流血之禍,伏於此矣。貪戀執著,禍之所由起也。愛世界而不知其方,使貪戀執著之情,波及於人人而不可拔,亦爲世界造禍也。故恒人之所謂善,佛譬之"以少水沃冰山,暫得融解,還增其厚"。然則人固當常念於法，而何者爲法，非觀鑒極深，亦何由知之哉？此止觀二者，所以如車兩輪，如鳥雙翼，不可偏廢也。

佛教立説之法，亦有與中國人異者。曰"徹底"。中國人重實務。先聖先賢之説，大抵就事論事之言。誠不敢謂先聖先賢，不知究極之理，然其所傳之説，則固以就事論事者爲多矣。佛家則不然。每立一説，必審其所"安立"之處。曰"某説在某種標準之下言之，若易一標準，則不如是矣"。曰"某法不過一種方便，若語其究竟，則不如此矣"。此等處，中國多不之及，佛家則極爲謹嚴。故其説路路可通，面面無病。稱佛説者，所由以圓字美之也。此實印度人言語之法，與中國不同也。

以上所述，中國古代之哲學，乃理學家之所取材也。佛教之哲學，則或爲其所反對，或爲其所攝取者也。明乎此，而理學可以進論矣。

篇三　理學源流派別

自宋以來，以理學名家者甚多。一一講之，勢將不可勝講。諸家有自有發明者，亦有僅守前人成説者。今先略述其源流派別。以下乃就其確有特見者，以次講之。

宋學先河，當推安定、胡瑗、字翼之，泰州如皋人。世居安定，學者稱安定先生。泰山、孫復、字明復，晉州陽平人。退居泰山，學者稱泰山先生。徂徠。石介，字守道，奉符人。居徂徠山下，魯人稱爲徂徠先生。黄東發謂"本朝理學，雖至伊洛而精，實自三先生始"是也。安定於教育最有功。其在湖學，分經義、治事爲兩齋，爲宋人之學純於儒之始；亦宋儒喜言經世之學之始。泰山作《春秋尊王發微》，爲宋學重綱紀、嚴名份之始。徂徠作《怪説》、《中國論》，以譏斥佛、老時文，則宋學排二氏黜華采之始也。三先生者，雖未及心性之精微，然其爲宋學之先河，則卓然不可誣矣。

三先生同時，名儒甚多。其兼爲名臣者，則有若范文正、范仲淹，字希文，蘇州吴縣人。文正之學，原出戚同文。同文，字同文，楚丘人。文正四子：長純祐，字天成。次純仁，字堯夫。次純禮，字彝叟。次純粹，字德孺。堯夫學最著。安定、泰山、徂徠，皆客文正門，堯夫皆從之游。又從南城李覯。覯字泰伯，學者稱旰江先生。横渠少時喜言兵，嘗欲結客取洮西。謁文正。文正曰："名教中自有樂地，何事於兵？"授以《中庸》。乃幡然志於道。故横渠之學，實文正啓之也。韓忠獻、韓琦，字稚圭，安陽人。歐陽文忠、歐陽修，字永叔，吉州廬陵人。富文忠、富弼，字彦國，河南人。司馬文正。司馬光，字君實，陝州夏縣人。而司馬氏最著。傳其學者，劉忠定、劉安世，字器之，大名人。忠定學最篤實。嘗問涑水："有一言而可終身行之者乎？"曰："其誠乎？"問其目。曰："自不妄語始。"學之七年而後成。范正獻、范祖禹，字淳夫，一字夢得，華陽人。文正子康，字公休，又從正獻學。晁景迂晁説之，字以道，澶州人。傳涑水之數學。也。其窮而在下，或雖仕宦而不以勛業著者：則有齊魯之士、劉，士建中，字希道，鄆州人。與泰山同時。泰山最推重之。徂徠亦服膺焉。劉顏，字子望，彭城人。閩中之四先生，陳襄，字述古，學者稱古靈先生。陳烈，字季慈，學者稱季甫先生。鄭穆，字閎中。周希孟，字公闢。四先生皆侯官人。少後於安定，而在周、程、張、邵之前。講學海上，有"四先生"之目。宋人溯道學淵源不之及。全謝山修《宋元學案》，爲立《古靈四先生學案》。明州之楊、杜，楊适，字安道，慈溪人。杜淳，居慈溪。永嘉之儒志、經行，王開祖，字景山，學者稱儒志先生。丁昌期，學者稱經行先生。皆永嘉人。杭之吳師仁，字坦求，錢塘人。皆與湖學桴鼓相應。而閩中之章、黃，章望，字表民，浦城人。黃晞，字景微，建安人。亦古靈一輩人。關中之申、侯，侯可，字無可，其先太原人，徙華陰。主華學二十年。爲學極重禮樂。申顏，侯氏之友。開橫渠之先路。蜀之宇文止，宇文之邵，字公南，綿竹人。則范正獻之前茅也。

　　宋學之確然自成爲一種學問，實由周、程、張、邵。邵雍，字堯夫，范陽人。曾祖家衡漳，先生幼從父遷河南。元祐賜謚康節。康節之學偏於數。理學家不認爲正宗。橫渠之學純矣。然小程謂其"苦心極力之象多，寬裕溫和之氣少"，後人尊之，亦遂不如濂溪之甚。張載，字子厚，鳳翔郿縣橫渠鎮人。濂溪作《太極圖説》及《通書》，實爲宋儒言哲學之首出者。周敦頤，字茂叔，道州營道人。知南康軍，家廬山蓮花峰下，有溪合於湓江，取營道故居濂溪名之。二程少嘗受業於濂溪，長而所學實由自得。然周子以主靜立人極，明道易之以主敬，伊川又益之以致知，其學實一脈相承；朱子又謂二程之學，出自濂溪；後人遂尊爲理學之正宗焉。程顥，字伯淳，洛陽人，學者稱明道先生。弟頤，字正叔，初稱廣平先生，後居伊陽，更稱伊川先生。

　　與五子同時者，有范蜀公、范鎮，字景仁，華陽人。祖禹其從孫也。蜀公猶子百祿，及從曾孫冲，亦皆理學家。呂申公、呂公著，字晦叔，東萊人。謚正獻。韓持國，韓維，謚持國，穎昌人。又有呂汲公、呂大防，字微仲，其先汲郡人，祖葬藍田，因家焉。謚正愍。王彥霖，王岩炎，字彥霖，大名清平人。又有豐相之、豐稷，字相之，鄞縣人。李君行，李潛，字君行，虔州興國人。雖不足與於道統，亦五子之後先疏附也。

　　術數之學，在中國本不盛，故傳邵子之學者頗少。伯溫伯溫，字子文。南渡後，趙鼎從之學。鼎字元鎮，聞喜人。雖號傳家學，實淺薄不足觀也。張子爲豪傑之士，其學又尚實行，故門下多慷慨善言兵。種師道，字儀叔，洛陽人，爲北宋名將。范育，字巽之，邠州三水人。游師雄，字景叔，武功人。皆與於平洮河之役，争元祐棄熙河。李復，字履中，長安人，喜言兵。張舜民，字芸叟，邠州人，亦慷慨喜言事。而三呂呂大忠，字晉伯，大防兄；大鈞，字和叔；大臨，字與叔，皆大防弟。尤爲禮學大宗。三呂皆并游張、程之門，然於張較厚。和叔知則行之，無所疑畏，論者方之季路。嘗撰《鄉約》。又好講井田、兵制，撰成圖籍，皆可施行。喪祭一本古禮。推之冠、昏、飲酒、相見、慶吊，皆不混習俗。横渠謂"秦俗之變，和叔有力焉"。小程子嘗謂與叔守横渠説甚固。横渠無説處皆相從，有説處便不肯回。可見三呂皆篤於張氏矣。二程之門，最著稱者爲游、游酢，字定夫，建州建陽人。學者稱廌山先生。楊、楊時，字中立，南劍將樂人。尹、尹焞，字彦明，一字德充，洛陽人。學者稱和靖先生。謝。謝良佐，字顯道，壽春上蔡人。游氏書不傳，弟子亦不著。謝氏之門，最著者爲朱漢上，朱震，字子發，荆門軍人。然漢上《易》學，實由自得，不出師門也。尹氏最後起，守師説亦最醇，謝氏以覺言仁，實啓象山之學。游、楊二家，晚亦好佛。其傳亦不廣。惟龜山最老壽，遂爲洛學大宗。

龜山之學，傳之羅豫章。羅從彦，字仲素，南劍人。學者稱豫章先生。延平、李侗，字愿中，南劍人。韋齋、朱松，字喬年，婺源人。朱子之父。爲尤溪縣尉，因家焉。學者稱韋齋先生。皆師豫章。而胡文定胡安國字康侯，崇安人。與游、楊、謝三先生，義兼師友。其子五峰、宏，字仁仲。其兄寧，字和仲，學者稱茅堂先生。茅堂治《春秋》。文定作《春秋傳》，修纂檢討，皆出其手。致堂、寅，字明仲。實文定兄子。其母不欲舉，文定夫人子之。皆學於豫章。籍溪、憲，字原仲，文定從父兄子，居籍溪，學者稱籍溪先生。邦衡，胡銓，字邦衡，廬陵人。從鄉先生蕭子荆受《春秋》，卒業於文定。則學於文定。朱子初師屏山、劉子翬，字彦冲，崇安人。齡子，子羽弟也。籍溪、白水，劉勉之，字致中，崇安人。以女妻朱子。白水師元城及龜山。而卒業於延平。朱熹，字元晦，一字仲晦，初居崇安五夫，築書院於武夷之五曲，榜曰紫陽，識鄉關也。後築室建陽蘆峰之巔，曰云谷。其草堂曰晦庵。自號云谷老人，亦曰晦庵，曰晦翁。晚更居考亭。築精舍曰滄洲。號滄洲病叟。趙汝愚竄永州，將諫。門人諫。筮之遇遯之同人。乃取稿焚之，自號曰遯翁。南軒張栻，字敬夫，一字樂齋，號南軒，廣漢人。遷於衡陽。浚子。之學，出於五峰。呂成公亦嘗師籍溪，又事汪玉山。呂祖謙，字伯恭，公著後也。祖好問，始居婺州。南宋理學，呂氏最盛，韓氏次之，詳見《宋元學案》。汪應辰，字聖錫，信州玉山人。玉山者，橫浦張九成，字子韶，錢塘人。自號橫浦居士。又號無垢居士。弟子；橫浦亦龜山弟子，故南渡後三先生之學，實皆出於龜山者也。

　　乾淳三先生，呂、張皆早世，惟朱子年最高，講學亦最久，故其流傳最遠。南軒之學，盛於湖湘，流衍於蜀，閱數傳而漸微。呂氏同氣，子約、成公弟，名祖儉。學於成公。諡忠。泰然，成公從弟，名祖泰。居宜興。趙汝愚之罷，子約論救，安置韶州。後移筠州，卒。泰然詣登聞鼓院上書，請誅侂冑。配欽州，卒。皆以忠節著。浙學好言文獻，皆可謂呂氏之遺風。然如永嘉、永康，偏於功利，殊失呂氏之旨。永嘉之學，始於薛季宣。季宣，字士龍，永嘉人。師事袁道潔。道潔師事二程，季宣加以典章制度，欲見之事功。陳傅良、葉適繼之，而其學始大。傅良，字君舉，瑞安人。適，字正則，永嘉人。永康之眉目爲陳亮，字同甫，永康人。學者稱瑞安先生。王伯厚王應麟，字伯厚，慶元鄞縣人。學者稱厚齋先生。長於經制。全謝山以爲呂學大宗，實則其學問宗旨，亦與朱氏爲近也。

　　朱門之著者：有蔡西山父子，蔡元定，字季通，建之建陽人，居西山。子沈，字仲默。其律曆象數之學，足補師門之闕。勉齋黃榦，字直卿，閩縣人。以愛婿爲上座，實能總持朱子之學。勉齋歿而後異說興，猶孔門七十子喪而大義乖矣。勉齋之學，一傳而爲金華，何基，字子恭，金華人。居金華山，學者稱金華先生。再傳而爲魯齋、王柏，字會之，金華人。白雲、許謙，字益之，金華人。學者稱白雲先生。仁山、金履祥，字吉父，蘭溪人。居仁山下，學者稱仁山先生。雙峰，饒魯，字伯輿，一字仲元，餘干人，築石洞書院，前有兩峰，因號雙峰。皆卓有聲光。輔漢卿輔廣，字漢卿，號潛庵，崇德人。學於朱子，兼受學於成公。其傳爲魏鶴山，魏了翁，字華父，邛州蒲江人。築室白鶴山下，學者稱鶴山先生。詹元善，詹體仁，字元善，浦城人。亦學於朱子，其傳爲眞西山，眞德秀，字景元，後更曰希元，建之浦城人。皆宋末名儒。詹氏再傳，輔氏四傳而得黃東發，黃震，字東發，慈溪人。學者稱于越先生。東發學於余端臣及王壄。壄學於詹元善。端臣學於韓性。性，字明善，私諡曰莊節先生。性之學，出自其父翼甫。翼甫，字灼齋，會稽人，輔漢卿之弟子也。則體大思精，又非其師所能逮矣。此朱學之在南者也。其衍於北者，始於趙江漢，趙復，字仁甫，德安人，學者稱江漢先生。元屠德安，姚樞在軍前，以歸，教授於燕。北方始知有程朱之學。姚樞、字公茂，柳城人，後徙洛陽。樞從子燧，字端甫，學於許衡。許衡、字仲平，河內人，學者稱魯齋先生。郝經、字伯常，澤州陵川人。劉因、字夢吉，雄州容城人，學者稱靜修先生。皆出其門。朱學自宋理宗時，得朝廷表章；元延祐科舉，又用其法，遂如日中天矣。

洛學明道、伊川，性質本有區別。學於其門者，亦因性之所近，所得各有不同。故龜山之後爲朱，而上蔡、信伯，遂啓象山之緒。朱子謂上蔡"說仁說覺，分明是禪"。又謂"今人說道，愛從高妙處說，自上蔡已如此"。又云："上蔡之說，一轉而爲張子韶。子韶一轉而爲陸子靜。"案上蔡近乎剛，龜山近乎柔。朱子謂"上蔡之言，多踔厲風發；龜山之言，多優柔平緩"是也。王蘋，字信伯。世居福之福清，父徙吳。師伊川。龜山最稱許之。全謝山曰："象山之學，本無所承。東發以爲遙出上蔡，予以爲兼出信伯。"案信伯嘗奏高宗："堯、舜、禹、湯、文、武之道，若合符節。非傳聖人之道，傳其心也。非傳聖人之心，傳己之心也。己之心，無異聖人之心，萬善皆備。欲傳堯、舜以來之道，擴充此心焉耳。"可見其學之一斑。金溪之學，梭山啓之，復齋昌之，象山成之，與朱學雙峰并峙。象山兄弟六人：長九思，字子強。次九叙，字子儀。次九皐，字子昭，號庸齋。次九韶，字子美，講學梭山，號梭山居士。次九齡，字子壽，學者稱復齋先生。次九淵，字子靜，號存齋，結廬象山，學者稱象山先生。傳陸學者，爲明州四先生。舒沈，字元質，一字元賓，奉化人。沈煥，字叔晦，定海人。袁燮，字和叔，鄞縣人。楊簡，字敬仲，慈溪人，築室德潤湖上，更其名曰慈湖。袁、楊仕宦高，其名較顯。袁言有矩矱，楊則頗入於禪。攻象山者，每以爲口實焉。朱子門下，闢陸氏最力者爲陳安卿，陳淳，字安卿，龍溪人。至草廬而和會朱、陸。吳澄，字幼清，學者稱草廬先生，撫州崇仁人。繼草廬而和會朱、陸者，又有鄭師山。名玉，字子美，徽州歙縣人。嘗構師山書院，以處學者，故稱師山先生。論者謂師山多右朱，草廬多右陸。陸氏門下，至安仁三湯，而息庵、存齋，皆入於朱，惟晦靜仍守陸學。湯幹，字升伯。學者稱息庵先生，安仁人。弟巾，字仲能，學者稱晦靜先生。中，字季庸，學者稱存齋先生。傳之從子東澗，湯漢，字伯紀。及徑阪。徐霖，字景說，衢之西安人。謝叠山其門人也。叠山名枋得，字君直，弋陽人。徑阪之後，陸學寖衰。靜明、陳苑，字立大，江西上饒人。學者稱靜明先生。寶峰，趙偕，字子永，宋宗室與籌後。慈溪人。隱大寶山麓，學者稱寶峰先生。得其遺書而再振之。元代科舉用朱，朱學幾於一統。至明，王陽明出，乃表章陸氏焉。

元代理學，不過衍紫陽之緒餘，明人則多能自樹立者，而陽明其尤也。明初學者，篤守宋儒矩矱。方正學、方孝孺，字希直，臺之寧海人。自名其讀書之堂曰正學。正學大節凜然，論者謂其"持守之嚴，剛大之氣，與紫陽相伯仲"焉。曹月川、曹端，字正夫，號月川，河南澠池人，劉蕺山云：方正學後，斯道之絕而復續，實賴曹月川。即薛敬軒，亦聞其風而興起者。吳康齋、吳與弼，字子傅，號康齋，撫州崇仁人。刻苦奮厲，辭官躬耕。或譏其所學未見精微，然其尅己安貧，操持不懈，凜乎其不可犯，要不易及也。薛敬軒、薛瑄，字德溫，號敬軒，山西河津人。其學兢兢於言行間檢點，悃愊無華，可謂恪守宋人矩矱。然有未見性之譏。皆其卓卓者。河東之學，傳諸涇野、呂柟，字仲木，號涇野，陝之高陽人。涇野講學，所至甚廣，講席幾與陽明中分。一時篤行之士，多出其門。三原、王恕，字宗貫，號介庵，晚又號石渠，陝之三原人。仍重禮樂，篤躬行，存關學之面目，與師門少異其趣。康齋之學，傳諸白沙，主張"靜中養出端倪"，則於師門大變手眼矣。陳獻章，字公甫，號石齋，新會白沙里人。諡文恭。康齋弟子，又有胡居仁，字叔心，饒州餘干人，學者稱敬齋先生。婁諒，字元貞，號一齋，廣信上饒人。一齋以收放心爲居敬之門，以何思何慮、勿忘勿助爲居敬要指。敬齋闢之，謂其陷入異教。論者謂"有明之學，至白沙而後精，至陽明而後大"，白沙實陽明之前驅也。

有明之學，自當以陽明王守仁，字伯安，餘姚人。爲大宗。理學名家，非衍陽明之緒餘，即與陽明相出入者也。陽明之學，蓋承朱學之敝而起。其學實近法象山，遠承明道，特較象山、明道，尤精且大耳。傳陽明之學者，當分浙中、江右、泰州三大派：浙中之學，以龍溪、緒山爲眉目。浙中王門，實以徐曰仁爲稱首。曰仁名愛，號橫山，餘姚人，陽明之内兄弟也。受業最早。及門有未信者，曰仁輒爲之騎郵，門人益親。陽明稱爲吾之顔淵。早卒。龍溪、緒山，講學最久，遂爲王門之翹楚。龍溪王氏，名畿，字汝中，山陰人。緒山錢氏，名德洪，字洪甫，餘姚人。江右則東廓、鄒守益，字謙之，江西安福人。念庵、羅洪先，字達夫，江西吉水人。兩峰、劉文敏，字宜充，安福人。雙江、聶豹，字文蔚，江西永豐人。及再傳塘南、王時槐，字子植，安福人。師兩峰。思默、萬廷言，字以忠，江西南昌人。師念庵。皆有發明。泰州多豪傑之士，其流弊亦最甚。末年得劉蕺山，劉宗周，字起東，號念臺，山陰人。提唱慎獨，又王學之一轉手也。與王學同時角立者，有止修、甘泉二家。李材，字孟誠，號見羅，江西豐誠人，以止修二字爲學鵠。湛若水,字元照,號甘泉,廣東增城人。師白沙。其繼起而矯正其末流之弊者,則東林中之高、顧也。高攀龍,字存之,別號景逸。顧憲成,字叔時,別號涇陽。皆常州無錫人。涇陽契陽明,而深闢無善無惡之論。

　　明末大儒：梨洲、黃宗羲,字太冲,餘姚人。夏峰、孫奇逢,字啓泰,號鍾元,北直容城人。二曲、李中孚,周至人。家在二曲間,學者稱二曲先生。皆承王學；而亭林、顧炎武,初名絳,字寧人,昆山人。船山、王夫之,字而農,號薑齋,衡陽人。蒿庵、張爾岐,字稷若,濟陽人。楊園、張履祥,字考夫,號念芝。居桐鄉之楊園,學者稱楊園先生。楊園嘗師蕺山,然學宗程、朱。桴亭、陸世儀,字道威,太倉人。則皆宗朱。其後清獻起於南,陸隴其,字稼書,平湖人,闢陸王最力。清恪起於北,張伯行,字孝先,號敬庵,儀封人。而學風乃漸變。湯文正湯斌,字孔伯,號荊峴,晚號潛庵,睢州人。嘗師夏峰,後亦折入程、朱,但不闢陸、王耳。清代名臣,負理學重名者頗多,皆宗朱；然實多曲學阿世之流,心學承晚明之猖狂,彌以不振；蓋至是而宋明之哲學,垂垂盡矣。

篇四　濂溪之學

　　一種新哲學之創建，必有一種新宇宙觀、新人生觀，前已言之。宋代哲學，實至慶曆之世，而始入精微。其時創立一種新宇宙觀及人生觀者，則有若張子之《正蒙》，司馬氏之《潛虛》，邵康節之《觀物》。司馬氏之書，不過揚子《太玄》之倫。邵子之說頗有發前人所未發者。然術數之學，我國本不甚行，故其傳亦不盛。張子之說醇矣，然不如周子之渾融。故二程於周子，服膺較深。朱子集北宋諸家之成，亦最宗周、程焉。而周子遂稱宋學之開山矣。

　　周子之哲學，具於《太極圖說》及《通書》。《太極圖說》或議其出於道家，不如《通書》之純。此自昔人存一儒釋道之界限，有以致之。其實哲學雖有末流之異，語其根本，則古今中外，殆無不同；更無論儒道之同出中國者矣。《通書》與《太極圖說》相貫通。《通書》者，周子之人生觀；《太極圖說》，則其宇宙觀也。人生觀由宇宙觀而立。廢《太極圖說》，《通書》亦無根柢矣。朱子辨《太極圖說》，必爲濂溪所作，而非受諸人，潘興嗣作周子《墓志》，以《圖》爲周子自作，陸象山以爲不足據。其說誠不可信。然謂"傳者誤以此圖爲《通書》之卒章，而讀《通書》者，遂不知有所總攝"，則篤論也。

　　太極圖之出於道家，殆不可諱。然周子用之，自別一意，非道家之意也。見下。所謂太極圖者，如右：上一圈爲太極。太極不能追原其始，故曰"無極而太極"。次圈之黑白相間者爲陰靜陽動。黑爲陰靜，白爲陽動。陰居右，陽居左。陽變爲陰，陰變爲陽，故左白右黑之外，間以左黑右白一圈,其外則復爲左白右黑焉。次圖之中一白圈,即太極。其下爲水、火、木、金、土,五小圈。水、金居右,火、木居左者,水、金陽而火、木陰也。土居中,冲氣也。水、火、木、金、土,上屬於第二圈,明五行生於陰陽也。下屬於第四圈,明人物生於五行也。水、火、木、金、土各爲一小圈,所謂"五行各一其性"也。其序:自水之木,自木之火,自火之土,自土之金,沿《洪範》五行首水,及古人以五行配四時之説,所謂"五氣順布而四時行"也。下一圈爲"乾道成男,坤道成女",明萬物所由生也。又下一圈曰"萬物化生",人亦萬物之一,實不可分作兩圈,周子蓋沿道家舊圖,未之改也。周子之意,或以"乾道成男,坤道成女"爲紬象之言,不指人。

　　周子之説此圖也,曰:"無極而太極。太極動而生陽;動極而静。静而生陰;静極復動。一動一静,互爲其根。分陰分陽,兩儀立焉。陽變陰合,而生水、火、木、金、土,五氣順布,四時行焉。五行一陰陽也,陰陽一太極也,太極本無極也。五行之生也,各一其性。無極之真,二五之精,妙合而凝。乾道成男,坤道成女。二氣交感,化生萬物。萬物生生,而變化無窮焉。"案此周子根據古説,以説明宇宙者也。古有陰陽五行之説,已見前。二説在後來,久合爲一,而推原其始,則似係兩説。以一爲二元論,一爲多元論也。其所以卒合爲一者,則以哲學所求,實爲惟一,多元二元之説,必進於一元而後安。五行之説,分物質五類,乃就認識所及言之。其後研究漸精,知人所能認識之物質,與其不能認識而指爲虛空者,實無二致。其所以或能認識,或不能認識者,則以物質有聚散疏密之不同,自人觀之,遂有隱顯微著之各異耳。至此,則認識所及之水、火、木、金、土,與認識所不及之至微之氣,可以并爲一談。而五行之多元論,進爲一元矣。陰陽之説,蓋因"男女構精,萬物化生"悟入。其始蓋誠以陰陽爲二體。研究漸精,乃知所謂陰陽者,特人所見現象之異,其本體,初不能謂爲不同。於是陰陽二者,可謂同體而異用。乃爲之假立一名曰太極。而陰陽二元之論,亦進爲一元矣。二說既同進爲一元,自可合并爲一說。乃以太極爲世界之本體;世界之現象,爲人所認識者,實爲變動。則以陰陽之變化說之;而二者仍爲同體而異用;此所以說世界流轉之原理。若以物質言:則一切物之原質,皆爲氣;水、火、木、金、土,皆此氣之所爲;萬物之錯綜,則又五行之所淆而播也。氣之所以分爲五行,五行之所以淆而爲萬物,則以不可知之太極。無始以來,即有此一靜一動之變化也。此乃自古相傳之說;周子亦不過融會舊文,出以簡括之辭耳,非有所特創也。

中國無純粹之哲學,凡講哲學者,其意皆欲措之人事者也。周子亦然。故於說明宇宙之後,即繼之以人事。曰:"惟人也,得其秀而最靈。"此言人之所以爲人也。曰:"形既生矣,神發知矣。五性感動,而善惡分,萬事出矣。聖人定之以仁、義、中、正,而主靜,立人極焉。"此爲周子之人生觀。凡一元論之哲學,必將精神物質,并爲一談。一物而兩面。此等思想,中國古代,亦已有之。其分人性爲仁、義、禮、智、信五端,以配木、金、火、水、土五行是也。周子亦沿其說。思想淺薄之時,恆以爲善惡二者,其質本異。迨其稍進,乃知所謂善惡者,其質實無不同,特其所施有當有不當耳。至此,則二元論進爲一元矣。周子之說亦如是。周子既沿舊說,以五性配五行,又總括之爲仁義兩端,以配陰陽。仁義二者,皆不可謂惡也。更進一步言之,陰陽同體而異用,仁義亦一物而二名。視其所施而名之。慾陰伏陽,特其用之有當有不當,而其本體太極。初無所謂惡;則人之行爲,所以或失之剛,或失之柔者,亦不過其用之或有不當,而其本體初無所謂惡;此世界之本體,所以至善,亦人性之所以本善也。然則所謂善惡者,即行爲當不當之謂而已。不論其所施,而但論其行爲,則無所謂善惡。世界之現象,自認識言之,無所謂靜也,祇見其動耳。然自理論言之,固可假設一與動相對之境，名之曰靜。本體既無所謂惡；所謂惡者，既皆出於用，則固可謂靜爲善，動爲惡，然則人而求善，亦惟求靜境而處之而已矣。恢復本體。然認識所及，惟是變動；所謂靜境，不可得也。乃進一步而爲之說曰：世界本體不可見，可見者惟現象，本體即在現象之中。然則靜境亦不可得，靜即在乎動之中。人之所求，亦曰動而不失其靜而已矣。雖墮落現象界，而仍不離乎本體。動而不失其靜者，用而不離乎體之謂也。用而不離乎體者，不失其天然之則之謂也。以幾何學譬之；所謂眞是，惟有一點。此一點，即人所當守之天則，即至當之動，而周子之所謂中正也。然此一點非有體可得，仍在紛紜蕃變之中。蓋人之所爲，非以爲人，即以爲我。爲人，仁也。爲我，義也。欲求於仁義之外，別有一既不爲人，又不爲我之行爲，卒不可得。然則欲求中正，惟有即仁義之施無不當者求之。而欲求仁義，亦必毋忘中正而後可。否則不當仁而仁，即爲不仁；不當義而義，即爲不義矣。故仁義同實而異名，猶之陰陽同體而異用。陰陽之體，所謂太極者，惟有假名，更無實體。仁義之體，所謂中正者亦然也。然則所謂善者，即仁義之施無不當者也。施無不當，則雖動而不離其宗。雖動而不離其宗，則動如未動。動如未動，固可以謂之靜，此則周子之所謂靜也。此爲道德之極致，故命之曰"人極"。能循此，則全與天然之則合，所謂"聖人與天地合其德，與日月合其明，與四時合其序，與鬼神合其吉凶"也。能循此者，必獲自然之福；而不然者，則必遇自然之禍，所謂"君子修之吉，小人悖之凶"也。此以行爲言也。若以知識言：則現象之紛紜蕃變，不外乎陰陽五行；陰陽五行，又不離乎太極。能明此理，則於一切現象，無不通貫矣。所謂"原始要終，故知死生之說"也。周子蓋由《易》悟入；亦自以爲祖述《易》說，故於篇末贊之曰"大哉《易》也，斯其至矣"也。

《太極圖說》，雖寥寥數百言，然於世界之由來，及人所以自處之道無不備，其說可謂簡而該。宜朱子以爲"根極領要；天理之微，人倫之著，事物之衆，鬼神之幽，莫不洞然，畢貫於一"也。

《太極圖説》，推本天道以言人事，《通書》則專言人事，然其理仍相通。故朱子以爲廢《太極圖説》，則《通書》無所總攝也。《太極圖説》所言自然界之理，《通書》名之曰"誠"。誠者，真實無妄之謂。自然界之事，未有不真實者也。故曰："大哉乾元，萬物資始，誠之原也。乾道變化，各正性命，誠斯立焉。"自然界之現象，見其如此，即係如此，更無不如此者之可言，是爲誠。自然界之現象，人所認識者，爲變動不居；從古以來，未嘗見其不動；則動即自然界之本相也。然則誠與"動"一物也。故曰："至誠則動，動則變，變則化。"聖人當與天地合其德，《通書》以誠稱自然界，故亦以誠爲聖人之德，曰："聖，誠而已矣。"人之所知，止於現象。然自理論言之，固可假説一實體界，以與動相對。惡既皆屬現象，固可謂由動而生；則動最當慎。此由靜至動之境，即自實體界入現象界。周子名之曰"幾"。所謂"動而未形，有無之間"也。本體無善惡可言，動則有善惡矣。故曰："誠無爲，幾善惡。"又曰"吉凶悔吝生乎動，吉一而已，可不慎乎"也。

　　動之循乎當然之道者爲善，不循乎當然之道者爲惡。循乎當然之道者，動而不失其則者也，所謂誠也。不循乎當然之道者，動而背乎真實之理者也，所謂"妄"也。如人四體之動，順乎生理者爲誠，逆乎生理者爲妄。人之動作，貴合乎天然之理，故當祛其妄而復其誠。故曰："誠，復其本善之動而已矣。不善之動，妄也。妄復則無妄矣，無妄則誠矣。"

　　本善之動爲道。道之名，自人所當循之路言之也。自其畜於身，見於事爲者言之，則曰德。德也，道也，二名一實，特所從言之者異耳。德之目，周子亦如古説，分爲仁、義、禮、智、信，而又以仁義二端總括之。禮者，所以行之而備其條理。智者，所以知之。信者，所以守之。而所行、所知、所守，則仍不外乎仁義。故曰："聖人之道，仁義中正而已矣。"其説全與《太極圖説》合。

　　人性之有仁義，猶天道之有陰陽，地道之有剛柔，其本體皆不可謂之惡也。故世界本無所謂善，協乎兩者之中而已矣。亦無所謂惡，偏乎兩者中之一而已矣。故曰："性者，剛、柔、善、惡，中而已矣。見諸事乃可云仁義。此但就性言，故曰剛柔。剛：善爲義，爲直，爲斷，爲嚴毅，爲幹固。惡爲猛，爲隘，爲强梁。柔：善爲慈，爲順，爲巽。惡爲懦弱，爲無斷，爲邪佞。"義也，直也，斷也，嚴毅也，幹固也，非實有其體也，剛之發而得其當焉者也。猛也，隘也，强梁也，亦非實有其體也，剛之發焉而不得其當者也。柔之善惡視此。然則天下信無所謂善惡，惟有中不中而已。故曰："惟中也者，和也，中節也，天下之達道也，聖人之事也。故聖人立教，俾人自易其惡，自至其中而止矣。"

然則人何以自易其惡而止於中哉？逐事檢點，固已不勝其勞。抑且未知何者謂之中，自亦無從知何者謂之偏。苟能知何者謂之中，則但謹守此中焉足矣。夫人之本體，本能止於中者也。所以失其中者，以其有不當之動也。不當之動，始萌於欲，而終著於事爲者也。人能無欲，則自無不當之動矣。無欲，所謂靜也，亦所謂一也。無欲則動無不當矣。動無不當，則不離乎當然之境而謂之靜，非謂寂然不動，若槁木死灰也。《通書》曰："動而無靜，靜而無動，物也。動而無動，靜而無靜，神也。動而無動，靜而無靜，非不動不靜也。"此之謂也。故曰："聖可學乎？曰：可。有要乎？曰：有。請問焉。曰：一爲要。一者，無欲之謂也。無欲則靜虛動直。靜虛則明，明則通。動直則公，公則溥。明通公溥，庶矣乎？"夫人之所求，動直而已；而動直之本，在於靜虛；此《太極圖說》，所以謂"聖人以主靜立人極"也。故"主靜"實周子之學脈也。

中者，當然之則而已矣。當然之則，非人人所能知之也。必先求知之，然後能守之。求而知之者，智識問題。既知之，又求行之，則行爲問題也。周子爲理學開山，但發明其理，於修爲之方，尚未及詳，故注重於思。《通書》曰"無思而無不通爲聖人。不思則不能通微，不睿則不能無不通。是則無不通生於通微，通微生於思。是故思者，聖功之本，而吉凶之幾"是也。程朱格物窮理之說，蓋本諸此。

以上所言，皆淑身之術也。然一種新哲學之人生觀，固不當止於淑身，而必兼能淑世。故曰："志伊尹之所志，學顏子之所學。"噫！周子之言，內外本末，亦可以謂之兼備矣哉！

周子之説，雖自成爲一種哲學，然其源之出於道家，則似無可諱。黃晦木《太極圖辯》曰："周子《太極圖》，創自河上公，乃方士修煉之術也。"河上公本圖，名《無極圖》。魏伯陽得之，以著《參同契》。鍾離權得之，以授呂洞賓。洞賓後與陳圖南同隱華山，而以授陳。陳刻之華山石壁。陳又得《先天圖》於麻衣道者。宋時有所謂《正易心法》者，托之麻衣道者，謂爲希夷之學所自出，實則南宋時戴師愈之所僞也。見朱子書《麻衣心易後》、《再跋麻衣易説後》。皆以授种放。放以授穆修與僧壽涯。修以《先天圖》授李挺之。挺之以授邵天叟。天叟以授子堯夫。修以《無極圖》授周子。周子又得先天地之《偈》於壽涯。晁公武謂周子師事鶴林寺僧壽涯，得其"有物先天地，無形本寂寥，能爲萬象主，不逐四時雕"之偈。劉靜修《記太極圖説後》曰："或謂周子與荊宿、邵古，同事潤州一浮屠，而傳其《易書》。"所謂潤州浮屠，即壽涯也。其圖自下而上，以明逆則成丹之法。其重在水火。火性炎上，逆之使下，則火不熛烈，惟溫養而和燠。水性潤下，逆之使上，則水不卑濕，惟滋養而光澤。滋養之至，接續而不已。溫養之至，堅固而不敗。其最下圈名爲玄牝之門。玄牝即谷神。牝者，竅也。谷者，虛也。指人身命門，兩腎空隙之處，氣之所由生，是爲祖氣。凡人五官百骸之運用知覺，皆根於此。於是提其祖氣，上升爲稍上一圈，名爲煉精化氣，煉氣化神。煉有形之精，化爲微芒之氣；煉依希呼吸之氣，化爲出有入無之神；使貫徹於五藏六府，而爲中層之左木火、右金水、中土相聯絡之一圈，名爲五氣朝元。行之而得也，則水火交媾而爲孕。又其上中分黑白而相間雜之一圈，名爲取坎填離，乃成聖胎。又使復還於無始，而爲最上之一圈，名爲煉神還虛，復歸無極，而功用至矣。周子得此圖，而顛倒其序，更易其名，附於《大易》，以爲儒者之秘傳。蓋方士之訣，在逆而成丹，故從下而上。周子之意，以順而生人，故從上而下。太虛無有，有必本無，乃更最上圈煉神還虛，復歸無極之名曰無極而太極。太虛之中，脈絡分辨，指之爲理，乃更其次圈取坎填離之名曰陽動陰靜。氣生於理，名爲氣質之性，乃更第三圈五氣朝元之名曰五行各一性。理氣既具，而形質呈，得其全者靈者爲人，人有男女，乃更第四圈煉精化氣,煉氣化神之名曰乾道成男,坤道成女。得其偏者蠢者爲萬物,乃更最下圈玄牝之名曰萬物化生。案《參同契》有《水火匡廓》及《三五至精》兩圖,即周子《太極圖》之第二第三圈也。胡朏明《易圖明辨》曰:"唐《真玄妙經品》有《太極先天圖》,合三輪五行爲一,而以三輪中一〇,五行下一〇爲太極。又加以陰靜陽動,男女萬物之象,凡四大〇。陰靜在三輪之上,陽動在三輪之下。三輪左離右坎,水火既濟之象。二〇上陰下陽,天地交泰之象。《鼎器歌》云:'陰在上,陽下奔,即此義也。'男女萬物,皆在五行之下。與宋紹興甲寅朱震在經筵所進周子《太極圖》正同。今《性理大全》所載,以三輪之左爲陽動,右爲陰靜,而虛其上下二〇,以爲太極,乃後人所改,非其舊也。"

水火匡廓圖,又名水火二用圖。坎離二卦,運爲一軸。中一〇爲坎離之胎。

三五至精圖。土、火、木、水、金,合而歸於一元。一元,謂下一〇也。

其説與晦木,又有異同。蓋在道家,此圖亦非一本也。然《太極圖》之原出道家,則無疑矣。然此不過借用其圖,其用意則固大異也。

朱、陸無極太極之辯,亦爲理學家一重公案。案此説似陸子誤也。《通書》與《太極圖説》,實相貫通,已如前説。而梭山謂:"《太極圖説》與《通書》不類,疑非周子所爲;否則其學未成時作;又或傳他人之文,後人不辨。"似於周子之學,知之未審。象山謂"無極"二字,出《老子·知其雄章》。以引用二氏之言爲罪案,此實宋儒習氣。理之不同者,雖措語相同,而不害其爲異。理之不易者,凡古今中外,皆不能不從同。安得摭拾字面，以爲非難乎？象山又謂："二程言論文字至多，亦未嘗一及無極字。"案即就字面論，儒家用無極二字者，亦不但周子。黃百家曰："柳子厚曰：無極之極。邵康節曰：無極之前，陰含陽也。有極之後，陽分陰也。是周子之前，已有無極之説。"若謂《繫辭》言神無方矣，豈可言無神？言易無體矣，豈可言無易？"則《繫辭》乃就宇宙自然之力，無乎不在言之。"周子之言，則謂世界本體，無從追原其所自始。其所言者，固異物也。無極而太極，猶佛家言"無始以來"，言"法爾而有"耳。必責作《繫辭傳》者，推原神與易所自始，彼亦祇得云無從説起矣。安得拘泥字面，而疑周子所謂無極而太極者，乃謂有生於無，落"斷空"之見哉？朱子曰："無極而太極，猶曰莫之爲而爲，莫之致而至。乃語勢當然，非謂別有一物也。"又曰："無極"二字，乃周子令後之學者，曉然見太極之妙，不屬有無，不落方體。一可謂能得周子之意矣。故無極而太極之辯，實陸子誤會文義，以辭害意也。又陸子謂"一陰一陽，即是形而上者"；朱子則謂"一陰一陽，屬於形器。所以一陰一陽者，乃道理之所爲"；亦爲兩家一爭端。案此説兩家所見本同，而立言未明，遂生辯難。蓋陸子之意：以爲人之所知，止於現象。現象之外，不得謂更有本體其物，爲之統馭。朱子之意：謂現象之然，雖不必有使之然者；然自理論言之，有其然，即可謂有其所以然。固不妨假立一名，名之曰道，而以現象爲形器。陸子疑朱子謂本體實有其物，立於現象之外，遂生辯難。若知朱子所謂道者，乃係就人之觀念，虛立一名，而非謂實有其物，則辯難可以無庸矣。陸子曰："直以陰陽爲形器，而不得爲道，尤不敢聞命。《易》之爲道，一陰一陽而已。先後，始終，動静，晦明，上下，進退，往來，闔闢，盈虛，消長，尊卑，貴賤，表裏，隱顯，向背，順逆，存亡，得喪，出入，行藏，何適而非一陰一陽哉？奇耦相尋，變化無窮，故曰其爲道也屢遷。"朱子曰："若以陰陽爲形而上者，則形而下者，復是何物？熹則曰：凡有形有象者皆器也，其所以爲是器之理則道也。如是，則來書所謂始終、晦明、奇耦之屬，皆陰陽所爲之形器。獨其所以爲是器之理，乃爲道耳。"此則謂現象之所以然，雖不可知；然自理論言之，不得不分爲兩層：名其然曰器，名其所以然曰道也。此特立言之異，其意固不甚懸殊也。朱、陸辯論之辭甚多，除此節所舉兩端外，皆無甚關係，故今不之及。朱子論道與形器之說，須與其論理氣之說參看。又案太極、兩儀等，皆抽象之名，由人之觀念而立。後人或誤謂實有其物，遂生轇轕。許白雲曰："太極，陰陽，五行之生，非如母之生子，而母子各具其形也。太極生陰陽，而太極即具陰陽之中。陰陽生五行，而太極陰陽，又具五行之中。安能相離也？何不即五行一陰陽，陰陽一太極之言觀之乎？"其言最爲明析。昔之講哲學者，不知有認識論，此太極、陰陽、理氣等說，所以轇轕不清也。

篇五　康節之學

北宋理學家，周、程、張、邵，同時并生。其中惟邵子之學，偏於言數。我國所謂數術者，爲古代一種物質之學，前已言之。邵子之旨，亦不外此。其《觀物篇》謂："天使我如是謂之命，命之在我謂之性，性之在物謂之理。"又謂"數起於質"，"天下之數出於理"是也。人性即精神現象，物理即物質現象，邵子以爲二者是一。"數起於質"者，如謂筋肉發達至何種程度，即能舉何種重量；筋力衰弛，則舉重之力亦減是也。何以筋肉發達，即能舉重，衰弛即不能？此則所謂"數出於理"之理。此理不可知。所謂"天之象數，可得而推，其神用不可得而測"也。

邵子之學，亦以《易》爲根據。其所謂《易》者，亦出於陳摶。朱震《經筵表》謂陳摶以《先天圖》傳种放，放傳穆修，修傳李之才，之才傳邵雍。蓋亦道家之學也。其《先天次序卦位圖》如後。

《八卦次序圖》，最下一層爲太極。其上爲兩儀。又其上爲四象。又其上爲八卦。其序則乾一、兌二、離三、震四、巽五、坎六、艮七、坤八是也。以圖之白處，代《易》之一畫；黑處代《易》之一畫。是爲一分爲二，二分爲四，四分爲八。如是推之，八分爲十六，十六分爲三十二，三十二分爲六十四，即成《伏皇先天六十四卦橫圖》。以六十四卦規而圓之，則成圓圖；割而叠之，則成方圖。圓圖以象天，方圖以象地也。

八卦方位，見《易》"帝出乎震"一節。與大乙行九宮之説合，見第二篇。據其説，則離南、坎北、震東、兌西、乾西北、坤西南、艮東北、巽東南。邵子以爲後天卦位，爲文王所改。而云：此圖爲先天方位，爲伏羲所定。其根據,爲《易》"天地定位"一節。爲之説者:謂此先天方位,"天位乎上,地位乎下,日生於東,月生於西,山鎮西北,澤注東南,風起西南,雷動東北,自然與天地造化合"也。

邵子之學,亦以陰陽二端,解釋世界;而名陰陽之原爲太極。其《經世衍易圖》所謂"一動一静之間"者也。《觀物内篇》云:

太陽	陽	動一	一動一静之間
太陰			
少陽	陰		
少陰			
少剛	剛	静一	
少柔			
太剛	柔		
太柔			

"一動一静者,天地之至妙者歟?一動一静之間者,天地人之至妙者

歟?"即指太極言之也。邵子謂:"天生於動,地生於靜。""動之始則陽生焉,動之極則陰生焉。靜之始則柔生焉,靜之極則剛生焉。"陰陽之中,復有陰陽;剛柔之中,復分剛柔,故各分爲太少。太陽爲日,太陰爲月;少陽爲星,少陰爲辰;此天之體也。太柔爲水,太剛爲火;少柔爲土,少剛爲石;此地之體也。日爲暑,月爲寒,星爲晝,辰爲夜,此天之變也。水爲雨,火爲風,土爲露,石爲雷,此地之化也。暑變物之性,寒變物之情,晝變物之形,夜變物之體,此動植之感天而變者也。雨化物之走,風化物之飛,露化物之草,雷化物之木,此動植之應地之化者也。推之一切,莫不皆然。其圖如下:

太陽	日	暑	性	目	元	皇
太陰	月	寒	情	耳	會	王
少陽	星	晝	形	鼻	運	帝
少陰	辰	夜	體	口	世	霸
少剛	石	雷	木	氣	歲	易
少柔	土	露	草	味	月	書
太剛	火	風	飛	色	日	詩
太柔	水	雨	走	聲	時	春秋

邵子之說,皆由博觀物理而得。試問天何以取日月星辰爲四象?地何以取水火土石爲四體?曰:"陽燧取於日而得火,火與日一體也。""方諸取於月而得水,水與月一體也。""星隕而爲石,石與星一體也。""日月星之外,高而蒼蒼者皆辰,水火石之外,廣而厚者皆土,辰與土一體也。"何以不用五行,而別取水火土石?曰:"木生於土,金出於石。水火木金土者後天,水火土石者先天。後天由先天出。一以體言,一以用言也。"邵伯溫《觀物內篇》注。案此實以五行之說爲不安而改之耳。不

欲直斥古人以駭俗,乃立先後天之名以調停之。其八卦之説,亦猶是也。故邵子之説,實可謂自有所得,非全憑藉古人者。日爲暑,月爲寒,星爲晝,辰爲夜,其理易明。水爲雨,火爲風,土爲露,石爲雷者?邵子曰:"其氣之所化也。"暑變物之性,寒變物之情,晝變物之形,夜變物之體者?邵子以動者爲性,靜者爲體。謂:"陽以陰爲體,陰以陽爲唱。""陽能知而陰不能知,人死則無知者,性與體離也。陽能見而陰不能見。"能知能見者爲有,故陽性有而陰性無。"陽有所不偏,而陰無所不偏。陽有去而陰常居"。邵子之意,凡知覺所及皆陽,出於知覺之外者皆陰。無不偏而常居者爲實,故陰體實而陽體虛。性公而明,情偏而暗。公而明者屬陽,陽動故公,能見故明。陰常居故偏,不能見故暗。故變於暑。偏而暗者屬陰,故變於寒。形可見,故變於晝。體屬陰,故變於夜也。以上皆據《觀物》内、外篇。邵子言哲理之作,爲《觀物》内、外篇及《漁樵問答》。《漁樵問答》,理甚膚淺,或云僞物,蓋信。其餘一切,皆可以是推之。此等見解,今日觀之,誠不足信。然在當日,則其觀察,可謂普遍於庶物,而不偏於社會現象者矣。中國數術之家,所就雖不足觀,然研究物質現象於舉世莫或措意之日,要不可謂非豪傑之士也。邵子之學,二程頗不以爲然。晁以道云:"伊川與邵子,居同里巷,三十餘年。世間事無所不問,惟未嘗一字及數。一日雷起。邵子謂伊川曰:子知雷起處乎?伊川曰:某知之,堯夫不知也。邵子愕然曰:何謂也?曰:既知之,安用數推之?以其不知,故待推而知。"是邵子之數學,伊川頗不然之矣。明道云:"堯夫欲傳數學於某兄弟。某兄弟那得工夫？要學，須是二十年工夫。"雖不如伊川謂不待數推而知，亦以數爲非所急矣。朱子曰："伊川之學，於大體上瑩澈，於小小節目上，猶有疏處。康節能盡得事物之變，卻於大體有未瑩處。"夫使如心學者流，謂直證本體，即萬事皆了，則誠無事於小節目上推。若如程朱之説，"人心之靈，莫不有知。天下之物，莫不有理。惟於理有未窮，故其知有不盡"。則一物之格未周，即致知之功有歉。邵子所用之法，固不容輕議也。

　　邵子本陰陽剛柔變化之見，用數以推測萬物之數。其法：以陽剛之體數爲十，陰柔之體數爲十二。故太陽、少陽、太剛、少剛之數凡四十；太陰、少陰、太柔、少柔之數凡四十八。以四因之，則陽剛之數，凡一百六十；陰柔之數，凡一百九十二。於一百六十中，減陰柔之體數四十八，得一百一十二，爲陽剛之用數。於一百九十二中，減陽剛之體數四十，得一百五十二，爲陰柔之用數。以一百五十二，因一百十二，是爲以陽用數，唱陰用數；爲日月星辰之變數；其數凡一萬七千有二十四，謂之動數。以一百十二，因一百五十二，是爲以陰用數，和陽用數，是爲水火土石之化數；其數亦一萬七千有二十四，謂之植數。再以動數植數相因，即以一萬七千二十四，因一萬七千二十四。謂之動植通數；是爲萬物之數。求萬物之數，不本之實驗，而虛立一數以推之，亦物質科學未明時不得已之法也。《易》用九六，《經世》用十二。皆以四因之。《易》之數：陽用九，以四因之，得三十六，爲乾一爻之策數。陰用六，以四因之，得二十四，爲坤一爻之策數。以六因三十六，得二百一十六，爲乾一卦策數。以六因二十四，得一百四十四，爲坤一卦策數。相加得三百六十，故曰："乾坤之策，凡三百六十也。"以三十二因二百一十六，得六千九百一十二，爲三十二陽卦之策數。以三十二因一百四十四，得四千六百有八，爲三十二陰卦之策數。二者相加，得萬有一千五百二十，所謂"二篇之策，萬有一千五百二十"也。

　　邵子之推萬物如此。至於人，則邵子以爲萬物之靈。蔡西山嘗推邵子之意曰："萬物感於天之變，性者善目，情者善耳，形者善鼻，體者善口。萬物應於地之化，飛者善色，走者善聲，木者善氣，草者善味。人則得天地之全。暑寒晝夜無不變，雨風露雷無不化，性情形體無不感，走飛草木無不應。目善萬物之色，耳善萬物之聲，鼻善萬物之氣，口善萬物之味。蓋天地萬物，皆陰陽剛柔之分，人則兼備乎陰陽剛柔，故靈於萬物，而能與天地參也。"其言最爲簡約明瞭。《觀物內篇》曰："人之所以靈於萬物者，謂其目能收萬物之色，耳能收萬物之聲,鼻能收萬物之氣,口能收萬物之味。人亦物也,一物當兆物。聖亦人也,一人當兆人。是知人也者,物之至者也。聖也者,人之至者也。"又曰:人之至者,謂其能以"一心觀萬心,一身觀萬身,一世觀萬世"。如是,則能"上識天時,下盡地理,中盡物情,通照人事"。則能以"心代天意,口代天言,手代天工,身代天事"。蓋明乎宇宙之理,則措施無不當。參看第一篇。宇宙之理,邵子之所謂物理也。此物字所該甚廣。能觀者我,我所觀者,一切皆物。邵子謂人為萬物之靈,以其能通物理,謂聖人為人之至,以其能盡通物理而無遺也。

元會運世,歲月日時,乃邵子藉數以推測宇宙之變化者。其見解與揚子《太玄》等同,特其所用之數異耳。其法:以日經天之元,月經天之會,星經天之運,辰經天之世。日之數一,象一日也。月之數十二,象十二月也。星之數三百六十,象一年之日數也。辰之數四千三百二十,一日十二時,則三百六十日,得四千三百二十時也。一世三十年,凡十二萬九千六百年,是為皇極經世一元之數。注曰:"一元在大化之間,猶一年也。"更以日月星辰四者,經日月星辰四者,則其數如下:

以日經日	元之元	一
以日經月	元之會	一二
以日經星	元之運	三六〇
以日經辰	元之世	四三二〇
以月經日	會之元	一二
以月經月	會之會	一四四
以月經星	會之運	四三二〇
以月經辰	會之世	五一八四〇
以星經日	運之元	三六〇
以星經月	運之會	四三二〇
以星經星	運之運	一二九六〇〇
以星經辰	運之世	一五五五二〇〇

以辰經日	世之元	四三二〇
以辰經月	世之會	五一八四〇
以辰經星	世之運	一五五五二〇〇
以辰經辰	世之世	一八六二四〇〇

至此而後數窮焉。注曰："窮則變，變則生生而不窮也。"《皇極經世》，但著一元之數，使人引而伸之，可至於終而復始也。此等思想，蓋以爲宇宙現象，一切周而復始，特其數悠久而非人之所能知，乃欲藉其循環之近者，以推測其遠者耳。說詳第二篇。朱子曰："小者大之影，祇畫夜便可見。"即此思想也。

此等數術，其可信與否，渺不可知。即著此等書者，亦未必以爲必可信，特以大化悠久，爲經驗所不及，不得不藉是以推測之耳。彼其信數可以推測宇宙者，以其深信"數起於質"一語也。此等數術家，視宇宙之間，無非物質；而物質運動，各有定律，是爲彼輩所謂"數"。物質運動，既必循乎定律而不能違，則洞明物理者，固可以豫燭將來之變，此其所以深信發明真理，在乎"觀物"也。然今之所謂科學者，乃將宇宙現象，分爲若干部而研究之。研究愈精，分析愈細。謂其能知一部現象之原因結果則可。謂其能明乎全宇宙之現象，因以推測其將來，微論有所不能，并亦無人敢作此妄想也。然昔之治學問者，所求知者，實爲全宇宙之將來。夫欲知全宇宙之將來，非盡明乎全宇宙之現在不可。全宇宙之現在，固非人所能知。夫全宇宙之現在，數術家所謂"質"也。全宇宙之將來，數術家所謂"數"也。明乎質，固可以知數。今也無從知全宇宙之質，而欲據一部分之質，以逆測其餘之質，以推得全宇宙之數焉，孰能保其必確？故彼輩雖據一種數以推測，彼輩亦未必自信也。此所以數術之家，各有其所據之數，而不相襲也。無從推測之事，姑立一法以推測之而已。

然則術數家之所謂術數，在彼亦并不自信，而世之迷信術數者，顧據昔人所造之數，謂真足以推測事變焉，則惑矣。邵子曰："天下之數出於理。違乎理，則入於術。世人以數而入術，則失於理。"此所謂術，謂私智穿鑿，強謂爲可以逆測將來之術。所謂理，則事物因果必至之符。惟入於術，故失於理。邵子之說如此，此其所以究爲一哲學家，而非迷信者流也。

術數家所用之數，固係姑以此爲推，未必謂其果可用。假使其所用之數，果能推測宇宙之變化，遂能盡泄宇宙之秘奧乎？仍不能也。何也？所用之數，而真能推測宇宙之變化，亦不過盡知宇宙之質，而能盡知其未來之數耳。宇宙間何以有是質？質之數何以必如是？仍不可知也。故曰："天之象數，可得而推。如其神用，則不可得而測。"此猶物理學家言：某物之理如何？可得而知也。何以有是物？何以有是理？不可得而知也。又曰："道與一，神之強名也。以神爲神者，至言也。"此猶言宇宙之秘奧，終不可知；以不可知說宇宙，乃最的當之論也。此邵子之所以終爲一哲學家，而非迷信者流也。

皇王帝霸，《易》、《書》、《詩》、《春秋》，乃邵子應世運之變，而謂治法當如是變易者。《觀物內篇》曰："昊天之盡物，聖人之盡民，皆有四府焉。昊天之四府，春夏秋冬之謂也；陰陽升降於其間矣。聖人之四府，《易》、《書》、《詩》、《春秋》之謂也；禮樂隆污於其間矣。"是也。

邵子求知真理之法，由於觀物。其觀物之法，果何如乎？曰：邵子之觀物，在於求真；其求真之法，則貴乎無我。《觀物內篇》曰："所謂觀物者，非以目觀之也；非觀之以目，而觀之以心也；非觀之以心，而觀之以理也。聖人之所以能一萬物之情者，謂能反觀也。反觀者，不以我觀物，以物觀物之謂也。"《行篇》曰："物理之學，或有所不通，不可以強通。強通則有我，有我則失理而入於術矣。"以物觀物，謂純任物理之真，而不雜以好惡之情，穿鑿之見，即今所謂客觀；有我則流於主觀矣。

宇宙之原理，邵子名之曰道。雖以爲不可知，然極尊崇之。故曰："天由道而生，地由道而成，人物由道而行。天地人物則異，其由於道則一也。"道之所以然不可知，其然則無不可知。所以知之，觀物而得其理而已。故曰："道也者，道也。道無形，行之則見於事矣。"又曰：“以天地觀萬物，則萬物爲物。以道觀天地，則天地亦爲物。道之道，盡於天矣。天之道，盡於地矣。天地之道，盡於物矣。天地萬物之道，盡於人矣。天地之道盡於物，即理具於事，事外無理之謂。天地萬物之道盡於人，謂一切生於人心；無人，則無天地萬物，更無論天地萬物之理矣。人能知天地萬物之道所以盡於人者，然後能盡民也。天之能盡物，則謂之昊天。人之能盡民，則謂之聖人。”此道之所以可貴也。邵子曰：“道爲太極。”又曰：“心爲太極。”即“天地萬物之道盡於人”之説。

世界之真原因惟一，而人之所知，則限於二。此非世界之本體有二，而人之認識，自如此也。此理邵子亦言之。其説曰：“本一氣也，生則爲陽，消則爲陰，故二者一而已矣。是以言天而不言地，言君而不言臣，言父而不言子，言夫而不言婦。然天得地而萬物生，君得臣而萬化行，父得子、夫得婦而家道成。故有一則有二，有二則有四，有三則有六，有四則有八。”“言天而不言地”云云，謂世之所謂二者，其實則一，特自人觀之，則見爲二耳。“有一則有二，有二則有四”，自此推之，則世界現象，極之億兆京垓，其實一也。朱子所謂一本萬殊，萬殊一本，即此理。

世界之本體惟一，而人恒見爲二者，以其動也。動則入現象界矣。入現象界，則有二之可言矣。故曰：“自下而上謂之升，自上而下謂之降。升者，生也。降者，消也。故陽生於下，而陰生於上，是以萬物皆反。陰生陽，陽生陰，是以循環而不窮也。”人所知之現象，不外陰陽兩端。而陰陽之變化，實仍一氣之升降；降而升，則謂之陽，升而降，則謂之陰耳。然則世界之本體果惟一，而所謂陰陽者，亦人所強立之二名耳，其實則非有二也。此論與張橫渠若合符節。

世界之現象，人既爲之分立陰陽剛柔等名目，至於本體，則非認識所及。非認識所及，則無可名。無可名而強爲之名，則曰“神”。邵子曰：“氣一而已，主之者神也。神亦一而已，乘氣而變化。能出入於有無生死之間，無方而不測者也。”又曰：“潛天潛地，不爲陰陽所攝者，神也。”又曰：“氣者，神之宅也。體者，氣之宅也。氣則養性，性則乘氣。故氣存則性存,性動則氣動也。""出入於有無生死之間,不爲陰陽所攝",言其通乎陰陽也。通乎陰陽,則惟一之謂也。"潛天潛地,不行而至",言其無所不在也。無所不在,則惟一之謂也。然又云"神乘氣而變化","氣者神之宅,體者氣之宅",則形體即氣,氣即神,非物質之外,別有所謂神者在也。故邵子之論,亦今哲學家所謂泛神論也。

邵子曰:人能盡物,則謂之聖人。所謂盡物者,謂其能盡通乎物理也。人所以能通乎物理者,以人與物本是一也。故曰:"神無所在,無所不在。至人與他心通者,以其本一也。"

邵子之學,一言蔽之,曰:觀察物理而已。其《觀物外篇》中,推論物理之言頗多。雖多不足據,如云:"動者體衡,植者體縱,人宜衡而反縱。"以是爲人所以異於動物。又云:"指節可以觀天,掌文可以察地。"又曰:"天之神栖於日,人之神栖於目。人之神,寢則栖心,寐則栖腎,所以象天也。"以是比擬天人,自今日觀之,俱覺可笑。然在當日,自不失爲一種推論也。夫推論物理,極其所至,亦不過明於事物之原理而已。何益?曰:不然,果能明於事物之理,則人之所以自處者,自可不煩言而解。其道惟何?亦曰"循理"而已。宇宙之原理,天則也。發見宇宙之原理而遵守之,則所謂循理者也。故程朱循理之説,亦與邵子之學相通也。《觀物》内、外篇中,論循理之言頗多。如曰:"自然而然者,天也。惟聖人能索之。效法者人也。若時行時止,雖人也亦天。""劉絢問無爲。對曰:時然後言,人不厭其言;時然後笑,人不厭其笑;時然後取,人不厭其取;此所謂無爲也。"此與周子"非不動爲靜,不妄動爲靜"之意同。皆是。循理之要,在於無我。故曰:"以物觀物,性也。以我觀物,情也。性公而明,情偏而暗。"又曰:"任我則情,情則蔽,蔽則昏矣。因物則性,性則神,神則明矣。"又曰:"以物喜物,以物悲物,此發而中節者也。"又曰:"時然後言,乃應變而言,不在我也。"又曰:"不我物,則能物物。"又曰:"易地而處,則無我。"夫人我何以不可分?以其本不可分也。人我何以本不可分?以其本是一也。何以本一?曰:神爲之也。故曰:"形可分,神不可分。木結實而人種之，又成是木，而結是實。木非舊木也，此木之神不二也。此實生生之理也。"又曰："人之神，則天地之神。人之自欺，所以欺天地，可不慎哉！"此邵子本其哲學，所建立之人生觀也。

古太極圖

先天圖，亦曰太極圖。後人謂之天地
自然之圖，又謂之太極真圖。

　　邵子之學，其原亦出於道家。宋時有所謂《先天圖》及《古太極圖》者。《先天圖》見趙撝謙撝謙，字古則，餘姚人。宋宗室。別號古老先生。《名山藏》作趙謙。云洪武初聘修正韻。《六書本義》云。此圖世傳蔡元定得之蜀隱者，秘而不傳，雖朱子亦莫之見。今得之陳伯敷氏。《古太極圖》，見趙仲全《道學正宗》。蓋以濂溪有《太極圖》，故加古字以別之。乃就《先天圖》界之為八。宋濂曰："新安羅端良願，作陰陽相含之象，就其中八分之，以為八卦，謂之《河圖》。用井文界分九宮，謂之《洛書》，言出青城隱者。"正即此圖也。胡朏明曰：此二圖，蓋合二用，三五，見前篇。月體納甲，九宮，八卦而一之者。蓋就《古太極圖》所界分者而觀之：則上方之全白者即乾。下方之全黑者即坤。左方下白上黑，黑中復有一白點者當離。右方下黑上白，白中復有一黑點者當坎。乾之左，下二分白，上一分黑者為兌。其右，下一分黑，上二分白者為巽。坤之左，下一分白，上二分黑者為震。其右，下二分黑，上一分白者為艮。所謂與八卦相合也。八卦分列八方，而虛其中為太極，所謂與九宮相合也。案全圖為太極。左白右黑相向互為兩儀。白中有黑，黑中有白，合為四象。

界而分之，則成八卦。月體納甲，出魏伯陽《參同契》。以月之明魄多少，取象於卦畫，而以所見之方，爲所納之甲。震一陽始生，於月爲生明，三日夕出於庚，故曰震納庚。謂一陽之氣，納於西方之庚也。兌二陽爲上弦，八月夕見於丁，故曰兌納丁。謂二陽之氣，納於南方之丁也。乾純陽，望，十五夕，盈於甲，故曰乾納甲。謂三陽之氣，納於東方之甲也。此望前三候，陽息陰消之月象也。巽一陰始生，於月爲生魄。十六旦，明初退於辛，故曰巽納辛。謂以一陰之氣，納於西方之辛也。退二陰爲下弦。二十三旦，明半消於丙，故曰艮納丙。謂二陰之氣，納於南方之丙也。坤純陰爲晦。三十旦，明盡滅於乙，故曰坤滅乙。謂三陰之氣，納於東方之乙也。此望後三候，陽消陰息之象也。乾納甲而又納壬，坤納乙而又納癸者？謂乾之中畫，即太陰之精。望夕夜半，月當乾，納其氣於壬方，地中對月之日也。坤之中畫，即太陽之精。晦朔之間，日在坤，納其氣於癸方，地中合日之月也。徐敬可曰："望夕之陽，既盈於甲矣，其夜半，日行至壬，而與月爲衡。月中原有陰魄，所謂離中一陰者。平時含蘊不出，至是流爲生陰之本，故其象爲◉，即望夕夜半壬方之日也。晦旦之陽，既盡於乙矣，其夜半，日行至癸，而與月同躔。月中原有陽精，所謂坎中一陽者。平時胚渾不分，至是發爲生陽之本，故其象爲◐，即晦朔間癸方之月也。離爲日，日生於東，故離位乎東。坎爲月，月生於西，故坎位乎西。至望夕，則日西月東，坎離易位。其離中一陰，即是月魄；坎中一陽，即是日光；東西正對，交位於中；此二用之氣，所以納戊己也。"此蓋仍方家修煉，注重坎離之故智，太極圖白中黑點，黑中白點，即其義也。胡氏謂："此圖蓋眞出希夷。儒者受之，自种放後，皆有所變通恢廓，非復希夷之舊。惟蜀之隱者，爲得其本眞。故朱子屬蔡季通入峽求之。"案朱子屬季通入峽購得《三圖》，見袁氏桷《謝仲直易三圖序》。而其圖仍不傳。胡氏謂此必其一，未知信否。然謂邵子之學，原出此圖，則説頗近之。以此圖與《先天次序》、《卦位圖》，若合符節也。此可見邵子之學，原出道家矣。黃梨洲《易學象數論》曰："乾南坤北，實養生家大旨。謂人身本具天地，因水潤火炎，會易交易，變其本體，故令乾之中畫，損而成離；坤之中畫，塞而成坎。是後天使然。今有取坎填離之法：挹坎水一畫之奇，歸離火一畫之耦。如煉精化氣，煉氣化神之類，益其所不足，離得固有也。鑿竅喪魄，五色五聲五味之類，損其所有餘，坎去本無也。離復返爲乾，坎復返爲坤，乃先天之南北也。養生所重，專在水火，比之天地。既以南北置乾坤，坎離不得不就東西。"尤可見道家之說所自來。然邵子之學，自與養生家異。用其圖作藍本，亦猶周子之借用《太極圖》耳。不得以此，遂誣邵子爲方士之流也。

篇六　橫渠之學

周、程、張、邵五子中，惟邵子之學，偏於言數。周、張、二程，則學問途轍，大抵相同。然伊川謂橫渠："以大概氣象言之，有苦心極力之象，而無寬裕溫和之氣。非明睿所照，而考索至此，故意屢偏而言多窒。"朱子亦謂："若論道理，他卻未熟。"後人之尊張，遂不如周程。然理學家中，規模闊大，制行堅卓，實無如張子者。張子之學，合天地萬物爲一體，而歸結於仁。聞人有善，喜見顏色。見餓莩，輒咨嗟，對案不食者經日。嘗以爲欲致太平，必正經界。欲與學者買田一方試之。未果而卒。是真能以民胞物與爲懷者。其言曰："學必如聖人而後已。知人而不知天，求爲賢而不求爲聖，此秦漢以來學者之大蔽。"又曰："此道自孟子後，千有餘歲。若天不欲此道復明，則不使今日有知者。既使人有知者，則必有復明之理。"其自任之重爲何如？又曰："言有教，動有法。晝有爲，宵有得。息有養，瞬有存。"其自治之密爲何如？朱子謂："橫渠說做工夫處，更精切似二程。"又謂："橫渠之學，是苦心得之，乃是致曲，與伊川異。"則其克治之功，實不可誣也。朱子又曰："明道之學，從容涵泳之味洽。橫渠之學，苦心力索之功深。"又謂："二程資禀，高明潔淨，不大段用工夫。橫渠資禀，有偏駁夾雜處，大段用工夫來。"似終右程而左張。此自宋儒好以聖賢氣象論人，故有此語。其實以規模闊大，制行堅卓論，有宋諸家，皆不及張子也。張子之言曰："爲天地立心，爲生民立命，爲往聖繼絕學，爲萬世開太平。"此豈他人所能道哉？

横渠之學，所以能合天地萬物爲一者，以其謂天地萬物之原質唯一也。此原質惟何？曰：氣是已。橫渠之言曰："凡可狀皆有也，凡有皆象也，凡象皆氣也。"又曰："太和所謂道，中涵浮沉、升降、動靜相感之性；是生絪縕相蕩，勝負屈伸之始。其來也，幾微易簡，其究也，廣大堅固。散殊而可象爲氣，清通而不可象爲神。"神也，道也，氣也，一物而異名。宇宙之間，惟此而已。宇宙本體，亦此而已。

　　一非人所能識。宇宙本體，既惟是一氣，何以能入認識之域乎？以其恆動故也。宇宙之本體惟一，動則有絪縕相蕩，勝負屈伸之可見，而入於現象界矣。故曰："氣，坱然太虛。升降飛揚，未嘗止息。"又曰："氣聚則離明得施而有形，氣不聚則離明不得施而無形。"謂聚則可見，散則不可見也。不可見而已，非無。又曰："氣不能不聚而爲萬物，萬物不能不散而爲太虛。"太虛即氣之散而不可見者，非無。夫如是，則所謂有無者，特人能認識不能認識，而非真有所謂有無。故曰："氣之聚散於太虛，猶冰之凝釋於水。知太虛即氣則無無。聖人語性與天道之極，盡於參伍之神，變易而已。諸子淺妄，有有無之分，非窮理之學也。"案諸子亦未嘗分有無爲二，此張子之誤。朱子謂："濂溪之言有無，以有無爲一。老子之言有無，以有無爲二。"五千言中，曷嘗有以有無爲二者耶？又云："聖人仰觀俯察，但云知幽明之故，不云知有無之故。"所謂幽明，即能認識不能認識之謂也。

　　知天下無所謂無，則生死之說，可不煩言而解。故曰："氣之爲物，散入無形，適得吾體；聚爲有象，不失吾常。"此言質力無增減。"太虛不能無氣，氣不能不聚而爲萬物，萬物不能不散而爲太虛。循是出入，是皆不得已而然也。"此言質力之變化，一切皆機械作用。"彼語寂滅者，往而不反；此辟佛。然佛之所謂寂滅者，實非如張子所辟。要之宋儒喜辟二氏，然于二氏之言，實未嘗真解。徇生執有者，物而不化；此辟流俗。二者雖有間矣，以言乎失道則均焉。聚亦吾體，散亦吾體，知死之不亡者，可與言性矣。"張子之意，個體有生死，總體無所謂生死。個體之生死，則總體一部分之聚散而已。聚非有，散非無，故性不隨生死爲有無。故深辟告子"生之爲性"之說，以爲"不通晝夜之道"。然告子之意,亦非如張子所辟,亦張子誤也。如張子之說,則死生可一。故曰:"盡性,然後知生無所得,則死無所喪。"

生死之疑既決,而鬼神之疑隨之。生死者,氣之聚散之名。鬼神者,氣之聚散之用也。張子之言曰:"鬼神者,往來屈伸之義。"又曰:"鬼神者,二氣之良能也。"蓋以往而屈者爲鬼,來而伸者爲神也。又詳言之曰:"動物本諸天,以呼吸爲聚散之漸。植物本諸地,以陰陽升降爲聚散之漸。物之初生,氣日至而滋息。物生既盈,氣日反而游散。至之爲神,以其伸也。反之爲鬼,以其歸也。"然則鬼神者,非人既死後之名,乃其方生方死,方死方生之時,自然界一種看似兩相反對之作用之名耳。然則鬼神者,終日與人不相離者也。然則人即鬼神也。然則盈宇宙之間,皆鬼神也。此論至爲微妙。理學家之論鬼神,無能越斯旨者。

鬼神與人爲一體,則幽明似二而實一。幽明似二而實一,則隱微之間,不容不慎。故曰:"鬼神嘗不死,故誠不可揜。人有是心,在隱微,必乘間而見。故君子雖處幽獨,防亦不懈。"夫鬼神所以與人爲一體者;以天地萬物,本係一體也。故曰:"知性知天,則陰陽鬼神,皆吾分内耳。"此張子由其宇宙觀,以建立其人生觀者也。

宇宙之間,惟是一氣之運動。而自人觀之,則有兩端之相對。惟一者本體,兩端相對者,現象也。故曰:"一物而兩體,其太極之謂與?"又曰:"一物兩體,氣也。一故神,兩故化。"又曰:"兩不立,則一不可見。一不可見,則兩之用息。兩體者,虛實也,動靜也,聚散也,清濁也,其究一而已。"

所謂現象者,總括之爲陰陽兩端,細究之,則億兆京垓而未有已也。故曰:"游氣紛擾,合而成質者,生人物之萬殊。其陰陽兩端,循環不已者,立天地之大義。"又曰:"氣坱然太虛,升降飛揚,未嘗止息。浮而上者陽之清,降而下者陰之濁。其感遇聚散,爲風雨,爲霜雪,萬品之流形,山川之融結,糟粕煨燼,無非教也。"張子之學,雖與邵子異,然格物之功,亦未嘗後人。張子曰:"地純陰,凝聚於中;天浮陽,運旋於外。"又曰:"陰性凝聚,陽性發散。陰聚之,陽必散之。陽爲陰累,則相持爲雨而降。陰爲陽得,則飄揚爲雲而升。

雲物班布太極者,陰爲風驅,斂聚而未散者也。陰氣凝聚,陽在內者不得出,則奮擊而爲雷霆;在外者不得入,則周旋不舍而爲風。其聚有遠近虛實,故雷風有大小暴緩。和而散,則爲霜雪雨露。不和而散,則爲戾氣曀霾。"又曰:"聲者,形氣相軋而成。兩氣者,谷響雷聲之類。兩形者,桴鼓叩擊之類。形軋氣,羽扇敲矢之類。氣軋形,人聲笙簧之類。"皆其格物有得之言。自今日觀之,雖不足信,然亦可見其用心之深矣。○敲矢,《莊子》作"嚆矢",即鳴鏑,今響箭也。

　　既知宇宙之間,惟有一氣,則一切現象,本來平等,無善惡之可言。然清虛者易於變化,則謂之善。重濁者難於變化,則謂之惡。又以寂然不動者爲主,紛紜變化者爲客。此等思想,哲學家多有之。蓋以靜爲本體,動爲現象,本體不能謂之惡,凡惡,皆止可歸諸現象界也。張子亦云:"太虛無形,氣之本體。其聚其散,變化之客形耳。至靜無感,性之淵源。有識有知,物交之客感耳。客感客形,與無感無形,惟盡性者能一之。"又曰:"太虛爲清,清則無礙,無礙故神。反清爲濁,濁則礙,礙則形。"又曰:"凡氣清則通,昏則壅,清極則神。"又曰:"凡天地法象,皆神化之糟粕。"蓋凡有形可見者,皆不足當本體之名也。

　　認識所及,莫非紛紜之現象也,何以知其爲客,而別有淵然而靜者爲之主? 以其動必有反,而不差忒,如久客者之必歸其故鄉也。故曰:"天地之氣,雖聚散攻取百途,然其爲理也,順而不妄。"又曰:"天之不測謂之神,神之有常謂之天。"然則紛紜錯雜者現象,看似紛紜錯雜,而實有其不易之則者,本體也。現象之變化,不啻受制馭於本體矣。故曰:"氣有陰陽,推行有漸爲化,合一不測爲神。"

　　張子之論天然如此。其論人,則原與天然界爲一物。蓋宇宙之間,以物質言,則惟有所謂氣,人固此氣之所成也。以性情言,則氣之可得而言者,惟有所謂浮沉升降,動靜相感之性,而此性即人之性也。故人也者,以物質言,以精神言,皆與自然是一非二也。張子之言曰:"氣於人:生而不離,死而游散者爲魂。聚成形質,雖死而不散者爲魄。"然則魂也者,即清而上浮之氣。魄也者,即濁而下降之氣也。又曰:"氣本之虛,則湛一無形。感而生,則聚而有象。有象斯有對,對必反其爲。有反斯有仇,仇必和而解。故愛惡之情,同出於太虛,而卒歸於物欲。倏而生,忽而成,不容有豪髮之間。"此言人之情感,亦即自然界之物理現象也。故斷言之曰:"由太虛,有天之名。由氣化,有道之名。合虛與氣,有性之名。合性與知覺,有心之名。"又曰:"惟屈伸動靜終始之能,一也。故所以妙萬物而謂之神,通萬物而謂之道,體萬物而謂之性。"天也,道也,性也,其名雖異,其實則一物也。一元之論至此,可謂毫髮無遺憾矣。

人之性與物之性是一,可以其善感驗之。蓋宇宙之間,惟有一氣,而氣升降飛揚,未嘗止息。其所以不止息者,以其有動靜相感之性也。而人亦然,故曰:"感者性之神,性者感之體。"又曰:"天所不能自已者爲命,不能無感者爲性。"夫人與物相感,猶物之自相感也。此即所謂天道也。故曰:"天性,乾坤陰陽也。二端故有感,本一故能合。""天地生萬物,所受雖不同,皆無須臾之不感。"所謂性即天道也。

張子以天地萬物爲一體,故深闢有無隱顯,歧而爲二之論,其言曰:"知虛空即氣,則有無隱顯,神化性命,通一無二。若謂虛能生氣,則虛無窮,氣有限,體用殊絶;入老氏有生於無,自然之論。若謂萬象爲太虛中所見之物,則物與虛不相資;形自形,性自性;形性天人不相待,陷於浮屠以山河大地爲見病之説。"以如是,則人與自然,不能合爲一體也。釋老之言,實非如此,又當別論。

張子以人與天地萬物爲一體。夫天地萬物,其本體至善者也。而人何以不能盡善? 曰:張子固言之矣:"太虛爲清,清則無礙,無礙則神。反清爲濁,濁則礙,礙則形。"人亦有形之物,其所以不免於惡者,正以其不能無礙耳。張子曰:"性通乎氣之外,命行乎氣之内。"性通乎氣之外,謂人之性,與天地萬物之性是一,故可以爲至善。命行乎氣之内,命指耳之聰,目之明,知慧,強力等言,不能不爲形體所限,人之所以不能盡善者以此。夫"性者,萬物一原,非有我之所得而私也"。然既寓於我之形,則不能不藉我之形而見。我之形不能盡善,而性之因形而見者,遂亦有不能盡善者焉。此則張子所謂氣質之性也。氣質之性，所以不能盡善者，乃因性爲氣質所累而然。而非性之本不善。猶水然，因方爲圭，遇圓成璧；苟去方圓之器，固無圭璧之形。然則人能盡除氣質之累，其性固可以復於至善。故曰："形而後有氣質之性。善反之，則天地之性存焉。故氣質之性，君子有弗性者焉。"又曰："性於人無不善，係其善反與不善反而已。"

人之性，善反之，固可以復於至善。然既云性爲氣質所限，則其能反與否，自亦不能無爲氣質所拘。故曰："凡物莫不有是性。由通蔽開塞，所以有人物之別。由蔽有厚薄，故有智愚之別。塞者牢不可開。厚者可以開，而開之也難。薄者開之也易。"又曰："上智下愚，習與性相遠既甚而不可變者也。"橫渠論性之說，朱子實祖述之。其說與純粹性善之說，不能相容。爲理學中一重公案。

氣質何以爲性累？張子統括之曰："攻取之欲。""計度之私。"前者以情言，後者以智言也。人之性，即天地之性；天地之性固善感；使人之感物，亦如物性之自然相感，而無所容心於其間，固不得謂之不善。所以不善者，因人之氣質，不能無偏，遂有因氣質而生之欲，如"口腹於飲食，鼻舌於臭味"是。所謂"湛一氣之本，攻取氣之欲"也。既有此欲，必思所以遂之，於是有"計度之私"。抑且不必見可欲之物，而後計度以取之也；心溺於欲，則凡耳目所接，莫不惟可欲是聞，可欲是見；而非所欲者，則傾耳不聞，熟視無睹焉。所謂"見聞之知，乃物交而知，非德性所知"也。甚有無所見聞，亦憑空冥想者，則所謂"無所感而起者妄也"。凡若此者，總由於欲而來，故又可總括之曰"人欲"。對人欲而言，則曰"天理"。故曰："徇物喪心，人化物而滅天理者與？"又曰："德不勝氣，性命於氣。德勝其氣，性命於德。窮理盡性，則性天德，命天理；氣之不可變者，獨死生壽夭而已。"又曰"爲學大益，在自能變化氣質"也。分性爲氣質之性，義理之性；又以天理人欲對舉；皆理學中極重要公案。而其原，皆自張子發之。張子之於理學，實有開山之功者也。

反其性有道乎？曰：有。爲性之累者氣質，反其性者，去其氣質之累而已。去氣質之累如之何？曰：因氣質而生者欲，去氣質之累者，去其心之欲而已。故曰："不識不知，順帝之則。有思慮知識，則喪其天矣。"又曰："無所感而起，妄也。感而通，誠也。計度而知，昏也。不思而得，素也。"又曰："成心者，意之謂與？成心忘，然後可與進於道。"

此等功夫，貴不爲耳目等形體所累，而又不能不藉形體之用。故曰："世人之心，止於聞見之狹。聖人盡性，不以聞見牿其心。"又曰："耳目雖爲心累，然合内外之德，知其爲啓之之要也。"夫不蔽於耳目，而又不能不用耳目，果以何爲主乎？曰：主於心。主於心以復其性。張子曰："心統性情者也。"與天地合一者謂之性，蔽於耳目者謂之情。心能主於性而不爲情之所蔽，則善矣。故曰："人病以耳目見聞累其心，而不務盡其心。盡其心者，必知心所從來而後能。"夫心所從來，則性之謂也。

能若此，則其所爲，純乎因物付物，而無我之見存。所謂"不得已而後爲，至於不得爲而止"也。人之所以不善者，既全由乎欲，則欲之既除，其所爲自無不善。故曰："不得已，當爲而爲之，雖殺人，皆義也。有心爲之，雖善，皆意也。"蓋所行之善惡，視其有無欲之成分，不以所行之事論也。故無欲即至善也。故曰："無成心者，時中而已矣。"又曰："天理也者，時義而已。君子教人，舉天理以示之而已。其行已，述天理而時措之者也。"

人之所爲，全與天理相合，是之謂誠。《中庸》曰："誠者，天之道也。思誠者，人之道也。"張子曰："天所以長久不已之道，乃所謂誠。"所謂誠者天之道也。又曰："屈伸相感而利生，感以誠也。情僞相感而利害生，雜之僞也。至誠則順理而利，僞則不循理而害。"又曰："誠有是物，則有終有始。僞實不有，何終始之有？"所謂思誠者人之道也。張子曰："天人異用，不足以言誠。天人異知，不足以盡明。所謂誠明者，性與天道，不見乎大小之別也。"謂在我之性，與天道合也。夫是之謂能盡性。能盡性，則我之所以處我者，可謂不失其道矣。夫是之謂能盡命。故曰：「性其總，命其受。不極總之要，則不盡受之份。」故盡性至命，是一事也。夫我之性，即天地人物之性。性既非二，則盡此即盡彼。故曰：「盡其性者，能盡人物之性。至於命者，亦能至人物之命。」然則成己成物，以至於與天地參，又非二事也。此爲人道之極致，亦爲修爲之極功。

此種功力，當以精心毅力行之，而又當持之以漸。張子曰：「神不可致思，存焉可也。化不可助長，順焉可也。」又曰：「窮神知化，乃養盛自致，非思勉之能强。故崇德而外，君子未之或知也。」又曰：「心之要，只是欲乎曠。熟後無心，如天簡易不已。今有心以求其虛，則是已起一心，無由得虛。切不得令心煩。求之太切，則反昏惑。孟子所謂助長也。孟子亦只言存養而已。此非可以聰明思慮，力所能致也。」張子之言如此，謂其學，由於苦思力索，非養盛自致，吾不信也。

張子之學，以天地萬物爲一體，故其道歸結於仁。故曰：「性者，萬物一原，非有我所得私也。惟大人爲能盡其性，故立必俱立，知必周知，愛必兼愛，成不獨成。」蓋不如是，不足以言成己也。故曰：「天體物而不遺，猶仁體事而無不在也。禮儀三百，威儀三千，無一物而非仁也。」張子又曰：「君子於天下，達善達不善，無物我之私。循理者共悅之，不循理者共攻之。攻之，其過雖在人，如在己不忘自訟。其悅之，善雖在己，蓋取諸人，必以與人焉。善以天下，不善以天下。」又曰：「正己而物正，大人也。正己以正物，猶不免有意之累也。有意爲善，利之也，假之也。無意爲善，性之也，由之也。」渾然不見人我之別，可謂大矣。

以上引張子之言，皆出《正蒙》及《理窟》。而張子之善言仁者，尤莫如《西銘》。今錄其辭如下。《西銘》曰：「乾稱父，坤稱母。予玆藐焉，乃混然中處。故天地之塞吾其體，天地之帥吾其性。民吾同胞，物吾與也。大君者，吾父母宗子，其大臣，宗子之家相也。尊高年，所以長其長；慈孤弱，所以幼其幼。聖其合德，賢其秀也。凡天下疲癃殘疾，煢獨孤寡，皆吾兄弟之顚連而無告者也。於時保之，子之翼也。

樂且不憂,純乎孝者也。違曰悖德,害仁曰賊。濟惡者不才,其踐形,維肖者也。知化則善述其事,窮神則善繼其志。不愧屋漏爲無忝,存心養性爲匪懈。惡旨酒,崇伯子之顧養。育英才,潁封人之錫類。不弛勞而底豫,舜其功也。無所逃而待烹,申生其恭也。體其受而全歸者參乎?勇於從而順令者,伯奇也。富貴福澤,將厚吾之生也。貧賤憂戚,庸玉汝於成也。存吾順事,没吾寧也。"寥寥二百餘言,而天地萬物,爲一體;不成物,不足以言成己,成己即所以成物之旨,昭然若揭焉。可謂善言仁矣。

楊龜山寓書伊川,疑《西銘》言體而不及用,恐其流於兼愛。伊川曰:"《西銘》理一而分殊,墨氏則二本而無分。子比而同之,過矣。"劉剛中問:"張子《西銘》與墨子兼愛何以異?"朱子曰:"異以理一分殊。一者一本,殊者萬殊。脈絡流通,真從乾父坤母源頭上聯貫出來。其後支分派別,井井有條。非如夷之愛無差等。且理一體也,分殊用也。墨子兼愛,只在用上施行。如後之釋氏,人我平等,親疏平等,一味慈悲。彼不知分之殊,又惡知理之一哉?"釋氏是否不知分殊,又當別論。而張子之學,本末咸備,體用兼該,則誠如程朱之言也。

惟其如是,故張子極重禮。張子曰:"生有先後,所以爲天序。小大高下,相并而相形焉,是爲天秩。天之生物也有序,物之既形也有秩。知序然後經正,知秩然後禮行。"蓋義所以行仁,禮所以行義也。張子又曰:"世學不講,男女從幼便驕惰壞了。到長,益兇狠。只爲未嘗爲子弟之事,則於其親,已有物我,不肯屈下。病根常在,又隨所居而長,至死只依舊。爲子弟,則不能安灑掃應對。在朋友,則不能下朋友,有官長,則不能下官長。爲宰相,則不能下天下之賢。甚則至於徇私意,義理都喪,也只爲病根不去,隨所居所接而長。人須一事事消了病,則義理常勝。"又曰:"某所以使學者先學禮者?只爲學禮,便除去了世俗一副當習熟纏繞。譬之延蔓之物,解纏繞即上去。上去,即是理明矣,又何求?苟能除去一副當世習,便自然灑脱也。"可見張子之重禮,皆所以成其學。非若俗儒拘拘,即以節文之末,爲道之所在矣。張子教童子以灑掃應對進退。女子未嫁者，使觀祭祀，納酒漿。其後學，益酌定禮文，行之教授感化所及之地。雖所行未必盡當，然其用意之善，則不可沒也。張子曰："天下事大患，只是畏人非笑。不養車馬，食粗衣惡，居貧賤，皆恐人非笑。不知當生則生，當死則死。今日萬鐘，明日棄之；今日富貴，明日饑餓；亦不恤，惟義所在。"今日讀之，猶想見其泰山岩岩，壁立萬仞之氣象焉。吾師乎！吾師乎！百世之下，聞者莫不興起也。

篇七　明道伊川之學

　　二程之性質,雖寬嚴不同,二程之異,朱子"明道弘大,伊川親切"一語,足以盡也。大抵明道説話較渾融,伊川則於躬行之法較切實。朱子喜切實,故宗伊川。象山天資高,故近明道也。然其學問宗旨,則無不同也。故合爲一篇講之。

　　欲知二程之學,首當知其所謂理氣者。二程以凡現象皆屬於氣。具體之現象固氣也,抽象之觀念亦氣。必所以使氣如此者,乃謂之理。大程曰:"有形總是氣,無形是道。"小程曰"陰陽氣也,所以陰陽者道"是也。非謂別有一無形之物,能使有形者如此。別有一所以陰陽者,能使陰陽爲陰陽。乃謂如此與使之如此者,其實雖不可知,然自吾曹言之,不妨判之爲二耳。小程曰:"冲穆無朕,萬象森然已具。未應不是先,已應不是後。如百尺之木,自根本至枝葉,皆是一貫。不可上面一段,是無形無兆,卻待人安排引出來。"此言殊有契於無始無終之妙。若謂理別是一物,而能生氣,則正陷於所謂安排引出來者矣。或謂程子所謂理能生氣,乃謂以此生彼,如横渠所譏,"虚能生氣,虚無窮,氣有限,體用殊絶"者,乃未知程子之意者也。〇程子所以歧理氣爲二者,蓋以言氣不能離陰陽,陰陽已是兩端相對,不足爲宇宙根原,故必離氣而言理。亦猶周子於兩儀之上,立一太極也。小程曰:"寂然不動,感而遂通,此已言人分上事。若論道,則萬理皆具,更不説感與未感。"其意可見。然以陰陽二端,不足爲世界根原,而別立一冲穆無朕之理以當之,殊不如横渠之説,以氣即世界之實體,而陰陽兩現象,乃是其用之爲得也。〇小程以所謂惡者,歸之於最初之動。其言曰:"天地之化,既是兩物,必動已不齊。譬如兩扇磨行,使其齒齊不得。齒齊既動,則物之出者,何可得齊?從此參差萬變,巧歷不能窮也。"蓋程子之意,終以惡生於所謂兩者也。夫如明道之言:"有形總是氣,無形是道。"天地亦有形之物也,亦氣也。天地有惡,誠不害於理之善。然理與氣既不容斷絶,則動者氣也,使之動者理也,理既至善,何故氣有不善之動?是終不能自圓其説也。故小程子又曰:"事有善有惡,皆天理也。天理中物須有善惡。蓋物之不齊,物之情也。"至此,則理爲純善之説,幾幾乎不能自持矣。然以理爲惡,於心究有不安。乃又委曲其詞曰："天下善惡皆天理。謂之惡者本非惡，但或過或不及。"未免進退失據矣。○又案二程之論，雖謂理氣是二，然後來主理氣是一者，其說亦多爲二程所已見及。如"惡本非惡，但或過或不及"一語，即主理氣是一者所常引用也。小程又曰："天地之化，一息不留。疑其速也，然寒暑之變甚漸。"又曰："天地之化，雖廓然無窮，然而陰陽之度，日月寒暑晝夜之變，莫不有常。此道之所以爲中庸。"此二說，後之持一元論者，亦常引用之。要之二程論理氣道器，用思未嘗不深，而所見不如後人之瑩澈。此自創始者難爲功，繼起者易爲力也。

職是故，伊川乃不認氣爲無增減，而以爲理之所生。《語錄》曰："真元之氣，氣之所由生。不與外氣相雜，但以外氣涵養而已。若魚之在水，魚之性命，非是水爲之，但必以水涵養，魚乃得生耳。人居天地氣中，與魚在水無異。至於飲食之養，皆是外氣涵養之道。出入之息者，闔闢之機而已。所出之息，非所入之氣。但真元自能生氣。所入之氣，正當闢時，隨之而入，非假外氣以助真元也。若謂既反之氣，復將爲方伸之氣，則殊與天地之化不相似。天地之化，自然生生不窮，更何資於既斃之形，既返之氣。人氣之生，生於貞元。天地之氣，亦自然生生不窮。至如海水，陽盛而涸，及陰盛而生，亦不是將已涸之氣卻生水，自然能生往來屈伸，只是理也。盛則便有衰，晝則便有夜，往則便有來。天地中如洪爐，何物不銷鑠。"此說與質力不滅之理不合；且於張子所謂"無無"之旨，見之未瑩，宜後人之譏之也。

凡哲學家，只能認一事爲實。主理氣合一者，以氣之屈伸往來即是理。所謂理者，乃就氣之狀態而名之，故氣即是實也。若二程，就氣之表，別立一使氣如是者之名爲理，則氣不得爲實，惟此物爲實審矣。故小程謂"天下無實於理者"也。

二程認宇宙之間，惟有一物，即所謂理也。宇宙間既惟此一物，則人之所稟受以爲人者，自不容舍此而有他。故謂性即理。大程曰："在天爲命，在人爲性，主於身爲心。"小程亦有此語。小程曰："道與性一"是也。明道又曰："窮理盡性，以至於命，二事一時併了。"《伊川語錄》："問人之形體有限量，心有限量否？曰：以有限之形，有限之氣，苟不通之以道，安得無限量？苟能通之以道，又豈有限量？天下更無性外之物。若曰有限量，除是性外有物始得。"其所謂理者，既爲脫離現狀，無可指名之物，故其所謂性者，亦異常超妙，無可把捉。大程謂"生之謂性，性即氣"。"人生而靜以上不容説；才説性，便已不是性"是也。《伊川語錄》："季明問喜怒哀樂未發謂之中曰：當中之時，耳無聞，目無見否？曰：雖耳無聞，目無見，然見聞之理在始得。賢且説靜時如何？曰：謂之無物則不可。然自有知覺處。曰：既有知覺，即是動也，怎生言靜？人説《復》以靜見天地之心，非也。《復》之卦，下面一畫，便是動也，安得謂之靜？"又："或問先生於喜怒哀樂未發之前，下動字，下靜字？曰：謂之靜則可。然靜中須有物始得。這是最難處。"又："或曰：喜怒哀樂未發之前求中，可乎？曰：不可。既思於喜怒哀樂未發之前求中，卻又是思也。既思即是已發，便謂之和，不可謂之中。"既思即是已發，有知覺即是動，此即明道才説性便已不是性之説。蓋二程之意，必全離乎氣，乃可謂之理；全離乎生，乃可謂之性也。既無聞無見，而又須有見聞之理在；謂之靜，而其中又須有物；則以理氣二者，不容隔絶爾。二者既不容隔絶，而又不容夾雜，則其説只理論可有，實際無從想像矣。二程亦知其然。故於夾雜形氣者，亦未嘗不認爲性。以舍此性更無可見也。大程謂"善固性，惡亦不可不謂之性"；小程謂"論性不論氣不備，論氣不論性不明"是也。夫如是，則二程所謂性者，空空洞洞，無可捉摸，自不得謂之惡。故二程以所謂惡者，悉歸諸氣質。

小程曰："性即是理。理自堯舜至於途人一也。才禀於氣。氣有清濁，禀其清者爲賢，禀其濁者爲愚。"又曰："氣有善有不善，性則無不善。人之所以不知善者，氣昏而塞之耳。"又曰："性即理也。天下之理，原其所自來，未有不善。故凡言善惡者，皆先善而後惡；言是非者，皆先是而後非；言吉凶者，皆先吉而後凶。"《明道語錄》中論性一節，號爲難解，其意亦只如此。其言曰："生之謂性，性即氣，氣即性，生之謂也。人生氣禀，理有善惡。然不是性中元有此兩物，相對而生也。有自幼而善，有自幼而惡，是氣禀使然也。善固性也，惡亦不可不謂之性也。蓋生之謂性；人生而靜以上不容説，才説性，便已不是性也。凡人説性，只是説繼之者善也。孟子言人性善是也。夫所謂繼之者善也，猶水流而就下也。皆水也，有流而至海，終無所污，此何煩人力之爲也。有流而未遠，固已漸濁；有出而甚遠，方有所濁。有濁之多者，有濁之少者。清濁雖不同，然不可以濁者不爲水也。如此，則人不可以不加澄治之功。故用力敏勇則疾清，用力緩怠則遲清。其清也，卻只是元來水也。亦不是將清來換卻濁，亦不是取出濁來，置在一偶也。水之清，則性善之謂也。故不是善與惡在性中爲兩物相對，各自出來。"大程此言，謂性字有兩種講法：一告子所謂"生之謂性"，此已落形氣之中，無純善者。孟子所謂性善，亦指此，不過謂可加澄治之功耳。一則所謂人生而靜以上。此時全不雜氣質，故不可謂之惡。此境雖無可經驗，然人之中，固有生而至善，如水之流而至海，終無所污者；又有用力澄治，能復其元來之清者。如水然。江河百川，固無不與泥沙相雜。然世間既有清澄之水；人又可用力澄治，以還水之清。則知水與泥沙，確係兩物。就水而論，固不能謂之不清，而濁非水之本然矣。此人性所以可決爲善，而斷定其中非有所謂惡者，與善相對也。性本至善，然人之生，鮮有不受氣質之累者。不知此理，則將有性惡之疑。故小程謂"論性不論氣不備，論氣不論性不明"也。○二程謂心性是一，故於心，亦恒不認其有不善。大程曰："心本善，發於思慮，則有善有不善。既發則可謂之情，不可謂之心。"小程謂："在天爲命，在人爲性，主於身爲心，運用處是意。""問上知下愚不移是性否？曰：此是才。才猶言材料，曲可以爲輪，直可以爲梁是也。"朱子則善橫渠心統性情之説，謂："性是靜，情是動，心則兼動靜而言。"

天下惟有一理。所謂性者，亦即此理。此理之性質，果何如乎？二程斷言之曰仁。蓋宇宙現象，變化不窮，便是生生不已。凡宇宙現象，一切可該之以生，則生之外無餘事。生殺相對，然殺正所以爲生，如冬藏所以爲春生地也。故二者仍是一事。故生之大無對。生即仁也，故仁之大亦無對。人道之本，惟仁而已。大程《識仁篇》暢發斯旨。其言曰："仁者渾然，與物同體。義理智信，皆仁也。識得此理，以誠敬存之而已。不須防檢，不須窮索。此道與物無對，大不足以明之。天地之用，皆我之用。孟子言萬物皆備於我。須反身而誠，乃爲大樂。若反身未誠，猶是二物有對，以己合彼；終未有之，又安得樂。《訂頑》意思，乃備言此體。橫渠銘其書室之兩牖，東曰"砭愚"，西曰"訂頑"。伊川更爲《東銘》、《西銘》。以此意存之，更有何事？必有事焉而勿正，心勿忘，勿助長，未嘗致纖豪之力，此其存之之道。若存得，便合有得。蓋良知良能，元不喪失。以昔日習心未除，卻須存習此心。久則可奪舊習。此理至約，惟患不能守。然既體之而樂，亦不患不能守也。"曰"與物同體"。曰"天地之用，皆我之用"。曰"萬物皆備於我，苟能有之，則非復二物相對，不待以己合彼"。皆極言其廓然大公而已。無人我之界，則所謂仁也。小程曰："仁人道，只消道一公字。"亦此意。《伊川語錄》："問仁與心何異？曰：心是就所主言，仁是就事言。"伊川以心與性爲一，理與仁爲一。性即理，故心即仁也。〇大程言仁，有極好者。如曰："醫書言手足痿痹爲不仁，此言最善名狀。仁者以天地萬物爲一體，莫非己也。至仁則天地萬物爲一身；而天地之間，品物萬形，爲四支百體。夫人豈有視四支百體而不愛者哉？"又曰："仁至難言。故曰：己欲立，而立人；己欲達，而達人。能近取譬，可謂仁之方也已。如是觀之，可以得仁之體。"又曰："舍己從人最難。己者，我之所有。雖痛舍之，猶懼守己者固，而從人者輕也。"又曰："大凡把捉不定，皆是不仁。"其言皆極勘察入微。〇明道曰："昔受業於周茂叔，每令尋顏子、仲尼樂處，所樂何事。"《朱子語錄》："問顏子所樂何事。周子、程子終不言。先生以爲所樂何事？曰：人之所以不樂者，有私意耳。克己之私，則樂矣。"盡去己私，則不分人我矣。〇《伊川語錄》："問仁與聖何以異？曰：人只見孔子言何事於仁，必也聖乎？便爲仁小而聖大。殊不知仁可以通上下言之，聖則其極也。今人或一事是仁，可謂之仁。至於盡人道，亦可謂之仁。此通上下言之也。如曰：若聖與仁，則吾豈敢，則又仁與聖兩大。大抵盡仁道者即是聖人，非聖人則不能盡得仁道。"亦以仁爲人道之極也。〇所謂"義禮智信皆仁"者，乃謂義禮智信，皆可該於仁之中耳。非謂有仁，遂可無義禮智信也。《明道語錄》曰："仁者體也，義者用也。知義之爲用而不外焉，可以語道矣。世之所論於義者皆外之。不然，則混而無別。"此數語爲義禮智信皆仁之絕好注脚。蓋所謂義理智信皆仁者，謂仁者目的，義禮智信，皆其手段；手段所以達目的，故目的而外，更無餘事也。外之，則義禮智信，與目的對立爲二物矣。如殺以止殺，殺，義也，以止殺故乃殺，則所以行仁也。毒蛇螫手，壯士斷腕，斷腕，義也，行此義，正所以全其身，則仍仁也。良藥苦口，忍痛而飲之，飲之，義也，亦所以全其身，則仁也。蓋義之目的在仁，而其手段則與仁相反。故以仁爲目的而行之，則義仍是仁。即以義爲目的而行之，則竟是不仁矣。此外之之謂也。故外義即不仁也。混而無別，則又有目的而無手段，所謂婦人之仁也。其心雖仁，其事亦終必至於不仁而後已。故混而無別，亦不仁也。

識得仁，以誠敬存之，固已，然人何緣而能識仁，亦一問題也。此理也，大程於《定性篇》發之。其言曰："所謂定者，動亦定，靜亦定；無將迎，無內外。苟以外物爲外，牽己而從之，是以己性爲有內外也。且以己性爲隨物於外，則當其在外時，何者爲在內？是有意於絕外誘，而不知性之無內外也。既以內外爲二本，則又烏可遽語定哉？夫天地之常，以其心普萬物而無心。聖人之常，以其情順萬事而無情。故君子之學，莫若廓然而大公，物來而順應。《易》曰：'貞吉悔亡，憧憧往來，朋從爾思。'苟規規於外誘之除，將見滅於東而生於西也。非惟日之不足，顧其端無窮，不可得而除之。人之情，各有所蔽，故不能適道。大率患在於自私而用智，自私則不能以有爲爲應跡，用智則不能以明覺爲自然。今以惡外物之心，而求昭無物之地，是反鑒而索照也。《易》曰：'艮其背，不獲其身。行其庭，不見其人。'孟氏亦曰：'所惡於智者，爲其鑿也。與其非外而是內，不若內外之兩忘也。'兩忘則澄然無事矣。無事則定，定則明，明則尚何應物之爲累哉？"此篇所言，一言蔽之，因物付物而已。因物付物，而我無欲焉，則合乎天然之理。合乎天然之理，則仁矣。故誠敬存之，是識仁後事。而因物付物，不自私，不用智。則由之以識仁之道也。此篇所言，亦爲針砭學佛者而發。伊川曰："學佛者多要忘是非。是非安可忘得？自有許多道理，何事忘得？夫事外無心，心外無事。世人只爲被物所役，便覺苦事多。若物各付物，便役物也。"又曰："如明鑒在此，萬物畢照，是鑒之常，難爲使之不照。人心能交感萬物，亦難爲使之不思慮。"皆與此篇意同。○二程所謂止者，即物各付物之謂也。明道曰："知止則自定。"伊川曰："釋氏多言定，聖人則言止。"○伊川論止之理，有極精者。其言曰："人多不能止。蓋人萬物皆備，遇事時，各因其心之所重者，更互而出。才見得這裏重，便有這事出。若能物各付物，便是不出來也。"又曰："養心莫善於寡欲。欲不必沉溺，只有所向便是欲。"又曰："外物不接，內欲不萌，如是而止，乃得止之道。有疑病者，事未至，先有疑端在心。周羅事者，先有周羅事之端在心。皆病也。"其言皆深切著明，足以使人猛省。○伊川又曰："聖人與理爲一，故無過不及，中而已矣。其他皆是以心處這個道理。故賢者常失之過，不肖者嘗失之不及。"此可見因物付物，即私欲淨盡之時也。

大程之所謂定，即周子之所謂靜也。蓋世界紛紛，皆違乎天則之舉動。若名此等舉動爲動，則反乎此等舉動者，固可以謂之靜，謂之定。故周子所謂靜，大程所謂定，無二致也。雖然，周子僅言當靜而已，如何而可以靜，未之及也。程子則并言所以求定之方，曰："涵養須用敬，進學在致知。"蓋當然之天則，在自悟而不容強求。若迫切求之，則即此迫切之心，已與天則爲二矣。《伊川語錄》："問呂學士言：當求於喜怒哀樂未發之前。信斯言也，恐無著摸。如之何而可？曰：看此語如何地下。若言存養於喜怒哀樂未發之時則可。若言求中於喜怒哀樂未發之時則不可。又問：學者於喜怒哀樂發時，固當勉強裁抑。於未發之前，當如何用功。曰：未發之前，更怎生求？只平日涵養便是。"又："伊川曰：志道懇切，固是誠意。若迫切不中理，則反爲不誠。蓋實理中自有緩急，不容如是之迫。"○明道曰："中者，天下之大本。天地之間，亭亭當當，直上直下之正理。出則不是。惟敬而無失最盡。"亦涵養須用敬之意也。故識得此理之後，在此以勿忘勿助之法存之也。忽忘者，不離乎此之謂。勿助者，不以人力強求，以致反離乎此之謂也。此即程子所謂敬也。然此爲識得天則後事，至於未識天則之前，欲求識此天則，則當即物而求其理。此則程子所謂致知也，故定者，即周子之靜。目的。主敬致知，則所以達此目的也。故程氏之學脈，實上承周子；而其方法，則又較周子加詳也。

涵養須用敬，進學在致知二語，爲伊川之宗旨。朱子亟稱之。然其說實已備於明道，故二程之性質雖異，其學術則一也。明道論敬之語，已見前。伊川於此，發揮尤爲透切。其言曰："有主則虛，虛則邪不能入。無主則實，實則物來奪之。今夫瓶罌，有水實內，則雖江海之侵，無所能入，安得不虛？無水於內，則淳注之水，不可勝注，安得不實？大凡人心不可二用。用於一事，他事便不能入，事爲之主也。事爲之主，尚無思慮紛擾之患。若主於敬，又焉有此患乎？所謂"閑邪則誠自存，主一則不消閑邪"也。所謂敬者，主一之謂敬。所謂一者，無適之謂一。且欲涵泳主一之義。一則無二三矣。但存此涵養，久之，自然天理明。"程子所謂主一，乃止於至當，而無邪思雜念之謂。故其所謂一者，初非空空洞洞，無所著落。《語錄》："或問思慮果出於正，亦無害否？曰：且如宗廟則主敬，朝廷則主莊，軍旅則主嚴，此是也。若發不以時，紛然無度，雖正亦邪。"如此説，則強繫其心於一物；或空空洞洞，一無著落者，皆不得爲思之正。何則？所謂一物者，初非隨時隨地所當念；而隨時隨地，各有其所當念之事，原亦不當落入空寂故也。《語錄》又載伊川語曰："張天祺嘗自約：上著床，便不得思量事。不思量事後，須强把這心來制縛；亦須寄寓在一個形像，皆非自然。君實只管念個中字，則又爲中繫縛。愚夫不思慮，冥然無知。此過與不及之分也。"周子所謂靜，本係隨時隨地、止於至當之謂。非謂虛寂。然學者每易誤爲虛寂。易之以主敬，則無此弊矣。故主敬之說，謂即發明周子主靜之說可。謂補周子之說末流之弊而救其偏，亦無不可也。故伊川又鄭重而言之曰："敬則自虛靜。不可把虛靜喚做敬。"虛寂之靜固有弊。然恒人所患，究以紛擾爲多。故學道之始，宜使之習靜，以袪塵累而見本心。此非使之入於虛寂也。故伊川每見人靜坐，輒嘆其善學。○初學敬時，雖須隨時檢點，留意於主一。及其後，則須自然而然，不待勉强。否則有作意矜持之時，必有遺漏不及檢點之處矣。故伊川又謂"忘敬而後無不敬"也。○"誠敬"二字，義相一貫。蓋誠即真實無妄之謂，敬即守此真實無妄者而不失之謂也。一有不敬，則私意起；私意起，即不誠矣。《伊川語錄》："季明曰：脜嘗患思慮不定；或思一事未了，他事如麻又生，如何？曰：不可。此不誠之本也。"令人悚然。

　　致知之說，欲即事物而求其理，頗爲陽明學者所訾。今之好言科學者，又頗取其說。其實二程所謂致知，不盡如陽明學者所譏，亦非今世所謂科學之致知也。致知之說，亦發自明道。《語錄》"問不知如何持守？曰：且未說到持守。持守甚事？須先在致知"是也。明道訓"致知在格物"之格爲至。謂窮理而至於物，則物理盡。伊川則訓格爲窮，訓物爲理。謂格物猶言窮理。意亦相同。伊川云："若只守一個敬，不知集義，卻是都無事也。且如欲爲孝，不成只守個'孝'字。須知所以爲孝之道。所以奉侍當如何？溫凊當如何，然後能盡孝道也。"與後來陽明之說正相反。又曰："學者先要會疑。"又曰："人思如泉湧，汲之愈新。"又曰："不深思而得者，其得易失。"又："問人有志於學，然知識蔽錮，力量不至，則如之何？曰：只是致知。若致知，則知識當漸明。不曾見人有一件事，終思不到也。知識明，則力量自進。"其視致知之重，而勸人以致思如此。明道謂："知至則便意誠。不誠，皆知未至耳。"伊川曰："勉強行者，安能持久？除非燭理明，自然樂循理。"又曰："人謂要力行，亦只是淺近語。人既能知見，豈有不能行？"一若行全繫於知；既知，則行更無難者。不獨主陽明之學者訾之。即從常識立論者，亦多疑之。然二程之所謂知，實非常人之所謂知也。常人所謂知者，不過目擊耳聞，未嘗加以體驗，故其知也淺。二程所謂知，則皆既經身驗，而確知其然者也，故其知也深。伊川曰："知有多少般，煞有淺深。向親見一人，曾爲虎所傷。因言及虎，神色便變。旁有數人，見他說虎，非不知虎之猛，可畏。然不如他有畏懼之色。蓋真知虎者也。學者深知亦如此。且如膾炙，貴公子與野人，皆知其美。然貴人聞著，便有欲嗜膾炙之色。野人則不然。學者須是真知。才知得，便泰然行將去也。"又曰："如曾子易簀，須要如此乃安。人不能若此者，只爲不見實理。實理得之於心，自別。若耳聞口道，心實不見。若見得，必不肯安於所不安。"又曰："古人有捐軀殞命者。若不實見得，烏能如此？須是實見得生不重於義，生不安於死也，故有殺生成仁。只是成就一個是而已。"又曰："執卷者莫不說禮義。王公大人，皆能言軒冕外物。及其臨利害，則不知就義理，卻就富貴。如此者，只是說得，不實見。"凡此所謂知者，皆身體力行後之真知灼見，非口耳剿襲者比。故伊川謂："聞見之知，非德性之知。"而訾世之所謂博學多聞者，皆聞見之知也。蓋二程所謂致知者，原係且實行，且體驗，非懸空摸索之謂也。然則其所謂知者，實在行之後矣。安得以流俗知而不行之知譏之哉？故曰：二程之致知，不盡如陽明學者所譏也。知行二者，真切言之，固亦難分先後。然自理論言之，固可謂知在先，行在後，此則人之言語思想，不得不然者也。伊川謂"譬如行路，須是光照"，即此理。〇不知而行，往往有貌是而實非者。《伊川語錄》"到底須是知了方能行。若不知，只是覷了堯，學他行事。無堯許多聰明睿知，怎生得如他動容周旋中禮"是也。〇用過此等工夫後，自然有真知灼見，與常人不同。故小程謂"爲人處世，聞見事無可疑，多少快活"也。至謂二程之致知，非今世科學所謂致知者，則以其所言，多主道德，不主知識。明道曰："良知良能，皆出於天，不繫於人。人莫不有良知。惟蔽於人欲，乃亡天德。"伊川曰："致知在格物，非由外鑠我也，我固有之也。

因物而遷，迷而不悟，則天理滅矣。故聖人欲格之。"其所謂知者可知。故伊川又曰："致知但知止於至善，如爲人子止於孝，爲人父止於慈之類，只務觀物理。正如游騎無歸。"又曰："物我一理，才明彼，即曉此，合內外之道也。"此豈今科學所謂知哉？伊川曰："人道莫如敬。未有致知而不在敬者。"又曰："致知在格物。物來則知起，物各付物，不役其知，則意誠。意誠則心正。此始學之事也。"明道曰："目畏尖物，此事不得放過，須是克下。室中率置尖物，以理勝他。"有患心疾者，見物皆獅子。伊川教以見即直前捕執之，無物也。久之，疑疾遂愈。此等致知工夫，皆兼力行言之。故伊川謂"有恐懼心，亦是燭理不明"。又謂"克己所以治怒，明理所以治懼"。若如尋常人所爲，則稍有知識者，誰不知鬼魅之不足畏，然敢獨宿於墟墓之間者幾人歟？故曰：二程之致知，非今科學家所謂致知也。

　　格物之説，欲即事物而窮其理。事物無窮，即理無窮，格之安可勝格？然於物有所未格，即於理有所未窮，而知亦有所不致矣。此世之致疑於格物之説之最大端也。雖然，此以疑今科學之所謂格物則可。若二程所言之格物，則其意本主於躬行，但須格到此心通曉爲止，豈有格盡天下之物之疑哉？如欲通文字者，但須將他人文字讀之，至自己通曉爲止。豈有憂天下文字多，不能盡讀之理？故如此之説，實不足以疑二程也。《伊川語錄》："或問格物須物物格之，還是格一物而萬物皆知？曰：怎生便會該通？若只格一物，便通衆理，雖顏子亦不能如此。須是今日格一件，明日格一件。積習既多，然後有脱然貫通處。"又曰："自一身之中，至萬物之理，但理會得多，相次，自然豁然有覺處。"所謂脱然貫通，豁然有覺，雖不能謂其必當於真理。然自吾心言之，確有此快然自得之境。試問今之爲學者，孰敢以其所得爲必確？然用力既深，又孰無此確然自信之境乎？故如此之説，實不足以難二程也。故曰："所謂窮理者，非道須盡窮天地萬物之理，又不道是窮得一理便到。只是要積累多後，自然見去。"窮理以我爲主，故無論何物皆可窮。小程謂"窮理亦多端：或讀書講明義理；或論古今人物，別其是非。或應事接物，而處其當然"是也。惟其然,故不通於此者,不妨舍而之彼。小程謂"若於一事思未得,且別換一事思之,不可專守著這一事。蓋人之知識,在這裏蔽著,雖强思亦不通"是也。然則王陽明格庭前之竹七日而至於病,乃陽明自誤,不關二程事矣。

格物窮理,皆所以求定性,而定性則所以求合乎天則,故宋儒於天理人欲之界最嚴。明道曰:"吾學雖有所受,'天理'二字,卻是自家體帖出來。"其視之重可知。所謂天理者,即合乎天則之謂也。所謂人欲者,即背乎天理之謂也。伊川曰:"視聽言動,非禮不爲,即是禮。禮即是理也。不是天理,便是人欲。"又曰:"無人欲即是天理。"可見其界限之嚴矣。理學家所謂天理者,往往實非天然之則,而持之過於嚴酷,故爲世人所訾。然謂理學家所謂天理者非盡天理則可,謂立身行事,無所謂當然之理者,固不可也。伊川曰:"天下之害,無不由末之勝也。峻宇雕墻,本於宮室。酒池肉林,本於飲食。淫酷殘忍,本於刑罰。窮兵黷武,本於征伐。凡人欲之過者,皆本於奉養。其流之遠,則爲害矣。先王制其本者,天理也。後人流於末者,人欲也。損之義,損人欲以復天理而已。"歷舉各事,皆性質同而程度有差者,而其利害,遂至判然。殊足使人悚惕也。

統觀二程之學:《定性》之說,與周子之主靜同。《識仁》一篇,與橫渠之《正蒙》無異。所多者,則"涵養須用敬,進學在致知"二語。實行之法,較周、張爲詳耳。蓋一種哲學之興,其初必探討義理,以定其趨向;趨向既定,則當求行之之方。學問進趨之途轍,固如是也。然二程性質,實有不同,其後朱子表彰伊川,象山遠承明道,遂爲理學中之兩大派焉。

二程格物致知之說,既非如流俗所疑,則其與陽明之學之異,果何在乎? 曰:二程謂天則在物,伊川曰:"物各有則,須是止於物。"陽明謂天則在心,此其異點也。參看講《陽明之學》一篇自明。

篇八　晦庵之學

宋學家爲後人所尊者，莫如朱子。朱子於學，最宗濂溪及二程。然於其餘諸家，亦皆加以研究評論。至其哲學思想，則未有出於周、張、二程之外者。不過研究更爲入細，發揮更爲透闢耳。故朱子非宋學之創造家，而宋學之集成者也。陸子一派，僅修養之法，與朱子不同。哲學思想，亦不能出周、張、二程之外。

人類之思想，可分爲神學、玄學、科學三時期。神學時期，恆設想宇宙亦爲一人所創造，遂有天主造物、黄土搏人等說，此不足論。玄學時期，則舉認識之物分析之，或以爲一種原質所成，或以爲多種原質所成。所謂一元論、多元論是也。二者相較，又以一元論爲較圓滿。玄學之説明宇宙，至此而止，不能更有所進也。

宋學家以氣爲萬物之原質，與古人同。而又名氣之所以然者爲理。此爲當時之時代思想，朱子自亦不能外此。

有其然必有其所以然，乃人類思想如此，非事實也。就實際言，然與所以然，原係一事。故理氣爲二之説，實不如理氣爲一之説之的。然謂氣之外，真有一使氣如此之理則非，若明知理氣是一，特因人類思想，有其然，必推求其所以然，因爲假立一名，以資推論，則亦無所不可。朱子之論理氣，即係如此。其所見，誠有不如後人瑩澈之處。然世之譏之者，或竟疑朱子謂氣之外別有所謂理之一物焉，則亦失朱子之意已。

《語類》云：「理氣本無先後之可言。必欲推其所從來，則須説先有是理。然理又非別爲一物，即存乎是氣之中。"又云："天地之間，只有動靜兩端，循環不已，更無餘事。此之謂易。而其動其靜，則必有所以動靜之理。是則所謂太極者也。"伊川論《復》卦云："一陽復於下，乃天地生物之心也。先儒皆以靜爲見天地之心，蓋不知動之端，乃天地之心也。"朱子又論之曰："天地以生物爲心者也。雖氣有闔闢，物有盈虛，而天地之心，則亙古亙今，未始有毫厘之間斷也。故陽極於外，而復生於內，聖人以爲於此可以見天地之心焉。蓋其復者氣也；其所以復者，則有自來矣。向非天地之心，生生不息，則陽之極也，一絕而不復續矣，尚何以復生於內，而爲闔闢之無窮乎？此則動之端，乃一陽之所以動，非指夫一陽之已動者而言之也。"答劉叔文云："所謂理與氣，決是二物。但在物上看，則二物渾淪，不可分開，各在一處。然不害二物之各爲一物也。若在理上看，則雖未有物，而已有物之理。"此皆謂理氣之別，出於人之擬議，而非真有此二物也。《語類》云："太極，理也。動靜，氣也。氣行則理亦行。二者常相依，而未嘗相離也。當初元無一物，只有此理。有此理，便會動而生陽，靜而生陰，靜極復動，動極復靜"云云。極似以理爲實有其物者。此等處，最易招後人之訾議。然統觀全體，則朱子未嘗以理爲實有一物，在氣之外，固彰彰也。《語類》又云："太極非是別爲一物。即陰陽而在陰陽，即五行而在五行，即萬物而在萬物，只是一個理而已。"其說固甚明顯已。

《語類》："問天地之氣，當其昏明駁雜時，理亦隨而昏明駁雜否？曰：理卻只恁地，只是氣如此。又問：若氣如此，理不如此，則是理與氣相離矣。曰：氣雖是理之所生，然既生出，則理管他不得。如這理寓於氣了，日用運用間，都由這個氣。只是氣強理弱。"朱子之意，蓋亦如橫渠，謂氣之清虛者無礙，無礙則神；重濁者有形，有形則不免有礙也。如人，禀天地之氣以生，元依據這個理。然形質既成，則其所受之理，即不免隨其形質之偏，而有昏明之異。至此，則理亦不能超乎形氣，而自全其善矣。所謂"管他不得"也。然此固非理之罪，所謂"理卻只恁地"也。

又："可機問：大鈞播物，還是一去便休？還有去而復來之理？曰：一去便休耳，豈有散而復聚之氣。"此說與伊川"天地之化，自然生生不窮，更何資於既斃之形，已反之氣"同。殊與質力不滅之理相背，不免陷於斷絕之譏。

朱子之論陰陽，亦以爲同體而異用，與橫渠同。《語錄》曰："陰陽只是一氣。陽之退，便是陰之生。不是陽退了，又別有個陰生。"《答楊元範》曰"陰陽只是一氣。陰氣流行即爲陽，陽氣凝聚即爲陰。非直有二物相對"是也。

陰陽亦人之觀念，而非實有其物，故逐細分析，可以至於無窮。人非分別不能認識。凡人所認識，皆有彼此之分，即可以陰陽名之。此理朱子亦見及。《語類》"統言陰陽只是兩端，而陰中自分陰陽，陽中亦有陰陽。乾道成男，坤道成女。男雖屬陽，而不可謂其無陰。女雖屬陰，而不可謂其無陽。人身氣屬陽，而氣有陰陽。血屬陰，而血有陰陽"云云。此說殊有裨於實用。知此，則知大小善惡等，一切皆比較之詞，而非有一定之性質。以臨事，不滯固矣。如人之相處，陵人爲惡，見陵於人爲善，此通常之論也。然世實無陵人之人，亦無見陵於人之人，視所值而異耳。甲強於乙，則陵乙，而乙不敢陵甲。則甲爲陵人之人，而乙爲見陵於人之人。然丙弱於乙，乙又將陵之；丁更強於甲，亦不免陵甲；則甲又爲見陵於人之人，乙又爲陵人之人矣。知此，則知世無真可信之人，亦無真可托之國。同理，亦無真不可信之人，真不可托之國。吾國當日俄戰前，群思倚日以排俄；德日戰後，又欲結美以攘日；近日高唱打倒帝國主義，則又不分先後緩急，欲舉外人一切排之，皆不知此等理誤之也。故哲學思想真普及，則群衆程度必增高。

凡言學問，必承認因果。因果者，現象界中，自然且必然之規律也。此規律，以時間言，則不差秒忽；以空間言，則不爽毫釐；此爲舊哲家所謂數。朱子之思想亦如此。《語類》云："有是理，便有是氣，有是氣，便有是數。"又云"數者，氣之節候"是也。

理學家之所謂理，非普通人之所謂理也。普通人之所謂理，乃就彼所知之事，籀繹得之，約略言之而已。至理學家之所謂理，則必貫通萬事而無礙，乃足以當之。蓋就知識言。必於萬事萬物，無所不曉，而其所知乃真。以行爲言，必其所知既真，而所行始可蘄其不繆也。此等思想，在今日科學既明，固已知其徒存虛願。然在昔日，哲學家之願望，固多如是。職是故，理學家之於物理，亦多有格致之功。以此雖非急務，固亦在其學問之範圍內也。朱子之好學深思，實非尋常理學家所及。故於物理，探索尤勤，發明亦多。衡以科學，固多不足信。然自是當時哲學家一種見解；而於其學問宗旨，亦多有關係，固不可以不知也。今試略述其説如下：

朱子推想宇宙之生成，亦以陰陽五行之説爲本。其言曰："天地始初混沌未分時，想只有水、火二者。水之滓脚便成地。今登高而望，群山皆爲波浪之狀，便是水泛如此。只不知因甚麽事凝了。初間極軟，後方凝得硬。問：想得如潮水涌起沙相似。曰：然。水之極濁便成地。火之極清，便成風雲雷電日星之屬。"又曰："大抵天地生物，先其輕清，以及重濁。天一生水，地二生火，二物在五行中最輕清。金木重於水火，土又重於金木。"又論水火木金土之次曰："竊謂氣之初，溫而已。溫則蒸溽，蒸溽則條達，條達則堅凝，堅凝則有形質。五者雖一有俱有，然推其先後之序，理或如此。"又曰："天地初開，只是陰陽之氣。這一個氣運行，磨來磨去。磨得急了，便拶許多渣滓。裏面無處出，便結成個地在中央。氣之清者，便爲天，爲日月，爲星辰，只在外常周環運轉。地便在中央不動，不是在下。"又曰："造化之運如磨。上面常轉而不止。萬物之生，似磨中撒出。有粗有細，自是不齊。"又曰："晝夜運而無息，便是陰陽之兩端。其四邊散出紛擾者，便是游氣，生人物之萬殊。如磨面相似。其四邊只管層層散出。天地之氣，運轉無已，只管層層生出人物。其中有粗有細，如人物有偏有正。"朱子設想宇宙之生成如此。

又推想宇宙之毀壞。其見地，亦與舊説所謂渾沌者同。《語類》："問天地會壞否？曰：不會壞。只是相將人無道極了，便一齊打合，混沌一番，人物都盡。此所謂不壞者，即是壞。但不斷絶了。""或問：天地壞也不壞？曰：既有形氣，如何不壞？但一個壞了，便有一個生得來。凡有形有氣，無不壞者。壞已復生，不知其極。天地亦不能不壞，壞已不能不生。氣之作用如此。"又曰："萬物渾淪未判，陰陽之氣，混合幽暗。及其既分，中間放得開闊光朗，而兩儀始立。邵康節以十二萬九千六百年爲一元，則是十二萬九千六百年之前，又是一個大開闢。更以上亦復如此。真是動静無端，陰陽無始，小者大之影，只晝夜便可見。五峰所謂一氣大息,震蕩無垠。海宇變動,山川勃㵷。人物消盡,舊跡大滅。是謂鴻荒之世。嘗見高山有螺蚌殼,或生石中。此石即舊日之土,螺蚌即水中之物。下者卻變而爲高,柔者卻變而爲剛。"云:"有形有氣,無不壞者。天地亦不能不壞,壞已不能不生。"可見其深信物理規則。又謂"雖壞而不斷絕","動靜無端,陰陽無始",則其説,雖置之認識論中,亦無病矣。

生物之始,朱子亦以意言之。《語類》:"問初生第一個人時如何?曰:以氣化。二五之精,合而成形,釋家謂之化生。如今物之化生者甚多,如虱然。"又曰:"生物之初,陰陽之精,自凝結成兩個,一牝一牡。後來卻從種子漸漸生去,便是以形化。"

張子以鬼神爲二氣之良能,程子以鬼神爲造化之跡,朱子則兼取其説。《語類》:"問:《近思錄》既載鬼神者造化之跡,又載鬼神者二氣之良能,似乎重了?曰:造化之跡,是日月星辰風雨之屬。二氣良能,是屈伸往來之理。"又曰:"且就這一身看,自會笑語,有許多聰明知識,這是如何得恁地?虛空之中,忽然有風有雨,忽然有雷有電,這是如何得恁地?這都是陰陽相感,都是鬼神。看得到這裏,見得到一身只是個軀殼在這裏,內外無非天地陰陽之氣。如魚之在水,外面水,便是肚裏面水;鱖魚肚裏水,與鯉魚肚裏水一般。"又曰:"以二氣言,則鬼者,陰之靈也;神者,陽之靈也。以一氣言,則至而伸者爲神,反而歸者爲鬼。日自午以前是神,午以後是鬼。月自初三以後是神,十六以後是鬼。草木方發生來是神,雕殘衰落是鬼。人自少至壯是神,衰老是鬼。鼻息呼是神,吸是鬼。"如此,則宇宙之間,一切現象,無非鬼神矣。故曰:"以功用謂之鬼,以妙用謂之神。"

如此,則所謂鬼神,初不足怪,亦不必以爲無。何則?不足怪,自不待以爲無也。朱子論世俗所謂鬼神怪異者曰:"雨露風雷,日月晝夜,此鬼神之跡也。此是白日公平正直之鬼神。若所謂有嘯於梁,觸於胸,此則所謂不正邪暗,或有或無,或去或來,或聚或散者。又有所謂禱之而應,祈之而獲,此亦所謂鬼神。同一理也。問:伊川言鬼神造化之跡，此豈亦造化之跡乎？曰：皆是也。若論正理，則似樹上忽生出花葉，此便是造化之跡。又如空中忽然有雷霆風雨，皆是也。但人所常見，故不之怪。忽聞鬼嘯鬼火之屬，則便以爲怪。不知此亦造化之跡，但不是正理，亦非理之所無也。"又曰："如起風，做雨，打雷，閃電，花生，花結，非有神而何？自不察耳。才說見鬼神事，便以爲怪。世間自有個道理如此，不可謂無，特非造化之正耳。此爲得陰陽不正之氣，不須驚惑。所以夫子不語怪，以其明有此事，特不語耳。南軒說無便不是。"此等說，今日觀之，未爲得當。然在當日，無實驗科學可據；而自古相傳之說，其勢力盛，勢難遽斷爲無。故雖有哲學思想者，於神怪之說，亦多認其有，而以物理釋之。如王仲任即其人也。其說雖未得當，然其務以平易可據之理，解釋奇怪不可思議之事，則固學者所有事，而與恒人不同者也。

理學家之論鬼神如此。其說，與世俗"人死爲鬼，一切如人，特有形無質"之見，最不相容。自理學家之論推之，可決世俗所謂鬼神者爲無有。然古代書籍，固多以鬼爲有。宋儒最尊古者也，其敢毅然決此藩籬乎？曰：朱子固能之矣。此說也，見於朱子答廖仲晦之書。廖氏原書曰："德明平日鄙見，未免以我爲主。蓋天地人物，統體只是一性。生有此性，死豈遽亡之？夫水，有所激與所礙，則成漚。正如二機，闔闢不已，妙合而成人物。夫水固水也，漚亦不得不謂之水，特其形則漚，滅則還復是本水也。人物之生，雖一形具一性，及氣散而滅，還復統體是一而已。豈復分別是人是物之性。所未者，正惟祭享一書，推之未行。若以爲果饗耶？神不歆非類，大有界限，與統體還一之說不相似。若曰饗與不饗，蓋不必問，但報本之道，不得不然，而詩書卻明言神嗜飲食，祖考來格之類，則又極似有饗之者。竊謂人雖死無知覺，知覺之原仍在。此以誠感，彼以類應。若謂盡無知覺之原，只是一片大虛寂，則斷滅無復實然之理，亦恐未安。君子曰終，小人曰死，則智愚於此，亦各不同。故人不同於鳥獸草木，愚不同於聖。雖以爲公共道理，然人須全而歸之，然後足以安吾之死。不然，則人何用求至聖賢？何用與天地相似？倒行逆施，均於一死，而不害其爲人，是真與鳥獸禽魚俱壞，憒不知其所存也。"廖氏之說，即以所謂鬼者，自理論推之，不能有；然古書明言其有，不敢決其爲無；因而曲生一解，以爲人死，仍有其知覺之原，凝然具在，不與大化爲一。雖與世俗之見異，實仍未脫乎世俗之見之臼窠也。朱子答之曰："賢者之見，所以不能無失者，正坐以我爲主，以覺爲性爾。夫性者，理而已矣。乾坤變化，萬物受命，雖禀之在我，然其理，則非有我之所得私也。所以反身而誠，蓋謂盡其所得乎己之理，則知天下萬物之理，初不外此。非謂盡得我之知覺，則衆人之知覺，皆是此物也。性只是理，不可以聚散言。其聚而生，散而死者，氣而已矣。所謂精神魂魄，有知有覺者，皆氣之所爲也。故聚則有，散則無。若理則初不爲聚散而有無也。但有是理則有是氣；苟氣聚乎此，則其理亦命乎此耳。不得以水漚比也。鬼神便是精神魂魄；程子所謂天地之功用，造化之跡；張子所謂二氣之良能；皆非性之謂也。故祭祀之禮，以類而感，以類而應。若性則又豈有類之可言邪？然氣之已散者，既化而無有矣；其根於理而日生者，則固浩然而無窮也。上蔡謂我之精神，即祖考之精神，蓋謂此也。豈曰一受其成形，則此性遂爲吾有，雖死而猶不滅，截然自爲一物，藏乎寂然一體之中，以俟夫子孫之求，而時出以饗之邪？必如此説，則其界限之廣狹，安頓之處所，必有可指言者。且自開闢以來，積至於今，其重并積疊，計已無地之可容矣。是又安有此理邪？且乾坤造化，如大洪爐，人物生生，無少休息，是乃所謂實然之理，不憂其斷滅也。今乃以一片大虛寂目之，而反認人物已死之知覺，謂之實然之理，豈不誤哉？又聖賢所謂歸全安死者，亦曰：無失其所受乎天之理，則可以無愧而死耳。非以爲實有一物，可奉持而歸之，然後吾之不斷不滅者，得以晏然安處乎冥漠之中也。夭壽不貳，修身以俟之，是乃無所爲而然者。與異端爲生死事大，無常迅速，然後學者，正不可同日而語。今乃混而言之，以彼之見，爲此之説，所以爲説愈多而愈不合也。"此論將世俗所謂有鬼之見，摧破殆盡。其曰理無斷滅，氣之根於理而日生者，浩然而無窮，可見宇宙雖不斷滅，而人之自私其身，而不欲其亡，因之強執死後仍有一無體質而有精神之我，純是虛說。如此，則既無天堂可歆，亦無地獄可怖；而猶力求不愧不怍，全受全歸，可謂無所爲而爲之。其情感，或不如信教者之熱；其動機，則較之信教者高尚多矣。然宋學所以僅能爲哲學，而不能兼神教之用者亦以此。古書所謂有鬼者，自係世俗迷信之談。以理學家之理釋之，無論如何，無有是處。朱子《答吳伯豐書》曰：「吾之此身，即祖考之遺體。祖考之所以爲祖考者，蓋具於我而未嘗亡也。是其魂升魄降，雖已化而無有；然理之根於彼者，既無止息；氣之具於我者，復無間斷。吾能致精竭誠以求之，此氣既純一而無所雜，則此理自昭著而不可掩。此其苗脈之較然可睹者也。上蔡云：三日齋，七日戒，求諸陰陽上下，只是要集自家之精神。蓋我之精神，即祖考之精神，在我者既集，即是祖考之來格也。」此説雖勉強調和，然幾於即以生人之精神，爲鬼神矣。

　　然朱子之説雖妙，而謂氣聚則有，散則無；又謂氣之已散者化而無有，根於理而日生者，浩然無窮；則殊與質力不滅之理相背；而與其大鈞播物，一去便休之説同病。實信伊川大過致之也。《語類》：「橫渠説'形潰反原'，以爲人生得此個物事。既死，此個物事，卻復歸大原去，又從裏面抽出來生人。如一塊黃泥，既把來做彈子了；卻仍前歸一塊裏面去，又做個彈子出來。伊川便説是不必以既屈之氣，爲方伸之氣。若以聖人精氣爲物，游魂爲變之語觀之，則伊川之説爲是。蓋人死則氣散。其生也，又從大原裏面發出來。」此二説者，比而觀之，不必科學，亦不必森嚴之論理，即以常識推斷，亦覺張子之説爲是，小程之説爲非。以張子能泯有無之見，而小程不然也。而朱子顧以程子之説爲是，何哉？蓋由先存一辟佛之見，故有此蔽。《語類》又曰：「釋氏謂人死爲鬼，鬼復爲人。如此，則天地間只是許多人來來去去，更不由造化。生生都廢。卻無此理也。」此朱子所以不信橫渠之説也。殊不知所謂生生，只是變化，并非自無出有。輪迴之説，實較伊川之言，爲合於論理也。

　　朱子既有此蔽，故於有無聚散，分別不甚清楚。其論鬼神皆然。《語類》：「問人死時，這知覺便散否？曰：不是散，是盡了。氣盡則知覺亦盡。"又曰："神祇之氣，常屈伸而不已。人鬼之氣，則消散而無餘矣。其消散，亦有久速之異。人有不伏其死者，所以既死而此氣不散，爲妖爲怪。如人之凶死，及僧道既死，多不散者。聖賢則安於死，豈有不散而爲神怪者乎？"又曰："死而氣散，泯然無跡者，是其常道理恁地。有托生者，是偶然聚得氣不散，又怎生去湊著那氣，便再生。然非其常也。"又曰："氣久必散。人説神仙，一代説一項。漢世説甚安期生。至唐以來，則不見説了。又説鍾離權、呂洞賓。而今又不見説了。看得來，他也養得分外壽考，然終久亦散了。"又曰："爲妖孽者，多是不得其死，其氣未散。若是尫羸病死的人，這氣消耗盡了方死，豈復更鬱結成妖孽？然不得其死者，久之亦散。如今打面做糊，中間自有成小塊核不散底，久之，漸漸也自會散。"面糊中小塊核，可云散而不可云無，朱子未之思也。朱子之意，蓋以尚有形跡者爲散，毫無形跡，即尋常人所謂空者爲無。然此説殊誤也。

　　朱子論人，則以爲魄屬鬼，氣屬神。其説曰："人之語言動作是氣，屬神。精血是魄，屬鬼。發用處皆屬陽，是神。氣定處皆屬陰，是魄。知識處是神，記事處是魄。人初生時，氣多魄少。後來魄漸盛。到老魄又少。所以耳聾目昏，精力不強，記事不足。"此據陰陽立説也。又據五行，謂水是魄，火是魂。以《左氏》有"人生始化曰魄，既生魄，陽曰魂"之語也。因謂人有魄而後有魂，故"魄爲主爲幹"。案此與邵子"陽有去而陰常居"之説合。又謂人"精神知覺，皆有魄後方有"。引周子"形既生矣，神發知矣"之説爲證。周子之意，似不謂形神有先後。又有取於釋氏地水火風之説。謂："火風是魂，地水是魄。人之暖氣是火，運動是風，皮肉屬地，涕唾屬水。魂能思量記度，運用作爲，魄則不能。故人之死也，風火先散，則不能爲祟。"皆據舊説推度而已矣。

　　朱子論性，亦宗程子"論性不論氣不備，論氣不論性不明"之説。其所以謂論性不論氣不備者，蓋以確見人及禽獸，其不善，確有由於形體而無可如何者也。《語類》曰："論萬物之一原，則理同而氣異。睹萬物之異體，則氣猶相近，而理絶不同。謂萬物已稟之而爲性之理也。氣相近,如知寒暖,識饑飽,好生惡死,趨利避害,人與物都一般。理不同,如蜂蟻之君臣,只是他義上有一點子明;虎狼之父子,只是他仁上有一點子明;其他更推不去。大凡物事禀得一邊重,便占了其他的。如慈愛的人少斷制,斷制之人多殘忍。蓋仁多便遮了那義,義多便遮了那仁。"案此即無惡只有過不及之説。又曰:"惟其所受之氣,只有許多,故其理亦只有許多。如犬馬,他這形氣如此,故只會得如此事。"此猶今之主心理根於生理者,謂精神現象,皆形體之作用也。惟其然也,故朱子謂人確有生而不善者,欲改之極難。《語類》曰:"今有一樣人,雖無事在這裏坐,他心裏也只思量要做不好事。如蛇虺相似,只欲咬人。他有甚麼發得善?"又曰:"如日月之光,在露地則盡見之。若在部屋之下,有所蔽塞,則有見有不見。在人則蔽塞有可通之理。至於禽獸,則被形體所拘,生得蔽隔之甚,無可通處。"朱子之見解如此,故曰"人之爲學,卻是要變化氣質,然極難變化"也。此等處,朱子以爲皆從氣質上來。蓋朱子以全不著形跡者爲理,而謂性即理,則性自無可指爲不善。《語類》曰:"氣之精英者爲神。金木水火土非神,所以爲金木水火土者是神。在人則爲理,所以爲仁義禮智信者是也。"又曰:"人生而静以上,即是人物未生時。人物未生時,只可謂之理,説性未得,此所謂在天爲命也。才謂之性,便是人生以後,此理已墮在形氣之中,不全是性之本體矣。"夫如是,則所謂性者,全與實際相離,只是一可以爲善之物,又安得謂之不善:故朱子將一切不善,悉歸之於氣也。氣何以有不善?朱子則本其宇宙觀而爲言曰:"人所禀之氣,雖皆是天地之正氣,然滾來滾去,便有昏明厚薄之異。"又曰:"天地之運,萬端而無窮。日月清明,氣候和正之時,人禀此氣,則爲清明渾厚之氣,須做個好人。若是日月昏暗,寒暑反常,皆是天地之戾氣,人若禀此氣,則爲不好的人。"此朱子謂氣不盡善之由也。"性無氣質,卻無安頓處"。自朱子觀之,既落形氣之中,無純粹至善者。"或問:氣清的人,自無物欲。曰:也如此説不得。口之欲味,耳之欲聲,人人皆然。雖是禀得氣清,才不檢束,便流於欲去。"若不兼論形氣,則將誤以人所禀之性爲純善,而昧於其實在情形矣。此所謂論性不論氣不備也。

其謂論氣不論性不明者？則以天下雖極惡之人，不能謂其純惡而無善。抑且所謂惡者本非惡，特善之發而不得其當者耳。朱子論"惡亦不可不謂之性"，曰："他源頭處都是善，因氣偏，這性便偏了。然此處亦是性。如人渾身都是惻隱而無羞惡，都羞惡而無惻隱，這個便是惡德。這個喚做性邪不是？如墨子之性，本是惻隱。孟子推其弊，到得無父處。這個便是惡亦不可不謂之性也。"然則論氣不論性，不但不知惡人之善處，并其惡性質，亦無由而明矣。夫猶是善性也，所以或發而得其當，或發而不得其當者，形質實爲之累，此所謂論性不論氣不備。然雖發不得當，而猶是可以發其當之物，則可見性無二性，理無二理。故《語類》譬諸隙中之日。謂"隙之大小長短不同，然其所受，卻只是此日"。又謂"蔽錮少者，發出來天理勝；蔽錮多者，發出來私欲勝；便見本原之理，無有不善"也。此而不知其同出一原，則於性之由來，有所誤會矣。此所謂論氣不論性不明也。

善惡既同是一性；所謂惡者，特因受形氣之累而然。夫形氣之累，乃後起之事；吾儕所見，雖皆既落形氣之性；然性即是理，不能謂理必附於形質。猶水然，置諸欹斜之器，則其形亦欹斜，不能因吾儕只見欹斜之器，遂謂水之形亦欹斜也。故世雖無純善之性，而論性則不得不謂之善也。

性既本善，而形氣之累，特後起之事，則善爲本質，而不善實非必然。故曰："人生都是天理。人欲卻是後來沒把鼻生底。"此說實與釋氏真如無明之說，消息相通，可參看第二篇。朱子所謂善者，不外本性全不受形氣之累。本性全不受形氣之累而發出，則所謂天理。而不然者則所謂人欲也。所謂天理者，乃凡事適得其當之謂，此即周子之所謂中。朱子曰："有個天理，便有個人欲。蓋緣這天理須有個安頓處，才安頓得不恰好，便有人欲出來。"安頓得恰好，即周子所謂中；守此中而勿失，則周子所謂靜也。故朱子之學，實與周子一脈相承也。安頓得恰好者？朱子曰："飲食，天理也。要求美味，人欲也。"設喻最妙。

朱子論性之說如此。蓋其所謂善者，標準極高，非全離乎形氣，不足以當之，故其說如此。因其所謂善者，標準極高，故於論性而涉及朱子之所謂氣者，無不加以駁斥；而於程張氣質之説，程子性即理之言，極稱其有功於聖門，有補於後學。蓋論性一涉於氣質，即不免雜以人欲之私，不尅與朱子之所謂善者相副；而朱子之所謂性者，實際初無其物，非兼以氣質立論，將不能自圓其説也。朱子評古來論性者之説："孟子恐人謂性元來不相似，遂於氣質内挑出天之所命者，説性無有不善。不曾説下面氣質，故費分疏。荀子只見得不好底。揚子又見得半上半下底。韓子所言，卻是説得稍近，惜其少一氣字，性那裏有三品來？""以氣質論，則凡言性不同者，皆冰釋矣。""氣質之説，起於張、程，極有功於聖門，有補於後學。"又謂："程先生論性，只云性即理也，豈不是見得明？真有功於聖門。"朱子之堅持性即理，而力辟混氣質於性，亦由其欲辟佛而然。故曰："大抵諸儒説性，多説着氣。如佛氏，亦只是認知覺作用爲性。"知覺作用，固朱子所謂因形氣而有者也。

人之一生，兼備理、氣二者，其兼備之者實爲心。故朱子深有取於橫渠"心統性情"之説，以爲顛撲不破。又詳言之曰："性者，心之理。情者，性之動。心，性情之主。"又譬之曰："心如水，性猶水之静，情則水之流，欲則水之波瀾。"又曰："心如水，情是動處，愛即流向去處。"又以"心爲太極，心之動静爲陰陽"。孟子所善四端，朱子謂之情，曰："性不可言，所以言性善者，只看惻隱辭遜四端，如見水流之清，則知源頭必清矣。"心兼動静言，則動静皆宜致養。故朱子曰："動静皆主宰，非静時無所用，至動時方有主宰。"又謂："惟動時能順理，則無事時能静。静時能存，則動時得力。"須是動時也做工夫，静時也做工夫也。

朱子論道德，亦以仁爲最大之德，静爲求仁之方。其《仁説》謂："仁者仁之本體。禮者仁之節文。義者仁之斷制。知者仁之分別。信以見仁義禮智，實有此理。必先有仁，然後有義禮智信。故以先後言之，則仁爲先。以大小言之，則仁爲大。"又謂："明道聖人以其情順萬物而無情，説得最好。"《語類》曰："動時静便在這裏。順理而應，則雖動亦静，不順理而應，則雖塊然不交於物，亦不能得静。"順理而應，即所謂以其情順萬物而無情也。至於實行之方，則亦取伊川"涵養須用敬，進學在致知"二語。而於用敬，則提出"求放心"三字；於致知，則詳言格物之功；實較伊川言之，尤爲親切也。

《中庸》曰：“喜怒哀樂之未發，謂之中。發而皆中節，謂之和。中也者，天下之大本也。和也者，天下之達道也。”龜山門下，以“體認大本”爲相傳指訣。謂執而勿失，自有中節之和。朱子以爲少偏。謂："才偏便做病。道理自有動時，自有靜時。學者只是敬以直内，義以方外，見得世間無處不是道理。不可專要去靜處求。所以伊川謂只用敬，不用靜，便說平也。”又云：“周先生只說一者無欲也，這話頭高，卒急難湊泊。尋常人如何便得無欲？故伊川只說個‘敬’字。教人只就這‘敬’字上捱去，庶幾執捉得定，有個下手處。要之皆只要人於此心上見得分明，自然有得耳。然今之言敬者，乃皆裝點外事，不知直截於心上求功，遂覺累墜不快活。不若眼下於求放心處有功，則尤得力也。”此朱子主敬之旨也。又曰：“敬有死敬，有活敬，若只守著主一之敬，遇事不濟之以義，而不活。熟後敬便有義，義便有敬。靜則察其敬與不敬，動則察其義與不義。敬義夾持，循環無端，則内外透澈。”

其論致知，則盡於《大學補傳》數語。其言曰：“人心之靈，莫不有知。而天下之物，莫不有理。惟於理有未窮，故其知有不盡也。是以大學始教，必使學者，即凡天下之物，莫不因其已知之理而益窮之，以求至乎其極。至於用力之久，而一旦豁然貫通焉。則眾物之表裏精粗無不到；而吾心之全體大用，無不明矣。”此數語，謂理不在心而在物，最爲言陽明之學者所詆訾。然平心論之，實未嘗非各明一義。至於致知力行，朱子初未嘗偏廢。謂朱子重知而輕行，尤誣詆之辭也。今摘錄《語類》中論知行之語如下：

《語類》曰：“動靜無端，亦無截然爲動爲靜之理。且如涵養致知，亦何所始？謂學莫先於致知，是知在先。又曰：未有致知而不在敬者，則敬亦在先。從此推去，只管恁地。”是朱子初未嘗謂知在先，行在後也。又曰：“自家若得知是人欲蔽了，便是明處。只這上，便緊緊着力主定。一面格物。”是朱子實謂力行致知，當同時并進也。又曰："而今看道理不見，不是不知，只是爲物塞了。而今粗法，須是打叠了胸中許多惡雜，方可。"則并謂治心在致知之前矣。又曰："方其知之而未及行之，則知尚淺。既親歷其域，則知之益明，非前日之意味。"則知必有待於行，幾與陽明之言，如出一口矣。又朱子所謂格物致知，乃大學之功，其下尚有小學一段工夫。論朱子之說者，亦不可不知。朱子答吳晦叔曰："夫泛論知行之理，而就一事以觀之，則知之爲先，行之爲後，無可疑者。然合夫知之淺深，行之大小而言，則非有以先成乎其小，亦將何以馴致乎其大者哉？蓋古人之教：自其孩幼，而教之以孝悌誠敬之實；及其少長，而傅之以詩書禮樂之文；皆所以使之即夫一事一物之間，各有以知其義理之所在，而致涵養踐履之功也。及其十五成童，學於大學，則其灑掃應對之間，禮樂射御之際，所以涵養踐履者，略已小成矣。於是不離乎此，而教之以格物以致其知焉。致知云者，因其所已知者，推而致之，以及其所未知者，而極其至也。今就其一事之中而論之，則先知後行，固各有其序矣。誠欲因夫小學之成，以進乎大學之始，則非涵養踐履之有素，亦豈能以其雜亂紛糾之心，而格物以致其知哉？故《大學》之書，雖以格物致知，爲用力之始，然非謂初不涵養踐履，而直從事於此也；又非謂物未格，知未至，則意可以不誠，心可以不正，身可以不修，家可以不齊也。若曰：必俟知至而後可行，則夫事親從兄，承上接下，乃人生所一日不能廢者，豈可謂吾知未至，而暫輟以俟其至而後行之哉？"讀此書，而朱子於知行二者，無所輕重先後，可以曉然矣。

　　偏重於知之說，朱子亦非無之。如曰："講得道理明時，自是事親不得不孝，事兄不得不弟，交朋友不得不信。"論前人以黑白豆澄治思慮起一善念，則投一白豆於器中。起一惡念，則投一黑豆於器中。曰："此則是個死法。若更加以讀書窮理底工夫，則去那般不正底思慮，何難之有？"皆以爲知即能行。惟此所謂知者，亦非全離於行。必且力行，且體驗，乃能知之。蓋講學者，大抵係對一時人說話。陽明之時，理學既已大行。不患此理之不明，惟患知之而不能有之於己，故陽明救以知行合一之說。若朱子之時，則理學尚未大行，知而不行之弊未著，惟以人之不知爲患，故朱子稍側重於此。此固時代之異,不足爲朱子諱,更不容爲朱子咎。朱子、王子,未必不易地皆然也。讀前所引朱子論知行之説,正可見大賢立言之四平八穩,不肯有所偏重耳。在今日觀之,或以爲不免偏重。然在當日,則已力求平穩矣。必先尚論其世,乃可尚論其人。凡讀先賢之書皆然,亦不獨朱子也。

以上爲朱子學説之大略。其與他家辯論之語,別於講他家之學時詳之。

朱子之不可及處,實在其立身之剛毅,進學之勇猛。今錄其言之足資激發者如下。俾學者知所矜式焉。《語類》曰:"事有不當耐者,豈可常學耐事。學耐事,其弊至於苟賤不廉。學者須有廉隅墙壁,便可擔負得大事去。如子路,世間病痛都没了。親於其身爲不善者不入,此大者立也。"又曰:"耻有當忍者,有不當忍者。今有一樣人,不能安貧,其氣錯屈,以至立脚不住,亦何所不至?因舉吕舍人《詩》云:逢人即有求,所以百事非。"又曰:"學者常常以志士不忘溝壑爲念,則道理重而計較死生之心輕矣。況衣食至微末事,不得亦未必死,亦何用犯義犯分,役心役志以求之邪?某觀今人,因不能咬菜根,而至於違其本心者,衆矣!可不戒哉?惟君子,然後知義理之必當爲,與義理之必可恃。利害得失,既無所入於其心;而其學,又足以應事物之變;是以氣勇謀明,無所懼憚。不幸蹉跌,死生以之。小人之心,一切反是。"答劉季章曰:"天下只有一理,此是即彼非,此非即彼是,不容并立。故古之聖賢,心存目見,只有義理,都不見有利害可計較。日用之間,應事接物,直是判斷得直截分明。而推以及人,吐心吐膽,亦只如此,更無回互。若信得及,即相與俱入聖賢之域。若信不及,即在我亦無爲人謀而不盡的心。而此理是非,昭然明白;今日此人雖信不及,向後他人,須有信得及底,非但一人之計也。若如此所論,則在我者,未免視人顏色之可否,以爲語默,只此意思,何由能使彼信得及乎?"以上數條,皆足見朱子立身之剛毅。國有道,不變塞焉。國無道,之死不變。真足使貪夫廉,懦夫有立志也。其論進學之語云:"書不記,熟讀可記。義不精,細思可精。惟有志不立,直是無著力處。

只如而今,貪利祿而不貪道義,要作貴人而不要作好人,皆是志不立之病。直須反覆思量,究見病痛起處,勇猛奮躍,不復作此等人。一躍躍出,見得聖賢所說,千言萬語,都無一事不是實語,方始立得此志。就此積累工夫,迤邐向上去,大有事在。"又曰:"直須抖擻精神,莫要昏鈍。如救火治病然,豈可悠悠歲月?"又曰:"學者讀書,須是於無味處致思。至於群疑并興、寢食俱廢,乃能驟進。因嘆'驟進'二字,最下得好。須是如此。若進得些子,或進或退,若存若亡,不濟事。如用兵相殺,爭得些兒,小可一二十里地,也不濟事。須大殺一番,方是善勝。"以上數條,皆足見朱子進學之勇猛。能使玩時愒日者,讀之悚然汗下。固知一代大儒,其立身行己,必有異於尋常人之處也。凡我後學,可不懷見賢思齊之念哉?

篇九　象山之學

　　一種學問，必有其興起之時，亦必有其成熟之時。興起之時，往往萬籟爭鳴，衆源并發。至成熟之時，則漸匯爲一二派。北宋之世，蓋一種新哲學興起之時；南宋之世，則漸就成熟之時也。其時講學有名者，乾淳三先生而外，當推陸象山。乾淳三先生：吕之學較粗，其後遂流爲永嘉、永康兩派。雖可謂獨樹一幟，然在宋代學派中，不過成割據之局。南軒之學，與朱子大同，并不能獨樹一幟。南軒亦主居敬窮理，惟稍側重於居敬耳。其説謂："必先從事於敬，使人欲寖除，乃可以言格物。否則辨擇於發見之際，恐不免於紛擾。"案此等議論，朱子亦非無之。朱子謂："南軒、伯恭之學皆疏略。南軒疏略，從高處去。伯恭疏略，從卑處去。"蓋謂其操持之功稍欠。至其學問宗旨，則無甚異同也。其與朱學對峙，如晉楚之爭霸中原者，則象山而已。

　　朱子謂："上蔡之説，一轉而爲張子韶，張子韶一轉而爲陸子静。"又謂："上蔡説仁説覺，分明是禪。"又云："如今人説道，愛從高妙處説，便入禪去。自上蔡以來已然。"又謂："明道説話渾淪。然太高，學者難看。"又云："程門高第，如謝上蔡、游定夫、楊龜山，稍皆入禪學去。必是程先生當初説得高了，他們只瞄見上一截，少下面著實工夫，故流弊至此。"然則象山之學，實遠承明道。象山不甚稱伊川，而稱明道處極多。蓋道理自有此兩派，至南宋衆流漸匯時，朱、陸各主其一也。上蔡以有知覺痛癢爲仁。又曰："桃杏之核，爲種而生者謂之仁，言有生之意。"又曰："堯舜湯武事業，只是與天理合一。幾曾做作？蓋世的功業，如太空中一點雲相似，他把做甚麽？"説皆極似象山。然實自明道《識仁》、《定性》篇出。

　　朱陸之異，象山謂"心即理"，朱子謂"性即理"而已。惟其謂性即理,而心統性情也,故所謂性者,雖純粹至善;而所謂心者,則已不能離乎氣質之累,而不免雜有人欲之私。惟其謂心即理也,故萬事皆具於吾心;吾心之外,更無所謂理;理之外,更無所謂事。一切工夫,只在一心之上。二家同異,後來雖枝葉繁多,而溯厥根源,則惟此一語而已。

《象山年譜》云:"象山三四歲時,思天地何所窮際,不得,至於不食。父呵之,乃姑置,而胸中之疑終在。後十餘歲,讀書,至'宇宙'二字,解者曰:'四方上下曰宇,往古來今曰宙。'忽大省,曰:'元來無窮。人與天地萬物,皆在無窮之中者也。'乃援筆書曰:'宇宙內事,乃己份內事。己份內事,乃宇宙內事。'又曰:'宇宙便是吾心,吾心即是宇宙。'東海有聖人出焉,此心同,此理同也。西海有聖人出焉,此心同,此理同也。南海北海有聖人出焉,此心同,此理同也。千百世之上,有聖人出焉,此心同,此理同也。千百世之下,有聖人出焉,此心同,此理同也。"象山之攝萬有於一心,自小時已然矣。

惟其然也,故象山之學,極爲"簡易直截"。此陽明稱之之語。其言曰:"道遍滿天下,無些小空闕。四端萬善,皆天之所予,不勞人妝點。但是人自有病,與他相隔了。"此言人心之本善也。又曰:"此理充塞宇宙。所謂道外無事,事外無道。捨此而別有商量,別有趣向,別有規模,別有形跡,別有行業,別有事功,則與道不相干;則是異端,則是利欲;謂之陷溺,謂之曰棄;説只是邪説,見只是邪見。"此言欲做工夫,惟有從事於一心也。又曰:"涓涓之流,積成江河。泉源方動,雖只有涓涓之微,卻有成江河之理。若能不捨晝夜,如今雖未盈科,將來自盈科;如今雖未放乎四海,將來自放乎四海。然學者不能自信,見夫標末之盛者,便自荒忙,捨其涓涓而趨之。卻自壞了。曾不知我之涓涓,雖微,卻是真;彼之標末,雖多,卻是僞。恰似擔水來,其涸可立而待也。"此言從事於此一途者之大可恃也。象山嘗曰:"余於踐履,未能純一。然才自警策,便與天地相似。"又語學者:"念慮之不正者,頃刻而知之,即可以正。念慮之正者,頃刻而失之,即可不正。"又謂："我治其大而不治其小，一正則百正。"誠不愧簡易直截矣。

象山之學，實陽明所自出，故其言有極相似者。如曰："人精神在外，至死也勞攘。須收拾作主宰。收得精神在內。當惻隱，即惻隱；當羞惡，即羞惡。誰欺得你？誰瞞得你？"居象山，多告學者曰："汝耳自聰，目自明；事父自能孝，事兄自能弟。本無欠闕，不必他求；在自立而已。"皆與陽明如出一口。

象山之學，以先立乎其大者為主。故於傍人門戶，無所自得者，深鄙視之。於包藏禍心，作偽於外者，尤所痛絕。其言曰："志於聲色貨利者，固是小。剿摸人之言語者，與他一般是小。"又曰："學者須是打疊田地淨潔，然後令他奮發植立。若田地不淨潔，則奮發植立不得；亦讀書不得。若讀書，則是藉寇兵，資盜糧。"象山非謂不當讀書，亦非謂不當在事上磨練。特如吾儕今日之居心，則自象山視之，皆不足讀書，亦不足磨練者耳。所謂先立乎其大者也。

象山與陽明，學皆以心為主，故有心學之稱。凡從事於心學者，其於外務必較疏，自省之功則較切；其能發覺心之病痛，亦較常人為深；故其言多足發人深省。象山策勵人之語曰："要當軒昂奮發，莫恁地沉埋在卑陋凡下處。"又云："毚雞終日營營，無超然之意。須是一刀兩斷。何故營營如此？營營底討個甚麼？"此等語，真是暮鼓晨鐘，令吾輩日在世情路上討生活者，悚然汗下矣。陸子之訪朱子於南昌也，朱子請登白鹿洞講席，講"君子喻於義"一章。後刻其文於石。其言曰："此章以義利判君子小人，辭旨曉白。然讀之者苟不切己觀省，恐亦未能有益也。某平日讀此，不無所感。竊謂學者於此，當辨其志。人之所喻，由其所習；所習由其所志。志乎義，則所習者必在於義；所習在義，斯喻於義矣。志乎利，則所習者必在於利，所習在利，斯喻於利矣。故學者之志，不可不辨也。科舉取士久矣。名儒巨公，皆由此出。今為士者，固不能免此。然場屋之得失，顧其技與有司好惡如何耳。非所以為君子小人之辨也。而今世以此相尚。使汨沒於此，而不能自拔，則終日從事者，雖曰聖賢之書，而要其志之所鄉，則有與聖賢背而馳者矣。推而上之，則又惟官資崇卑，祿廩厚薄是計。豈能悉心力於國事民隱，以無負於任使之者哉？從事其間，更歷之多，講習之熟，安得不有所喻？顧恐不在於義耳。誠能深思是身，不可使之爲小人之歸，其於利欲之習，怛焉爲之痛心疾首；專志乎義，而日勉焉。博學、審問、慎思，明辨而篤行之。由是而進於場屋，其文，必皆道其平日之學，胸中之蘊，而不詭於聖人。由是而仕，必皆供其職，勤其事；心乎國，心乎民；而不爲身計。其得不謂之君子乎？"此文滑口讀過，亦只平平。細思之，真乃一棒一條痕，一摑一掌血。宜乎朱子謂其"切中學者隱微深痼之病"；而能令聽者悚然動心，至於泣下也。夫鈞是人也，或爲大人，或爲小人，何也？流俗不察，或曰：是地位爲之，遭際爲之。斯固然也。然人即至貧至賤，必有可以自奮之途。何以并此而不能爲？解之者或曰：人固有智愚賢不肖之不同，天限之也。斯固然也。然尚論古人，縱觀并世，或則立德，或則立功，或則立言，其天資高於我者固多，才智僅與我等者，亦自不乏，而何以彼有成而我無成？解者將曰：彼學焉，我未嘗學。彼學，我何以不學？流俗或又將曰：地位爲之，遭際爲之。然則我之地位，我之遭際，果所成就者，必止於我之今日；而我之所以自靖者，已毫髮無遺憾乎？無論何人，不敢應曰然也。推論至此，則圖窮而匕首見矣。志爲之也。天下盡有在同一境地中，彼之所見，此則不見；彼之所聞，此則不聞者。否則同在一學校中，所讀之書同也，所師所友亦相同，因天資之高下，學業成就，有淺深大小可也；而何以或爲聖賢，或爲豪傑，或爲中庸，或且入於下流哉？無他。初則好惡不同，因好而趨之，因惡而去之。久之，則所趨者以習焉而愈覺其便安，雖明知其非，而不能去；甚或入鮑魚之肆，久而不知其臭。所惡者以不習焉而日益荊棘，雖明知其善，亦無由自奮以趨之；甚或并不知其善矣。此則陸子所謂所喻由其所習，所習由其所志者也。人徒見兩方向相反之綫，引而愈遠，而惡知其始之發自一點哉？吾儕今日所志，果何如乎？誠有如陸子所謂先立必爲聖賢之志者乎？抑亦如陸子所謂從事聖賢之書,而志之所向,則與聖賢背馳者乎？由前之說,則即陸子所謂才自警策,便與天地相似者,何善如之？由後之說,則豈徒不能上進爲聖賢,誠恐如陸子所云：更歷愈多,講習愈熟,所喻愈深,而去聖賢且益遠也。可不懼哉？

工夫既惟在一心,則從事於學者,首須將"田地打掃潔淨"。然此事最難。陸子曰："人心只愛去泊著事。教他棄事時,如獼猴失了樹,更無住處。"又曰："内無所累,外無所累,自然自在。才有一些子意,便沉重了。"恒人所好,不越聲色貨利名位之私。終日泊著事,則將如鼫鼠之終日營營,無超然之意矣。凡事根株盡絕最難。世非無自謂能超然於利欲之外者。然試一自檢勘,果能無一些子意,而免於陸子所謂沉重之患者乎？不可不深自省也。謂此義也。然此自謂不可牽累於物欲。至於心地澄澈,然後去理會事物,則非徒無害,抑且有益。所謂"大綱提掇來,細細理會去"也。所謂先立乎其大者也。又人之所知,固由其最初意之所向。然所知愈多,所志亦愈大,故知識亦不可以已。陸子曰："夫子曰：吾十有五,而志於學。今千百年,無一人有志,也是怪他不得。志個甚底？須是有智識,然後有志願。"又曰："人要有大志。常人汨沒於聲色富貴間,良心善性,都蒙蔽了。今人如何便解有志,須先有智識始得。"詆陸王之學者,每謂其盡棄萬事,專主一心,其實殊不然也。《朱子語録》："子靜只是拗。伊川云：惟其深喻,是以篤好。子靜必要云好後方喻。看來人之於義利,喻而好也多。若全不曉,又安能好。然好之則喻矣。畢竟伊川說佔得多。"案喻而後好,好而後諭,自常識言之。兩說皆通,莫能相破。必深論之,則好之與喻,原係一事,不過分爲兩語耳。此亦見陽明知行合一之説之確也。

朱、陸異同,始於淳熙三年乙未鵝湖之會,而成於乙巳丙午之間。乙未之歲,朱子年四十六,象山年三十七。東萊以二家講學有異同,欲和會之,約會於信州之鵝湖寺。朱子及復齋、象山皆會。《象山語録》："先兄復齋謂某曰：伯恭約元晦爲此集,正爲學術異同。某兄弟先是不同,何以望鵝湖之同？先兄遂與某議論致辨。又令某自説。至晚罷。先兄云：子靜之説是。次早,某請先兄説。先兄云：某無說。夜來思之,子靜之説極是。方得一詩云：'孩提知愛長知欽,古聖相傳只此心。大抵有基方築室，未聞無址忽成岑。留情傳注方榛塞，著意精微轉陸沉。珍重友朋勤琢切，須知至樂在於今。'某云：詩甚佳。但第二句微有未安。先兄云：説得恁地，又道未安，更要如何？某云：不妨一面起行，某沿途卻和此詩。及至鵝湖。伯恭首問先兄別後新功。先兄舉《詩》。才四句，元晦顧伯恭曰：子壽早已上子靜船了也。舉詩罷，遂致辨於先兄。某云：某途中和得家兄此詩：'墟墓興哀宗廟欽，斯人千古不磨心。涓流積至滄溟水，卷石崇成泰華岑。易簡工夫終久大，支離事業竟浮沉。'舉詩至此，元晦失色。至末二句云：'欲知自下升高處，真僞先須辨自今。'元晦大不懌。於是各休息。翌日，二公商量數十折。議論來莫不悉破其説。繼日，凡致辯，其説隨屈。伯恭甚有虛心相聽之意，竟爲元晦所尼。"所謂議論數十折者，悉已不可得聞。惟《象山年譜》，謂"鵝湖之會，論及教人；元晦之意，欲令人泛觀博覽，而後歸之約。二陸之意，欲先發明人之本心，而後使之博覽。朱以陸之教人爲太簡，陸以朱之教人爲支離"而已。《朱子年譜》曰："其後子壽頗悔其非，而子靜終身守其説不變。"案子壽以五年戊戌，訪朱子於鉛山。是歲，朱子與呂伯恭書曰："近兩得子壽兄弟書，卻自訟前日偏見之説。不知果如何？"庚子，東萊與朱子書曰："陸子壽前日經過，留此二十餘日。幡然以鵝湖所見爲非。甚欲著實看書講論。心平氣下，相識中甚難得也。"是歲，九月，子壽卒。朱子祭之以文。有曰"別未幾時，兄以書來。審前説之定，曰子言之可懷。逮予辭官而未獲，停驂道左之僧齋。兄乃枉車而來教，相與極論而無猜。自是以還，道合志同"云云。此所謂子壽頗悔其非者也。象山則庚子朱子答呂伯恭書曰："其徒曹立之者來訪。持得子靜答渠書與劉淳叟書。卻説人須是讀書講論。然則自覺其前説之誤矣。但不肯翻然説破今是昨非之意，依舊遮前掩後，巧爲詞説。"又一書云："子靜似猶有舊來意思。聞其門人説：子壽言其雖已轉步，而未曾移身。然其勢久之亦必自轉。回思鵝湖講論時，是甚氣勢？今何止十去七八邪？"案陸子但欲先發明人之本心，而後使之博覽，非謂不必讀書講論。則朱子謂其自覺前說之誤，實屬億度之辭。在陸子，初未嘗改。故辛丑朱子《答呂伯恭書》："謂子靜近日講論，比舊亦不同。但終有未盡處。"又一書云："子靜舊日規模終在。"此則所謂子靜終身守其說不變者也。朱子癸卯答項平父書曰："大抵子思以來，教人之法，惟以尊德性，道問學兩事，爲用力之要。今子靜所說，專是尊德性事。而熹平日所論，卻是道問學上多了。所以爲彼學者，多持守可觀；而看得義理，全不仔細。又別說一種杜撰道理遮蓋，不肯放下。而熹自覺，雖於義理不敢亂說；卻於緊要爲己爲人上，多不得力。今當反身用力，去短截長，集思廣益，庶幾不墮一邊耳。"又《答陳膚仲書》："陸學固有似禪處。然鄙意近覺婺州朋友，專事見聞，而於自己身心，全無功夫。所以每勸學者兼取其善。要得身心稍稍端靜，方於義理知所抉擇。吾道之衰，正坐學者各守己偏，不能兼取衆善，所以終有不明不行之弊。"丙午《答陸子靜書》："道理雖極精微，然初不在耳目見聞之外。是非黑白，即在面前。此而不察，乃欲別求玄妙於意慮之表，亦已誤矣。邇來日用功夫，頗覺有力。無復向來支離之病。甚恨未得從容面論。未知異時相見，尚復有異同否耳？"雖仍各持一說，議論頗極持平。循是以往，未必不可折衷和會。然癸卯歲，朱子撰《曹立之墓表》，陸子之徒，謂攻其短，頗爲不平。丙午，朱子《答程正思書》又謂："去年因其徒來此，狂妄凶狠，手足盡露，乃始顯然鳴鼓攻之。"而闢陸學之語又多矣。然及淳熙十五年戊申，無極太極之辯，詞氣雖少忿戾，究仍以辨析學術之意爲多。蓋朱陸兩家，學問途轍，雖或不同，其辯論亦止於是。至於入主出奴，叫囂狂悖，甚有非君子之詞者，則其門下士意氣用事者之失；及後世姝姝暖暖者，推波助瀾之爲之也。

　　朱子之學，所以與陸子異者？在陸子以心爲至善，而朱子則謂心雜形氣之私，必理乃可謂之至善。故《語錄》謂"陸子靜之學，千般萬般病，只在不知有氣稟之雜，把許多粗惡的氣，都把做心之妙理，合當恁地，自然做將去"也。其所以一認心爲至善，一以心爲非至善者？

則以陸子謂理具於心,朱子謂理在心外。陸子曰:"天理人欲之言,亦不是至論。若天是理,人是欲,則天人不同矣。此其原蓋出於老氏。《樂記》曰:'人生而靜,天之性也。感於物而動,性之欲也。物至知知,然後好惡形焉。不能反躬,天理滅矣。'天理人欲之言,蓋出於此?《樂記》之言,亦根於老氏。"排天理人欲之説,即謂理出於心也。朱子曰:"古人之學,所貴於存心者,蓋將推此以窮天下之理。今之所謂識心者,乃欲恃此而外天下之理。"《答方賓王書》。則明謂理在心外矣。然二家謂理在心之内外雖異,而其謂理之當順則同。陸子《與朱濟道書》曰:"此理在宇宙間,未嘗有所隱遁。天地之所以爲天地者,順此理而無私焉耳。人與天地并立爲三極,安得自私而不順此理哉?"其説與朱子初無以異。此其所以途轍雖殊,究爲一種學問中之兩派也。

劉蕺山曰:"世言上等資質人,宜從陸子之學;下等資質人,宜從朱子之學。吾謂不然。惟上等資質,然後可學朱子。以其胸中已有個本領,去做零碎工夫,條分縷析,亦自無礙。若下等資質,必須識得道在吾心,不假外求,有了本領,方去爲學。不然,只是向外馳求,誤卻一生矣。"又曰:"大抵諸儒之見,或同或異,多係轉相偏矯,因病立方,盡是權教。至於反身力踐之間,未嘗不同歸一路。"黃梨州《明儒學案發凡》曰:"學問之道,以各人自用得著者爲真。凡倚門傍户,依樣葫蘆者,非流俗之士,則經生之業也。此編所刊,有一偏之見,有相反之論。學者於其不同處,正宜著眼理會。所謂一本而萬殊也。以水濟水,豈是學問?"此數條,皆足爲爭朱陸異同者痛下針砭。

象山之學,當以慈湖爲嫡傳。而其流弊,亦自慈湖而起。象山常説顏子尅己之學。其所謂尅己者,非如常人,謂尅去利害忿欲之私也。乃謂於意念起時,將來尅去。意念尅去,則還吾心體之本然。此心本廣大無邊,純粹至善。功力至此,則得其一,萬事畢矣。慈湖嘗撰《己易》,謂天地萬物皆一道,道即易,易即吾心。大旨謂"天者吾性中之象,地者吾性中之形。在天成象,在地成形,皆吾之所爲也。坤者,乾之兩者也。其他六卦,乾之錯綜者也。故舉天下非有二物"。此即象山"宇宙内事,皆己份内事;

己份內事,乃宇宙內事"之說也。又謂人當以天地爲己,不當以耳目鼻口爲己,此則尅去己私之本。蓋人與道本一,道與天地萬物爲一。所以隔之者乃私意,而私意由形體而起也。即由我而起。職是故,慈湖之學,以"不起意"爲宗。所謂意者? 慈湖謂其狀不可勝窮。"窮日之力,窮年之力,縱說橫說,廣說備說,不可得而盡"。要之由己而起者皆是。以形體爲己之己。然則心與意奚辨? 曰:"一則爲心,二則爲意。直則爲心,支則爲意。通則爲心,阻則爲意。"即以天地萬物爲一體爲心,物我相對待爲意。人心本與道一,意則蔽之。故須將意尅盡,心體乃復見也。人之惡,何一非由意而起? 苟能從此尅去,則一切惡一掃而空。此誠最根本之義,亦最簡易之法矣。然此語談何容易? 吾人自旦至暮,自暮至旦,刻刻不斷,生息於意念之中者,既非一日;加以衆生業力,相熏相染;直是意即我,我即意。一朝覺悟,而欲尅去,所費功力,蓋十百千萬於建立事功,研求學問者而未有已也。能見及此,不過覺悟之始。自此以往,功力方將無窮。而慈湖以救當時學者沉溺於訓詁詞章之習,所說多在絕意明心,而不及於斬艾持守。及門弟子,遂以入門義爲究竟法。偶有所見,即以爲道在是,而不復加省察尅治之功。後來王門之弊,亦多如是。此則自謂得心體之本然,而不知其仍息於意念之中也。《己易》:"昏者不思而遂己,可乎? 曰:正恐不能遂己。誠遂己,則不學之良能,不慮之良知,我所自有也;仁義禮知,我所自有也;萬善自備也;百非自絕也;意必固我,無自而生也;雖堯、舜、禹、湯、文、武、周公、孔子,何以異於是?"此中"正恐不能遂己"一句,最須注意。○袁絜齋稱慈湖:"平生踐履,無一瑕玷。處闈門如對大賓,在暗室如臨上帝。年登耄耋,兢兢敬謹,未嘗須臾放逸。"可見其持守之嚴。此固學者之誤,不能以咎慈湖。然慈湖立教之少偏,似亦不能辭其責矣。袁絜齋宗旨,與慈湖同。然其教人,謂"心明則本立",又謂"當精思以得之,兢業以守之",似較慈湖爲周備也。

篇十　浙　學

理學何學也？談心說性，初不切於實際，而其徒自視甚高。世之言學問者，苟其所言，與理學家小有出入，則理學家必斥爲俗學，與之斤斤爭辯。其所爭者，不過毫厘之微。而其徒視之，不翅丘山之重。此果何義哉？果其別有所見歟？抑實無所有，而姑枵然以自大也？

隨事應付，常人本自能之。哲學家所以異於常人者，乃在每一問題，必追究到底，而不肯作就事論事之語。此義前已言之。理學亦一種哲學也。故理學之異於尋常學問者，在於徹底。以一種學問與尋常人較，則尋常人之所言，恒不徹底，而學問家之所言，恒較徹底。以尋常學問與哲學較，則尋常學問之所言，恒不徹底，而哲學家之所言，恒較徹底。故以尋常人與言學問者較，猶以尋常學問與哲學較也。徹底即追究到底之謂也。理學家就宇宙間事物，追究到底，而得其不易之則焉，即其所謂理也。此理也，自理學家言之：則亘古今而不變，通世界而無二。大之至於書契所不能紀，巧歷所不能窮，而莫之能外。小之至於耳目所不能聽睹，心思所不能想像，而亦不能不由。天下事由之則是，背之則非。一切學問議論，與此合者，看似迂曲，實甚逕捷；看似背繆，實極的當。而不然者，則皆似是而非；由之雖可得近功，而隱禍實已伏於其後者也。是則所謂俗學也已。理學家曰：言天理而不能用諸人事，是謂虛無，是爲異學。言人事而不本之於天理，是爲粗淺，是爲俗學。

職是故，理學家之行事，不求其有近功，而必求其根柢上無絲毫破綻。所以貴王賤霸者以此。以一身論，亦必反諸己而無絲毫之慊，而後可以即安。否則雖功蓋天下，澤被生民，猶爲襲取，猶爲僥幸也。

理學家所以不肯輕出身任天下事者,有二義:一則己不正,必不能善事。朱子謂"多只要求濟事。不知自身不立,事決不能成。自心若有一毫私意未盡,皆足敗事"是也。一則論至精微處,天下至當不易之理,如幾何學之只有一點。此一點稍偏即不是,即必有後禍。而有心爲善,即已偏гро而與此點離矣。鄒聚所曰:"今人要做忠臣的,只倚著在忠上,便不中了。爲此驚世駭俗之事,便不庸了。自聖人看,還是索隱行怪。"理學家之精神,專注於內,事事求其至當不易,故覺得出身任事之時甚難。理學家之見解如此,其言,自不能不與尋常人大異。尋常人目爲迂曲、爲背繆,彼正忻然而笑,以世人爲未足與議也。

理學家之議論,自理論言之,固亦無以爲難。然天下事理,至無窮也。凡事必從根柢上做起,不容絲毫苟且,固是一理。然必先撐持目前,根柢上事,乃可徐圖,亦是一理。如謂產當公不當私,豈非正論。然專將目前社會破壞,共產之蘄望,豈遂得達?欲求共產,有時或轉不得不扶翼私產矣。世界大同,豈非美事?然欲躋世界於大同,必先自強其國。若效徐偃、宋襄之爲,轉足爲世界和平之累也。以一人言之,必自己所學,十分到家,乃可出而任事。又必事事照吾主張做去,不容有絲毫委曲,乃得免於枉尺直尋之誚,而其事亦無後災。固是一理。然如此,則天下將永無可爲之日,而吾身亦永無出而任事之時。以天下爲己任者,正不容如此其拘。亦是一理。由前之説,則理學家之所以自處。由後之説,則非理學者之所以難理學家也。宋時所謂浙學者即如此。

浙學分永嘉、永康二派。永嘉一派,道原於薛艮齋,而大成於葉正則。與宋時所謂理學者,根本立異。永康一派,道原於呂東萊,變化於其弟子約及陳同甫。其所爭者,則以理學家所謂天理,範圍太隘,而欲擴而充之也。今略述其說如下:

薛艮齋問學於袁道潔,袁道潔問學於二程,故永嘉之學,亦出伊洛。艮齋好言禮樂兵農,而學始稍變。陳君舉繼之,宗旨亦與艮齋同。然不過講求實務,期見諸施行而已。君舉頗主《周官》,謂不能以王安石故,因噎廢食。於伊洛宗旨,未嘗顯有異同也。至葉水心出,而其説大變。水心之意,以爲聖人之言,必務平實。凡幽深玄遠者,皆非聖人之言。理學鉅子,當推周、張、二程,其哲理皆出於《易》。故水心於

《易》，力加排斥。謂惟《彖》、《象》係孔子作，《十翼》不足信。而後儒講誦，於此獨多。魏晉而後，既與老莊并行，號爲孔老。佛説入中國，亦附會《十翼》，於是儒釋又并稱。使儒與釋老相雜者，皆《十翼》爲之。世之好言《十翼》者，皆援儒以入釋老者也。有范巽之者，名育，邠州三水人。受業於横渠，而其序《正蒙》，謂其以"六經所未載，聖人所不言者，與浮屠老子辯，實爲宼盜設郛郭，助之捍御"。水心深然其説。謂浮屠之道非吾道，學者援《大傳》"天地氤氲"，"通晝夜之道而知"，"不疾而速，不行而至"；子思"誠之不可掩"；孟子"大而化，聖而不可知"；而曰：吾所有之道固若是，實陽儒而陰釋者也。案宋儒之論，究與《易》意合否，誠難斷言。然一種學問，必有其哲學上之根據。儒亦當時顯學，安得無之？如水心言，凡高深玄遠之説，悉出後人附會，則孔子乃一略通世故，止能隨事應付之人乎？必不然矣。

　　宋時有道統之説。其思想，蓋遠源於孟子，而近接韓退之。孟子曰："五百年必有王者興，其間必有名世者。"又曰："由堯舜至於湯，五百有餘歲。若禹、皋陶，則見而知之。若湯，則聞而知之。由湯至於文王，五百有餘歲。若伊尹、萊朱，則見而知之。若文王，則聞而知之。由文王至於孔子，五百有餘歲。若太公望、散宜生，則見而知之。若孔子，則聞而知之。由孔子而來，至於今，百有餘歲。去聖人之世，若此其未遠也！近聖人之居，若此其甚也！然而無有乎爾。則亦無有乎爾。"孟子屢言願學孔子。又曰："予未得爲孔子徒也，予私淑諸人也。"又曰："由周而來，七百有餘歲矣。以其數，則過矣！以其時考之，則可矣！夫天，未欲平治天下也；如欲平治天下，當今之世，舍我其誰也。"蓋隱然自附於見知孔子之列，而以名世之任自期。韓氏《原道》曰："吾所謂道，堯以是傳之舜，舜以是傳之禹，禹以是傳之湯，湯以是傳之文、武、周公，文、武、周公傳之孔子，孔子傳之孟軻。軻之死，不得其傳焉。荀與楊也，擇焉而不精，語焉而不詳。"始以孟子繼孔子。宋人以孟子受業於子思，子思受業於曾子，遂謂曾子獨得孔子之傳。朱子又推濂溪、二程，遥接其緒。其《滄州精舍告先聖文》，所謂"恭惟道統；萬理一原，遠自羲軒，集厥大成，人屬玄聖。述古垂訓，萬世作程。三千其徒，化若時雨。維顏曾氏，傳得其宗。逮思及輿，益以光大，自時厥後，口耳失真。千有餘年，乃云有繼。周、程授受，萬理一原"者也。後人又以朱子承周、程之緒，而理學家所謂道統者以成。水心既不喜伊、洛，故亦不承其道統之說。別敘道統，自堯、舜、禹、湯、文王、周公以至孔子，而斥宋儒曾子傳孔子之學，以至子思孟軻之說爲不足信。其言曰："四科無曾子，而孔子曰參也魯，則曾子在孔門弟子中，不爲最賢。若謂孔子晚歲，獨進曾子；或孔子歿後，曾子德加尊，行加修；則無明據。又孔子謂中庸之德民鮮能，而子思作《中庸》。以爲遺言，則顏、閔猶無是告；以爲自作，則非傳也。"此等議論，看似考據精詳，實亦憑臆爲說。與主張曾子傳孔子之道，以及子思、孟子者，同一無據，不足深論。水心之意，亦初不在此。所以必別敘道統，駁斥舊說，不過以達其崇實黜虛之見而已。水心之言曰："孔子教顏淵'非禮勿視，非禮勿聽，非禮勿言，非禮勿動'，必欲此身嘗行於度數折旋之中。而曾子告孟敬子，乃以爲所貴者動容貌，正顏色，出辭氣三事而已。是則度數折旋，皆可忽略而不省；有司徒具其文，而禮因以廢。"又曰："《周官》言道則兼藝。《易傳》，子思、孟子言道，後世於道，始有異說。益以莊、列西方之學，愈以支離。"其意可概見矣。

　　宋儒於《戴記》，獨尊《大學》、《中庸》，諸子中獨尊《孟子》，以配《論語》，而爲四書。固由於《大學》言爲學之方，最有系統；《朱子語錄》："問初學當讀何書？曰：六經、《語》、《孟》皆當讀。但須知緩急。《大學》、《語》、《孟》，最是聖賢爲人切要處。然《語》、《孟》隨事答問，難見要領。惟《大學》是說古人爲學之大凡，體統都具。玩味此書，知得古人所鄉，讀《語》、《孟》便易入。後面功夫雖多，而大體已立矣。"又曰："今且須熟究《大學》作間架，卻以他書填補之。"又曰："《大學》是修身治人的規模。如起屋相似，須先打個地盤。"中庸所言之精微；《孟子》於諸子中，獨爲純正，亦與其道統之說相關也。水心既不信道統之說，故於《學》、《庸》、《孟子》，咸有詰難。其難《大學》格致之說曰："《大學》以致知格物，在誠意正心之先。'格'字可有二解：物欲而害道，格而絕之；物備而助道,格而通之是也。程氏以格物爲窮理。夫窮盡物理,則天下國家之道,已無遺蘊,安得意未誠,心未正,知未至?以爲求窮理,則未正之心,未誠之意,未致之知,安能求之?故程氏之說不可通。然格物究作何解,殊未能定。蓋由爲《大學》之書者,自未能明,以致疑誤後學也。"其難《中庸》,謂:"《書》惟皇上帝,降衷於下民,即《中庸》天命之爲性。若有恆性,即率性之爲道。尅綏厥猷惟後,即修道之謂教。案所引三語,出《僞湯誥》。然言降衷可,言天命不可。何者?天命物所同,降衷人所獨也。惟降衷爲人所獨,故人能率性而物不能。否則物何以不能率性邪?性而曰恆,是以可率。但云受命,則不知當然之理,各以意之所謂當然者率之,則道離於性矣。民有恆性,而後綏之,無加損也。云修則有損益矣。是教者強民從己也。"其難《孟子》曰:"《洪範》:耳目之官不思,而爲聰明,自外入以成其內也。思曰睿,自內出以成其外也。古人未有不內外交相成,而至於聖賢者。古人之耳目,安得不官而蔽於物?思有是非邪正,心有人危道微,後人安能常官而得之?蓋以心爲官,出孔子後;以性爲善,自孟子始;然後學者盡廢古人之條目,而專以心爲宗主;虛意多,實力少;堯舜以來內外相成之道廢矣。"案此諸說,均屬牽強。格物之釋甚多,是非誠難遽定。然因其說之難定,遂謂古人自不能通,則未免失之武斷。水心謂"功力當自致知始",則《大學》言致知在格物,不云欲致其知者,先格其物,明格物致知,即係一事,原自致知爲始也。古書言性,本皆指人性言之。言物性須別之曰物,言人性不須別之曰人,言語之法,自如此也。《孟子》曰:"耳目之官不思,而蔽於物,物交物,則引之而已矣。心之官則思。思則得之,不思則不得也。此天之所以與我者。先立乎其大者,則其小者不能奪也。"謂當以心之思,正耳目之蔽,非謂任心而遂廢耳目也。謂古人之耳目,安得不官而蔽於物,後人之心,安能常思而得之,試問耳目爲物所引,果有此事乎?無此事乎?耳目爲物所蔽,不借心之思以正之,將何以正之乎?心不能常思而得,將廢心而專任耳目乎?抑當致力於治心乎?水心曰:"唐虞三代,上之治爲皇極,下之教爲大學，行之天下爲中庸。漢以來無能明之者。今世之學始於心，而三者始明。然唐虞三代，内外無不合，故心不勞而道自存。今之爲道者，獨出内心以治外，故常不合。"夫心思耳目，非對立而爲二物也。用耳目者，非能不用心思；而心思亦非能離耳目而爲用也。物交物則引之，所引者仍係其心。謂心隨耳目之欲。而不思其邪正也。若竟廢耳目之用，則本無物欲之蔽矣。今乃曰：自外入以成其内，自内出以治其外，其説果可通乎？

水心於太極先後天之説，亦皆加以駁詰。謂孔子《彖辭》，無所謂太極。太始太素等茫昧荒遠之説，實惟莊、列有之。又謂《河圖》、《洛書》之説，已爲怪誕，況於先後天乎？孔子係《易》，辭不及數。惟《大傳》稱大衍之數五十，其下文有五行生成之數。五行之物，徧滿天下，觸之即應，求之即得，而謂其生成之數，必有次第，蓋歷家立其所起，以象天地之行，不得不然。《大傳》以《易》之分揲象之，蓋《易》亦有起法也。《大傳》本以《易》象曆，而一行反以爲曆本於《易》。夫論《易》及數，非孔氏本意，而謂"曆由《易》起，摳道以從數，執數以害道"云云。此説誠亦有理。然太始太素等名，見於《易緯》。見第二篇。緯書固多怪迂之論，中亦多存經説。謂其不足信則可，謂非古説則不可。專言數誠非孔氏之意。然古代哲學，與天文曆數，相關極密。謂孔子不專言數則可，必謂言數之説，盡出後人附會，亦非。水心謂"天地陰陽，最忌以密理窺測"。推其意，必專就事論事；高深玄遠之説，一語不及而後可。然哲學固不容如是也。

水心又論"黄叔度爲後世顔子"之説云："孔子所以許顔子者，皆言其學，不專以質。漢人不知學，以質爲道。遂使老、莊之説，與孔、顔并行。"案宋儒好言"聖賢氣象"。在彼修養之餘，誠不能謂無所見。然亦有入魔道處。水心此論，頗中其失。

水心既以實角爲主，自不免功利之見。故謂："正誼不謀利，明道不計功，初看極好，細看全疏闊。古人以利與人，而不自居其功，故道義光明。既無功利，則道義乃無用之虛語耳。"殊不知上下交征利，勢必至於不奪不厭。未有仁而遺其親，未有義而後其君，正古人之以義爲利；而正誼不謀利，明道不計功，亦正所以規遠利也。此等説，皆未免失之偏激。

　　凡主張功利之説者，世人每謂其心術不可問，此實不然。彼不過立説少偏耳，其意，固欲以利人也。若但圖自利，則雞鳴而起，孳孳爲之可矣；而何必著書立説，以曉天下乎？故主張功利之説者，其制行，往往高潔過人，方正不苟。以其策書與主張道義之人異，其蘄向則同也。水心當韓侂冑用兵時，嘗一出任事，以是頗爲論者所譏。此實理學家好苛論人，而不察情實之弊。不可不有以正之。案水心當淳熙時，屢以大仇未復爲言。開禧欲用兵，除知建康府。顧力言此事未可易言。欲先經營淮、漢，使州有勝兵二萬，然後挑彼先動，因復河南。河南既復，乃於已得之地，更作一重，爲進取之計。實爲老謀勝算。而侂冑急於建功，急於建功，便是私意。不能用。水心又上劄子，請修實政，行實德。意主修邊而不急於開邊，整兵而不急於用兵。尤欲節用減賦，以寬民力。時亦以爲迂緩，不能用。但欲借其名以草詔。水心力辭。則其不同侂冑之輕舉，彰彰矣。兵既敗，乃出安集兩淮。力陳救敗之計。旋兼江淮制置，措置屯田。時傳言金兵至。民渡江者億萬，爭舟至覆溺。吏持文書至官，皆手顫不能出語。水心嘆曰："今竟何如？"乃用門下士滕戫計，以重賞募勇士，渡江劫其營。十數往返，俘馘踵至。士氣稍奮，人心稍安。金人乃解。水心相度形勢，欲修沿江堡塢，與江中舟師相掎。自此漸北，撫用山水寨豪傑。中朝急於求和。水心以爲不必。請先自固，徐爲進取之圖。蓋其審慎於啓釁之先，效命於僨軍之際，其忠忱才略，咸有足多者。而忍以一節輕議之哉？況所議者，皆捕風捉影，不察情實之談乎？侂冑既死，其黨許及之、曾孝友等，懼得罪，反劾水心附會用兵，以圖自免。遂奪職奉祠。前此封事具在，竟莫能明其本末。亡國之是非必不明，功罪必倒置，可爲浩嘆矣。水心弟子周南，字南仲，吳縣人。北伐時，嘗奉長樞密院機速房之命。辭曰："吾方以先事造兵，爲發狂必死之藥，敢鄉邇乎？"卒不受命。侂冑之誅，水心弟子與者三人，趙汝談、汝鐩、王大受。汝鐩，一作汝讜,字蹈中,大梁人。大受,字宗可,一字拙齋,饒州人。亦可見水心之宗旨矣。水心既廢,杜門家居,絕不自辯,嘗嘆"女真復爲天祚,他人必出而有之"。又謂"自戰國以來,能教其民而用之,惟一諸葛亮,非驅市人之比。故其國不勞,其兵不困,雖敗而可戰"。其經綸又可見矣。其與丁少詹丁希亮,字少詹,黄岩人。水心弟子。書謂"世間只常理。所謂豪傑卓然興起者,不待教詔而自能,不待勉強而自盡耳。至於以機變爲經常,以不遜爲坦蕩,以窺測隱度爲義理,以見人隱伏爲新奇,以跌蕩不可羈束爲通透,以多所疑忌爲先覺,此道德之棄材也。讀書之博,只以長敖;見理之明,只以遂非"云云。則卓然儒者之言,雖程、朱無以逾其淳也。然則世之踔弛自喜,好爲大言,而實際並無工夫,隱微之地,且不可問;而顧謬託於功利之論,以嘩世而愚衆者,寧非言功利者之罪人哉?

　　永康之學,原於東萊。然東萊之論,實與永康絕異,不可不察也。東萊與葉正則書曰:"靜多於動,踐履多於發用,涵養多於講説,讀經多於讀史,功夫如此,然後可久可大。"與朱侍講曰:"向來一出,始知時事益難平,爲學功夫益無窮,而聖賢之言益可信。"其與陳同甫,則曰:"井渫不食,正指汲汲於濟世者。所以未爲井之盛?蓋汲汲欲施,與知命者殊科。孔子請討見卻,但曰以吾從大夫之後,不敢不告;孟子雖有自任氣象,亦云吾何爲不豫哉?殆可深鏡也。"則實非急於功名之流。其論政事,亦恒以風俗爲重。所撰《禮記説》,訾"秦漢以來,外風俗而論政事"。《論語説》曰:"後世人所見不明,或反以輕捷便利爲可喜,淳厚篤實爲遲鈍,不知此是君子小人分處。"《與學者及諸弟書》曰:"嘗思時事所以艱難,風俗所以澆薄,推其病原,皆由講學不明之故。若使講學者多;其達也,自上而下,爲勢固易;雖不幸皆窮,然善類既多,熏蒸上騰,亦有轉移之理。雖然,此特憂世之論耳。中天下而立,定四海之民,所性不存焉,此又當深長思也。"皆卓然儒者之論。其論自治,謂:"析理當極精微,毫厘不可放過。"又謂:"步趨進退,左右周旋,若件件要理會,必有不到。惟常存此心,則自然不違乎理。"頗能兼朱、陸之長。史稱東萊少時,性極褊。後病中讀《論語》,至"躬自厚而薄責於人"有省。遂終身無暴怒。《困學紀聞》紀其言,謂"爭校是非,不如斂藏收養"。則其氣象寬博,自有過人者。宜其不與於朱、陸之爭,且能調和二家也。

東萊死後,其弟子約,議論漸變。朱子答劉子澄曰:"伯恭無恙時,愛說史學。身後爲後生輩糊塗說出一般惡口小家議論。賤王尊霸,謀利計功,更不可聽。子約立腳不住,亦曰:吾兄,蓋嘗言之云爾。"又一書曰:"婺州自伯恭死後,百怪都出。至如子約,別說出一般差異的話。全然不是孔、孟規模,卻做管、商見識。令人駭嘆。然亦是伯恭自有些拖泥帶水,致得如此,又令人追恨也。"答潘端叔曰:"子約所守,固無可疑。然其論甚怪。教得學者相率舍道義之塗,以趨功利之域。充塞仁義。率獸食人,不是小病。故不免極力陳之。以其所守言之,固有過當。若據其議論,則亦不得不說到此地也。"可見功利之說,皆起於子約時矣。然其主持,實以陳同甫爲最力。故朱子《答黄直卿書》謂:"婺州近日一種議論愈可惡。大抵名宗呂氏,而實主同甫。"《語類》又謂"伯恭門人,亦有爲同甫之說"者也。

同甫之爲人,不如水心之純;其才,亦不如水心之可用。水心行事具見前。龍川落魄,以疏狂爲俠。嘗三下大理獄。其言曰:"研窮義理之精微,辨析古今之同異;原心於秒忽,較理於分寸;以積累爲工,以涵養爲主,睟面盎背,則於諸儒誠有愧焉。至於堂堂之陳,正正之旗;風雨雲雷,交發而并至;龍蛇虎豹,變見而出沒;推倒一世之智勇,開拓萬古之心胸;自謂差有一日之長。"乃大言耳。然其論王霸義利之說,則其攻駁當時之論,實較水心爲有理致,不可誣也。龍川之言曰:"自孟荀論義利王霸,漢唐諸儒,未能深明其說。本朝伊洛諸公,辨析天理人欲,而王霸義利之說,於是大明。然謂三代以道治天下,漢唐以智力把持天下,固已使人不能心服。而近世諸儒,遂謂三代專以天理,漢唐專以人欲行。其間有與天理暗合者,是以亦能久長。亮以爲漢唐之君,本領非不洪大開廓。惟其時有轉移,故其間不無滲漏。謂之雜霸者,其道固本於王也。諸儒自處者,曰義曰王。漢唐做得成者,皆曰利曰霸。一頭自如此,一頭自如彼。說得雖甚好,做得亦不惡。如此,卻是義利雙行，王霸并用。如亮之說，卻是直上直下，只有一個頭顱做得成耳。"又曰："心之用，有不盡而無常泯，三代，做之盡者也，漢唐，做不到盡者也。本末感應，只是一理。使其田地根本，無有是處，安得有小康？"龍川之說，蓋謂義之與利，王之與霸，天理之與人欲，惟份量多少之異，性質則初無不同也。蕺山之言曰："不要錯看了豪傑。古人一言一動，凡可信之當時，傳之後世者，莫不有一段真至精神在內。不誠則無物，何從生出事業來？"與龍川之言，若合符節。如龍川、蕺山之言，則天下惟有一理，可以成事。如朱子之說，轉似僞者有時亦可成事矣。其意欲使道尊，而不知適以小之也。且如朱子之說，則世之求成事者，將皆自屏於道之外，而道真爲無用之物矣。龍川又極論其弊曰："以爲得不傳之絕學者，皆耳目不洪，見聞不遺之辭也。人只是這個人，氣只是這個氣，才只是這個才。譬之金銀銅鐵，煉有多少，則器有精粗。豈其本質之外，挨出一般，以爲絕世之美器哉。故浩然之氣，百煉之血氣也。使世人爭鶩高遠以求之，東扶西倒，而卒不著實而適用，則諸儒所以引之者過矣。"又曰："眼盲者摸索得着，謂之暗合。不應二千年之間，有目皆盲也。亮以爲後世英雄豪傑，有時閉眼胡做，遂爲聖門之罪人。及其開眼運用，無往而非赫日之光明。今指其閉眼胡做時，便以爲盲無一分光。指其開眼運用時，只以爲偶合。天下之盲者能幾？利欲汩之則閉。心平氣定，雖平平眼光，亦會開得。況夫光如黑漆者，開則其正也，閉則霎時浮翳耳。今因吾眼之偶開，便以爲得不傳之絕學。畫界而立，盡絕一世之人於門外。而謂二千年之君子，皆盲眼不可點洗；二千年之天地日月，皆若有若無；世界皆是利欲，斯道之不絕者，僅如縷耳。此英雄豪傑，所以自絕於門外；以爲建功立業，別是法門；這些好說話，且與留着妝景足矣。"案世謂儒術迂疏，正是如此。龍川之言，亦可深長思也。

　　凡講學家，往往設想一盡美盡善之境以爲鵠。説非不高，然去實際太遠，遂至成爲空話。中國人素崇古，宋儒又富於理想，乃舉其所謂盡美盡善之境，一一傳之古人；而所謂古人者，遂成爲理想中物；以此期諸實際,則其功渺不可期;以此責人,人亦無以自處矣。此亦設想太高,持論太嚴之弊也。龍川《與朱子書》曰:"秘書以爲三代以前,都無利欲,都無要富貴底人。今詩書載得如此潔淨,只此是正大本子。亮以爲才有人心,便有許多不潔淨。"破理想之空幻,而據實際以立論,亦理學家所當引爲他山之石也。

所謂義利,往往不可得兼。然此自係格於事實,以致如此。若論究竟,則二者之蘄向,固未嘗不一。所謂捨利而取義者,亦以格於事勢,二者不可得兼云然,非有惡於利也。主張之過,或遂以利爲本不當取,則又誤矣。龍川之言曰:"不失其馳,捨矢如破,君子不必於得禽也。而非惡於得禽也。範我馳驅,而能發必命中者,君子之射也。豈有持弓矢審固,而甘心於空反者乎?"亦足箴理學家偏激之失也。

龍川之論,朱子距之如洪水猛獸,又視其鬭江西爲嚴。然其議論之可取如此,亦可見道理之弘,不容執一成之見以自封矣。然朱子之言,亦有足資警惕者。朱子答呂子約書曰:"孟子一生,忍窮受餓,費盡心力,只破得枉尺直尋四字。今日諸賢,苦心勞力,費盡言語,只成就得'枉尺直尋'四字。"其言足資猛省。蓋謂凡能成事者,皆有合於當然之道,不得謂惟吾理想中之一境有合,而餘皆不合,其言自有至理。然世事錯綜已極,成否實難豫料。就行事論,只能平心靜氣,據我所見爲最是者,盡力以行之,而不容有一必其成功之念。苟欲必其成功,則此心已失其正。成功仍未可必,所行先已不當矣。故論事不宜過嚴,而所以自律者,則本原之地,不容有毫髮之間。龍川箴朱子立論之過隘,朱子譏龍川立心之未淳,其言亦各有一理也。

篇十一　宋儒術數之學

宋儒術數之學，其原有二：一則周子之《太極圖》，邵子之《先天圖》，與《參同契》爲一家言，蓋方士修煉之書也。一則天地生成之數。司馬氏之《潛虛》，及劉氏、蔡氏、《河圖洛書》之說本之。

所謂天地生成之數者？其說見於鄭氏之《易注》。《易繫辭傳》曰："天一，地二。天三，地四。天五，地六。天七，地八。天九，地十。"又曰："天數五，地數五，五位相得而各有合。天數二十有五，地數三十。凡天地之數，五十有五，此所以成變化而行鬼神也。"一、三、五、七、九爲天數，二、四、六、八、十爲地數，所謂天數五，地數五也。一、三、五、七、九相加，爲二十有五，二、四、六、八、十相加，爲三十，所謂天數二十有五，地數三十也。二十五與三十相加，爲五十有五，則《易》所言之凡數也。鄭氏注曰："天一生水於北，地二生火於南，天三生木於東，地四生金於西，天五生土於中。陽無耦，陰無妃，未得相成。於是地六成水於北，與天一并。天七成火於南，與地二并。地八成木於東，與天三并。天九成金於西，與地四并。地十成土於中，與天五并。"此所謂五行生成之數。《漢書·五行志》：《左氏》昭公九年："裨竈曰：火，水妃也，妃以五成。"疏引《陰陽之書》，言五行妃合；十八年，"梓慎曰：水，火之牡也"。疏引《陰陽之書》，言五行嫁娶，說皆略同。後人於鄭氏之說，或多駁難，然非此無以釋五位相得而各有合也。《月令》言五方，木、火、金、水皆成數，惟土爲生數。《太玄玄圖篇》云："一與六共宗，二與七爲朋，三與八成友，四與九同道，五與五相守。"說亦大同，惟中央不言五與十而已。司馬氏《潛虛》所用，即係此數。

溫公《潛虛》，亦從萬物之所由來說起。由此推原人性。而得其當然之道。其說曰："萬物皆祖於虛，生於氣。氣以成體。體以受性。性以辨名。名以立行。行以俟命。故虛者，物之府也。氣者，生之戶也。體者，質之具也。性者，神之賦也。名者，事之分也。行者，人之務也。命者，時之遇也。"蓋亦欲通天人之故者也。謂萬物皆祖於虛，不如張子泯有無爲一之當。

其《氣圖》：以五行分布五方，用其生數爲原、熒、本、卅、基，而以其成數爲委、焱、末、刃、冢。以此互相配合，其數五十有五，畫成級數，是爲《體圖》。《體圖》一等象王，二等象公，三等象岳，四等象牧，五等象率，六等象侯，七等象卿，八等象大夫，九等象士，十等象庶人。其說曰："少以制衆，明綱紀也。位愈卑，詘愈多，所以爲順也。"又以五行生成之數遞相配，其數亦五十有五，謂之《性圖》。其中以水配水，以火配火者，謂之十純。其餘謂之配。又以一至十之數互相配，各爲之名，亦得五十五。其中以五配五曰齊，居中。餘則規而圓之，始於元而終於餘。是爲名圖。齊包幹萬物，無位。元，餘者，物之終始，無變。餘各有初、二、三、四、五、六，上七變。凡三百六十四變。變尸一日。授於餘而終之。其說曰："人之生本於虛。虛然後形。形然後性。性然後動。動然後情。情然後事。事然後德。德然後家。家然後國。國然後政。政然後功。功然後業。業終則反於虛矣。故萬物始於元，著於哀，存於齊，消於散，訖於餘。五者，形之運也。柔、剛、雍、昧、昭，性之分也。容、言、慮、聆、覵，動之官也。繇、憪、得、罹、耽，情之試也。前、卻、庸、妥、蠢，事之變也。訒、宜、忱、哲、夏，德之塗也。特、偶、昵、續、考，家之綱也。范、徒、醜、隸、林，國之紀也。裡、準、資、賓、戎，政之務也。敦、乂、績、育、聲，功之具也。興、痛、泯、造、隆，業之著也。"蓋欲以徧象萬事也。元餘齊無變，不占。初、上者，事之終始，亦不占。餘五十二名，各以其二、三、四、五、六爲占。五行相乘，得二十五；又以三才乘之，得七十五以爲策。虛其五而用七十占之。

其占：分吉、臧、平、否、凶五者。

溫公好《太玄》，留心三十年，集諸說而作注。其作《潛虛》，自云："《玄》以準《易》，《虛》以擬《玄》。"《玄》起冬至，終大雪，蓋象物之始終。《虛》亦然。其係元之辭曰："元，始也。夜半，日之始也。朔，月之始也。冬至，歲之始也。"繼之以哀，曰："哀，聚也。氣聚而物，宗族聚而家，聖賢聚而國。"終之以散，繼之以餘，蓋亦象物之始終。其思想，實未能出於《太玄》之外。此等書，殊可不必重作也。

溫公潛虛，雖不足貴，而其踐履，則有卓然不可誣者。溫公之學，重在不欺。自謂"生平所爲，未嘗不可對人言"。弟子劉安世，問："有一言而可以終身行之者乎？"曰："其誠乎？"問其目。曰："自不妄語始。"安世學之，七年而後成。故能屹然山立。論者稱涑水門下。忠定安世諡。得其剛健篤實，范正獻祖禹。得其純粹云。傳溫公之數學者，則晁景迂也。

景迂從溫公游，又從楊賢寶康節弟子。傳先天之學，姜至之講《洪範》。溫公著《潛虛》，未成而病，命景迂補之。景迂謝不敏。所著書，涉於《易》者甚多。今惟《易玄星紀譜》，尚存《景迂集》中。其書：乃將溫公之《太玄曆》，康節之《太玄準易圖》，據曆象合編爲譜。以見《易》與《玄》之皆本於天也。

五行生成之數，鄭氏以之注《繫辭傳》天地之數。其注大衍之數亦用之。其注"河出《圖》，洛出《書》"，則引《春秋緯》云："河以通乾出天苞，洛以流坤吐地符。河龍《圖》發，洛龜《書》成。《河圖》有九篇，《洛書》有六篇。"初不言九篇六篇所載爲何事。《漢書·五行志》載劉歆之言曰："虙犧氏繼天而王，受《河圖》，則而畫之，八卦是也。禹治洪水，賜《雒書》，法而陳之，《洪範》是也。"張衡《東京賦》："《龍圖》授羲，《龜書》畀姒。"始以《河圖》爲八卦，《洛書》爲五行。《僞孔傳》及《論語集解》引孔氏，亦皆以《河圖》爲八卦。然亦僅言八卦五行，出於《圖》、《書》，而《圖》、《書》究作何狀，則莫能質言。邢昺《論語疏》："鄭玄以爲《河圖》、《洛書》，龜龍銜負而出。如《中候》所說：龍馬銜甲，赤文綠字。甲似龜背，表廣九尺。上有列宿斗正之度，帝王錄紀興亡之數。"云"列宿斗正之度"似《圖》。云"帝王錄紀興亡之數",則亦似《書》矣。又云"赤文綠字,甲似龜背",則龍馬所負,亦龜書也。《隋志》:"《河圖》二十卷。《河圖龍文》一卷。其書出於前漢。有《河圖》九篇。《洛書》六篇。自黄帝至周文王所受本文。又別有三十篇,云自初起至於孔子九聖之所增演,以廣其意。"其書既亡,無可究詰。《漢書·五行志》,以"初一曰"以下六十五字,皆爲《洛書》本文。孔以"初一曰"等二十七字,係禹加。劉彪、顧焯,以爲龜背有二十八字。劉炫謂止二十字。亦皆以意言之而已。要之《河圖》、《洛書》,本神怪之談,無從徵實。必欲鑿求,適成其爲痴人説夢而已。至宋時,始有所謂《易龍圖》者,託諸陳摶。見李淑《邯鄲書目》。朱子已明言其僞。清胡渭《易圖明辨》,謂其圖見於張仲純《易象圖説》者凡四:其第一圖,即天數二十有五,地數三十。第二圖上爲五行生數,下爲五行成數。第三圖合二者爲一。第四圖則所謂"戴九履一,左三右七,二四爲肩,六八爲足。五爲腹心,縱橫數之皆十五"者也。其數與《大戴記》明堂九室,《大戴記·明堂》篇:"明堂者,古有之也。凡九室。二、九、四;七、五、三;六、一、八。"及《後漢書·張衡傳》注引《易乾鑿度》同。案《後漢書·劉瑜傳》:瑜上書:"《河圖》授嗣,正在九房。"則以此數爲《河圖》。然九宮之數,合於九疇,故又有以此爲《洛書》者。

一、天地未合之數　　　二、天地已合之數

三、天地生成之數　　　四、洛書縱橫十五之象

宋劉牧撰《易數鈎隱圖》,就《龍圖》天地已合之數,虛其中,以上圖爲兩儀,下圖爲四象,以爲《河圖》。其有五數及十數者爲《洛書》。蔡元定則以第三圖爲《河圖》,第四圖爲《洛書》。引關朗《易傳》爲證。《易傳》曰:"《河圖》之文,七前六後,八左九右。聖人觀之以畫卦。是故全七之三以爲離,奇以爲巽。全八之三以爲震,奇以爲艮。全六之三以爲坎,奇以爲乾。全九之三以爲兌,奇以爲坤。正者全其位,隅

者盡其量。《洛書》之文，九前一後，三左七右；四前左，二前右，八後左，六後右。後聖稽之爲三象；一、四、七爲天生之數，二、五、八爲地育之數，三、六、九爲人資之數。"所謂則圖畫卦者，與劉牧之《四象生八卦》圖合，宋時言《圖》、《書》者，所由以《圖》、《書》附合於《易》也。劉氏曰："水居坎而生乾，金居兌而生坤，火居離而生巽，木居震而生艮。"謂水數六，除三畫爲坎，餘三畫爲乾；金數九，除三畫爲兌，餘六畫爲坤；火數七，除三畫爲離，餘四畫爲巽；木數八，除三畫爲震，餘五畫爲艮也。乾坤艮巽，畫數恰合，巧矣。然坎、離、震、兌皆止三畫，殊不可通。關朗《易傳》，乃北宋阮逸所造僞書，見陳無己《後山叢談》，實本諸劉牧，而又小變其說者，蔡氏爲所欺也。

《東都事略·儒學傳》謂："陳摶讀《易》，以數學授穆修，修以授种放，放授許堅，堅授范諤昌。"朱漢上《經筵表》謂"陳摶以《先天圖》傳种放，放傳穆修，修傳李之才，之才傳邵雍。明道志康節墓，亦謂其學得之李挺之，挺之得之穆伯長。放以《河圖》、《洛書》傳李溉，溉傳許堅，堅傳范諤昌，諤昌傳劉牧。修以《太極圖》傳周敦頤，敦頤傳程顥、程頤。"晁公武《郡齋讀書志》："《易證墜簡》一卷。天禧中，毘陵從事范諤昌撰。自謂其學出於溢浦李處約、廬陵許堅。"處約不知即溉否。然邵子之學，出於《先天圖》；劉牧之學，出於《河圖》、《洛書》；周子之學，出於《太極圖》，則不可誣也。

南渡以後，精於數學者，莫如蔡西山父子。西山以十爲《河圖》，五行生成數。九爲《洛書》。九官。又謂："《河圖》、《洛書》：虛其中爲太極。奇耦各居二十，謂一、三、七、九，與二、四、六、八，相加皆爲二十。則亦兩儀。一、六爲水，二、七爲火，三、八爲木，四、九爲金，五、十爲土，固《洪範》之五行，而五十有五，又九疇之子目也。五行五，五事五，八政五，五紀五，皇極一，三德三，稽疑七，庶徵十，福、極十一。《洛書》一、二、三、四，而合九、八、七、六；縱橫十五，而互爲九、八、七、六，則亦四象也。四方之正，以爲乾、坤、離、坎，四隅之偏，以爲兌、震、巽、艮，此邵子先天方位。則亦八卦也。《洛書》固可以爲《易》,《河圖》固可以爲《範》;且又安知《圖》之不爲《書》,《書》之不爲《圖》邪?"又曰:"太極者,象數未形,而其理已具之稱;形器已具,而其理無朕之目。在《河圖》、《洛書》,皆虛中之象也。"周子曰:"無極而太極;邵子曰:道爲太極;又曰:心爲太極;此之謂也。太極之判,始生一奇一耦,而爲一畫者二,是爲兩儀。其數則陽一而陰二。在《河圖》、《洛書》,則奇耦是也。周子所謂太極動而生陽,動極而靜;靜而生陰,靜極復動;一動一靜,互爲其根;分陰分陽,兩儀立焉;邵子所謂一分爲二者,皆謂此也。兩儀之上,各生一奇一耦,而爲二畫者四,是爲四象。其位則太陽一,少陰二,少陽三,太陰四。其數則太陽九,少陰八,少陽七,太陰六。以《河圖》言之:則六者,一而得於五者也。七者,二而得於五者也。八者,三而得於五者也。九者,四而得於五者也。以《洛書》言之:則九者,十分一之餘也。八者,十分二之餘也。七者,十分三之餘也。六者,十分四之餘也。周子所謂水、火、木、金;邵子所謂二分爲四者,皆謂此也。四象之上,各生一奇一耦,而爲三畫者八,於是三才略具,而有八卦之名矣。其位則乾一、兌二、離三、震四、巽五、坎六、艮七、坤八。在《河圖》:則乾、坤、離、坎,分居四實;兌、震、巽、艮,分居四虛。在《洛書》:則乾、坤、離、坎,分居四方;兌、震、巽、艮,分居四隅。《周禮》所謂三易經卦各八;大傳所謂八卦成列;邵子所謂四分爲八者,皆指此而言也。"以上皆引《易學啟蒙》。此書實西山所撰也。蓋將先天、太極,及宋人所謂《河圖》、《洛書》者,通合爲一矣。

西山於《洪範》之數,未及論著,皆以授九峰。九峰著《洪範皇極》,以九九之數爲推。其言曰:"數始於一,參於三,究於九,成於八十一,備於六千五百六十一。八十一者,數之小成也。六千五百六十一者,數之大成也。天地之變化,人事之始終,古今之因革,莫不於是著焉。"又曰:"一變始之始,二變始之中,三變始之終。四變中之始,五變中之中,六變中之終。七變終之始,八變終之中,九變終之終。數以事立,亦以事終。"蓋欲以數究萬物之變者也。此等説,太覺空

漠,無可徵驗,即無從評論其是非。然《洪範皇極》,頗多微妙之言。今略引數條於下:

《洪範皇極》曰:"有理斯有氣,氣著而理隱。有氣斯有形,形著而氣隱。人知形之數,而不知氣之數;人知氣之數,而不知理之數。知理之數則幾矣。動靜可求其端,陰陽可求其始。天地可求其初,萬物可求其紀。鬼神知其所幽,禮樂知其所著,生知所來,死知所去。《易》曰'窮神知化',德之盛也。"形者,已成之局。氣者,形之原因。理又氣之原因。數者,事之必然。知理之數,則形氣自莫能外矣。故以爲窮神知化也。

又曰:"欲知道,不可以不知仁。欲知仁,不可以不知義。欲知義,不可以不知禮。欲知禮,不可以不知數。數者,禮之序也。知序則幾矣。"仁義二者,仁爲空名,義則所以行仁。禮之於義亦然。數者,禮之所以然也。知數,則所行之禮,皆不差忒;於仁義無遺憾,於道亦無不合矣。此説將仁義禮一以貫之,即所以使道與數合而爲一也。

九九積數圖

一	九	八十一	七百二十九
二	十八	百六十二	一千四百五十八
三	二十七	二百四十三	二千一百八十七
四	三十六	三百二十四	二千九百一十六
五	四十五	四百有五	三千六百四十五
六	五十四	四百八十六	四千三百七十四
七	六十三	五百六十七	五千一百有三
八	七十二	六百四十八	五千八百三十二
九	八十一	七百二十九	六千五百六十一

又曰："數運無形而著有形。智者一之,愚者二焉。數之方生,化育流行。數之已定,物正性命。圓行方止,爲物終始。隨之而無其端也,迎之而無其原也。渾之惟一,析之無極。惟其無極,是以惟一。"此言原因結果之間,所以無毫釐差忒者,以其本是一體。惟本是一體,而分析特人所强爲,故毫釐不得差忒。以其析之無窮,而仍毫釐不得差忒,可見其本是一體,而分析特人之所爲也。

又曰："數者,動而之乎靜者也。象者,靜而之乎動者也。動者,用之所以行。靜者,體之所以立。用既爲體,體復爲用。體用相仍,此天地萬物所以化生而無窮也。"此所謂靜者,謂人所能認識之現象。動者,現象之所由成也。用既爲體,體復爲用,言現象皆有其所以然之原因;而此現象,復爲他現象之原因也。

又曰："順數則知物之所始,逆數則知物之所終。數與物非二體也,始與終非二致也。大而天地,小而毫末;明而禮樂,幽而鬼神;知數即知物也,知始即知終也。"九峰所謂數,即宇宙定律之謂。明乎宇宙定律,則於一切事物,無不通貫矣。故曰"物有其則,數者盡天下之物則;事有其理,數者盡天下之物理"也。

以上所引,皆《洪範皇極》中精語。略舉數條,不能盡也。然亦可見宋代理學家:其學雖或偏於術數,而其意恒在明理;其途徑雖或借資異學,而多特有所見,不爲成説所囿。後人訾謷之辭,實不盡可信也。

篇十二　陽明之學

陽明之學,蓋遠承象山之緒。而其廣大精微,又非象山所及。

一種哲學,必有其特異之宇宙觀及人生觀。此理前已言之。陽明之學,雖不能離乎宋儒,而別爲一學,然以佛教譬之,固卓然立乎程朱之外,而自成一宗者矣。其宇宙觀及人生觀,果有以特異於程朱乎？曰：有。

宋學至朱子而集其大成。其異乎朱子者,如陸子,則當陽明時,其説不甚盛行。故朱子之學,在當時,實宋學之代表也。朱子以宇宙之間,有形跡可指目想像者,皆名爲氣。而別假設一所以然者,名之曰理。形跡之已然者,不能盡善。然追溯諸未然之時,固不能謂其必當如是。故以理爲善,凡惡悉委諸氣。本此以論人。則人人可以爲善,而未必人人皆能爲善。其可以爲善者理,使之不能爲善者氣也。於是分性爲義理、氣質兩端。義理之性,惟未生時有之。已墮形氣之中,則無不雜以氣質者。人欲爲善,必須尅去其氣質之偏,使不爲天理之累而後可,朱子論理氣及人性之説如此。

陽明之説則不然。陽明以理氣爲一。謂：「理者氣之條理,氣者理之運用。無條理固不能運用；無運用,亦無所謂條理矣。」然則所謂理與氣者,明明由人之觀念,析之爲二,在彼則實爲一物也。然則理不盡善,氣亦不盡善乎？曰：不然。理者,氣之流行而不失其則者也。春必繼以夏,秋必繼以冬,此即氣之流行之則,即是理,純粹至善者也。其流行之際,不能無偶然之失。則如冬而燠,夏而寒,是爲愆陽伏陰。愆陽伏陰，卒歸於太和。司見流行雖有偶差，主宰初未嘗失。主宰之不失，即至善也。陽明門下，論理氣合一最明白者，當推羅整庵。整庵之說曰："通天地，亘古今，無非一氣而已。氣本一也，動靜往來，闔闢升降，循環無已。積微而著，由著復微。爲四時之温涼寒暑，爲萬物之生長收藏，爲斯民之日用彛倫，爲人事之成敗得失。千條萬緒，紛紜轇轕，而卒不可亂。莫知其所以然而然。是即所謂理也。"初非別有一物，依於氣而立，附於氣以行。或因易有太極之説，乃疑陰陽之變易，類有一物主宰乎其間，是不然矣。理者氣之條理之説，雖暢發於陽明，實亦道原於宋儒。張子謂"虛空即氣"。"天地之氣，雖聚散攻取百途，然其爲理也，順而不妄"。程子謂："天地之化，一息不留。疑其速也，然寒暑之變甚漸。"朱子曰："有個天理，便有個人欲。蓋緣這天理有個安頓處。才安頓得不恰好，便有個人欲出來。"皆陽明之説之先河也。

推此以論人。則氣即心，理即性。心與性之不可歧而爲二，猶理與氣之不可歧而爲二也。宇宙全體，無之非氣，即無之非理。人稟氣以生，即稟理以生也。人心千頭萬緒，感應紛紜而不昧。其感應，流行也。其不昧，主宰也。感應不能無失，猶氣之流行，不能無愆陽伏陰。其終能覺悟其非，則即其主宰之不昧也。故理善氣亦善，性善心亦善。上知下愚，所稟者同是一氣。然一知一愚者，上知所稟之氣清，下愚所稟之氣濁也。同一氣也，而有清濁之分，何也？曰：氣不能無運行，運行則有偏勝雜糅之處。有偏勝雜糅，斯有清濁矣。然論其本，則同是一氣。惡在偏勝雜糅，不在氣也。故氣不可謂之惡。故曰性善。○宋儒以人之不善，歸咎於氣質。陽明則歸咎於習。所謂習者，非有知識後始有，並非有生後始有，稟氣時即有之。氣之偏勝，即習之所從出也。如仁者易貪，知者易詐，勇者易暴。其仁即聖人之仁，其知即聖人之知，其勇即聖人之勇，以其所稟者，與聖人同是一氣也。其所以流於貪詐暴者，則以其氣有偏勝故。此當學以變化之。惟雖有偏勝，而其本質仍善，故可變化。若其質本惡，則不可變矣。陽明之説如此，實亦自宋儒之説一轉手耳。○失在流行，不在本體，故祇有過不及，無惡。

氣之流行而不失其則者，理也。心之感應而不昧其常者，性也。理與氣非二，則性與心非二。欲知氣之善，觀其流行而不失其則，則知之矣。欲求心之善，於其感應之間，常勿失其主宰，即得之矣。此主宰，即陽明之所謂知也。而致良知之説以立。

夫謂良知即人心之主宰者，何也？陽明以天地萬物爲一體。其言曰："自其形體而言謂之天。自其主宰而言謂之帝。自其流行而言謂之命。自其賦於人而言謂之性。自其主於身而言謂之心。心之發謂之意。意之體謂之知。其所在謂之物。"蓋宇宙之間,本無二物。我之所禀以生者,即宇宙之一部分;其原質,與天地萬物無不同。故曰:人與天地萬物一體,非以天地萬物爲一體也。陽明之言曰:"人的良知,就是草木瓦石的良知。豈惟草木瓦石,天地無人的良知,亦不可爲天地矣。蓋天地萬物,與人原是一體。其發竅之最精處,是人心一點靈明。故五穀禽獸之類,皆可以養人;藥石之類,皆可以療疾。祇爲同此一氣,故能相通耳。"錢緒山曰:"天地間祇有此知。天祇此知之虛明;地祇此知之凝聚;鬼神祇此知之妙用;日月祇此知之流行;人與萬物,祇此知之合散;而人祇此知之精粹也。此知運行,萬古有定體,故曰太極。無聲臭可即,故曰無極。"歐陽南野曰"道塞乎天地之間,所謂陰陽不測之神也。神凝而成形,神發而爲知。知也者,神之所爲也。神無方無體。其在人,爲視聽,爲言動,爲喜怒哀樂。其在天地萬物,則發育峻極。故人之喜怒哀樂,與天地萬物,周流貫徹,而無彼此之間"云云。陽明之學,於一元之論,可謂發揮盡致矣。而此原質,自有其發竅最精之處。此處即我之心。心也,意也,知也,同物而異名。故用力於知,即用力於心。而用力於心,即用力於造成我之物質發竅最精之處也。此致良知之說所由來也。

不曰用力於心,而曰用力於知者,何也?曰:心意知同體不離;捨意則無以見心,捨知則無以見意也。故曰:"心無體,以知爲體。"然知亦非能離所知而獨存也。故曰:"知無體,以感應是非爲體。""心之本體至善,然發於意則有善有不善。"此猶主宰雖是,而流行之際,不能無差也。意雖有善有不善,"然知是知非之知,未嘗不知"。則猶流行偶差,而主宰常存也。心之體,既必即意與知而後可見,則欲離意與知而用力於心者,自係邪說詖辭。故曰"欲正心者,本體上無可用功。必就其發動處著力。知其是而爲之,知其非而不爲,是爲致知。知至則意誠,意誠則心正,心正則身修。故曰:《大學》之要,在於誠意。誠意之功,在於格物。誠意之極,厥惟止至善"也。陽明之學之綱領如此。

所謂格物者,非謂物在外而以吾心格之也。意之所在謂之物。故曰:"意在於事親。事親便是一物。意在於事君,事君便是一物。意在於仁民愛物,仁民愛物,便是一物。意在於視聽言動,視聽言動,便是一物。"意之所在謂之物何也？曰"一念未萌,則萬境俱寂。念之所在,境則隨生。如念不注於目前,則泰山覿面而不睹；念苟注於世外,則蓬壺遥隔而成象"矣。塘南之言。蓋知者能知,物者所知。所之不能離能,猶能之不能離所也。故曰："無心外之理,無心外之物。"故理一者,在我之主宰。分殊者,主宰之流行。故曰"物之無窮,祇是此心之生生"而已。故無所謂物之善不善,祇有此心之正不正也。塘南曰："事之體,强名曰心。心之用,强名曰事。其實祇是一件,無内外彼此之分也。故未有有心而無事,有事而無心者。故充塞宇宙,皆心也,皆事也,皆物也。"又曰："心常生者也。自其生生而言,即謂之事。心無一刻不生,即無一刻無事。事本心,故視聽言動,子臣弟友,辭受取予,皆心也。灑掃應對,便是形而上者。學者終日乾乾,祇默識此心之生理而已。時時默識,内不落空,外不逐物,一了百了,無有零碎本領之分也。"又曰："盈天地間皆物也,何以格之？惟以意之所在爲物,則格物之功,非逐物,亦非離物也。至博而至約矣。"尤西川《格訓通解》曰："陽明格物,其説有二,曰：知者意之體,物者意之用。如意在於事親,即事親爲一物。祇要去其心之不正,以全其本體之正。故曰：格者正也。又曰：致知在格物者,致吾心之良知於事事物物。致吾心之良知於事事物物,則事事物物,皆得其理矣。致吾心之良知者,致知也。事事物物,皆得其理者,物格也。前説似專舉一念,後説則並舉事物,若相戾者。然性無内外,而心外無物,二説祇一説也。"西川,名時熙,字季美,洛陽人。

　　流行主宰,即是一事。主宰即見於流行之中。非離乎流行,而別有其寂然不動之一時也。故心之動靜,亦非二時。欲正心者,必動靜皆有事焉。陽明曰："太極生生之理,妙用無息,而常體不易。太極之生生,即陰陽之生生。就其生生之中,指其妙用無息者,而謂之動,謂之陽之生,非謂動而後生陽也。指其常體不易者,而謂之靜,謂之陰之生,非謂靜而後生陰也。若靜而後生陰,動而後生陽,則是陰靜陽動,截然各自爲一物矣。"此就宇宙言也。推諸吾心亦如此。故曰："心無動靜者也。其靜也者,以言其體也。其動也者,以言其用也。故君子之學,無間於動靜。其靜也,常覺而未嘗無也,故常應。其動也,常定而未嘗有也,故常寂。常應常寂,動靜皆有事焉,是之謂集義。所謂動亦定,靜亦定者也。心一而已。靜其體也,而復求靜根焉,是撓其體也。動其用也,而懼其易動焉,是廢其用也。故求靜之心即動也,惡動之心非靜也。是之謂動亦動,靜亦動。故循理之謂靜,從欲之謂動。"陽明正心之説,皆自其宇宙觀來。故曰:必有新宇宙觀,而後有新人生觀。人生觀與宇宙觀,實不容分析爲二也。陽明曰:"告子祇在不動心上著功。孟子便真從此心原不動處分曉。心之本體,原是不動的。祇爲所行有不合義,便動了。孟子不論心之動不動,祇是集義。所行無不是義,此心自然無可動處。"《傳習錄》:"無善無惡者理之靜,有善有惡者氣之動。不動於氣,即無善無惡,是爲至善。"曰:"佛氏亦無善無惡,何以異?曰:佛氏著在無上,便一切不管。聖人無善無惡,祇是無有作好,無有作惡。不作好惡,非是全無好惡。祇是好惡一循於理,不去著一分意思,即是不曾好惡一般。曰:然則好惡全不在物?曰:祇在汝心。循理便是善,動氣便是惡。世儒惟不知此,捨心逐物,將格物之學錯看了。

陽明之學,雖極博大精微,然溯其原,則自"心即理"一語來而已。故曰:陽明之學,遠承象山之緒也。然其廣大精微,則實非象山所及,此亦創始者難爲功,繼起者易爲力也。

人心不能無妄動。然真妄原非二心,故苟知其妄,則妄念立除,而真心此即立現。故曰:"照心非動者,以其發於本體明覺之自然,而未嘗有所動也。妄心亦照者,以其本體明覺之自然者,未嘗不存於其中,但有所動耳。無所動即照矣。"夫妄心之所以能覺者,以良知無時而不在也。故曰:"七情順其自然之流行,皆是良知之用。但不可有所著。七情有著,俱謂之欲。"有著即所謂動也。陽明又曰:"理無動者也,動即爲欲。"然"才有著時,良知亦自會覺。覺即蔽去,復其本體矣。此處能看得破,方是簡易透測工夫"。又曰:"雖妄念之發,而良知未嘗不在。但人不知存,則有時而或放耳。雖昏塞之極,而良知未嘗不明。但人不知察,則有時而或蔽耳。"又曰:"良知無過不及,知過不及的是良知。"夫如是,則爲善去惡之功,實惟良知是恃。故曰:"一點良知,是爾自家的準則。是便知是,非便知非,更瞞他一些不得。爾祇不要欺他;實實落落,依他做去;善便存,惡便去。何等穩當?此便是致知的實功。"

人心雖動於妄,而良知未嘗不知,故致知之功,實大可恃。良知雖無時不存,而不能不爲物欲所蔽,故致知之功,必不容緩。以良知爲足恃,而遂忘致之之功,則所謂良知,亦終爲物欲所蔽耳。故曰:"良知之發,更無私意障礙,即所謂充其惻隱之心,而仁不可勝用。常人不能無私意,所以須用致知格物之功。"又曰:"知得善,卻不依這個良知便做去。知得不善,卻不依這個良知,便不去做。這個良知,便遮蔽了。"又曰:"天理即是良知。良知愈思愈精明。若不精思,漫然隨事應去,良知便粗了。"然"學以去其昏蔽,於良知之本體,初不能有加於毫末"。此義亦不可不知。

知是知非之良知,不能致即將昏蔽,於何驗之?曰:觀於人之知而不行,即知之矣。蓋良知之本體,原是即知即行。苟知之而不能行,則其知已非真知,即可知其爲物欲所蔽矣。"徐愛問:今人僅有知父當孝,兄當悌,卻不能孝,不能悌,知行分明是兩件。曰:此已被人欲間斷,不是知行本體。未有知而不行者。知而不行,祇是未知。聖賢教人知行,正是要復那本體。故《大學》指個真知行與人看:説如好好色,如惡惡臭。見好色屬知,好好色屬行。祇見好色時,已自好了;不是見後又立個心去好。聞惡臭屬知,惡惡臭屬行。祇聞惡臭時,已自惡了;不是聞後別立個心去惡。"龍溪曰:"孟子説孩提之童,無不知愛其親;及其長也,無不知敬其兄。止曰知而已;知便能了,更不消説能愛能敬。"知是行的主意,行是知的工夫。知是行之始,行是知之成。若會得時,祇説一個知,已自有行在。祇説一個行,已自有知在。故曰:"知之真切篤實處便是行,行之明覺精察處便是知。"龍溪曰:"知非見解之謂,行非履蹈之謂,祇從一念上取證。"古人所以既説知,又説行者?祇爲世間有一種人,懵懵懂懂,任意去做;全不解思維省察;祇是個冥行妄作;所以必説個知,方才行得是。又有一種人,茫茫蕩蕩,懸空去思索;全不肯著實躬行;祇是個揣摩影響;所以必説一個行,方才知得真。此是古人不得已補偏救弊的話。"此已被私欲間斷,不是知行本體"一語最精。好好色,惡惡臭之喻尤妙。"見好色時,已是好了,不是見後又立個心去好;聞惡臭時,已自惡了,不是聞後別立個心去惡";人之所知,一切如此,豈有知而不行之理?見好色而強抑其好之之心,聞惡臭而故絶其惡之之念,非有他念不能然。此即所謂間斷也。良知之有待於致，即欲去此等間斷之念而已矣。

真知未有不行者；知而不行，祇是未知；故欲求真知，亦必須致力於行。此即所謂致也。故曰："人若真切用功，則於此心天理之精微，日見一日；私欲之細微，亦日見一日。若不用尅己功夫，天理私欲，終不自見。如走路一般。走得一段，方認得一段。走到歧路，有疑便問；問了又走，方才能到。今於已知之天理不肯存，已知之人欲不肯去；祇管愁不能盡知；閑講何益？"

知行既係一事，則不知自無以善其行。陽明曰："今人學問，祇因知行分作兩件，故有一念發動，雖是不善，卻未曾行，便不去禁止。我今説個知行合一，正要人曉得一念發動處，便即是行；就將這不善的念尅倒；不使那一念不善，潛伏在胸中。"人之爲如何人，見於著而實積於微。知者行之微，行者知之著者耳。若於念慮之微，不加禁止，則惡念日積，雖欲矯強於臨時，必不可得矣。《大學》曰："小人閑居爲不善。見君子，而後厭然。掩其不善，而著其善。人之視己，如見其肺肝然，則何益矣？此謂誠於中，形於外，故君子必慎其獨也。"正是此理。凡事欲倉卒取辦，未有能成者。非其事之不可成，乃其敗壞之者已久也。然則凡能成事者，皆非取辦於臨時，乃其豫之者已久也。欲求豫，則必謹之於細微；欲謹之於細微，則行之微，即知。有不容不措意者矣。故非知無以善其行也。故曰：知行是一也。

知行合一之理，固確不可易。然常人習於二之之既久，驟聞是説，不能無疑。陽明則一一釋之。其説皆極精當。今錄其要者如下：

"徐愛問：至善祇求諸心，恐於天下事理，有不能盡。曰：心即理也。此心無私欲之蔽，即是天理。不須外面添一分。以此純乎天理之心，發之事父便是孝；發之事君便是忠；發之交友治民，便是信與仁。愛曰：如事父一事，其間溫清定省之類，有許多節目，亦須講求否？曰：如何不講求？祇是有個頭腦，祇就此心去人欲存天理上講求。此心若無人欲，純是天理，是個誠於孝親之心；冬時自然思量父母寒，自去求溫的道理；夏時自然思量父母熱，自去求清的道理。譬之樹木，這誠孝的心便是根；許多條件，便是枝葉。須先有根，然後有枝葉。不是先尋了枝葉，然後去種根。"陽明此説，即陸子所謂先立乎其大者也。"溫清定省之類，有許多節目"，最爲恒人所致疑。得此説而存之，而其疑可以豁然矣。陽明曰："聖人無所不知，祇是知個天理。無所不能，祇是能個天理。天下事物，如名物度數，草木鳥獸之類，不勝其煩。雖是本體明了，亦何緣能盡知。但不必知的，聖人自不消求知。其所當知者，聖人自能問人。知得一個天理，便自有許多節文度數出來。"此説與朱子"生而知之者義理，禮樂名物，必待學而後知"之説，似亦無以異。然朱子謂人心之知，必待理無不窮而後盡。陽明則雖名物度數之類，有所不知，而仍不害其爲聖人。此其所以爲異也。

枝葉條件，不但不必豫行講求也，亦有無從豫行講求者。陽明曰："良知之於節目事變，猶規矩尺度之於方圓長短也。節目事變之不可豫定，猶方圓長短之不可勝窮也。舜之不告而取，豈舜之前，已有不告而取者，爲之準則邪？抑亦求諸一念之良知，權輕重之宜，不得已而爲此邪？武之不葬而興師，豈武之前，已有不葬而興師者，爲之準則邪？抑亦求諸一念之良知，權輕重之宜，不得已而爲此邪？後之人不務致其良知，以精察義理於此心感應酬酢之間，顧欲懸空討論此等變常之事，執之以爲制事之本，其亦遠矣。"懸空討論變常之事愈詳，則致其良知之功愈荒。致其良知之功愈荒，則感應酬酢之間，愈不能精察義理。以此而求措施之悉當，是卻行而求及前人也。故曰："在物爲理，處物爲義，在性爲善，因所指而異其名，其實皆吾之心也。吾心之處事物，純乎天理，而無人欲之雜，謂之善。非在事物上有定則可求也。"又曰："良知自然的條理，便謂之義。順這個條理，便謂之禮。知這個條理，便謂之智。終始這個條理，便謂之信。"

學所以求是也。以良知爲準則，以其知是知非也。今有二人於此，各準其良知，以斷一事之是非，不能同也。而況於多人乎？抑且不必異人，即吾一人之身，昨非今是之事，亦不少也。良知之知是知非，果足恃乎？陽明曰："凡處得有善有未善，及有困頓失次之患，皆是牽於毀譽得喪，不能實致其良知耳。實致其良知，然後知平日所謂善者，未必是善。"或謂心所安處是良知。陽明曰："固然。但要省察，恐有非所安而安者。"又謂"人或意見不同，還是良知有纖翳潛伏。"此說與伊川"公則一，私則萬殊。人心不同如面，祇是私心"之說，若合符節。蓋良知雖能知是知非，然恒人之良知，爲私欲蒙蔽已久，非大加省察，固未易灼見是非之真也。

然則現在之良知，遂不足爲準則乎？是又不然。恒人之良知，固未能造於其極，然亦皆足爲隨時之用。如行路然。登峰造極之境，固必登峰造極而後知。然隨時所見，固亦足以定隨時之程途也。故曰："我輩致知，祇是各隨份量所及。今日良知見在如此，便隨今日所知，擴充到底。明日良知又有開悟，便隨明日所知，擴充到底。"故曰："昨以爲是，今以爲非；已以爲是，因人而覺其非，皆良知自然如此。"有言童子不能格物，祇教以灑掃應對。曰："灑掃應對就是物。童子良知，祇到這裏，教去灑掃應對，便是致他這一點良知。我這裏格物，自童子以至聖人，皆是此等工夫。"真可謂簡易直截矣。

致知既以心爲主，則必使此心無纖毫障翳而後可。隨時知是知非，隨時爲善去惡，皆是零碎工夫，如何合得上本體？此則賢知者之所疑也。陽明亦有以釋之。《傳習錄》："問：先生格致之説，隨時格物以致其知，則知是一節之知，非全體之知也，何以到得溥博如天，淵泉如淵地位？曰：心之本體，無所不該，原是一個天。祇爲私欲障蔽，則天之本體失了。心之理無窮盡，原是一個淵。祇爲私欲窒塞，則淵之本體失了。如念念致良知，將此障蔽窒塞，一齊去盡，則本體已復，便是天淵了。因指天以示之曰：如面前所見，是昭昭之天。四外所見，亦祇是昭昭之天。祇爲許多墻壁遮蔽，不見天之全體。若撤去墻壁，總是一個天矣。於此便見一節之知，即全體之知；全體之知，祇一節之知；總是一個本體。"蓋零碎工夫，皆係用在本體上。零碎工夫，多用得一分，即本體之障蔽，多去得一分。及其去之净盡，即達到如天如淵地位矣。此致良知之工夫，所以可在事上磨練也。

以上皆陽明所以釋致良知之疑者。統觀其說，精微簡捷，可謂兼而有之矣。梨洲曰："先生閔宋儒之後，學者以知識爲知。謂人心之所有者，不過明覺，而理爲天地萬物之所公共；必窮盡天地萬物之理，然後吾心之明覺，與之渾合而無間。説是無內外，其實全靠外來聞見，以填補其靈明。先生以聖人之學，心學也；心即理也。故於格物致知之訓，不得不言致吾心之良知於事事物物，則事事物物，皆得其理。以知識爲知，則輕浮而不實，故必以力行爲工夫。良知感應神速，無有等待；本心之明即知，不欺本心之明即行也，不得不言知行合一。"龍溪曰："文公分致知格物爲先知，誠意正心爲後行，故有游騎無歸之慮；必須敬以成始，涵養本原，始於身心有所關涉。若知物生於意，格物正是誠意工夫，誠即是敬，一了百了，不待合之於敬，而後爲全經也。"蕺山曰："朱子謂必於天下事物之理，件件格過，以幾一旦豁然貫通。故一面有存心，一面有致知之説。非存心無以致知，而存心又不可以不致知，兩事遞相君臣，迄無把柄，既已失之支離矣。至於存心之中，分爲兩條：曰靜而存養，動而省察。致知之中，又復分爲兩途：曰生而知之者義理，禮樂名物，必待學而後有以驗其是非之實。安往而不支離也？"此朱學與王學之異也。

良知之説，以一念之靈明爲主。凡人種種皆可掩飾，惟此一念之靈明，決難自欺。故陽明之學，進德極其勇猛，勘察極其深切。陽明嘗謂"志立而學半"。又謂："良知上留得些子別念卦帶，便非必爲聖人之志。"又曰："凡一毫私欲之萌，衹責此志不立，則私欲即退聽。一毫客氣之動，衹責此志不立，則客氣便消除。責志之功，其於去人欲，有如烈火之燎毛，太陽一出，而罔兩潛消也。"此等勇猛精進之説，前此儒者，亦非無之。然無致良知之説，以會其歸，則其勘察，終不如陽明之真湊單微，鞭闢入裏；而其尅治，亦終不如陽明之單刀直入，凌厲無前也。陽明之自道曰："賴天之靈，偶有悟於良知之學，然後悔其向之所爲者，固包藏禍機，作僞於外，而心勞日拙者也。十餘年來，雖痛自洗剔創艾，而病根深痼，萌蘗時生。所幸良知在我，操得其要，譬猶舟之得舵，雖驚風巨浪，顛沛不已，猶得免於傾覆者也。"《寄鄒謙之書》。

包藏禍機，誰則能免？苟非以良知爲舵，亦何以自支於驚風巨浪之中乎？良知誠立身之大柄哉？

"心即理"一語，實爲王學驪珠。惟其謂心即理，故節文度數，皆出於心；不待外求，心體明即知無不盡。亦惟其謂心即理，故是非善惡，皆驗諸心；隱微之地有虧，雖有驚天動地之功，猶不免於不仁之歸也。陽明曰："世人分心與理爲二，便有許多病痛。如攘夷狄，尊周室，都是一個私心，便不當理。人卻説他做得當理，祇心有未純。往往慕悦其所爲，要來外面做得好看，卻與心全不相干。分心與理爲二，其流至於霸道之僞而不自知。故我説個心即理。要使知心理是一個，便來心上做工夫，不去襲取於義，便是王道之眞。"陽明此説，即董子"正其義不謀其利，明其道不計其功"之眞詮。持功利之説者，往往謂無功無利，要道義何用？又安得謂之道義？殊不知功利當合多方面觀之，亦當歷長時間而後定。持功利之説者之所謂功利，皆一時之功利，適足詒將來以禍患。自持道義之説者觀之，將來之禍患，皆其所自招；若早以道義爲念，則此等禍害，皆消弭於無形矣。佛所以喻世俗之善，爲"如以少水，而沃冰山，暫得融解，還增其厚"也。功利之説，與良知之説，最不相容，故陽明闢之甚力。陽明之言曰："聖人之學，日遠日晦；功利之習，愈趨愈下。其間雖嘗瞀惑於佛老，卒未有以勝其功利之心。又嘗折衷於群儒，亦未有以破其功利之見。"可謂深中世人隱微深痼之病矣。今之世界，孰不知其罪惡之深？亦孰不知其禍害之烈？試問此罪惡禍害，何自來邪？從天降邪？從地出邪？非也。果不離因，仍不得不謂爲人所自爲。人何以造此罪惡？成此禍害？則皆計一時之功，而不計久遠之功；圖小己之利，而不顧大我之利爲之也。此即所謂功利之見也。惟舉世滔滔，皆鶩於功利之徒，故隨功利而來之禍害，日積月累而不可振救。陽明之言，可謂深得世病之症結矣。

"學不至於聖人，終是自棄"，爲學者誠皆當有此志。然人之才力，天實限之。謂人人可以爲聖人，驗諸事實，終是欺人之語。此所以雖有困知勉行，及其成功一也之說，仍不能使人自奮也。陽明謂聖人之所以爲聖，在其性質而不在其份量。此說出，而後聖人眞可學而至，實前古未發之論也。陽明之言曰："聖人之所以爲聖，祇是其心純乎天理，而無人欲之雜，猶精金之所以爲金，但以其成色足而無銅鉛之雜也。聖人之才力，亦有大小不同，猶金之份兩有輕重。所以爲精金者，在足色而不在份兩。故凡人而肯爲學，使此心純乎天理，則亦可以爲聖人。後世不知作聖之本，卻專在知識才能上求聖人。以爲聖人無所不知，無所不能，我須是將聖人許多知識才能，逐一理會始得。不務去天理上著工夫。徒弊精竭力，從册子上鑽研，名物上考索，形跡上比擬。知識愈廣，而人欲愈滋；才力愈多，而天理愈蔽。正如見人有萬鎰精金，不務鍛煉成色，無愧彼之精純；而乃妄希份兩，務同彼之萬鎰。錫鉛銅鐵，雜然而投。份量愈增，成色愈下。及其梢末，無復有金矣。"又曰："後儒祇在份兩上較量，所以流入功利。若除去了比較份兩之心，各自盡著自己力量精神，祇在此心純乎天理上用功。即人人自有，個個圓成。便能大以成大，小以成小。不假外慕，無不具足。此便是實實落落，明善誠身的事了。"陽明此說，亦從心即理上來。蓋惟其謂心即理。故全乎其心，即更無欠缺。非如謂理在心外者，心僅有其靈明，必格盡天下之物，乃於理無不盡，而克當聖之目也。陽明又曰："良知人人皆有，聖人祇是保全，無些子障蔽。兢兢業業，亹亹翼翼，自然不息，便也是學。祇是生的分數多，所以謂之生知安行。衆人自孩提之童，莫不完具此知。祇是障蔽多。然本體之知，自難泯息。雖問學尅治，也祇憑他。祇是學的分數多，所以謂之學知，利行。"

　　陽明與程朱之異，乃時會爲之，不必存入主出奴之見也。蓋自周子發明"以主靜立人極"，而人生之趨向始定。程子繼之，發明"涵養須用敬，進學在致知"，而求靜之方始明。夫所謂靜者，即今所謂合理而已。人如何而能合理？第一，當求理無不明。第二，當求既明理，又不至與之相違。由前之說，所謂進學在致知；由後之說，則所謂涵養須用敬也。求合理之初步，自祇說得到如此。逮其行之既久，然後知事物當然之理，雖若在於外物，實則具於吾心。理有不明，實由心之受蔽。欲求明理，亦當於心上用功。正不必將進學涵養，分爲兩事也。此非程朱之說，行之者衆，體驗益深，不能見到。故使陽明而生程朱之時，未必不持程朱之說，使程朱而生陽明之世，亦未必不持陽明之說。爲學如行修途，後人之所行，固皆繼前人而進也。此理非陽明所不知。顧乃自撰《朱子晚年定論》，以詒人口實。則以是時朱子之學方盛行，說與朱子相違，不易爲人所信，故借此以警覺世人。且陽明理學家，非考據家，歲月先後，考核未精，固亦不足爲陽明病也。《朱子晚年定論》者，陽明龍場悟後之作。輯朱子文三十四篇，皆與己說相合者。謂朱子晚年之論如此；《四書集注》、《或問》等，其中年未定之論也。當時羅整庵即詒書辯之。謂所取朱子《與何叔京書》四通，何實卒於淳熙乙未，後二年丁酉，而《論孟集注》始成。後陳建撰《學蔀通辨》，取朱子之說，一一考覈其歲月，而陽明之誤益見矣。然陽明答整庵書，亦已自承歲月先後，考之未精。謂意在委曲調停，不得已而爲此也。羅整庵，名欽順，字允升，泰和人。陳建，字廷肇，號清瀾，東莞人。

篇十三　王門諸子

黄梨洲曰："陽明之學：始泛濫於詞章。繼而遍讀考亭之書，循序格物。顧物理吾心，終判爲二，無所得入。於是出入於佛老者久之。及至居夷處困，動心忍性。因念聖人處此，更有何道。忽悟格物致知之旨，聖人之道，吾性自足，不假外求。其學凡三變而始得其門。自此以後，盡去枝葉，一意本原。以默坐澄心爲學的。有未發之中，始能有發而中節之和。視聽言動，大率以收斂爲主，發散是不得已。江右以後，專提'致良知'三字。默不假坐，心不待澄。不習不慮，出之自有天則。蓋良知即是未發之中，此知之前，更無未發。良知即是中節之和，此知之後，更無已發。此知自能收斂，不須更主於收斂。此知自能發散，不須更期於發散。收斂者，感之體，靜而動也。發散者，寂之用，動而靜也。知之真切篤實處即是行，行之明覺精察處即是知，無有二也。居越以後，所操益熟，所得益化。時時知是知非，時時無是無非。開口便得本心，更無假借湊泊。如赤日當空，而萬象畢照。是學成之後，又有此三變也。"陽明江右以後境界，乃佛家所謂中道，非學者所可驟幾。其自言教人之法則曰："吾昔居滁時，見諸生多務知解，無益於得，姑教之静坐。一時窺見光景，頗收近效。久之，漸有喜静厭動，流入枯槁之病。故邇來祇説致良知。良知明白，隨你去静處體悟也好，隨你去事上磨煉也好。良知本體，原是無動無静的。"良知本體，既無動無静，即不當更有動静之分。動静之分且無，更何有於偏主？然後來學者，似皆不能無所偏。則以中道非夫人所能；各因其性之所近,而其用力之方有不同,其所得遂有不同也。

　　陽明之學,首傳於浙中。浙中王門,以緒山、龍溪爲眉目。而二子之學,即有異同。具見於《傳習錄》及龍溪之《天泉證道記》。此事爲王門一重公案。爲陽明之學者,議論頗多。今略述其事如下:

　　嘉靖六年,九月,陽明起征思田。將行,緒山與龍溪論學。緒山舉陽明教言曰:"無善無惡心之體。有善有惡意之動。知善知惡是良知。爲善去惡是格物。"龍溪曰:"此恐未是究竟話頭。若説心體是無善無惡,意亦是無善無惡,知亦是無善無惡,物亦是無善無惡矣。若説意有善惡,畢竟心體還有個善惡在。"緒山曰:"心體是天命之性,原無善惡。但人有習心,意念上見有善惡在。格致誠正修,此是復性體工夫。若原無善惡,工夫亦不消説矣。"是夕,坐天泉橋,請正於陽明。陽明謂:"二君之見,正好相資,不可各執一邊。我這裏接人,原有二種:利根之人,直從本源上悟入。人心本體,原是明瑩無滯,原是個未發之中。利根之人,一悟本體,即是工夫。人己内外,一齊俱透。其次不免有習心在,本體受蔽。故且教在意念上實落爲善去惡。工夫熟後,渣滓去盡,本體亦明净了。汝中之見,是我接利根人的。德洪之見,是我爲其次立法的。相取爲用,則中人上下,皆可引入於道。若執一邊,眼前便有失人,便於道有未盡。"既而曰:"利根之人,世亦難遇。人有習心,不教他在良知上實用爲善去惡工夫,祇去懸空想個本體,一切事爲,俱不著實,不是小小病痛。不可不早説破。"

　　以上略據《傳習錄》。龍溪所記,無甚異同。而鄒東廓記其事,則云:"緒山曰:至善無惡者心。有善有惡者意。知善知惡是良知。爲善去惡是格物。龍溪云:心無善而無惡。意無善而無惡。知無善而無惡。物無善而無惡。"至善無惡,與無善無惡,頗相逕庭。劉蕺山謂:"陽明、天泉之言,與平時不同。平時常言至善是心之本體。又言至善祇是盡乎天理之極,而無一毫人欲之私。又言良知即天理。有時説無善無惡者理之静,亦未嘗徑説無善無惡是心體。"黃梨洲謂:"考之《傳習錄》,因薛中離薛侃,字尚謙,號中離,廣東揭陽人。去花間草,陽明言無善無惡者理之靜，有善有惡者氣之動。蓋言靜爲無善無惡，不言理爲無善無惡，理即是善也。獨《天泉證道記》，有無善無惡者心之體，有善有惡者意之動之語。夫心之體即理也。心體無間於動靜。若心體無善無惡，則理是無善無惡，陽明不當但指共靜時言之矣。釋氏言無善無惡，正言無理也。善惡之名，從理而立，既已有理，安得言無善無惡？"心體果是無善無惡，則有善有惡之意，從何處來？知善知惡之知，又從何處來？爲善去惡之功，從何處起？無乃語語斷流絕港乎？"因謂四句教法，陽明集中不經見，疑其出於龍溪。又謂緒山所舉四語，首句當依東廓作至善無惡。亦緒山之言，非陽明立以爲教法。何善山何廷仁，字性之，號善山，江西雩縣人。云："無善無惡者，指心之感應無跡，過而不留，天然至善之體也。有善有惡者，心之感應謂之意；物而不化，著於有矣。故曰意之動。若以心爲無，以意爲有，是分心意爲二，非合內外之道也。"案此所爭，皆失緒山之意。緒山釋無善無惡者心之體曰："至善之體，惡固非其所有，善亦不得而有也。至善之體，虛靈也。虛靈之體，不可先有乎善，猶明之不可先有乎色，聰之不可先有乎聲也。目無一色，故能盡萬物之色。耳無一聲，故能盡萬物之聲。心無一善，故能盡天下萬事之善。今之論至善者，乃索之於事事物物之中，先求其所謂定理者，以爲應事宰物之則，是虛靈之內，先有乎善也。虛靈之內，先有乎善，是耳未聽而先有乎聲，目未視而先有乎色也。塞其聰明之用，而窒其虛靈之體，非至善之謂矣。今人乍見孺子入井，皆有怵惕惻隱之心。聖人不能加，而塗人未嘗減也。但塗人擬議於乍見之後，浼入納交要譽之私耳。然則塗人之學聖人，果憂怵惕惻隱之不足邪？抑去其蔽，以還其乍見之初心也？虛靈之蔽，不但邪思惡念，雖至美之念，先橫於中，積而不化，已落將迎意必之私，而非時止時行之用矣。故先師曰：無善無惡心之體。是對後世格物窮理之學，先有乎善者言之也。"然則緒山所謂無善無惡，即其所謂至善者也。龍溪、東廓所記，辭異意同。緒山又曰："善惡之機，縱其生滅相尋於無窮，是藏其根而惡其萌蘖之生，濁其源而辨其末流之清也。是以知善知惡爲知之極，而不知良知之體，本無善惡也。知有爲有去之爲功，而不知究極本體，施功於無爲，乃眞功也。正念無念。正念之念，本體常寂。"或問："胸中擾擾，必猛加澄定，方得漸清。"曰："此是見上轉。有事時，此知著在事上。事過，此知又著在虛上。動靜二見，不得成片。若透得此心澈底無欲，雖終日應酬百務，本體上何曾加得一毫？事了即休，一過無跡，本體上何曾減得一毫？"可與前所引之言參看。周海門謂："發明心性處，善不與惡對。如中心安仁之仁，不與忍對。主靜立極之靜，不與動對。《大學》善上加一'至'字，實絕名言，無對待之辭。天地貞觀，不可以貞觀爲天地之善。日月貞明，不可以貞明爲日月之善。星辰有常度，不可以有常度爲星辰之善。岳不可以峙爲善。川不可以流爲善。有不孝而後有孝子之名。有不忠而後有忠臣之名。孝子無孝；若有孝，便非孝矣。忠臣無忠；若有忠，便非忠矣。"亦與緒山之說相發明。海門，名汝登，字繼元，嵊縣人。蕺山、梨洲所疑，可以釋矣。至善山所疑，亦在字句之間。彼所謂"感應無跡，過而不留"者，即陽明所謂"理之靜"，亦即其所謂"盡乎天理之極，而無一毫人欲之私"。其所謂"物而不化著於有"者，即其所謂"氣之動"，亦即其所謂"人欲"。二者自然皆出於心。特龍溪、東廓所記，皆辭取對偶，徑以心與意爲相對之詞，未嘗詳言之曰："無善無惡心之體，有善有惡，乃心之動而離乎體者，亦謂之意。"又未嘗於意字之下，加一注語曰："即心之動而失其體者。"遂致有此誤會耳。梨洲曰："如善山之言，則心體非無善無惡，而有善有惡者，意之病也。心既至善，意本澄然無動。意之靈即是知。意之明即是物。"案此亦立名之異。梨洲名澄然無動者爲意，動而不善者爲意之病。緒山則名澄然無動者爲心，其動而不善者，則但名之爲意耳。

　　羅念庵曰："緒山之學數變：其始也，有見於爲善去惡者，以爲致良知也。已而曰：良知者，無善無惡者也。吾安得執以爲有而爲之？而又去之？己又曰：吾惡夫言之者淆也。無善無惡者，見也，非良知也。吾惟即吾所知以爲善者而行之，以爲惡者而去之，此吾所能爲者也。其不出於此者，非吾所得爲也。又曰：向吾之言，猶二也，非一也。夫子嘗有言矣，曰：至善者心之本體，動而後有不善也。吾不能必其無不善，吾無動焉而已。彼所謂意者動也，非是之謂動也。吾所謂動，動於動焉者也。吾惟無動，則在吾者常一矣。"所謂"動於動"者，即陽明所謂"氣之動"之至微者也。故知緒山之言，與陽明實不相背也。

至龍溪所謂"心體是無善無惡,則意亦是無善無惡,知亦是無善無惡,物亦是無善無惡;若說意有善惡,畢竟心體還有個善惡在"者?《證道記》自申其說曰:"顯微體用,祇是一機;心意知物,祇是一事。天命之性,粹然至善,神感神應,其機自不容已。惡固本無,善亦不可得而有也。若有善有惡,則意動於物,非自然之流行,著於有矣。自然流行者,動而無動;著於有者,動而動也。"此原即緒山"虛靈之體,不可先有乎善";善山"至善之體,感應無跡,過而不留;物而不化則爲動";陽明"理之靜,氣之動"之説。其所爭者,乃謂當在心體上用功,不當在意念上用功。故曰:"意是心之所發。若是有善有惡之意,則知與物一齊皆有,心亦不可謂之無矣。"龍溪之意,蓋謂意念之生,皆由心體流行之不得其當。吾人用功,當真徹根源,正其流行之體。不當沿流逐末,以致勞而少功也。職是故,其教人,乃以正心爲先天之學,誠意爲後天之學。其言曰:"吾人一切世情嗜欲,皆從意生。心本至善,動於意始有不善。能在先天心體上立根,則意所動自無不善;世情嗜欲,自無所容。致知工夫,自然易簡省力。若在後天動意上立根,不免有世情嗜欲之雜。致知工夫,轉覺煩難。"其言誠極超妙。然其所謂先天心體者,實使人無從捉摸。所謂致知工夫,遂使人無從下手。此則陽明所以有利根人難遇,苟非其入,懸空想像一個本體,一切事爲,俱不着實,病痛非小之戒也。龍溪曰:"良知即是獨知。"又曰:"獨知便是本體,慎獨便是工夫。"其説獨知曰:"非念動後知。乃先天靈竅,不因念生,不隨念遷,不與萬物作對。"其説慎獨之工則曰"慎非强制之謂。兢業保護此靈竅,還他本來清净"而已。又曰:"渾然一體,無分於已發未發,亦無先後内外。才認定些子,便有認定之病。隨物流轉,固是失卻主宰。即曰:我於此收斂握固,便有樞可執,以爲致知之實,未免猶落内外二見。才有執著,終成管帶。即此管帶,便是放失之因。"其言之超妙如此,誠令學者體悟不及,功力難施,故梨洲謂其"一著工夫,未免有礙虛無之體,則不得不近於禪。流行即是主宰;懸崖撒手,茫無把握,以心息相依爲權法,則不得不近于老"。蓋幾於靜處體悟,事上磨煉,兩無依據矣。唐荊川名順之,字應德,武進人。最服膺龍溪。自言於龍溪祇少一拜,然其言曰:"近來談學,謂認得本體,一超直入,不假階級。竊恐雖中人以上,有所不能。竟成一番議論,一番意見而已。"又曰:"近來學者病痛,本不刻苦搜剔,洗空欲障。以玄妙之語,文夾帶之心。直如空花,竟成自誤。"過高之流弊,亦可見矣。

錢緒山曰:"昔者吾師之立教也,揭誠意爲大學之要旨,致知格物爲誠意之功。門弟子聞言,皆得入門用力之地。用力勤者,究極此知之體;使天則流行,纖翳無作;千感萬應,而真體常寂,此誠意之極也。故誠意之功,自初學用之,即得入手;自聖人用之,精詣無盡。吾師既歿,吾黨病學者善惡之機,生滅不已,乃於本體提揭過重。聞者遂謂誠意不足以盡道,必先有悟而意自不生;格物非所以言功,必先歸寂而物自化。遂相與虛億以求悟,而不切乎民彝物則之常;執體以求寂,而無有乎圓神活潑之機。師云:誠意之極,止至善而已矣。是止至善者,未嘗離誠意而得也。言止則不必言寂,而寂在其中;言至善則不必言悟,而悟在其中;然皆必本於誠意焉。何也?蓋心無體,心之上,不可以言功也。應感起物,而好惡形焉,於是乎有精察尅治之功。誠意之功極,則體自寂而應自順。初學以至成德,徹始徹終,無二功也。"案此所謂"誠意不足以盡道,必先有悟而意自不生"者,即龍溪之説也。緒山謂"心之上不可以言功",必於應感起物之時,致其精察尅治,即爲善去惡是格物之説。二家宗旨之不同如此。至所評歸寂之説,則出於聶雙江。

陽明之致良知,原兼靜處體悟,事上磨煉兩義。其後浙中之學,偏於事上磨煉,遂有義襲助長之病。其主於凝聚者,則江右諸家也。江右王門、東廓、雙江、念庵、兩峰,皆有特見。今略述其説。

東廓主戒懼。其言曰:"敬也者,良知之精明而不雜以私欲者也。性體流行,合宜處謂之善;障蔽而壅塞處,謂之不善。忘戒懼,則障蔽而壅塞。無往非戒懼之流行,即無往非性體之流行矣。戒懼,禹之治水也。堤而遏之，與不決不排，其失維鈞。"東廓嘗曰："諸君試驗心體，是放縱的？不放縱的？若是放縱的，添個戒懼，卻是加了一物。若是不放縱的，則戒懼是復還本體。"此即所謂"一念不發，兢業中存"，蓋以此保其循理之靜也。

雙江主歸寂。雙江嘗爲陝西按察副使，爲輔臣夏言所惡，罷歸，逮繫。閑久靜極，忽見此心真體，光明瑩澈，萬物皆備。出獄後，遂與來學者立靜坐法。使之歸寂以通感，執體以應用。謂獨知是良知萌芽處，與良知似隔一塵。此處著力，雖與半路修行不同，要亦是半路話頭。致虛守寂，方是不睹不聞之學，歸根復命之要。故夫子於《感卦》，特地提出"虛寂"二字，以立感應之本。其言曰："心無定體之説，謂心不在內也；百體皆心也，萬感皆心也。亦嘗以是求之，譬之追風逐電，瞬息萬變，茫然無所措手，徒以亂吾之衷也。"又曰："無時不寂，無時不感者，心之體也。感惟其時，而主之以寂者，學問之功也。故謂寂感有二時者非也。謂功夫無分於寂感，而不知歸寂以主夫感者，又豈得爲是哉？不識不知，順帝之則，惟養之豫者能之。臨事而擇，不勝憧憧，中亦襲也，況未必中乎？"雙江謂："感物之際，加格物之功，是迷其體以索用。"雙江之學，同門多相駁難。惟念庵深相契，兩峰晚乃是之。梨洲謂："陽明之學，本以靜坐澄心爲的。慎獨便是致中，中立而和生焉。先生之學，實《傳習錄》中之正法眼藏也。"雙江之學，主於致中而和應。其餘諸家，則大抵謂已發未發，非有二候，致和即所以致中。其説曰："以流動爲感，則寂感異象，微波即蕩，感皆爲寂累，固不待牿之反覆，而後失其虛明之體。若以鑒物爲感，則終日鑒，固無傷於止也。若患體之不正，故鑒之不明，亦當即鑒時言之，不當離鑒以求止。何則？其本體常鑒，不可得而離也。若欲涵養本原停當，而後待其發而中節，此延平以來相沿之學，非孔門宗旨矣。"雙江則謂"未發寂然之體，未嘗離家國天下而別有其物，即感而寂然者在焉耳。格致之功，通於寂感體用。"

念庵之學，主於收攝保聚。是時陽明門下之談學者，皆曰：知善知惡，即是良知，依此行之，即是致知。其弊也，取足於知，而不原其所以良；且易致字爲依字。失養其端，而任其所發。遂至以見存之知，爲事物之則；以外交之物，爲知覺之體；而不知物我之倒置矣。念庵謂善惡交雜,豈即爲主於中者乎？中無所主,而謂知本常明,不可也。知有未明,依此行之,而謂無乖戾於旣發之後,能順應於事物之來,不可也。故知善知惡之知,隨出隨泯,特一時之發見焉耳。一時之發見,未可盡指爲本體；則自然之明覺,固當反求其根原。故必有收攝保聚之功,以爲充達長養之地；而後定靜安慮,由此以出。故致知者,致其靜無動有爲者也。非經枯槁寂寞之後,一切退聽,天理炯然,未易及此。其言曰："不睹不聞,即吾心之常知處。自其常知不可以形求者,謂之不睹；不可以言顯者,謂之不聞；非杳冥之狀也。諸念皆泯,炯然中存,亦即吾之一事。此處不令他意擾雜,即是必有事焉。"又曰："良知該動靜,合內外,其統體也。吾之主靜,所以致之,蓋言學也。蓋動而後有不善,有欲而後有動,動於欲而後有學。學者,學其未動焉者也。學其未動,而動斯善矣,動無動矣。""故自良知言之,無分於已發未發也。自知之所以能良者言之,則固有未發者以主之於中。夫至動莫如心,聖人猶且危之。苟無所主,隨感而發,譬之馭馬,銜勒去手,求斯須馳驟之中度,豈可得哉？"念庵之說如此。實足救一時之流弊也。

然念庵後來,又有進於此者。其告龍溪曰："一二年來,與前又別。當時之爲收攝保聚,偏矣。蓋識吾心之本然者,猶未盡也。以爲寂在感先,不免於指感有時。以爲感由寂發,不免於指寂有處。其流之弊,必至重於爲我,疏於應物。蓋久而後疑之。夫心一而已。自其不出位而言。謂之寂,非守內之謂也。自其常通微言之,謂之感,非逐外之謂也。寂非守內,故未可言處。以其能感故也。感非逐外,故未可言時。以其本寂故也。絕感之寂,非真寂矣。離寂之感,非真感矣。此乃同出而異名。吾心之本然：酬酢萬變,而於寂者未嘗有礙。非不礙也,吾有所主故也。苟無所主,則亦馳逐而不反矣。聲臭俱泯,而於感者未嘗有息。非不息也,吾無所倚故也。苟有所倚,則亦膠固而不通矣。此所謂收攝保聚之功,君子知幾之學也。學者自信,於此灼然不移,即謂之守寂可也,謂之妙感亦可也；謂之主靜可也,謂之慎動亦可也。使於真寂端倪，果能察識，隨動隨靜，無有出入；不與世界事物相對待；不倚自己知見作主宰；不著道理名目生證解；不借言語發揮添精神；則收攝保聚之功，自有準則矣。"案此論誠有契於心體之妙，宜龍溪之聞其説而無閒然也。

兩峰之學，以涵養本原爲主。梨洲曰："雙江主於歸寂，同門辨説，動盈卷軸。先生言：發與未發，本無二致。戒懼慎獨，本無二事。若云：未發不足以兼已發；致中之外，別有一段致和之功，是不知順其自然之體，而加損焉，以學而能，以慮而知者也。又言事上用功，雖愈於事上講求道理，均之無益於得也。涵養本原，愈精愈一，愈一愈精，始是心事合一。又言吾心之體，本止本寂。參之以意念，飾之以道理，侑之以聞見，遂以感通爲心之體。而不知吾心雖千酬萬應，紛紜變化之無已，而其體本常止常寂。彼以靜病之者，似涉靜景，非爲物不貳，生物不測之體之靜也。凡此所言，與雙江相視莫逆，故人謂雙江得先生而不孤云。"

塘南、思默，皆王門再傳弟子。然其所言，實有視前輩爲進者。陽明歿後，致良知一語，學者不深究其旨，多以情識承當。雙江、念庵，舉未發以救其弊，終不免頭上安頭。塘南謂："生生之機，無有停息，不從念慮起滅。今人將發字看粗，以澄然無念爲未發。澄然無念，是謂一念，乃念之至微者，非無念也。生生之機。無一息之停，正所謂發。譬之澄潭之水，乃流之至平至細者，非不流也。未發水之性。離水而求性曰支。即水以爲性曰混。以水與性爲二物曰岐。惟時時冥念，研精入神，乃爲道之所存。"又曰："意非念慮起滅之謂，乃生幾之動而未形者。知者，意之體。物者，意之用。但舉一'意'字，則寂感體用悉具。有性則常發而爲意，有意則漸著而爲念。意不可以動靜言，動靜者念也。意本生生。造化之幾不充，則不能生。故學貴從收斂入。收斂即慎獨，此凝道之樞要也。欲悟未有天地之先，言語道斷，心行處滅，乃爲不學不慮之體，此正邪説淫辭。以念頭轉動爲生幾，則落第二義矣。"其分別生生之機與意念，實絶精之論也。塘南曰："性之一字，本不容言，無可致力。知覺意念，總是性之呈露，皆命也。性者，先天之理。知屬發竅，是先天之子，後天之母也。此知在體用之間。若知前求體則著空，知後求用則逐物。知前更無未發，知後更無已發；合下一齊俱了，更無二功，故曰獨。獨者，無對也。無對則一，故曰不貳。意者，知之默運，非與之對立而爲二也。是故性不假修，祇可云悟。命則性之呈露，不無習氣隱伏其中，此則有可修矣。修命者，盡性之功。"又曰："性廓然無際。生幾者，性之呈露處也。性無可致力，善學者惟研幾。研幾者，非於念頭萌動，辨別邪正之謂也。此幾生而無生，至微至密，非有非無。惟綿綿若存，退藏於密，庶其近之矣。"

思默亦主研幾。其說曰："所知因感而有，用之發也。能知不因感有，常知而常無知，體之微也。此體是古今天地人物之靈根，於穆中一點必不能自己之命脈。聖門學者，惟顏子在能知上用功，其餘多在所知上用力。"又曰："誠無爲，幾則有善惡。何者？凡動便涉於爲，爲便易逐於有。逐於有，則雖善亦粗，多流於惡。故學問全要研幾。研者，研磨之謂。研磨其逐有而粗者，務到極深極微處，常還他動而未形，有無之間的本色，則無動非神矣。"其説亦極入微也。

傳姚江之學者，當以泰州爲最雄偉。而其流弊亦最甚。泰州之學，始自心齋。其行本怪，其學又純是蒲輪轍環意見。王艮，字汝止，號心齋，泰州安豐場人。七歲，受書鄉塾。貧不能竟學。從父商於山東。常袖《孝經》、《論語》、《大學》，逢人質難。久而信口談解，如或啓之。雖不得專功於學，然默默參究，以經證悟，以悟釋經,歷有年所,人莫能窺其際也。一夕，夢天墮壓身，萬人奔號求救。先生舉臂起之。視其日月星辰失次，復手整之。覺而汗溢如雨，心體洞徹。自此行住語默，皆在覺中。乃按禮經，裂五常冠，深衣，大帶，笏板服之。曰："言堯之言，行堯之行，而不服堯之服，可乎？"時陽明巡撫江西，講良知之學。大江之南，學者翕然信從。顧先生僻處，未之聞也。有黄文剛者，吉安人也，而寓泰州。聞先生論，詫曰：此絶類王巡撫之談學也。先生喜曰：有是哉？王公論良知，艮談格物。如其同也，是天以王公與天下後世也。如其異也，是天以艮與王公也。即日啓行，以古服進見。至中門，舉笏而立。陽明出迎於門外，始入。先生據上坐辯難。久之，稍心折，移其坐於側。論畢，乃嘆曰："簡易直截，艮不及也。"下拜，稱弟子。退繹所聞，間有不合。悔曰："吾輕矣。"明日，入見，告之。陽明曰："善哉，子之不輕信從也。"先生復上坐辯難。久之，始大服。遂爲弟子如初。陽明謂門人曰："向者吾擒宸濠，一無所動，今卻爲斯人動矣。"陽明歸越，先生從之。來學者多從先生指授。已而嘆曰："千載絶學，天啓吾師，可使天下有不及聞者乎？"因問陽明以孔子轍環車制。陽明笑而不答。歸，自創蒲輪，招搖道路。將至都。有老叟，夢黄龍無首，行雨至崇文門，變爲人立。晨起往候，而先生適至。時陽明之學，謗議蜂起，而先生冠服言動，不與人同，都人以怪魁目之。同門在京者勸之歸。陽明亦移書責之。先生始還會稽。陽明以先生意氣太高，行事太怪，痛裁抑之。及門，三日不得見。陽明送客出門，先生長跪道旁，曰："艮知過矣。"陽明不顧而入。先生隨之，至庭下，厲聲曰："仲尼不爲已甚。"陽明乃揖之起。陽明卒於師，先生迎哭，至桐廬，經紀其家而後返。開門授徒，遠近皆至。同門會講者，必請先生主席。陽明而下，辯才推龍溪，然有信有不信。惟先生於眉睫之間，省覺人最多。先生以九二見龍爲正位。孔子修身講學，以見於世，未嘗一日隱也。有以伊、傅稱先生者。先生曰："伊、傅之事我不能，伊、傅之學我不由。伊、傅得君，可謂奇遇。如其不遇，終身獨善而已。孔子則不然也。"黄梨洲曰："此終是蒲輪轍環意見。於遯世不見知而不悔之學，終隔一塵也。"故其後多豪傑之士，而其決裂亦最甚焉。心齋格物之説：以身與天下國家爲物。身爲本，天下國家爲末。行有不得，皆反求諸已，是爲格物工夫。故齊治平在於安身。知安身者必愛身敬身。愛身敬身者，必不敢不愛人，不敬人。愛人者人恒愛之，敬人者人恒敬之，而身安矣。一家愛我、敬我則家齊。一國愛我、敬我則國治。天下愛我、敬我則天下平。亦仍是蒲輪轍環意見也。心齋弟子，著者爲王一庵、_{名棟，字隆吉，泰州人。}徐波石。_{名樾，字子直，貴溪人。}一庵謂誠意即慎獨，其説頗精。其説曰："身之主宰謂之心，心之主宰謂之意。心者，虛靈善應，而其中自有寂然不動者，爲之主宰，是之爲意。人心所以應萬變而不失者，祇緣有此靈體，不慮而知，爲之主宰耳。聖狂之分，即在此主宰之誠不誠。故誠意工夫，即是慎獨。獨者，意之别名。慎者，誠之用力者耳。以此靈體，不慮而知，自作主張，自裁生化，故謂之獨。少間，攙以見聞才識之能，情感利害之便，則不可謂之獨矣。若謂意爲心之發動，而欲審機於動念之初，則情念一動，便屬流行，於此用功，恐倉卒之際，物化神馳，雖有敏者，莫措其手。非聖門誠意之功，先天易簡之學矣。"波石之學，則以不犯手爲妙。謂人心自然明覺。起居食息，無非天者。又從而知覺之，是二知覺也。所謂"見成良知"也。波石之學，傳諸顔山農_{名鈞，吉安人。}及趙大洲。_{名貞吉，字孟静，内江人。}山農好俠，學主率性而行。大洲亦謂禪不害人。山農之學，傳諸何心隱_{本姓梁，名汝元，字夫山，後自改姓名。吉州永豐人。}及羅近溪。_{名汝芳，字維德，江西南城人。}心隱亦豪傑之士。嘗授計乩者，以去嚴嵩。近溪之學，以赤子良心，不學不慮爲的；以天地萬物同體，徹形骸，忘物我爲大。謂："此理生生不息。不須把持，不須接續，當下渾淪順適。工夫難得湊泊，即以不屑湊泊爲工夫。胸次茫無畔岸，便以不依畔岸爲胸次。解纜放船，順風張棹，無之非是。學人不省，妄以澄然湛然爲心之本體，沉滯胸鬲，留戀景光，是爲鬼窟活計。"實禪語之精者也。近溪之傳，爲焦澹園名竑，字弱侯，南京旗手衛人。及周海門。見前。澹園嘗駁明道闢佛之説。海門教人，亦以直下承當爲貴。嘗問門人劉塙曰："信得當下否？"曰："信得。""然則汝是聖人否？"曰："也是聖人。"曰："又多一'也'字。"洪舒民問："認得心時，聖人與我一般。今人終身講學，到底祇做得鄉人，何也？"曰："祇是信不及耳。汝且道，今日滿堂問答詠歌，一種平心實意，與杏壇時有二乎？"曰："無二也。"曰："如此何有鄉人之疑？"曰："祇爲他時便不能如此。"曰："違則便覺，依舊不違。"曰："常常提起方可。"曰："違則提起，不違提個甚麼？"皆禪機也。海門之學，傳諸陶石簣，名望齡，字周望，會稽人。亦泛濫方外，與澄然、澄密、雲悟諸僧交。大洲之學，傳諸鄧太湖。名豁渠，初名鶴，内江人。太湖嘗爲僧。其學祇主見性，不主戒律。身之與性，截然分爲兩事。又有方湛一者，名與時，黃陂人。曾入太和山，習攝心術。又得黄白術於方外。尚玄虚，侈談説。龍溪、念菴，皆目爲奇士。耿楚倥名定理，字子庸，黃安人。初出其門。後知其僞，去之。事鄧豁渠、何心隱，皆有得。不煩言説，當機指點，機鋒迅利。其兄天臺，名定向，字在倫。則排斥狂禪，力主實地。然其弟子管東溟名志道，字登之，婁江人。著書數十萬言，仍多鳩合儒釋。蓋其末流之勢，業已不可遏止也。

王學流傳，梨洲《明儒學案》，分爲七派。浙中、江右、南中、楚中、北方、粵閩、泰州。其嶄然見頭角者，實惟浙中、江右、泰州。江右最純謹。浙中之龍溪，泰州之心齋，天分皆極高。然其後流弊皆甚。論者謂陽明之學，得龍溪、心齋而風行天下，亦以龍溪、心齋故，決裂不可收拾焉。蓋浙中之弊：純在應跡上安排湊泊，則失之淺俗。玩弄本體，以爲別有一物，可以把持，則墮入魔障。而純任流行，尤易致解纜放船，絶無收束。更益以泰州之猖狂機變，遂無所不至矣。清張武承名烈，大興人。

撰《王學質疑》,攻王學流弊曰:"高者脱略職業,歇睡名庵。卑者日沉迷於酒色名利。案有《楞嚴》、《南華》者爲名士。挾妓呼廬,裸而夜飲者爲高致。抗官犯上,群噪而不遜者爲氣節。矯詐嗜殺,僥幸苟利者爲真經濟。謹綱常,重廉隅者爲宋頭巾。舉天下庠序之士,如沸如狂;入則詬于家,出則嘩於朝;闖、獻之形,日積於學士大夫之心術,而天下不可爲。"流弊如此,宜其爲一世所疾惡也。然如張氏所述之情形,何代無之? 則亦不必盡歸咎於王學耳。

篇十四　有明諸儒

明代理學，當以陽明爲中心。前乎陽明者，如白沙，則陽明之先河。與陽明并時者，如甘泉，則與陽明相出入。後乎陽明者，如蕺山，如見羅，則與陽明小異其趣者也。故陽明之學，是非然否且弗論，其爲明代理學之中心，則好之者，惡之者，皆不能有異辭也。

白沙之學，主靜中養出端倪。其初求之簡册，累年無所得。一朝以靜坐得之。然後見此心之體，廣大高明，不離日用。一眞萬事，本自圓成。不假人力，無內外，大小，精粗，一以貫之，其言曰："人爭一個覺。才覺，便我大而物小，物有盡而我無盡。"又曰："終日乾乾，祇是收拾此理而已。此理干涉至大；無內外，無終始；無一處不到，無一息不運。會此，則天地我立，萬化我出，而宇宙在我矣。得此把柄入手，更有何事？往古來今，四方上下，一齊穿紐，一齊收拾。隨時隨處，無不是這個充塞。色色任他本來，何用脚勞手攘？"

白沙之學，吃緊工夫，全在涵養。以虛爲本，以靜爲門戶，以勿忘勿助之間，爲體認之則。或訾其近禪。或謂有明之學，至白沙而後精，至陽明而後大云。或問龍溪："白沙與陽明同異？"龍溪曰："白沙緣世人精神撒潑，向外馳求，欲返其性情而無從入，祇得假靜中一段行持，窺見本來面目，以爲安身立命根基，所謂權法也。若致知宗旨，不論語默動靜，從人情事變，徹底練習，以歸於元。譬之眞金爲銅鉛所雜，不遇烈火烹熬，則不可得而精。師門有三種教法：從知解而得者，謂之解悟。未離言詮。從靜中而得者，謂之證悟。猶有待於境。

從人事練習而得者，忘言忘境，觸處逢源；愈搖動，愈凝寂；始爲徹悟。"龍溪教人，向偏於事上磨練。此說亦不離此旨。然白沙與姚江之大小，則於此可見矣。

與陽明同時併稱者，厥惟甘泉。湛若水，字元照，號甘泉，廣東增城人。甘泉爲白沙弟子。陽明嘗溺于二氏，與甘泉交，乃一意聖學。陽明主致良知，而甘泉標"隨處體認天理"爲宗旨。兩家各立門戶。湛氏門人，不如王氏之盛。然當時學於湛者，或卒業於王；學於王者，或卒業於湛。其後名湛氏之學者亦多，湛氏亦有明一大師也。

甘泉之說，有與陽明極相似者。其說天理曰："'天理'二字，人人固有，非由外鑠。不爲堯存，不爲桀亡。故人皆可以爲堯舜，初學與聖人，同此心，同此一個天理。雖欲强無之不得。見孺子入井，見餓莩，過宗廟，到墟墓，見君子，不知不覺，萌動出來，遏他又遏不得。有時志不立，習心蔽障，忽不見了，蓋心不存故也。心若存時，自然見前。"此猶陽明之言良知也。又曰："心存得中正時，便見天理。"又曰："心中無事，天理自見。"亦以天理爲在心。又曰："後世儒者，認行字別了。皆以施爲班布者爲行。殊不知行在一念之間耳。自一念之存，以至於事爲之施布，皆行也。且事爲施布，豈非一念爲之乎？所謂存心，即行也。"此亦陽明知行合一之說也。所異者，陽明以爲心即理，甘泉則雖謂理在吾心，終不免體認於外以足之耳。

甘泉之說曰："格，至也。物，天理也，即道。格即造詣之義。格物，即造道也。知行並進，學、問、思、辨、行，所以造道也。故讀書，親師友，酬應，隨時隨處，皆求體認天理而涵養之；無非造道之功。"此純似程子"窮理亦多端"之說。然甘泉又不甘居於務外，乃曰："以隨處體認爲求之於外者，非也。心與事應，然後天理見焉。天理非在外也。特因事之來，隨感而應耳。"又曰："堯舜允執厥中，非獨以事言，乃心事合一。允執之者，吻合於心，與心爲一，非執之於外也。若能於事物上察見天理，平時涵養，由中正出，卻由仁義行之學。平時無存養工夫，事到面前，才尋討道理，即是行仁義；即是義外；即是義襲而取之者也。"既曰天理爲人人所固有，初學與聖人無異，又必待事物上察見，未免自相矛盾。若曰心與事應而後天理見，則心豈有不感時邪？甘泉蓋恐人墮入見成良知一路，故欲加之以學、問、思、辨、行之功。或問："先生嘗言是非之心，人皆有之，此便是良知，亦便是天理。依著自己是非之心，存養擴充將去，便是致良知；亦便是隨處體認天理也。然而外人多言先生不欲學者言良知，豈慮其體察未到，將誤認於理欲之間，遂以爲真知也邪？"曰："如此看得好。'良知'二字，自孟子發之，豈不欲學者言之？但學者往往徒以爲言。皆説心知是非皆良知；知得是便行到底，知得非便去到底；如是是致。恐師心自用。還須學、問、思、辨、行，乃爲善致。"而不知言精察於吾心之理，以爲規矩準繩，而施之於事爲，與體認於事物之上，以求吾心天理之著見，然後持之以爲應事之具，其簡直迂曲，則大有別矣。若謂離事物無從精吾心之理，則又有説。甘泉之言曰："陽明與吾，看心不同。吾所謂心，體萬物而不遺者也，故無内外。陽明所謂心，指腔子裏而爲言者也，故以吾之説爲外。"陽明謂："隨處體認天理，是求之於外。"梨洲評之曰："天地萬物之理，不外於腔子裏，故見心之廣大。若以天地萬物之理，即吾心之理，求之天地萬物，以爲廣大，則先生仍爲成説所拘也。天理無處而心其處。心無處而寂然未發者其處。體認者，亦惟體認之於寂而已。今曰隨處體認，毋乃體認於感？其言終有病也。"

或問聶雙江："隨處體認天理何如？"曰："此甘泉揭以教人之學，甘泉得之羅豫章。豫章曰：爲學不在多言。但默坐澄心，體認天理。若見天理，則人欲自退聽。由此持守，庶幾有功。"案雙江之説，殊能得其來歷。甘泉之説，實與豫章之説，息息相通。但豫章之説，少偏於靜。甘泉不以爲然。乃改"默坐澄心"爲"隨處體認"，欲合"靜而存養，動而省察"爲一耳。然欲合此二語爲一，隨處體認天理，實遠不如致良知之簡捷而深入也。陽明《與毛古庵書》："致良知之説，與體認天理之説，本亦無大相遠。但微有直截迂曲之差耳。譬之種植：致良知者，培其根本之生意，而達之枝葉者也。體認天理者，茂其枝葉之生意，而求復之根本者也。"

隨處體認天理之説，雖曰理在吾心，實仍即物求理之變相。其失易墮於支離。故其後學，咸欲以直截救之。湛門如吕巾石，_{名懷，字汝}

德,廣信永豐人。則以爲天理良知,本同宗旨。如洪覺山,名垣,字峻之,徽州婺源人。則謂體認天理,是不離根之體認,工夫全在幾上用。如唐一庵,名樞,字惟中,歸安人。則標"討真心"三字爲的。謂隨處體認,或失於反身尋討。致良知,或失於誤認靈明。如許敬庵,名孚遠,字孟仲,德清人。學於唐一庵。則謂學以克己爲要。謂人有血氣心知,便有種種交害。雖未至目前,而病根常在。必在根上看到方寸地不掛一塵,方是格物。皆鞭闢入裏,浸浸近於王學矣。其初學於許敬庵,後傾向王學,而又能救正王學之失者,厥惟劉蕺山。

蕺山標慎獨爲宗旨。其説曰:"知善知惡之知,即好善惡惡之意,亦即無善無惡之體。意者,心之所存,心之主宰。非所發也;心之體,非心之用也,流行爲用。與起念之好惡不同。念有起滅,意則常存常發。人心無思無不思,無思慮未起時。必物感相乘,思爲物化,乃憧憧往來耳。陽明以誠意爲主意,致良知爲工夫。謂誠意無工夫,工夫皆在致知。殊不知好善惡惡,即知善知惡;非知善後好,知惡後惡,故更無知善知惡之可言。然則知即意也。好必善,惡必惡,故心善。意者,心之所存。好善惡惡之心,即好善惡惡之意,故意有善而無惡。惡惡即意不善,惡不善即好善。此所謂獨知也。良知不慮而知,誠者不思而得,故誠即知。致也者,誠之者也。離卻意根一步,即無致知可言。故誠意、慎獨非二事。宋儒不從慎獨認取,故不得不提敬於格物之前。陽明云:有善有惡者意之動。是以念爲意。善惡雜糅,何處得覓歸宿?專提'致良知'三字,遂致以流行心體承當。今知誠意即慎獨,離意根一步,即妄而不誠,則愈收斂,是愈推致;而動而省察可廢。何也?存養不專屬靜,省察正存養之得力處也。"案蕺山之説,蓋宗江右,而尤於塘南爲近。

初爲陽明之學,而後變焉者,又有李見羅。名材,字孟城,豐城人。學於鄒東廓。見羅提"止修"二字,以止爲主意,修爲工夫。謂"人生而靜以上是至善。發爲惻隱、羞惡、辭讓、是非四端,有善便有不善。知是流動之物,都已向發邊去。以此爲致,遠於人生而靜以上之體"。故主

"攝知歸止"。"刻刻能止,則視聽言動,各當其則,不言修而修在其中。稍有出入,不過點檢提撕修之工夫,使常歸於止而已"。見羅闢陽明之説曰:"釋氏以知覺運動爲性。吾儒本天,故於性上祇道得一個'善'字。就於發用之際,見其善之條理。惻隱名仁,羞惡名義,辭讓名禮,是非名智。未嘗云有善無不善也。後儒曰:無善無惡者心之體。以其就知上看體,知固有良有不良故也。玉本無瑕,祇合道個白,不可云有白無黑。水本無污,祇合道個清,不可云有清無濁。無善無惡既均,作善作惡亦等。何也?總之非吾性所有也。見性一差,弊至於此。則知知覺運動,不可言性;儒者之學,斷須本天。程朱之論,固自有其獨到之處也。"案見羅此辯,殊失陽明本意,參觀前兩篇自明。見羅又謂:"'致知'二字,併列於八目之中。知本知止,特揭於八目之外。略知本而揭致知,五尺之童,知其不可。自古之欲明明德,至壹是皆以修身爲本,詳數事物,而歸本於修身。本在此,止在此。知本者,知修身爲本而本之。知止者,知修身爲本而止之。知修身爲本而止之,即止於至善也。"合"此謂知本"之本,與"壹是皆以修身爲本之本"爲一,亦未必其遂安耳。

　　東林之學,與陽明有異同者,爲顧涇陽名憲成,字叔時,無錫人。及高景逸。名攀龍,字存之,無錫人。涇陽提出性字。謂:"性是心之根柢。捨性言心,必墮情識。""善即心之本色,説恁著不著?明目之本色,聰耳之本色,説得個不著否?何云無善乃不著於善耶?"景逸主格物。謂:"不窮其理,物是外物。窮其理,物即吾心。""學者無窮工夫,心之一字,是大總括。心有無窮工夫,敬之一字,是大總括,心無一事爲敬。主一之謂敬。無適之謂敬。人心如何能無適?須先窮理,識其本體。""聖人祇從矩,不從心所欲。徒知昭昭靈靈者爲心,而外天下之物,是爲無矩之心。以應天下之物,師心自用而已。""陽明曰:致知在格物者,致吾心之良知於事事物物。致吾心之良知於事事物物,則事事物物,各得其理。是格物在致知。又曰:格,正也。格去心之不正,以歸於正。是格物在正心誠意。""吾人日用,何嘗離格物。開眼便是,開口便是,動念便是。善格物者,時時知本。善知本者,時時格物。格透一分,則本地透一分,知地透一分。談良知者,致知不在格物,故虛靈之用,多爲情識,而非天則之自然,去知遠矣。"案高顧所闢,皆王學末流之弊。若陽明本說,則實不如是也。景逸又曰:"陽明曰:有善有惡意之動。善謂善念,無善則無念。吾以善爲性,彼以善爲念也。"此說亦非。參看上篇錢緒山之說自明。

篇十五　總　論

以上各篇,舉理學中之重要家數,一一加以論列。理學之爲理學,亦略可見矣。今再統其學而略論之。

理學之特色,在其精微徹底。一事之是非,必窮至無可復窮之處,而始可謂定。否則畫一境以自足,而曰:吾之所論者,姑止於是而已。則安知所研究者出此以外,而其是非不翻然大變乎?理學家則不然。或問伊川:"人有言:盡人道謂之仁,盡天道謂之聖。此語何如?"曰:"安有知人道而不知天道者?道一也,豈人道自是一道,天道自是一道?揚子曰:通天地人曰儒,通天地而不通人曰技。此亦不知道之言。豈有通天地而不通於人者哉?天地人祇一道也。才通其一,則餘皆通。如後人解《易》,言乾天道也,坤地道也,便是亂道。語其體,則天尊地卑,論其道,豈有異哉?"橫渠《答范巽之》云:"所訪物怪神奸,此非難語,顧語未必信耳。孟子所論,知性知天。學至於知天,則物所從出,當源源自見。知所從出,則物之當有當無,莫不心喻;亦不待語而後知。諸公所論,但守之不失,不爲異端所劫,則進進不已,物怪不須辨,異端不必攻,不逾期年,吾道勝矣。若欲委之無窮,付之不可知,則學爲疑撓,智爲物昏,交來無間,卒無以自存,而溺於怪妄必矣。"宋儒所謂理者,果能貫天地人幽明常變而無間否,自難斷言。然其所求,則固如此。其説自成一系統;其精粹處,確有不可磨滅者,則固不容誣也。

以其所求之徹底,故其所爲,必衷諸究極之是非;而尋常人就事論事之言,悉在所不取。或問伊川:"前世隱者,或守一節,或惇一行,不知有知道者否?"曰:"若知道,則不肯守一節一行也。此等人鮮明理。多取古人一節事專行之。古人有殺一不義,雖得天下不爲,則我亦殺一不義,雖得天下不爲。古人有高尚隱逸,不肯就仕,則我亦高尚隱逸不仕。如此,則放效前人所爲耳,於道鮮有得也。是以東漢尚名節,有雖殺身不悔者,衹是不知道也。"陽明亦曰:"聖賢非無功業氣節,但其循著天理,則便是道,不可以事功氣節名矣。"蓋天下有真知其故而爲之者。亦有並不真知,但慕悦他人之所爲,而從而效之者。不真知而爲之,必有毫厘千里之差;浸至冬葛夏裘之謬。此宋儒之所以重明理也。理學家之所謂理,果至當不易與否,自難斷言。然其心,則固求明乎究極之理,而後據之以行事也。

　　以此推之政治,則不肯作一苟且之事。宋儒有一習道之語,曰:"治非私智之所出。"所惡於私智者,以其欲強自然之事實,以從我之欲,不合乎天然之理,不足致治,而轉益糾紛也。伊川曰:"孔明有王佐之才,道則未盡。王者如天地之無私心焉,行一不義,而得天下不爲。孔明必求有成,而取劉璋,聖人寧無成耳。"一時一事之成功,就一時一事言之固有利,統全局言之實有害,故有所不爲也。呂與叔《明道哀辭》謂其"寧學聖人而未至,不欲以一善成名,寧以一物不被澤爲己病,不欲以一時之利爲己功"。真理學家,都有此意。

　　其行諸己者,尤爲卓絕。橫渠曰:"學必如聖人而後已。知人而不知天,求爲賢而不求爲聖,此秦漢以來學者之大蔽。"伊川曰:"且莫說將第一等讓與別人,且做第二等。才如此說,便是自棄。雖與不能居仁由義者,差等不同,其自小則一也。言學便以道爲志,言人便以聖人爲志。自謂不能者,自賊者也。謂其君不能者,賊其君者也。"所以必希聖,必以第一等人自期者,以天下惟有一真是,捨此皆不免毫厘千里之差也。

　　如此徹底之道,並不恃天賦之資。其功皆在於學。伊川曰:"別事都強得,惟識量不可強。今人有斗筲之量,有釜斛之量,有鐘鼎之量，有江河之量。江河之量亦大矣，然有涯，有涯亦有時而滿。惟天地之量則無滿。聖人，天地之量也。聖人之量，道也。常人之有量者，天資也。天資之量須有限。大抵六尺之軀，力量祇如此，雖欲不滿，不可得也。"讀"六尺之軀力量祇如此"九字，真足使困知勉行者，氣爲之一壯矣。

　　理學家之學，於理求其至明，於行求其無歉。然二者又非二事，明理者，所以定立身之趨向；立身者，所以完明理之功用也。抑此非徒淑身，施之當世，亦無虧慊。以天下惟有一理，治身之理，即治世之理也。理學家最服膺之語曰："體用一源，顯微無間。"語出伊川《易傳序》。其斥理學以外之學，則曰："言天理而不用諸人事，是爲虛無，是爲異學。言人事而不本諸天理，是爲粗淺，是爲俗學。"二者之爲失雖異，而其失惟鈞。皆以不明乎獨一無二之理，故其所行遂至差謬也。

　　理學家視修己治人，非有二道。故曰："志伊尹之所志，學顏子之所學。"雖然，物莫能兩大。有所重於此，勢必有所輕於彼。理學家論治，每謂己不立則無以正物，其說固然。橫渠曰："德未成而先以功業爲事，是代大匠斲，希不傷手也。"明道曰："不立己後，雖向好事，猶爲化物。己立後，自能了當得天下萬物。"朱子曰："古人祇是日夜皇皇汲汲，去理會這個身心。到得做事業時，祇隨自家份量以應之。"又曰："多祇要求濟事，而不知自身不立，事決不能成。人自心若一毫私意未盡，皆足敗事。"或問："學者講明義理之外，亦須理會時政，庶他日臨事，不至墻面。"曰："學者若得義理明，從此去量度事物，自然泛應曲當。今世文人才士，開口便說國家利害，把筆便述時政得失，濟得甚事？祇是講明義理，以淑人心。使世間識義理之人多，何患政治不舉？"然因此，全副精神，皆貫注於内，而於外事遂有所不暇及，亦其勢也。後來顏習齋所攻擊，專在於此。

　　凡事皆欲從源頭上做起，皆欲做到極徹底，而所言遂不免於迂闊，此亦理學之一弊也。爲治如行修途，眼光須看得極遠，脚步須走得極穩。千里之行，始於跬步，意不可不存於千里，足不可不謹於跬步也。徒顧目前之險夷，而遂忘其所欲至，此爲理學家所譏之俗學。目前雖幸免蹉跌，而所欲至之地，卒無可至之時，則其行爲無謂矣。反於此者，又或眼光看得極遠，而於目前之情形，有所不悉，遂不免於蹉跌，此則理學之弊。理學家言治本，則致謹於王霸之辨；言治法，則欲復封建井田。姑勿論所言之是非，然見在之世界，去封建井田亦遠矣。必如何而後封建井田可復，理學家不能言也。非不言之，然其言多迂闊，實與未嘗言等。則其欲復封建井田，亦徒存其願而已。況夫封建井田之未必可復邪？

泥古之足以致弊，宋儒亦非不知之，然其所以自解者，則曰："必有《關雎》、《麟趾》之意，而後可以行《周官》之法度。"明道之言。然則周官法度之不能行，皆由《關雎》、《麟趾》之意之不足。《關雎》、《麟趾》之意苟足，《周官》之法度，遂無不可行矣。宋儒論治，偏重德化，略於事爲，弊亦由此。然宋儒於古人之法度，實考之未精。故其所主張，自謂參酌古今，實不免墨守古法。由其誤謂古代成法，皆合於至當不易之天理也。使其真能詳考，自無此弊。論治則欲復井田封建，善俗則欲行古冠昏喪祭之禮，皆坐此弊。宋儒於禮，實行者甚多。關學無論矣。朱子所修《儀禮經傳通解》，自一家以至一國之禮悉具焉。陸象山之父，名賀，字道鄉，亦酌先儒冠昏喪祭之禮，行之于家。此等事不勝枚舉。宋儒於禮，考古之作亦甚多。《儀禮經傳通解》外，如陳祥道之《禮書》，敖繼公之《儀禮集說》等皆是。宋儒所謂禮，實不可行於世，讀呂氏之《藍田鄉約》，便可見之。古代社會，階級較後世爲嚴。宋儒率古禮而行之，實於後世情形有所不合，人心遂覺其不安；人人皆覺其所行爲不近情。後來戴東原所攻擊，專在於此。陽明言心學，故其所言，較宋儒稍爲活動。陽明之言曰："天下古今之人，其情一而已矣。先王制禮，皆因人情而爲之節文，是以行之萬世而皆準。其或反之吾心而有所未安者，非傳記之訛缺，則必風氣習俗之異宜。此雖先王未之有，亦可以義起。三王之所以不相襲禮也。若徒拘泥於古，不得於心，而冥行焉，是乃非禮之禮，行不著而習不察者矣。"其《與鄒守益書》曰："今之爲人上而欲道民以禮者，非詳且備之爲難，惟簡切明白，使人易行之爲貴耳。"其言皆較宋儒爲弘通。然必謂先王之法，可行之萬世而準，則仍未免蓬之心。率此行之，必致仍以先王之法爲本，以吾之意見，略加參酌，自謂可行之當世，而仍未必有當於世人之情耳。

宋儒之尊君權，與其嚴階級同蔽。固由晚唐五代，裂冠毀冕，有以激之；亦其拘守古人成法太過，謂欲求治，必如古人所爲；古代君權本尊，宋人持論，遂不覺其太過也。宋學開山孫明復，作《春秋尊王發微》，即大昌尊君之義。且謂《春秋》有貶無褒。其持論之酷如此。温公疑孟子，詆其貴戚易位之言。李覯作《常語辨》，以孟子爲五霸之罪人。謂"五霸率諸侯事天子，孟子勸諸侯爲天子，苟有人性，必知其逆順矣"。然則孔子稱"湯武革命，應天順人"，孔子亦五霸之罪人乎？此弊理學家入之頗深。至清代曾國藩等，猶有此見。社會之所以能立，其原因自極深遠。此輩則謂非有封建之世，階級森嚴，下之視上，懍乎其不可犯之風氣，不足維持。謂此等名份一壞，即不免於大亂。實由其於社會現象，研之未深，而徒以古爲郅治之世，致有此繆見也。

宋儒自謂于二氏之學頗深，故能入其室而操其戈。後之議理學家者，則又謂周、程、張、朱等，其初皆與二氏有交涉，故其說實不免於儒其貌而釋老其心。葉水心之論即如此。水心《習學記言》云："程氏答張氏論定性，動亦定，靜亦定；無將迎，無内外：當在外時，何者在内？天地普萬物而無心，聖人順萬事而無情；擴然而大公，物來而順應；有爲爲應跡，明覺爲自然；内外兩忘；無事則定，定則明；喜怒不係於心而係於物；皆老佛語也。程、張攻擊老佛，然盡用其學而不自知。"又謂周、張、二程，無極、太極、動靜、形氣、聚散等，爲以佛說與佛辯。晁以道謂濂溪師事鶴林寺僧壽涯，得"有物先天地，無形本寂寥。能爲萬象主，不逐四時凋"之偈。《性學指要》謂濂溪初與東林總游。久之，無所入。總教之靜坐。月餘，忽有得。以詩呈曰："書堂兀坐萬機休。日暖風和草自幽。誰道二千年遠事，而今祇在眼睛頭。"總肯，即嗣結青松社游。則濂溪早年，確與二氏有交涉，無怪其《太極圖》之取資於彼也。至張子、朱子等之出入二氏，則更事實確鑿，無待考證矣。至於邵子之被斥以道家，陸王之見疑於佛學，則更不俟深論矣。然宋明儒者，于二氏之學，入之實不深。故其所詰難，多不中理。焦澹園謂："伯淳未究佛乘，故其掊擊之言，率揣摩而不得其當。大似聽訟者，兩造未具，而億決其是非；臧證未形，而縣擬其罪案。"斯言得之。"改頭換面"，實非理學家所能也。宗杲教張子韶，謂："既得把柄，開道之際，當改頭換面，隨宜說法。"即使爲陽儒陰釋之論也。子韶，名九成，錢塘人。自號橫浦居士，又稱無垢居士。龜山弟子。朱子辟之，以爲洪水猛獸。

老釋相較，釋氏之說，遠較老氏爲高。理學家雖以二氏并稱，實則其所辟者，十九在釋氏也。儒家辟佛之說，爲宋儒所稱者，爲韓退之之《原道》。其說實極粗淺。宋初辟佛者，有石介之《中國論》，歐陽修之《本論》，亦《原道》之類耳。稍進而其說乃精。

宋儒辟佛第一要語，爲程子之"吾儒本天，異端本心"。其所謂天者，即天地萬物之定理。謂宇宙間一切皆有定則，爲人所當遵守而不逾。釋氏惟任其心之所見，則一切無定。故以知識言，則不能明理；以制行論，遂至猖狂妄行也。張子謂釋氏"不能窮理，故不能盡理"，意亦同此。其實天下無不明事理，可成學問者。釋氏之注重一心，乃將人類一切罪惡，加以窮究，謂其根原皆出於心耳。能所二者，不能相離。承認有我，即不啻承認有物；承認有物，亦不啻承認有我矣。理學家謂"吾儒知有理，故其言心也，從至變之中而得其不變者。釋氏但見流行之體"，未免以禪宗之流失，概佛教之本來也。

又謂"釋氏有敬以直外，無義以方外"。亦明道之言。案佛氏有三千威儀，八萬細行。更進而言之，則有六波羅蜜。凡可以饒益有情者，善巧方便，無所不爲。戒律之嚴，尤爲他教所莫比。安得謂無制行之義邪？

延平云："吾儒異於異端者，理一而分殊也。理不患不一，所難者分殊耳。"朱子曰："理一，體也。分殊，用也。"蓋謂釋氏有仁而無義也。然冤親平等，乃以究極之義言之。至於應事，則釋氏亦有種種方便，曲盡其妙。試讀《華嚴》之五十三參可知。正不得謂有仁而無義也。況理不患不一，所難者分殊，語亦有病。此則陽明之心學，足以正之矣。

有以善爲吾心所本有，疑釋氏一切空之，遂并善而欲空之者。明道謂其"直欲和這些秉彝，都消鑠得盡"是也。然善者心之本體，正空無一物之謂。如鑒之明。若先有世間之所謂善者，未乎其中，如鑒中美景。則眼中金屑矣。心學家謂心體本空，惻隱、羞惡、辭讓、是非，皆自此空體流出，頗得佛意。空者，空其欲障。四端即心之本體。非本體爲一物，而四端別爲一物，藏於其中也。然則秉彝安可消鑠盡邪？秉彝而消鑠盡，則并明道所謂佛所欲見之心性而無之矣。明道曰："彼所謂識心見性也。若存心養性一段事則無矣。"何也？秉彝即心性也。

有謂二氏專從生死起念，不離乎貪生畏死之情者。案後世所謂道教，實古之神仙家。神仙家專求長生，冀享世間之快樂，宋儒辟之是也。然此實不直一辟。至於真道家及佛氏，則了無貪生畏死之念。世未有淺至貪生畏死，猶能成爲學，成爲教者。此亦不足辯也。宋儒之説，乃睹世俗信奉二氏者，皆不離乎貪生畏死之念，遂以此咎二氏耳。亦可見其于二氏之學，入之實不深矣。

或謂佛氏專從事於一心，久之，見其昭昭靈靈，如有一物，遂以此爲心之本體，得此則天地萬物雖壞，而此不壞；幻身雖亡，而此不亡。又或静久，精神光采，其中了無一物，遂以爲真空。此皆禪宗之末失。宋時佛教，諸宗皆衰，惟禪宗獨盛。故宋儒闢佛，多指禪宗言之。後之理學家，不加深察，遂謂佛教僅如此耳。其實禪宗不足概佛教之全；禪宗之流失，即彼亦以爲魔道也。

張子曰："若謂虛能生氣，則虛無窮，氣有限，體用殊絶，入老氏有生於無自然之論。"老氏説果如此，張子闢之，誠爲得當。然老子所謂"天地萬物生於有，有生於無"者，即莊子"有不能以無爲有"之説。謂天下萬物，彼不能爲此之原因，此亦不能爲彼之原因，故不得不歸之於無。無猶言不可知，正認識論之精義也。又有謂我之所謂無爲，乃無私意造作，彼則真入於無爲者。此則《道德五千言》俱在，其餘道家之言亦俱在，稍一披覽，即可知其所謂無爲者，果係一事不爲，抑係無私意造作。亦不俟辯也。

理學家之闢二氏，多屬誤會之談。然其説仍有極精者。不能以其于二氏之説，有所誤會，遂概斥爲不足道也。今試引數事如下：

或謂明道："釋氏地獄之類，皆是爲下根人設，怖會爲善。"曰："至誠貫天地，人尚有不化，豈有立僞教而人可化乎？"或問陽明："佛以出離生死，誘人入道，仙以長生久視，誘人入道，究其極致，亦見得聖人上一截，然非入道正路。"陽明曰："若論聖人大中至正之道，徹上徹下，祇是一貫。更有甚上一截，下一截？"明道論神教不能普行之理甚精。蓋凡神教，雖亦見得究極之理，終不免有許多誘人之説。究極之理真，誘人之説則僞。一時雖借此誘人，久之，其遭人掊擊者，即在於此。此亦可見說非真理,終不能立也。陽明之說,尤覺簡易直截,獨標真諦。

陽明曰:"仙釋說到虛,聖人豈能虛上加得一毫實?佛氏說道無,聖人豈能無上加得一毫有?但仙家說虛,從養生上來;佛氏說無,從出離生死苦海上來,卻於本體加這一些子意思;便不是虛無的本色,便於本體有障礙。聖人祇是還他良知的本色,更不著些子意思,良知之虛,便是天之太虛;良知之無,便是太虛無形。日月,風雷,山川,民物,凡有貌象形色,皆在太虛無形中,發用流行,未嘗作得天的障礙。聖人祇是順其良知之發用。天地萬物,俱在我良知發用流行中,又何嘗有一物超於良知之外,能作障礙?"案神仙家不足論。陽明謂佛氏亦有所著,亦非真知佛說之談。然所說之理則甚精。真空妙有,原係一事。必知此義,乃不致以空為障也。

梨洲曰:"佛氏從生死起念,祇是一個自為。其發願度衆生,亦即一個為人。何曾離得楊墨科臼?豈惟佛氏?自科舉之學興,儒門那一件不是自為為人?自古至今,祇有楊墨之害,更無他害。"案謂佛氏從生死起念,前已辨之。其發願度人,則正所謂秉彝之不容已。儒家力爭性為善而非空,正是此意。不得轉以此病釋氏也。然梨洲闢佛雖非是,而其將一切惡,悉歸到為人為己上,見得至善惟有一點,更移動分寸不得,則其說甚精。

凡教總不能無迷信之談,此乃借以牖世,本非教中精義。得其義,棄作筌蹄可矣。佛說來自天竺,彼土之人,好騖遐想,說尤恢詭。此亦非佛說精義所在也。而此土之人,或竟信以為真,則墮入迷信矣。溫公不信佛,曰:"其微言不能出吾書,其誕者吾不信也。"佛說之誕,乃其興於天竺使然,不足為佛病。然論佛說而能及此,卻可掃除許多障礙也。

朱子《釋氏論》曰:"佛之所生,去中國絕遠。其書來者,文字音讀,皆累數譯而後通。而其所謂禪者,則又出於口耳之傳,而無文字之可據。以故人人得竄其說以附益之,而不復有所考驗。今其所以或可見者,獨賴其割裂裝綴之跡,猶有隱然於文字之間,而不可掩者耳。蓋凡佛之書,其始來者,如《四十二章》、《遺教》、《法華》、《金剛光明》之類。其所言者,不過清虛緣業之論,神通變見之術而已。及其中間爲其學者,如惠遠、僧肇之流,乃始稍竊《列》《莊》之言,以相之。然尚未敢以爲出於佛之口也。及其久而耻於假借,則遂顯然竊取其意,而文以浮屠之言。如《楞嚴》所謂自聞,即《莊子》之意;而《圓覺》所謂四大各離,今者妄身當在何處,即《列子》所謂精神入其門,骨骸及其根,我尚何存者也。凡若此類,不勝枚舉。然其説皆萃於書首,其玄妙無以繼之,然後佛之本真乃見。如結壇、誦咒、二十五輪之類;以至於大力金剛,吉盤荼鬼之屬,則其粗鄙俗惡之狀,較之首章重玄極妙之旨,蓋水火之不相入矣。至於禪者之言,則其始也,蓋亦出於晉宋清談論議之余習,而稍務反求靜養以默證之。或能頗出神怪,以炫流俗而已,如一葉五花之讖,衹履西歸之説,雖未必實有其事,然亦可見當時所尚者,止於如此也。其後傳之既久,聰明才智之士,或頗出於其間,而自覺其陋。於是更出己意,益求前人之所不及者,以陰佐之;而盡諱其怪幻鄙俚之談。於是其説一旦超然,真若出乎道德性命之上,而惑之者,遂以爲果非堯、舜、周、孔之所能及矣。然其虛夸詭誕之情,淫巧儇浮之態,展轉相高,日以益盛,則又反不若其初時清閑靜默之説,猶爲彼善於此也。"《語類》:"宋景文《唐書贊》,説佛多是華人之譎誕者,攘莊周《列御寇》之説佐在其高,此説甚好。如歐陽公衹説個禮法,程子又衹説自家義理,皆不見他正贓。佛家先偷《列子》。《列子》説耳目口鼻心體處有六件,佛家便有六根。又三之爲十八戒。初間衹有《四十二章經》,無恁地多。到東晉,便有談議,如今之講師。做一篇議總説之。到後來,談議厭了,達磨便入來,衹靜坐。於中稍有受用處。人又都向此。今則文字極多,大概皆是後來中國人以《列》、《莊》説自文。夾插其間,都没理會了。"案佛説有大小乘,其來有早晚。其經有真偽,譯有善否。又有意譯直譯之殊。直譯者或能傳其説之真,意譯者則不免攙以此方之語。若以爲學術而研究之,其中應考校處甚多。朱子所論,雖未盡當。如不知《列子》係偽書,竊佛説。反以爲佛竊《列子》之類。然能見及此中罅隙,要不可謂非善讀書者。自漢學之興,群詆宋儒爲空疏武斷。其實宋儒如朱子,即讀書極博之人。此外博洽者尚多。其勇於懷疑，善於得閒，尤非漢唐及清儒所及。清代考證之學，實亦自宋儒開其源，如朱子疑《古文尚書》，吳棫發明古韻等皆是。特未竟其業耳。此説甚長，當別專論，乃能盡之。此篇不能詳也。

　　理學自創始迄今，幾千年。信從者固多，攻擊者亦不少。綜所攻擊，不外兩端：一病其空虛無用，一以爲不近人情而已。前説可以清之顏習齋爲代表，後説可以戴東原爲代表。然二家所攻，實皆理學末流之弊。至於理學之真，則自有其卓然不可没者。予舊有《訂戴》一篇，今附錄於後，以見戴氏之説之所由來，及其當否。今更略評顏氏之説如下。

　　顏氏之攻理學，一言蔽之曰：不切實用而已。故其釋"致知在格物"，必以《周官》之鄉三物爲物；而曰："知無體，以物爲體。"其説窮理，則謂理在事中，必就事分析極精，乃爲窮理。此説與戴氏同。習齋之言曰："以讀經史，訂群書爲窮理處事以求道之功，則相隔千里；以讀經史，訂群書爲即窮理處事，而曰：道在是焉，則相隔萬里矣。譬之學琴：書猶琴譜也。爛熟琴譜，講解分明，可謂學琴乎？故曰：以講讀爲求道，相隔千里也。更有妄人，指琴譜曰：是即琴也。辨音律，協風韻，理性情，通神明，比物此志也。譜果琴乎？故曰：以書爲道，相隔萬里也。歌得其調，撫嫻其指，弦求中音，徽求中節，是之謂學琴矣，未爲習琴也。手隨心，音隨手；清濁疾徐有常功；鼓有常規；奏有常樂；是之謂習琴矣，未爲能琴也。弦器可手製也，音律可耳審也，詩歌惟其所欲也；心與手忘，手與弦忘，於是乎命之曰能琴。"《存學編性理書評》。顏氏之言如此，此其所以以習自號也。顏氏之訾宋儒曰："宋儒如得一路程本，觀一處，又觀一處，自以爲通天下路程，人亦以曉路程稱之，其實一步未行，一處未到。"見《年譜》。顏氏謂宋儒之病在習靜，在多讀書，故提倡習動。謂："誦説中度一日，則習行上少一日；紙墨上多一分，則身世上少一分。"又謂："讀書愈多愈惑，審事機愈無識，辦事愈無力。"又謂："書生必自知，其愚益深。"案理學末流之弊，誠有如習齋所云者。然流弊何學蔑有？要不得以此並沒其學之真。偏於靜，偏於讀書，誠理學必至之弊。然始創理學者，及理學大家，初未謂當如此。讀前此諸篇可見也。大抵思想當大變動之時，其人必好騖心於玄遠。以其視前此之是非，然否，悉不足憑，而當別求標準也。宋代正是其時。今日時勢危急，群趨實際，救焚拯溺之不暇，而講哲學之風反大盛，亦以此故。偏於讀書之弊，不獨宋學爲然。率天下之人，而至於疏於處事，亦誠在所不免。然此亦分工之道，不得不然。今之科學家，固有終身在試驗室中，而未嘗一用其所學，以作實事者矣。亦得詆爲但讀琴譜，但觀路程本邪？

附　訂戴

戴東原作《原善》、《孟子字義疏證》，以攻宋儒。近人亟稱之，謂其足救宋儒之失，而創一新哲學也。予謂戴氏之説，足正宋學末流之弊耳。至其攻宋學之言則多誤。宋學末流之弊，亦有創始之人，有以召之者，戴氏又不足以知之也。宋學之弊，在於拘守古人之制度。制度不虚存，必有其所依之時與地。而各時各地，人心不同。行諸此時此地，而犁然有當於人心者，未必其行諸彼時彼地，而仍有當於人心也。欲求其有當於人心，則其制不可不改。是以五帝不襲禮，三王不沿樂。此猶夏葛而冬裘，其所行異，其所以求其當同也。宋之世，去古亦遠矣。民情風俗，既大異於古矣。古代之制，安能行之而當於人心乎？宋儒不察，執古之制，以爲天經地義，以爲無論何時何地，此制皆當於理。略加改變，實與未改者等，而欲以施之當時。夫古之社會，其不平等固甚。宋時社會之等級，既不若古之嚴矣。在下者之尊其上，而自視以爲不足與之併，亦不若古之甚矣。宋儒執古之制而行之，遂使等級之焰復熾，與人心格不相入。戴氏之言曰："今之治人者，視古聖賢體民之情，遂民之欲，多出於鄙細隱曲，不屑措諸意。而及其責以理也，不難舉曠世之高節，著於義而罪之。尊者以理責卑，長者以理責幼，貴者以理責賤，雖失謂之順。卑者，幼者，賤者，以理爭之，雖得謂之逆。於是下之人，不能以天下之同情，天下所同欲，達之於上。上以理責其下，而在下之罪，人人不勝指數。人死於法，猶有憐之者。死於理，其誰憐之？"夫使尊者、長者、貴者，威權益增；而卑者、幼者、賤者，無以自處，是誠宋學之弊，勢有所必至。由其尊古制，重等級，有以使之然也。東原又謂："今處斷一事，責詰一人，莫不曰理者。於是負其氣，挾其勢位，加以口給者理伸。力弱，氣慴，口不能辭者理屈。"此則由人類本有強弱之殊，理特其所借口耳。不能以此爲提倡理者之罪也。至於以理責天下之人，則非創宋學者之所爲，而爲宋學末流之失。戴氏又謂"理欲之説行，則讒説誣辭，得刻議君子而罪之，使君子無完行。"夫以宋儒克己之嚴，毫厘不容有歉，因推此以繩君子而失之嚴，事誠有之。至於小人，則宋儒曷嘗謂其欲可不遂，而不爲之謀養生送死之道哉。橫渠見餓莩，輒咨嗟，對案不食者經日。嘗以爲欲致太平，必正經界。欲與學者買田一方試之，未果而卒。程子提倡社會，朱子推行社會。凡宋儒，講求農田、水利、賦役之法，勒有成書，欲行之當世者，蓋數十百家。其志未嘗行，其書亦不盡傳，然其事不可誣也。鄉曲陋儒，抱《性理大全》，侈然自謂已足；不復知世間有相生相養之道；徒欲以曠世之高節，責之人民，此乃宋學末流之失，安可以咎宋學乎？宋儒所謂理者，即天然至善之名，戴氏所謂必然之則也。戴氏稱人之所能爲者爲"自然"，出於血氣。其所當止者爲"必然"，出於心知。與宋儒稱人之所能爲而不必當者爲氣質，爲欲，所當善者爲義理，爲性，有以異乎？無以異乎？夫特異其名而已。戴氏則曰："吾所謂欲者，出於血氣。所謂理義者，出於心知。血氣心知，皆天之所以與我，是一本也。宋儒謂理出於天，附著湊泊於形體。形體者氣質，適足爲性之累。是二之也。"夫宋儒曷嘗謂氣質非出於天哉？謂"義理氣質，同出於天，則氣質不應爲義理之累。宋儒謂氣質爲義理之累，是二之也"。然則戴氏所謂血氣者，任其自然，遂不足爲心知之累歟？謂任血氣之自然，不足爲心知之累，則戴氏所謂"耳目鼻口之欲，必以限制之命節之"之説，爲不可通矣。謂性必限之以命；而聲色臭味當然之則，必以心爲之君；則宋儒之説，戴氏實未有以易之也。若曰："民之秉彝，好是懿德。心知之自然能好懿德，猶耳目鼻口之自然能好聲色臭味。以是見義理之具於吾心，與宋儒謂義理之性原於理，而理出於天者不同。"

則宋儒固亦未嘗不謂理具於吾心也，特本之於天耳。即戴氏謂義理之悅，天然具於吾之心知，而推厥由來，亦不能謂其不本之於天也。戴氏謂"飲食能爲身之養者，以其所資以養之氣，與所受之氣同。問學之於德性亦然"是也。安得謂宋儒"更增一本"乎？

戴氏曰："宋儒所謂理，即老氏所謂真宰，釋氏所謂真空也。老釋自私其身，欲使其身離形體而長存。乃就一身分爲二，而以神識爲本。推而上之，遂以神爲有天地之本。以無形無跡者爲有，而視有形有跡者爲幻。宋儒以理當其無形無跡者，而以氣當其形體。故曰心性之郭廓。"老氏、釋氏是否自私其身？是否歧神與形而二之？今不暇及。宋儒之辟釋氏也，曰："釋氏本心，吾儒本天。"其所謂理，與老釋之所謂神識非同物，則彰彰明矣。宋儒蓋病老釋以萬物爲虛，獨吾心所知見者爲實，則一切皆無定理，猖狂妄行，無所不可，故欲以理正之。宋儒所謂理者，乃事物天然之則，即戴氏所謂"有物必有則"；而其所謂義理之性，則吾心之明，能得此天然之則者，即戴氏所謂"能知不易之則之神明"也。安得視爲虛而無薄之物乎？

戴氏謂："老釋内其神而外形體。舉凡血氣之欲，悉起於有形體以後，而神至虛靜，無欲無爲。宋儒沿其說。故於民之饑寒愁怨，飲食男女，常情隱曲之感，咸視爲人欲之甚輕。古之言理也，就人之情欲求之，使之無疵。今之言理也，離人之情欲求之，使之忍而不顧。故用之治人，則禍其人。夫人之生也，莫病於無以遂其生。欲遂其生，亦遂人之生，仁也。欲遂其生，至於戕人之生而不顧，不仁也。不仁實始於欲遂其生之心。無此欲，必無不仁矣。然使無此欲，則於天下之人，生道窮促，亦將漠然視之。己不必遂其生，而遂人之生，無是情也。故欲不可無，節之而已。謂欲有邪正則可，以理爲正，以欲爲邪，則不可也。"此爲戴氏主意所在，自比於孟子不得已而言者。吾聞朱子之言曰："飲食，天理也。要求美味，人欲也。"則朱子所謂天理，亦即欲之出於正者。與戴氏謂"欲其物，理其則"同。未嘗謂凡欲皆不當於理也。人之好生，乃其天然不自已之情。自有人類以來，未有能外之者也。世固有殺生以成仁,亦有殺以止殺者。彼以爲不殺其身,不殺殺之可以止殺之人,則於生道爲有害。其事雖出於殺,其心仍以求夫生也。自有人類以來,未有以死爲可歆,生爲可厭者。戴氏以爲宋學者不欲遂其生爲慮,可謂杞人憂天之隊矣。若謂欲遂人之生者,先不能無自遂其生之心,則又有說。世無不肯捨其生而可以救人者。蓋小我之與大我,其利害時有不同。於斯時也,而無捨己救人之心;亦如恒人,徒存一欲遂其生之念,則終必至於戕人之生而不顧。此成仁之所以必出於殺身;而行菩薩行者,所以必委身以飼餓虎也。彼行菩薩行者,寧不知論各當其份之義,固不當食肉以自養,亦不必委身以飼虎哉?不有純於仁之心,固無以行止於義之事。彼行止於義者,其心固純於仁。所以止於義者,以所能行之仁,止於如此;不如此,則轉將成爲不仁;故不得已而止於此,而非其心之遂盡於此也。心之量,苟適如其份而已,及其行之,未有能盡乎其份者。而戴氏所謂戕人之生以遂其生之禍作矣。故以純乎理責恒人,宋儒未嘗有此;其有之,則宋學之未失也。至於以純乎理自繩其身,則凡學問,未有不當如此者。抑強天下之人,使皆進於高節則不能。誘掖天下之人,使同進於高節,則固講學問者,所當同具之志願。而非至天下之人,真能同進於高節,天下亦決無真太平之望也。

　　戴氏謂"老釋以其所謂真宰真空者爲已足,故主去情欲勿害之,而不必問學以擴充之。宋儒之説,猶夫老釋之説,故亦主靜。以水之清喻性,以其受污濁喻氣質。宋儒所謂氣質,即老釋所謂情欲也。水澄之則清,故主靜,而易其説爲主敬存理"云云。主靜之説,發自周子。其説曰:"立天之道,曰陰與陽。立地之道,曰柔與剛。立人之道,曰仁與義。"又曰:"聖人定之以中正仁義而主靜,立人極焉。"蓋以人之所行,不越仁義。而二者名異而實同。義所以行仁,而仁則所以爲義立之體。無義固無以行仁,無仁亦無所謂義。當仁而仁,正其所以爲義;當義而義,亦所以全夫仁;所謂中也。止於中而不過,則所謂靜也。何以能靜,必有持守之方焉,則程子所謂主敬也。主敬而事物至當不易之則宋儒所謂理。存焉矣。宋儒所謂静,非寂然不動之謂也。戴氏之説,實屬誤會。

　　戴氏謂:"宋儒詳於論敬,而略於論學。"此亦宋學末流之失。若程朱,則"涵養須用敬,進學在致知",兩端固並重也。抑進學亦必心明而後能之,故反身自勘之學,終不能不稍重於内。戴氏曰:"聖人之言,無非使人求其至當,以見之行。求其至當,即先務於知也。凡去私不求去蔽,重行不先重知,非聖學也。"此説與程朱初無以異。又曰:"聞見不可不廣,而務在能明於心。一事豁然,使無餘藴。更一事而亦如是。久之,心知之明,進於聖知,則雖未學之事,豈足以窮其知哉?"此説亦與朱子一旦豁然貫通之説同。蓋天下事物,窮之不可勝窮,論明與蔽者,終不得不反之於心也。然與戴氏力主事物在吾心之外;謂心知之資於事物以益其明,猶血氣之資於飲食以益其養者,則未免自相矛盾矣。

　　戴氏謂:"心之能悦懿德,猶耳目鼻口之能悦聲色臭味。接於我之血氣,辨之而悦之者,必其尤美者也。接於我之心知,辨之而悦之者,必其至是者也。"夫口之同嗜易牙,目之皆姣子都,耳之皆期師曠,亦以大致言之耳。鴟梟嗜鼠,即且甘帶,人心之異,有不翅其若是者矣。謂義理之尤美者,必能爲人所悦,其然,豈其然乎?乃戴氏又曰:"理也者,情之不爽失者也。凡有所施於人,反躬而静思之,人以此施於我,能受之乎?凡有所責於人,反躬而静思之,人以此責於我,能盡之乎?以我絜之人則理明。"故曰"去私莫如强恕"。夫人心之不同,如其面焉。固有此視爲不能受,彼視爲無難受;此視爲不能盡,彼視爲無難盡者矣。若曰:"公則一,私則萬殊;人心不同如其面,祇是私心。"則非待諸私欲盡去之後不可,因非凡人所能持以爲是非之準也。凡人而度其所能受以施諸人,度其所能盡以責諸人,適見其一人一義,十人十義,樊然淆亂而已矣。戴氏曰:"心之所同然,始謂之理,謂之義。未至於同然者,存乎其人之意見,非理也,非義也。凡一人以爲然,天下萬世皆曰:是不可易也。此之謂同然。"此説安能見之於實。如戴氏之所云,亦適見其自謂義理,而終成其爲意見而已矣。